Richard Koch

Elektronische Datenverarbeitung und kaufmännische Angestellte

Auswirkungen der Rationalisierung in der Verwaltung von Industrieunternehmen

~~34,–~~

18,–

Campus Verlag
Frankfurt/New York

CIP-Kurztitelaufnahme der Deutschen Bibliothek

Koch, Richard

Elektronische Datenverarbeitung und kaufmännische Angestellte : Auswirkungen d.Rationalisierung in d.Verwaltung von Industrieunternehmen. - 1.Aufl. - Frankfurt/Main, New York: Campus-Verlag, 1978.
(Campus : Forschung)
ISBN 3-593-323o1-X

ISBN 3-593-32301-x

Produktion: Buchteam Frankfurt
Umschlaggestaltung: Eckard Warminski, Frankfurt/Main
Druck und Bindung: difo-druck, Bamberg
Printed in Germany

Vorwort

Die industriesoziologische Forschung in der Bundesrepublik vernachlässigt nach wie vor gesellschaftstheoretisch fundierte empirische Studien zum Einfluß des technisch-organisatorischen Wandels auf Tätigkeiten in der Industrieverwaltung. Urteile über die Auswirkungen der elektronischen Datenverarbeitung auf verwaltende Tätigkeiten werden entweder in unzulässiger Weise aus beobachteten Tendenzen im Bereich des industriellen Produktionsprozesses abgeleitet oder auf Thesen älterer Untersuchungen gestützt. Angesichts der raschen Weiterentwicklung der EDV-Technologie in den letzten 15 Jahren will diese Arbeit einen Beitrag dazu leisten, die Lücke in diesem Bereich industriesoziologischer Forschung zu schließen. Ausgangspunkt der Analyse technisch-organisatorischer Rationalisierungsprozesse in der kaufmännischen Verwaltung von Industrieunternehmen ist ein theoretischer Ansatz, der Bürotechnik nicht lediglich als maschinentechnische Variante der Produktionstechnik begreift, sondern die Funktionen des Einsatzes von Datenverarbeitungsmaschinen in industriellen Verwaltungsprozessen ausweist. Dies kann zureichend wiederum nur auf der Grundlage einer soziologischen Theorie der Industrieverwaltung geschehen, die anders als bisherige theoretische Ansätze die ökonomischen Zielsetzungen der Industrieverwaltung und ihrer Arbeitsprozesse nicht ausklammert. Die hierzu vorgelegten Überlegungen gehen von der Analyse des Verwertungsprozesses des industriellen Einzelkapitals aus, auf dessen Kontingenz betriebliche Strategien bezogen sind. Die Notwendigkeit der Kontingenzbewältigung erweist sich zugleich als Anlaß wie als restriktive Bedingung der EDV-Anwendung in der Industrieverwaltung.

Die methodische Anlage der empirischen Studie war von dem Ziel bestimmt, empirisch plausible Hypothesen über den aktuellen Wandel der objektiven Arbeitssituation kaufmännischer Industrieangestellter zu gewinnen. Angesichts der Lücken im Wissen über Probleme des technischen Wandels in der Industrieverwaltung und der für einen Einzelnen eingeschränkten Möglichkeiten empirischer Forschung wurde eine Reihe systematisch angelegter Fallstudien durchgeführt. Um die Auswirkungen des EDV-Einsatzes möglichst intensiv untersuchen zu können, wurden mehrere auf objektive Sachverhalte bezogene Forschungsinstrumente - Arbeitsplatzbeobachtung, Auswertung betrieblicher Unterlagen und Interviews mit Experten und betroffenen Angestellten - kombiniert angewendet. Ausgewählte Fallstudien sind im Anhang abgedruckt, um dem interessierten Leser einen ganzheitlichen Eindruck von der Arbeitssituation der Angestellten und den Rationalisierungsprozessen in der Industrieverwaltung zu vermitteln.

Angeregt wurde die vorliegende Arbeit durch praktische Tätigkeiten des Autors in Industrieunternehmen und durch die zeitweilige Mitwirkung an zwei Forschungsprojekten am Fachbereich Gesellschaftswissenschaften und am Institut für Sozialforschung an der Universität Frankfurt, die beide u.a. die Analyse von Arbeits- und Qualifizierungsprozessen unter den Bedingungen technisch-organisatorischer Rationalisierung zum Gegenstand hatten. Von dem engen Diskussionszusammenhang mit diesen Forschergruppen gingen für die theoretische und methodische Anlage der Untersuchung wesentliche Impulse aus. Ich danke insbesondere Karin Benz-Overhage, Michael Bischoff, Gerhard Brandt, Zissis Papadimitriou und Wilhelm Schumm, die für den Fortgang der Arbeit entscheidende Anregungen gegeben haben. Zu Dank verpflichtet bin ich den Unternehmen, die die empirischen Erhebungen ermöglichten und insbesondere den dort beschäftigten Angestellten, die durch ihre Auskunftsbereitschaft geholfen haben.

Frankfurt am Main, den 15.1.1978

Richard Koch

Inhaltsverzeichnis

Seite

Seite

1. Grundlegung

1.1. Stand der Forschung und Fragestellung der Untersuchung

Die Einführung elektronischer Datenverarbeitungsanlagen in den kaufmännischen Verwaltungen von Industrieunternehmen hat in der Bundesrepublik etwa im Jahre 1959 begonnen (DIEBOLD 1971, S.198). Während es in größeren Unternehmen kaum mehr Arbeitsbereiche in der kaufmännischen Verwaltung gibt, die nicht von der EDV tangiert werden, setzen in jüngster Zeit auch zunehmend kleinere Unternehmen die EDV in ihrem Verwaltungsbereich ein (ebd. S.213f; VDMA 197o, S.48ff). Obwohl ein erheblicher Teil der Industriebeschäftigten in den kaufmännischen Verwaltungen tätig ist[1], wurde das Problem des technischen Wandels in der kaufmännischen Industrieverwaltung von der industriesoziologischen Forschung bislang weitgehend vernachlässigt. Dies gilt für die gegenwärtige ebenso wie für frühere Phasen der Büromaschinisierung (PIRKER 1963, S.1ff). Lediglich zu Beginn der kommerziellen Anwendung von EDV-Systemen Anfang der 6oer Jahre gab es ein breiteres Forschungsinteresse. Die Forschungen über die Automationsauswirkungen wurden bisher jedoch kaum weitergeführt.

Den umfassendsten Einblick in den Wandel der Büroarbeit durch den Einsatz elektronischer Datenverarbeitungsanlagen vermittelt bislang noch immer eine von JAEGGI und WIEDEMANN (1963) im Jahre 196o durchgeführte Untersuchung, in der anhand von vier Einzelfallstudien der Prozeß der "Büroautomatisierung" sowohl in seinen objektiven Konsequenzen für die Arbeitsplatzsituation der Angestellten, wie auch im Urteil der Angestellten eingehend analysiert wird. Als weitere empirisch-soziologische Untersuchungen zur Einführung elektronischer Datenverarbeitungsanlagen im Bürobereich sind insbesondere zu nennen: HOOS (1966), MUMFORD /BANKS (1967) und SCHIEFER (1969)[2]. Diese Studien befassen sich ausnahmslos mit der Erstumstellung von Unternehmensverwaltungen auf die EDV in der Anfangsphase der kommerziellen Nutzung elektronischer Datenverarbeitungsanlagen bis etwa Mitte der 6oer Jahre. Die rasche Entwicklung auf dem Gebiet der EDV-Technologie hat dazu geführt, daß in einzelnen Unternehmen nach der Erstumstellung auf die EDV bereits mehrere weitere Umstellungen des EDV-Systems durchgeführt wurden. Seit Anfang der 7oer Jahre zeichnet sich mit der Anwendung neuer Betriebsformen von EDV-Systemen eine erhebliche Umstrukturierung der betrieblichen Datenverarbeitungssysteme ab. Mit dem Einsatz von Terminals (insbesondere Bildschirmen) wird eine dezentrale Organisation des computer-gestützten Datenverarbeitungssystems und zum erstenmal in der Geschichte der industriellen Verwaltung eine weitgehend "papierlose" Bearbeitung von Geschäftsvorfällen möglich. Zu fragen ist, welche Konsequenzen diese Entwicklung für die beschäftigten Angestellten hat und inwieweit bisherige Thesen zu den Entwicklungstendenzen der Verwaltungsarbeit[3] zu modifizieren sind. Es ist die Absicht dieser Arbeit, die in den erwähnten Studien zur "Büroautomation" begonnene Diskussion zur Veränderung der Arbeitssituation von Angestellten durch den Einsatz elektronischer Datenverarbeitungsanlagen aufzugreifen und im Hinblick auf ausgewählte Problembereiche fortzuführen.

Der Untersuchungsbereich wird enger gefaßt als in den Studien zur "Büroautomation", die als Untersuchungsobjekt das "Büro" wählen. In diesen Untersuchungen begegnet man häufig dem Fehler, Einzelergebnisse, die sich auf empirische Erhebungen in besonderen Bürobereichen stützen, als allgemeine Entwicklungstendenzen der Büroarbeit auszuweisen. Der Untersuchungsbereich wird hier begrenzt auf kaufmännische Fachabteilungen in der Verwaltung von Industrieunternehmen. Diese Spezifizierung des Untersuchungsbereichs setzt einer verallgemeinernden Interpretation zwar enge Grenzen, dafür wird es jedoch eher möglich, über die reine Deskription des technisch-organisatorischen Wandels hinauszukommen und technisch-organisatorische Veränderungen als Resultate betrieblicher Strategien auszuweisen.

Im Mittelpunkt der qualitativ ausgerichteten empirischen Untersuchung sollen insbesondere drei Fragenkomplexe stehen:

(1) die Ziele und Bedingungen des Einsatzes der EDV-Technik in den kaufmännischen Fachabteilungen der Industrieverwaltung;
(2) die Veränderungen der Arbeitsorganisation im Zusammenhang mit der Anwendung der EDV-Technik in den kaufmännischen Fachabteilungen;
(3) der Wandel der Arbeitsanforderungen durch die technisch-organisatorischen Veränderungen.

Zu (1): Es wird davon ausgegangen, daß die Unternehmen die EDV-Technik in der kaufmännischen Verwaltung einsetzen, um auf veränderte unternehmensexterne und unternehmensinterne Bedingungen industrieller Verwaltung bzw. dadurch ausgelöste Probleme (bestimmte Kostenbelastungen, Personalmangel, unzureichende Qualität von Entscheidungsinformationen usw.) zu reagieren. Diese Interpretation des EDV-Einsatzes stützt sich auf den Ansatz von ALTMANN und BECHTLE (1971) zu einer "Theorie des Autonomiestrebens kapitalistischer Unternehmen". Technik und Arbeitsorganisation sind in diesem Ansatz zufolge "Manipulationsgrößen" betrieblicher Strategien zur Durchsetzung betrieblicher (Autonomie-) Interessen unter sich wandelnden unternehmensexternen und unternehmensinternen Bedingungen.

Als maßgebliche Zielsetzungen der EDV-Anwendung kommen in Betracht:

a) Die Einsparung menschlicher Arbeitskraft durch die Technisierung von Datenverarbeitungsprozessen. Der EDV kommt hierbei die Funktion eines Arbeitsmittels zur arbeitssparenden Bewältigung von Arbeitsaufgaben zu.
b) Die Rationalisierung der Kooperation. Die EDV dient hierbei als Organisationsmittel zur Integration und Kontrolle der Arbeitsprozesse. Im Gegensatz zur Automatisierung von Arbeitsprozessen führt deren Integration eher zu sekundären Freisetzungseffekten.
c) Die Effektierung der Steuerungsfunktionen der Industrieverwaltung durch den Ausbau des betrieblichen Informations- und Entscheidungssystems.

Als wesentliche Bedingungen der Einführung und Weiterentwicklung der EDV in der kaufmännischen Industrieverwaltung werden angesehen:

a) Die Programmierbarkeit der Datenverarbeitungsprozesse. Hierbei spielen sowohl die prinzipielle Möglichkeit, eine Datenverarbeitungsaufgabe durch eine Abfolge logisch geschlossener Regeln zu beschreiben, wie auch die Kosten der Programmierung eine Rolle. Da die Möglichkeiten und Kosten der Standardisierung und Programmierung einzelner kaufmännischer Arbeitsprozesse verschieden sind, ist in den einzelnen Arbeitsbereichen der kaufmännischen Verwaltung mit unterschiedlichen Technisierungsgraden zu rechnen.

b) Die technische Entwicklung auf dem Gebiet der elektronischen Datenverarbeitung. Die Entwicklung neuer Betriebsformen von EDV-Systemen (On-line und Real-time-Betrieb - siehe dazu Kapitel 4.2.3.) dürften eine wesentliche Bedingung dafür sein, daß die EDV neben ihrer Anwendung im Bereich operativer Datenverarbeitungsaufgaben (Lohnabrechnung, Fakturierung usw.) zunehmend auch im Bereich dispositiver Aufgaben (Materialdisposition, Verkaufsdisposition usw.) eingesetzt wird.

c) Wachsende quantitative und qualitative Anforderungen an die kaufmännische Verwaltung. Eine Zunahme des Umsatzes bzw. der Zahl der Kunden und Bestellungen und als Folge davon ein Ansteigen der zu erfassenden Aufträge, der Lagerbestandsveränderungen, der Fakturierungen, der Debitorenverbuchungen usw. sind als wesentliche Bedingungen für einen auf quantitative Zielsetzungen ausgerichteten Einsatz der EDV anzusehen. Veränderungen der Wettbewerbssituation des Unternehmens dürften eine maßgebliche Bedingung für einen auf die qualitative Verbesserung der Leistungsfähigkeit der kaufmännischen Verwaltung (Verbesserung des kaufmännischen Lieferservices; Kostensenkung durch bessere Disposition und bessere Abstimmung von Einkauf, Lagerhaltung, Materialfluß, Absatz und Finanzierung; Effektivierung des Mahnwesens usw.) bezogenen EDV-Einsatz darstellen.

d) Das quantitative und fachliche Angebot an Arbeitskräften. Die Ausdehnung des Personalbestandes und die Technisierung wird zumindest bei Routinearbeitsprozessen für die Unternehmen eine unter ökonomischen Gesichtspunkten abzuwägende Entscheidungsalternative darstellen.

e) Widerstände der Beschäftigten gegen die Einführung bzw. die geplante Form des Einsatzes der EDV. Diese könnten die Anwendung der EDV hinauszögern oder in ihrer Form modifizieren. Es ist allerdings zu erwarten, daß der Einfluß der Angestellten auf die betrieblichen Rationalisierungsmaßnahmen aufgrund des gegebenen Machtgefälles zwischen der Unternehmensleitung und den abhängig Beschäftigten gering bleibt.

Anzunehmen ist, daß das durch die Bedingung der Programmierung und die verfügbare EDV-Technologie abgesteckte Feld der Technisierungsmöglichkeiten durch das für private Unternehmen zentrale

Kriterium der Wirtschaftlichkeit in selektiver Weise genutzt wird. Das aktuelle Technisierungsniveau bzw. die konkreten Anwendungen der EDV in einem Unternehmen dürften deshalb entscheidend durch ökonomische Bedingungen bestimmt sein.

Zu(2): Im zweiten Fragenkomplex soll den Veränderungen der Arbeitsorganisation in den kaufmännischen Fachabteilungen im Zusammenhang mit dem Einsatz und der Weiterentwicklung von EDV-Systemen nachgegangen werden. Diese Veränderungen der Arbeitsorganisation werden ausgehend von den Zielsetzungen und Bedingungen konkreter Anwendungen der EDV erklärt. Als maßgebende Aspekte der Reorganisation der Arbeit in den von der technischen Umstellung betroffenen Abteilungen kommen in Betracht:

a) (Teil-)Automatisierung von Arbeitsprozesse. Vermutet wird, daß durch die EDV insbesondere operative Routineaufgaben wegfallen, die einen bestimmten quantitativen Umfang aufweisen.

b) Die Rationalisierung der Kooperation. Als Konsequenz der EDV-Anwendung ist eine tendenzielle Einschränkung der Arbeitsautonomie und stärkere Vorbestimmung der Tätigkeiten und Kooperation durch generelle Regelungen zu erwarten. Die EDV wird ferner für eine effektivere Kontrolle der Arbeit in den kaufmännischen Fachabteilungen genutzt werden. Der Formalisierung der Kooperation dürfte jedoch durch das Auftreten ungeplanter Situationen Grenzen gesetzt sein, die weiterhin eine fallweise Koordination der Teilarbeiten erforderlich machen. Dabei ist damit zu rechnen, daß die über die Leitungshierarchie vermittelte Kooperation weiterhin die horizontale Kooperation der ausführenden Angestellten dominiert.

c) Der Aufbau von Sachbearbeiter-Informationssystemen. Angenommen wird, daß ökonomische Entscheidungsaufgaben, die auf der Sachbearbeiterebene in einer routinehaften Detailsteuerung von Unternehmensprozessen (z.B. Materialdisposition, Lieferantenauswahl usw.) bestehen, zunehmend mit direkter Unterstützung durch die EDV durchgeführt werden.

d) Die Betriebsformen der EDV. Mit den auf unterschiedlichen Entwicklungsstufen der EDV-Technologie realisierbaren Betriebsformen der EDV verbinden sich unterschiedliche Möglichkeiten der Vermittlung menschlicher und maschineller Arbeit, von denen insbesondere unter kostenökonomischen Aspekten je spezifische Anforderungen an die Gestaltung der Arbeitsorganisation in den technisierten Arbeitsprozessen ausgehen dürften. Dies gilt insbesondere für die zeitliche Gestaltung der Arbeitsprozesse. Durch die Einführung von EDV-Systemen ist in der kaufmännischen Verwaltung erstmals mit maßgeblichen Anforderungen einer durch die Ökonomie der fixen Maschinenkosten bestimmten zeitlichen Synchronisation menschlicher und maschineller Arbeit zu rechnen.

e) Arbeitsorganisatorische Maßnahmen, die nur mittelbar auf die technische Umstellung bezogen sind. So ist insbesondere zu erwarten, daß die Unternehmen die zur Vorbereitung der technischen Neuerung erforderliche Analyse der Tätigkeiten und Arbeitsabläufe dazu nutzen, gleichzeitig mit der Einführung bzw. Weiterentwicklung des EDV-Systems unter personalpolitischen Zielsetzungen eine Neugliederung der Tätigkeitsstruktur in Form einer stärkeren Trennung von Routineaufgaben und qualifizierten Fachaufgaben durchzusetzen.

Zu (3): Im dritten Untersuchungsschwerpunkt geht es um Veränderungen von Arbeitsaufgaben und Arbeitsanforderungen durch den Einsatz und die Weiterentwicklung von EDV-Systemen. In bisherigen Studien zur "Büroautomation" wurde das Problem der inhaltlichen Veränderungen der Qualifikationsanforderungen durch den technisch-organisatorischen Wandel weitgehend vernachlässigt oder lediglich auf einer sehr globalen Ebene untersucht. Über die Qualifikationsfolgen des technischen Wandels bei Angestelltentätigkeiten besteht deshalb noch weitgehende Unklarheit.

Die Qualifikationsproblematik soll hier konkreter als in den bisherigen Studien und eingegrenzt auf den Bereich kaufmännischer Angestellter in den Fachabteilungen der industriellen Verwaltung auf der Ebene von Arbeitsaufgaben und auf der Ebene von Qualifikationsanforderungen untersucht werden.

Auf der Ebene der Arbeitsaufgaben wird zum einen nach dem Wegfall von Arbeitsaufgaben aufgrund der Substitution menschlicher durch maschinelle Arbeit und zum anderen nach neuen oder modifizierten Arbeitsaufgaben im Zusammenhang mit der Anwendung von EDV-Systemen gefragt. Als Klassifikationskriterien von Arbeitsaufgaben dienen: deren Zugehörigkeit zu einer bestimmten kaufmännischen Funktion, deren Routinecharakter sowie deren Beziehung zum EDV-System.

Die Absicht, Verschiebungen von Qualifikationsanforderungen durch den technisch-organisatorischen Wandel nachzugehen, wird dadurch erschwert, daß bislang kein theoretisch begründetes und empirisch erprobtes Kategoriensystem zur Analyse von Anforderungen kaufmännischer Tätigkeiten vorliegt. Ein in Anlehnung an die Arbeiten von HACKER (1973), BOEHM u.a. (1974) und insbesondere GERSTENBERGER u.a. (1974) entwickeltes Kategoriensystem soll dazu dienen, veränderte technisch-organisatorische Bedingungen des Arbeitshandelns kaufmännischer Angestellter in Kategorien von Arbeitsanforderungen zu beschreiben. Hinsichtlich der Veränderungen der Arbeitsaufgaben und Qualifikationsanforderungen werden folgende Tendenzen angenommen: Durch die EDV fällt zwar traditionelle Routinearbeit zunehmend weg, jedoch ist auch in absehbarer Zeit noch mit einem erheblichen Anfall einfacher Routinearbeit zu rechnen,für die angelernte Hilfskräfte eingesetzt werden können. Dabei dürfte es sich einmal um Restbestände traditioneller Routinearbeit handeln, die nicht programmierbar ist oder unter ökonomischen Gesichtspunkten durch die EDV nicht rentabel abgewickelt werden kann. Ferner um Routinearbeit, die in veränderter Form weiterhin bestehen bleibt (Datenerfassung) oder durch die maschinelle Abwicklung neu hinzukommt (Dateneingabe).

Qualifiziertere Aufgaben, wie die Auswertung von Abrechnungs- und Kontrollberichten, dispositive Aufgaben oder Aufgaben im Umgang mit Kunden und Lieferanten werden durch die EDV eher in der Form ihrer Durchführung und weniger in ihrem fachlichen Inhalt betroffen sein, so daß in der kaufmännischen Verwaltung der Einsatz qualifizierter Arbeitskräfte, wenn auch vermutlich in geringerer Zahl, weiterhin notwendig ist.

Diese qualifizierten Aufgaben werden insgesamt eher durch traditionelle industriekaufmännische Qualifikationsanforderungen gekennzeichnet sein, wenngleich zu erwarten ist, daß ihre zunehmende Einbeziehung in computer-gestützte Informationssysteme neue Anforderungen hinsichtlich ihrer Durchführung (z.B. Bedienung eines EDV-Terminals) mit sich bringt. Demgegenüber werden die Datenerfassungs- und Dateneingabetätigkeiten weitgehend fachlich-unspezifische, auf das EDV-Verfahren bezogene Anforderungen (Ausfüllen von Ablochbelegen, Bedienung eines EDV-Terminals, Kontrolle von EDV-Ausdrucken usw.) stellen.

Formal ist die Arbeit wie folgt aufgebaut: Zunächst werden eine Reihe theoretischer Überlegungen angestellt, die als Grundlage der Interpretation des empirischen Materials dienen. Hierbei geht es zum einen um die eher industriesoziologische Diskussion des Verhältnisses von EDV-Technik und Arbeitsorganisation (Kapitel 1.2., 1.3. und 1.4.) und zum andern um Überlegungen zur Theorie der Industrieverwaltung (Kapitel 2). Im Kapitel 1.5. wird die Untersuchungsmethode, d.h. die Auswahl der Untersuchungseinheiten und Erhebungsinstrumente sowie die Durchführung der Feldarbeit vorgestellt. Im Kapitel 3 wird ein kurzer Abriß der Geschichte der technischen und organisatorischen Rationalisierung in der kaufmännischen Industrieverwaltung gegeben, vor deren Hintergrund die gegenwärtige Rationalisierung mit Hilfe der EDV einzuschätzen ist. Die Kapitel 4, 5 und 6 sind auf die genannten Fragenkomplexe gerichtet und dienen der Entwicklung empirisch plausibler Thesen zum technisch-organisatorischen Wandel in der kaufmännischen Industrieverwaltung, die in einem Kapitel 7 nochmals zusammengefaßt werden. Im Anhang finden sich neben den Angaben zu den Unternehmen, in denen die empirischen Erhebungen durchgeführt wurden und der Wiedergabe der eingesetzten Untersuchungsinstrumente eine Reihe von Fallstudien, in denen für ausgewählte kaufmännische Fachabteilungen die Anwendung der EDV-Technik im Zusammenhang mit der Organisation und den Inhalten der Tätigkeiten der dort beschäftigten Angestellten beschrieben wird.

1.2. Zur Entwicklung eines theoretischen Bezugsrahmens

In der älteren Literatur zur "Büroautomation" werden Veränderungen der Arbeitsorganisation im Zusammenhang mit der Einführung einer EDV-Anlage meist wenig differenziert einfach als Folgewirkungen der technischen Neuerung dargestellt. Die Ursachen und Bedingungen der mit dem EDV-Einsatz verbundenen Veränderungen von Tätigkeitsstruktur, Kooperationsformen und Arbeitsanforderungen bleiben weitgehend ungeklärt. Die aufgestellten Prognosen zur Entwicklung der "Büroarbeit" orientieren sich vor allem an den maximalen Automatisierungsmöglichkeiten ("automatisiertes Büro") und vernachlässigen die Analyse der Ziele und Bedingungen der tatsächlich durchgesetzten technisch-organisatorischen Rationalisierungsmaßnahmen.

Der primär technologischen Interpretation der "Büroautomation" Ende der 5oer, Anfang der 6oer Jahre[4] entspricht ein technologisch-deterministischer Ansatz industriesoziologischer Forschung, der die zu dieser Zeit unternommenen empirischen Studien zur Entwicklung der Industriearbeit entscheidend beeinflußte[5]. In der heutigen industriesoziologischen Diskussion herrscht die Auffassung vor, daß zumindest abstrakt Alternativen arbeitsorganisatorischer Gestaltung bei gegebener Produktionstechnik bestehen. Weitgehend ungeklärt und strittig sind indes die Fragen danach, wie dieser Spielraum der Arbeitsorganisation determiniert und begrenzt wird und welche Möglichkeiten alternativer Nutzung es gibt.

Ein erster Versuch, das Verhältnis von Technik und Arbeitsorganisation systematischer zu bestimmen, wurde von LUTZ (1969) unternommen. Der von ihm vorgelegte Ansatz zu einer "Theorie des technischen Fortschritts" ist hier insofern von besonderem Interesse, da er Geltung nicht nur für den Bereich der Industriearbeit, sondern auch für den Bereich der Verwaltungsarbeit beansprucht.

"Technischen Fortschritt" begreift LUTZ als gesellschaftlichen Prozeß, dessen Ziel es ist, die Produktivität menschlicher Arbeit zu erhöhen. Um dieses Ziel zu erreichen, werden verschiedene Mittel und Methoden angewendet, die LUTZ unter den Kategorien "Technisierung" und "Organisierung" zusammenfaßt. Technisierung bedeutet dabei den "Einsatz von mehr und besseren Maschinen, technischen Apparaten und Anlagen mit dem Ziel, autonome technologische Abläufe zu schaffen, d.h. unmittelbare, konkrete, menschliche Arbeit im Marxschen Sinn aufzuheben". Organisierung wird verstanden als "systematische Analysierung und Gestaltung von Arbeits- und Produktionsabläufen mit dem Ziel, ihre Standardisierung, Transparenz und Prognostizierbarkeit zu erhöhen" (S.236). Objekt der Organisierung und Technisierung sei nicht unmittelbar menschliches Arbeitshandeln, sondern der Produktionsprozeß. Produktionsprozesse sind nach LUTZ "einem ökonomischen Zweck zugeordnete Abläufe", also im Regelfall "innerbetriebliche Abläufe, die der Erreichung von Teilzwecken des Betriebszwecks dienen" (S.236f). Wie LUTZ nachweist, kommt dem technischen Fortschritt ein prozeßspezifischer Charakter zu. Es hängt von den Merkmalen des zu reorganisierenden Prozesses ab, in welcher spezifischen Kombination von Technisierung und Organisierung das Ziel einer Erhöhung der Produktivität der menschlichen Arbeit erreicht werden kann. Als hierbei relevante Prozeßmerkmale werden genannt: die Eigenschaften des Objekts eines Produktionsprozesses, wobei Objekt Sachen, Menschen oder Informationen sein können, die Operationen zur Veränderung der prozeßrelevanten Objekteigenschaften, sowie die zeitlichen und sachlichen Bestimmungen der Operationen (S. 237f). Das erreichte Niveau technisch-organisatorischer Rationalisierung bestimme nun aber lediglich die von einem konkreten Produktionsprozeß geforderte Summe menschlicher Arbeit. In welchen konkreten Formen menschlichen Arbeitshandelns diese Arbeit tatsächlich erbracht werde, hänge "von spezifisch sozialen Bedingungen (Kooperation und Arbeitsteilung, Art der Soll-Vorgabe und Kontrolle u.ä.) ab" (S.241). Mit steigendem Technisierungsgrad unterliege menschliches Arbeitshandeln immer weniger unmittelbar technologischen Notwendigkeiten. Es könnten Formen der Arbeitsorganisation auftreten, "die sich nicht aus dem Technisierungsgrad allein erklären lassen, sondern entweder durch den gleichzeitigen Standardisierungsgrad oder durch vom technischen Fortschritt unabhängige spezifisch-soziale Bedingungen geprägt sind" (S.246).

Die LUTZschen Thesen basieren auf einem abstrakten Theorieentwurf, nach dem Produktionstechnik und Bürotechnik bzw. Datenverarbeitungstechnik lediglich als maschinentechnische Varianten begriffen, nicht aber hinsichtlich ihrer Funktionen im industriellen Produktions- bzw. Verwaltungsprozeß differenziert werden können. Die Arbeit in der industriellen Produktion einerseits und in der industriellen Verwaltung andererseits unterscheidet sich diesem Ansatz zufolge lediglich durch die Art der Arbeitsobjekte und den damit gegebenen Organisierungs- und Technisierungsmöglichkeiten. Versucht man der Analyse des technisch-organisatorischen Wandels in der industriellen Verwaltung den LUTZschen Ansatz zugrunde zu legen, so ergeben sich erhebliche Schwierigkeiten. Diese rühren daher, daß LUTZ seine Thesen letztlich doch allein aus der Entwicklung des industriellen Produktionsprozesses ableitet, ohne die Besonderheiten etwa des Einsatzes der EDV in der industriellen Verwaltung zu berücksichtigen. So erscheint die These, daß mit steigendem Niveau der Einfluß der Technik auf die Arbeit abnimmt, zwar für den Bereich der Industriearbeit plausibel, wo menschliches Arbeitshandeln immer weniger in der unmittelbaren Maschinenbedienung und zunehmend in der Überwachung und Steuerung automatisierter Produktion besteht. Im Verwaltungsbereich hat eine umfassende Technisierung dagegen erst vor 1o bis 15 Jahren eingesetzt. Konsequenz dieser Entwicklung ist, daß die Angestellten, deren Arbeit ja traditionell gerade nicht durch die Technik geprägt ist, in zunehmendem Maße direkt, d.h. als Bediener von Datenverarbeitungsmaschinen, und indirekt, d.h. über die Erstellung des "Inputs" und der Weiterverwendung des "Outputs" der maschinellen Datenverarbeitung mit der Datenverarbeitungstechnologie in Berührung kommen.

LUTZ vertritt weiter die These, daß bei einer installierten Anlage noch Spielräume der Arbeitsorganisation bestehen. Diese These mag wiederum für die Analyse der industriellen Produktion ihren Sinn haben, da man dort davon ausgehen kann,daß bereits durch die Konstruktion der technischen Anlage die daran zu leistende Arbeit in erheblichem Umfang definiert ist und so der Frage Bedeutung zukommt, welcher Spielraum der Veränderung der Arbeitsorganisation nach der Installation der Anlage überhaupt noch besteht. Die EDV-Technik ist im Gegensatz zur traditionellen Produktionstechnik jedoch durch ein hohes Maß an Flexibilität gekennzeichnet, so daß aus den technischen Konstruktionsprinzipien bzw. der Maschinenkonfiguration einer EDV-Anlage allein keine ausreichende Erklärung für die Form der Arbeitsorganisation in der technisierten Verwaltung gefunden werden kann (BRINCKMANN u.a. 1974, S.32). Die EDV-Technik zeichnet sich dadurch aus, daß sie durch Programmierung zu den verschiedensten technischen und kommerziellen Aufgaben eingesetzt werden kann. Das Verhältnis von EDV-Technik und Arbeitsorganisation wird damit durch die je konkrete Nutzung der EDV in einem bestimmten Arbeitsbereich bestimmt.

In der kaufmännischen Verwaltung sind drei Aspekte der EDV-Anwendung auseinanderzuhalten: Zum einen ist das EDV-System Arbeitsmittel, indem es durch Anwendungsprogramme festgelegte Arbeitsschritte in einem Datenverarbeitungsprozeß ausführt und dadurch menschliche Arbeitskraft direkt ersetzt. Zum zweiten ist das EDV-System Organisations- bzw. Kooperationsmittel, indem es interdependente Arbeiten integriert und koordiniert[6] und damit Funktionen übernimmt, die in der traditionellen Industrieverwaltung vor allem arbeitsorganisatorischen Regelungen zukamen. Durch die Programmierung gehen arbeitsorganisatorische Regelungen in das Programmsystem ein, das die Beziehungen der Angestellten zum EDV-System (Dateneingabe- und Datenausgabemodalitäten) definiert und so die Teilarbeiten der Angestellten vermittelt. Das EDV-System ist schließlich im Rahmen der Funktionen der industriellen Verwaltung ein Mittel zur Steuerung und Integration betrieblicher Teilprozesse (Beschaffung, Produktion und Absatz), indem es entsprechende Kontroll- und Entscheidungsinformationen über den gesamten Betriebs- und Geschäftsablauf zur Verfügung stellt.

Die EDV-Anwendung in der Industrieverwaltung ist danach einmal auf die Ebene des Arbeitsprozesses in der Verwaltung ausgerichtet. Der EDV-Einsatz verfolgt hier das Ziel, menschliche Arbeitskraft einzusparen und die verbleibende Arbeitskraft effizienter einzusetzen. Eine zweite Ebene der EDV-Anwendung sind die Steuerungsfunktionen der Industrieverwaltung im Verwertungsprozeß des Unternehmenskapitals. Diese Ebene des EDV-Einsatzes läßt sich theoretisch mit einem ausschließlich arbeitsorientierten Ansatz nicht erfassen, der, wie der LUTZsche Ansatz, Arbeitsprozesse allein nach ihrem jeweiligen Objekt (Sache, Information), nicht aber nach ihrer Funktion differenziert.

Die Klärung der organisatorisch relevanten Anforderungen der Verwaltungsfunktionen erweist sich freilich als erhebliches theoretisches Problem, zu dem im Rahmen dieser "Pilot Study" nur einige vorläufige Überlegungen angestellt werden können. Eine Theorie der industriellen Verwaltung, die die Ebene des Kapitalverwertungsprozesses mit der Ebene des Arbeitsprozesses in der Industrieverwaltung vermittelt, liegt bislang nicht einmal in Ansätzen vor. Bisherige soziologische Theorieansätze zur Industrieverwaltung sind dadurch gekennzeichnet, daß sie auf die ökonomischen Funktionen der industriellen Verwaltung im Verwertungsprozeß des Unternehmenskapitals nicht eingehen (siehe Kapitel 2.2.). Gerade die von ökonomischen Bedingungen und Zielsetzungen bestimmte Stellung der Industrieverwaltung zum betrieblichen Produktionsprozeß einerseits und zum Absatz- und Beschaffungsmarkt andererseits spielt jedoch hinsichtlich des Einsatzes der EDV (siehe insbes. Kapitel 4.3) und der Organisation der Arbeitsprozesse in der Industrieverwaltung (siehe Kapitel 5) eine bedeutende Rolle. Die Funktion der Industrieverwaltung besteht darin, die Beziehungen zwischen Markt und Produktion unter ökonomischen Zielsetzungen zu vermitteln. Diese Vermittlungsfunktion ist dadurch gekennzeichnet, daß kontingente Entwicklungen in der Markt- und Produktionssphäre Anpassungsleistungen in den interdependenten betrieblichen Teilprozessen (Einkauf, Lagerhaltung, Fertigung, Finanzierung, Absatz usw.) erforderlich machen. Auf diese Weise sollen positive oder negative Effekte dieser kontingenten Entwicklungen auf die betriebliche Kapitalverwertung genutzt bzw. abgewehrt werden (siehe Kapitel 2.3). Der Aufbau von computer-gestützten Informationssystemen verfolgt nun das Ziel, die Transparenz und Kontrolle des Unternehmens über die Marktentwicklung und die Betriebsprozesse zu erhöhen, um Realisierungschancen nutzen und konkurrenzbedingte Minderverwertungen von Kapital abwehren zu können. Dabei handelt es sich sowohl um Informationssysteme zur Unterstützung strategischer Planungen der Unternehmensleitungen, wie auch um Informationssysteme auf der Ebene der Fachabteilungen der Industrieverwaltung, deren Aufgabe die Detailsteuerung und Detailabstimmung der betrieblichen Teilprozesse ist.

Die Kontingenz der Beziehungen zwischen Markt und Produktion und die Interdependenz der betrieblichen Teilprozesse sind nicht nur Anlaß, sondern zugleich auch restriktive Bedingung der EDV-Anwendung in der Industrieverwaltung, da sie einer generellen Regelung bzw. Programmierung der Vermittlungsfunktionen der Industrieverwaltung Grenzen setzen. Menschliche Arbeitskraft dürfte in der Industrieverwaltung daher auch weiterhin als flexibles Steuerungselement bei der Bewältigung ungeplanter Situationen erforderlich sein. Anzunehmen ist, daß die genannten Bedingungen industrieller Verwaltung, deren konkrete Ausprägungen wiederum durch betriebsspezifische Bedingungen (Konkurrenzsituation, Produktionsverfahren usw.) bestimmt sind, die Formen der Anwendung menschlicher Arbeitskraft in der Verwaltung (Gestaltung der Kooperation, Autonomiespielräume der Angestellten, Kontrolle der Arbeit usw.) maßgeblich beeinflussen. Es ist daher zu fragen, in welcher Weise sich die Anforderungen der Steuerungsfunktionen der Industrieverwaltung bei der Reorganisation der Arbeit im Zusammenhang mit der Anwendung von EDV-Systemen niederschlagen. Aus der empirischen Untersuchung der Zusammenhänge zwischen den Zwecken und den Arbeitsprozessen der Industrieverwaltung könnten sich wichtige Anhaltspunkte für die Entwicklung einer soziologisch-ökonomischen Theorie der Industrieverwaltung ergeben.

1.3. Die Entwicklung der Datenverarbeitungstechnik

Eine zulängliche Typologie der Datenverarbeitungsmaschinen[7] liegt bislang nicht vor. Weder der GEHLENsche Ansatz, der ausgehend von den "Organmängeln des Menschen", Maschinen "Ergänzungstechniken", "Verstärkertechniken" oder "Entlastungstechniken" zuordnet (GEHLEN 1957, S.8; kritisch hierzu BAHR 197o, S.31), noch die gängige Unterscheidung in Werkzeuge, Arbeitsmaschinen und Automaten läßt sich bei Datenverarbeitungsmaschinen eindeutig durchhalten (siehe PIRKER 1962, S.9ff; ders. 1963, S.44; RHEE 1968, S.34f).

Eine von MÜLLER-LUTZ vorgeschlagene Einteilung von Büromaschinen in :

- Einzweckmaschinen, die nur eine Verrichtung (Schreiben, Rechnen, Prüfen oder Lesen) durchführen können (z.B. Schreibmaschine, Lochkartenprüfer);
- Mehrzweckmaschinen, die mehrere Verrichtungen übernehmen können (z.B. EDV-Anlage);
- Nebenzweckmaschinen, die in einer Art Zwischenträgerfunktion Informationen aufnehmen und wiedergeben, ohne ihren Inhalt zu ändern (z.B. Vervielfältigungsgerät, Diktiergerät)

(MÜLLER-LUTZ 1964, S.124, 131f), bleibt auf der Ebene technischer Konstruktionsprinzipien, ohne nach den Konsequenzen der maschinell ausgeführten, bzw. unterstützten Funktionen für die menschliche Arbeitskraft zu fragen.

Für eine soziologische Analyse der Verwaltungsrationalisierung geeigneter erscheint ein in der neueren Industriesoziologie verwendeter Ansatz, der technische Mittel nach ihrer Eigenfähigkeit, d.h. nach dem Grad, zu dem die technische Apparatur menschliche Eingriffe in den Arbeitsvorgang reduziert, unterscheidet (KERN/SCHUMANN 197o, S.55; LEMINSKY/HELFER 197o, S.25f, 36ff). Die büromaschinentechnische Entwicklung ist dadurch gekennzeichnet, daß die Eigenfähigkeit der auf den Markt kommenden Büromaschinen von den ersten mechanischen Schreib- und Rechenmaschinen über den "Buchungsautomat" und die konventionelle Lochkartenanlage bis hin zur elektronischen Datenverarbeitungsanlage zunahm. Kennzeichen der "konventionellen" Datenverarbeitungsmaschinen (Schreibmaschinen, Buchungsmaschinen usw.) ist, daß menschliches Arbeitshandeln zwar unterstützt, vereinfacht und beschleunigt, jedoch nicht grundsätzlich ersetzt wird (MANN/MOLLE 1964, S.15). Dies gilt auch für den sogenannten "Buchungsautomaten". Hierbei handelt es sich um eine rechnende Schreibmaschine bzw. schreibende Rechenmaschine, die nur bestimmte Arbeitsgänge (z.B. Salden selbsttätig ermitteln und niederschreiben) "automatisch" ausführen kann, ansonsten aber manuell bedient werden muß. Mit dem Einsatz von Lochkartenanlagen wird menschliches Arbeitshandeln erstmals, zumindest partiell ersetzt. Einzelne oder mehrere aneinandergereihte Arbeitsgänge können maschinell abgewickelt werden. Menschliches Arbeitshandeln ist jedoch weiterhin notwendig, um die einzelnen Geräte (Sortierer, Mischer, Tabelliermaschine) für einen geschlossenen Arbeitsgang zu verbinden und den Arbeitsablauf zu kontrollieren. Die Anwendung mechanischer Datenverarbeitungsmaschinen und sonstiger Büromaschinen wird üblicherweise mit dem Begriff "Mechanisierung" gekennzeichnet (BAHRDT 1958, S.67ff; NEULOH 1966, S.128f; GROCHLA 1966, S.31).

Ein qualitativer Sprung in der maschinentechnischen Entwicklung ergibt sich dort, wo Datenverarbeitungsmaschinen in der Lage sind, durch Programmierung und systeminterne Selbstkontrolle einen mehrstufigen Datenverarbeitungsprozeß selbsttätig zu vollziehen. Die Phase der "Automatisierung" beginnt deshalb erst mit der Einführung elektronischer Datenverarbeitungsanlagen (MROSS 1956, S.1of; JAEGGI/WIEDEMANN 1963, S.4; PIRKER 1963, S.146, 15o; NEULOH 1966, S.124f; BRINCKMANN u.a.1974, S.31). Ein qualitativer Unterschied zwischen mechanischen Büromaschinen und EDV-Anlagen liegt auch darin, daß EDV-Anlagen weitreichendere Funktionen im Verwaltungsprozeß übernehmen (siehe S.12).

1.4. Analytische Kategorien zur Erfassung der Struktur der Arbeitsorganisation

Organisatorische Regelungen können nach dem Grad ihres unmittelbaren Bezugs zur konkreten Gestaltung des Tätigkeitsvollzugs differenziert werden. Im Verlauf der historischen Entwicklung der Industrieverwaltungen waren zunächst insbesondere die Struktur des Verwaltungsaufbaus, die Abteilungsbildung und die Kompetenzverteilung Gegenstand organisatorischer Gestaltung. Schon bald versuchten die Unternehmen jedoch, auch die Arbeitsverteilung innerhalb der Abteilungen, die Arbeitsbeziehungen, die Arbeitsdurchführung usw. generellen organisatorischen Regelungen zu unterwerfen. Im Mittelpunkt der folgenden Betrachtungen stehen diese den Arbeitsablauf und die Arbeitsverteilung betreffenden arbeitsorganisatorischen Regelungen im engeren Sinne, von denen anzunehmen ist, daß sie in einem stärkeren Maße als die Regelungen des Unternehmensaufbaus und der Leitungsstruktur einem Anpassungsdruck an veränderte technische Bedingungen unterliegen.

Es kann davon ausgegangen werden, daß der konkrete Tätigkeitsvollzug in der betrieblichen Realität nicht durch die von der Unternehmensleitung geplanten und gewollten arbeitsorganisatorischen Regelungen vollständig determiniert ist bzw. determiniert werden kann; diese bilden vielmehr lediglich einen quasi-objektiven Rahmen, innerhalb dessen sich die Arbeit erst konkretisiert. Der Begriff der Arbeitsorganisation muß deshalb die Möglichkeit einbegreifen, sowohl den Grad organisatorischer Determiniertheit des Arbeitshandelns zu bestimmen als auch die spezifische Differenz zwischen arbeitsorganisatorischer Normierung und realem Vollzug in die Analyse der Arbeitsorganisation einzubeziehen.

Organisatorische Regelungen sind unter einer doppelten Perspektive zu analysieren. Zum einen wirken sie als Mittel der sachlichen Abstimmung und Synthese arbeitsteilig wahrgenommener Aufgaben, zum andern aber sind sie Bestandteil der betrieblichen Herrschaftsorganisation, insoweit ihre Funktion zugleich darin besteht, das von der Unternehmensleitung gewollte Leistungsergebnis des Arbeitshandelns sicherzustellen.

Der doppelte Charakter organisatorischer Regelungen ist vor dem Hintergrund betrieblicher Machtverhältnisse zu interpretieren. Die betriebliche Organisationsstruktur ist durch diese bedingt, sie ist Ausdruck der auf privater Verfügung über das Unternehmenskapital basierenden betrieblichen Herrschaftsverhältnisse, die durch den Gegensatz zwischen Kapital und Arbeit gekennzeichnet sind. Anders als in der Position strukturell-funktionaler Betriebssoziologie muß betriebliche Herrschaft als "systemspezifische" Kategorie ausgewiesen werden; kann die hierarchische Anordnung nicht als in allen sozialen Systemen allgemein übliche angesehen werden (ALTMANN/BECHTLE 1971, S.21ff; LITTEK 1973, S.67f).

Bei der empirischen Analyse technisierter Arbeitsprozesse ist zu fragen, inwieweit arbeitsorganisatorische Regelungen auf technische und funktionale Anforderungen einerseits und Anforderungen der betrieblichen Herrschaftsorganisation andererseits zurückzuführen sind. Dieser Frage soll anhand folgender analytischer Dimensionen der Arbeitsorganisation nachgegangen werden:

(1) Arbeitsteilung, als die Verteilung der Gesamtheit der Arbeitsaufgaben, wie sie sich aus den Funktionen der kaufmännischen Verwaltung ergeben, auf einzelne Tätigkeiten;
(2) Kooperation, als die in der Arbeitsteilung begründete Notwendigkeit der Integration der Teilarbeiten;
(3) Arbeitsautonomie, als Ausdruck der durch organisatorische Regelungen nicht (vollständig) determinierten Bereiche des Arbeitshandelns.

In den Kategorien Arbeitsteilung, Kooperation und Arbeitsautonomie findet der doppelte Charakter der Arbeitsorganisation, zugleich Bestandteil der funktionalen Gliederung wie der Herrschaftsorganisation zu sein, einen je spezifischen Ausdruck. So ist die Arbeitsteilung einerseits die funktional notwendige Verteilung konkreter Arbeitsaufgaben und andererseits Mittel der Unternehmensleitung Fachkompetenzen und Leitungsfunktionen nach Gesichtspunkten der Sicherung betrieblicher Herrschaft zuzuteilen. Zur Erreichung des angestrebten Arbeitsergebnisses müssen die Teilarbeiten zu einer abgestimmten Gesamtarbeit zusammengefügt werden. Auch wenn der Zusammenhang der Teilarbeiten weitgehend durch Mittel der Leitung (Normierung, Anweisung, Kontrolle) hergestellt wird, so sind es doch die ausführenden Angestellten , die den kooperativen Arbeitsprozeß vollziehen müssen. Die ihnen aus funktionalen Gesichtspunkten zu überlassenden Handlungsspielräume stellen wiederum potentielle Gefährdungen betrieblicher Herrschaft dar.

Zu (1) Arbeitsteilung: Die arbeitsteilige Bewältigung der Aufgaben der kaufmännischen Verwaltung wird ab einer bestimmten Unternehmensgröße unabdingbar. Die Tatsache der Arbeitsteilung an sich bedarf deshalb keiner besonderen Begründung, entscheidend ist vielmehr die Form der in den Verwaltungen praktizierten Arbeitsteilung.

Analytisch kann zwischen einer horizontalen und einer vertikalen Dimension der Arbeitsteilung unterschieden werden. Die Arbeitsteilung auf einer horizontalen Ebene führt zu einer Ausdifferenzierung von kaufmännischen Fachgebieten, die ihrerseits in Teilarbeiten mit zunehmender Verengung der fachlichen Inhalte und Kompetenzen weiter untergliedert werden. Ergebnis vertikaler Arbeitsteilung ist die Verteilung der Leitungskompetenzen in der kaufmännischen Verwaltung.

Zu (2) Kooperation: Bisherige industriesoziologische Untersuchungen von Kooperationsverhältnissen stützen sich auf Kategorien, die dem kooperativen Charakter der Arbeit nur in jeweils spezifisch verkürzter Weise gerecht werden.

So beschränken sich POPITZ u.a. (1964, S.34, 38ff) bei ihrer Untersuchung von Kooperationsformen in Hüttenwerken auf die technisch vermittelte Zusammenarbeit und klammern die nur organisatorisch hergestellte Arbeitsteilung bewußt aus.

In kritischer Auseinandersetzung mit POPITZ u.a. beziehen KERN/SCHUMANN zwar neben der technisch auch organisatorisch vermittelte und informelle Beziehungen in ihre Kooperationsanalyse ein, ihr Kooperationsbegriff - sie verstehen unter Kooperation:

"Jene sozialen Verhältnisse ... in denen Personen zur Förderung eines ihnen allen gemeinsamen Arbeitszieles und in enger zeitlicher Verbindung wechselseitig aufeinander einwirken" (KERN/SCHUMANN 197o, S.69) - bleibt jedoch insoweit unbefriedigend, als er sich auf die Ebene des unmittelbaren Arbeitsplatzes beschränkt und hierarchische Verhältnisse außer acht läßt.

JAEGGI/WIEDEMANN (1963, S.115) orientieren sich bei ihrer Auslegung des Kooperationsbegriffs an dessen assoziative Bindung in der Alltagssprache und wollen nur jene horizontale Zusammenarbeit mit dem Kooperationsbegriff belegt wissen, "die innerhalb einer Gruppe weitgehend spontan erfolgt und tatsächlich auch gemeinte und gewünschte Zusammenarbeit ist".

Ausgehend von der MARXschen Kooperationsanalyse (vgl. MARX 1974a, 11., 12. und 13. Kapitel) unternimmt PÖHLER (1969) den Versuch,einen sozialwissenschaftlichen Ansatz der Kooperationsanalyse zu entwickeln und damit die Kooperationsformen der Unternehmensverwaltung zu untersuchen. Offensichtlich an die bereits bei MARX angedeutete Trennung zwischen dem Zusammenhang der Teilarbeiten als Konsequenz arbeitsteiliger Produktion einerseits und die kooperativen Funktionen der Vermittlung und Überwachung der Teilarbeiten (bei MARX: "kapitalistische Leitung") andererseits anknüpfend, hält es PÖHLER für notwendig, eine analytische Unterscheidung zwischen den eigentlichen Kooperationsbeziehungen und den Formen und Mechanismen ihrer Steuerung und Regelung vorzunehmen. Kooperationsbeziehungen kennzeichnet PÖHLER als gegenseitig intendierte, über sprachliche oder nicht-sprachliche Medien vermittelte und damit kommunikativ begründete, auf Arbeitsprozesse ausgerichtete soziale Beziehungen. (S.178f). Nach dem Grad ihrer formalen Strukturierung unterscheidet er formalisierte, d.h. durch die Planung der Arbeitsaufgaben, Arbeitsverteikung und Arbeitsablauf vorgegebene Kooperationsbeziehungen und informelle Kooperationsbeziehungen, die nach PÖHLER dadurch charakterisiert sind, "daß die Kooperierenden von Fall zu Fall bestimmte Beziehungen eingehen, ohne daß eine formelle Definition der Beziehungen vorgegeben ist" (S.211).

Die Steuerung und Regelung von Kooperationsbeziehungen unterscheiden sich nach PÖHLER dadurch, daß bei der "Steuerung die

Impulse von außen in das System eingegeben werden, während bei Regelung die Impulse innerhalb des Systems auf der Grundlage eines Regelungsschemas erfolgen" (S.176). Als alternative Formen der Steuerung von Kooperationsbeziehungen, durch welche die Funktionen der Koordination und Kontrolle der Arbeitsprozesse und der Integration von Zielen erfüllt werden, gelten die "hierarchische Steuerung", bei der die Steuerungsfunktionen von Positionsinhabern der skalaren Organisation wahrgenommen werden, und die "sozial-funktionale Steuerung", bei der die Steuerungsimpulse von den mit der entsprechenden fachlichen Kompetenz ausgestatteten Funktionsträgern ausgehen. Bei der Regelung unterscheidet er zwischen "Arbeitsprozeß-Regelung" durch Arbeitsorganisation und "technischer Regelung" durch Maschinensysteme (S.178ff). Sowohl bei der "hierarchischen Steuerung", wie bei der "sozial-funktionalen Steuerung", wird die Koordination über Personen hergestellt, während die Koordination im Falle der "Arbeitsprozeß-Regelung" im formalen Regelsystem und bei der "technischen Regelung" im technischen System objektiviert ist.

Da sich die "technische Regelung" definitionsgemäß auf ein technisches System bezieht, bilden die "hierarchische Steuerung", die "sozial-funktionale Steuerung" und die "Arbeitsprozeß-Regelung" Formen der Steuerung bzw. Regelung von Arbeitsbeziehungen.

Für die empirische Analyse der Kooperation in der kaufmännischen Verwaltung können dem PÖHLERschen Ansatz wichtige kategoriale Differenzierungen entnommen werden. Die analytische Unterscheidung zwischen der Ebene der Arbeitsbeziehungen und der Ebene ihrer Steuerung bzw. Regelung macht deutlich, daß von der empirischen Beobachtung von Arbeitskontakten zwischen ausführenden Angestellten noch nicht unmittelbar auf Handlungsspielräume der Beschäftigten geschlossen werden kann. Hierzu muß zunächst die Form der Koordination der Teilarbeiten untersucht werden. Wird die Koordination durch hierarchische Instanzen (bei PÖHLER "hierarchische Steuerung") oder formale Regelsysteme (bei PÖHLER "Arbeitsprozeß-Regelung") hergestellt, so sind die kooperativen Funktionen der Ebene der unmittelbaren Kooperation der Ausführenden (bei PÖHLER "sozial-funktionale Steuerung", im folgenden als "horizontale Kooperation" bezeichnet) entzogen und auf der Ebene des betrieblichen Leitungssystems ("vertikale Kooperation") konzentriert.

Die alternativ oder kombiniert angewandten Formen der Koordination müssen aus der Sicht des Unternehmens den doppelten Zweck erfüllen, zugleich Leistung und Herrschaft sicherzustellen. Zwischen der Form der Koordination und den Spezifika der zu koordinierenden Teilarbeiten ist ein Zusammenhang dahingehend zu vermuten, daß die Möglichkeit einer generellen Regelung der Arbeitsbeziehungen mit steigender Gleichförmigkeit der Teilarbeiten wächst[8].

Zu (3) Arbeitsautomonie: Unter der Kategorie Arbeitsautonomie werden in der Industriesoziologie gewöhnlich Freiheitsgrade individuellen Arbeitshandelns im Rahmen extern gesetzter Normen beschrieben. So sprechen KERN/SCHUMANN (197o, S.66) von Dispositionschancen des Arbeiters, "wenn ihm die Möglichkeit gegeben ist, den Ablauf seiner Arbeit eigenständig zu planen und auszuführen". SCHUMM-GARLING (1972, S.129) wendet sich zu Recht dagegen, die Kategorie "Dispositionschance" allein auf die Eigenständigkeit am Arbeitsplatz zu beziehen; diese müsse vielmehr die betrieblichen Entscheidungsstrukturen und Kooperationsverhältnisse mitumfassen[9]. In der industriesoziologischen Forschung wird der Analyse von Handlungsspielräumen unter mehreren Aspekten eine zentrale Bedeutung beigemessen: In dem Grad der Determination des Arbeitshandelns wird eine wesentliche Determinante einmal der Art und des Umfangs der von einer Tätigkeit abverlangten Qualifikationen (HACKER 1973, S.212; GERSTENBERGER u.a. 1974, S.83; BOEHM u.a. 1974, S.145) und zum andern die Chance zur Entfaltung und Weiterentwicklung von Arbeitsvermögen gesehen (FRICKE 1975, S.34f). Schließlich werden Handlungsspielräume als Lücken des betrieblichen Herrschaftssystems interpretiert, die Voraussetzung für die Entstehung individueller oder kollektiver Gegenmacht abhängig Beschäftigter sind (siehe LUTZ 1974, S.34). Arbeitsautonomie kommt daher der spezifische Charakter zu, funktionale Notwendigkeit im Hinblick auf das Arbeitsergebnis und damit Ausdruck der Abhängigkeit des Unternehmens vom qualifizierten Arbeitshandeln der abhängig Beschäftigten, Anforderung und Chance zur Entfaltung beruflicher Kompetenzen, Gegenstand von Bedürfnissen und Mittel der Unternehmensleitung zur Ausschöpfung von Leistungsreserven (SCANLAN 1973, S.12o) zu sein. Zugleich stellt sie ein Instrument in der Hand der abhängig Beschäftigten dar, um Leistungsansprüche der Unternehmensleitung abzuwehren.

Mittel externer Normierung von (prinzipiell beschränkten) Handlungsspielräumen sind organisatorische Regelungen (schriftliche, mündliche Anweisungen, formale arbeitsorganisatorische Regelungen),das betriebliche Sanktions- und Kontrollsystem, sowie technische und nicht-technische Arbeitsmittel (Büromaschinen, Formulare usw.). In ihnen treten den Angestellten die von der Unternehmensleitung angeeigneten kooperativen Funktionen entgegen.

Zu fragen wäre, welche Dimensionen des Arbeitshandelns durch welche Mittel in welchem Umfang extern normiert werden und inwieweit und in welchem Umfang den Angestellten die Chance und Notwendigkeit zu selbstbestimmtem Arbeitshandeln verbleibt.

Für empirische Zwecke erweist es sich als nützlich, die allgemeine Kategorie der Arbeitsautonomie entsprechend verschiedener Dimensionen des Arbeitshandelns kaufmännischer Angestellter durch die Kategorien Tätigkeitsspielraum und Entscheidungsspielraum weiter zu differenzieren: Unter der Kategorie Tätigkeitsspielraum soll die Anforderung bzw. Möglichkeit verstanden werden, die eigene Arbeit zeitlich und methodisch zu gestalten, d.h. den Zeitpunkt des Arbeitseinsatzes, die Arbeitsgeschwindigkeit, die Reihenfolge der Arbeitsaufgaben und die Arbeitsmethode zu bestimmen und Formen, Inhalte und Zeitpunkte von Arbeitsbeziehungen festzulegen.

Unter der Kategorie Entscheidungsspielraum werden die Anforderungen bzw. Möglichkeiten gefaßt, ökonomische Entscheidungen zu treffen. Ökonomische Entscheidungen sind Handlungen im Kapitalverwertungsprozeß, durch die es zu einer potentiellen Minder- oder Höherverwertung von Kapital kommen kann.

Während sich die Kategorie Tätigkeitsspielraum auf die Verfügung über zeitliche und sachlich-arbeitsmethodische Bestimmungen der eigenen Tätigkeit richtet, bezieht sich die Kategorie Entscheidungsspielraum (zum Begriff "ökonomische Entscheidung" siehe auch Kapitel 5.3.3.) damit auf die bei Sachbearbeiterpositionen allerdings nur in begrenztem Umfang anzutreffende Möglichkeit der Verfügung über Kapital.

1.5. Anmerkungen zur Untersuchungsmethode

Aufgrund des bislang nur sehr geringen empirisch-soziologischen Wissens über den technisch-organisatorischen Wandel in der kaufmännischen Industrieverwaltung kann es hier nur darum gehen, in Form einer "Pilot Study" die in Frage stehenden Sachverhalte einer qualitativen Analyse anhand ausgewählter Einzelfälle zu unterziehen, um so zu empirisch plausiblen Hypothesen über die Veränderungen der kaufmännischen Arbeit in Industrieverwaltungen zu kommen. Auf eine quantifizierende Überprüfung dieser Thesen muß deshalb notwendig verzichtet werden und späteren Untersuchungen auf einer breiteren Basis vorbehalten bleiben. Es wird allerdings davon ausgegangen, daß die untersuchten Fälle nicht untypisch für die Anwendung der EDV-Technik in kaufmännischen Industrieverwaltungen sind.

Fragestellung der Untersuchung und Untersuchungsansatz sprachen für ein Untersuchungsdesign, das insbesondere darauf angelegt ist, kaufmännische Verwaltungen vergleichbarer Industrieunternehmen gegenüberzustellen, die einen unterschiedlichen Entwicklungsstand der eingesetzten EDV-Technik (Off-line-Verfahren versus On-line- bzw. Real-time-Verfahren) aufweisen, um so den Einfluß der EDV-Technik als Bedingung der Arbeitsorganisation isolieren zu können. Dieses Vorhaben konnte aufgrund eingeschränkter Möglichkeiten, Zugang zu Betrieben zu erhalten, nur bedingt eingelöst werden. Zudem zeigte sich im Verlauf der empirischen Untersuchungen, daß der Entwicklungsstand des Maschinensystems und der Entwicklungsstand des Programmsystems, wie er sich insbesondere im Integrationsgrad der betrieblichen Datenverarbeitungsprozesse ausdrückt, partiell voneinander unabhängig sind. Die eher maschinentechnische Unterscheidung von On-line- und Off-line-Verfahren ist damit zwar ein wesentlicher, aber noch nicht ein umfassender Indikator für den Entwicklungsstand eines EDV-Systems. Für die Betriebsauswahl ist der Entwicklungsstand des Programmsystems allerdings ein kaum praktikables Kriterium, da seine Ermittlung Informationen über das betriebliche Datenverarbeitungssystem voraussetzt, die vorab kaum zu erhalten sein dürften.

1.5.1. Zur Auswahl der Untersuchungseinheiten

Der Versuch, einen historischen Prozeß (den technisch-organisatorischen Wandel in der Industrieverwaltung) und die seine Entwicklungsdynamik auslösenden Bedingungen und Interessen abzubilden, steht vor dem Problem, in der empirischen Analyse nur jeweils Momentaufnahmen zeichnen zu können, die die Untersuchungseinheit in einem bestimmten historischen Entwicklungsstand beschreiben.

Um dennoch die Dynamik des technisch-organisatorischen Veränderungsprozesses erfassen zu können, bieten sich methodisch zwei Wege an: zum einen könnten die untersuchungsrelevanten Strukturdaten der gleichen Untersuchungseinheit zu verschiedenen Zeitpunkten, also beispielsweise vor und nach der Umstellung eines Arbeitsprozesses auf elektronische Datenverarbeitung, erhoben werden (Zeitvergleich oder Längsschnittvergleich); zum andern könnte die Erhebung nur einmal zu einem bestimmten Zeitpunkt, aber in verschiedenen, anhand ihrer Strukturdaten vergleichbaren Untersuchungseinheiten, die jeweils ein bestimmtes Entwicklungsstadium der EDV-Anwendung repräsentieren, vorgenommen werden (Strukturvergleich oder Querschnittsvergleich)(LUTZ 197o, S.318; LEMINSKY/HELFERT 197o, S.86). Beide Verfahren sind in theoretischer wie praktischer Hinsicht mit spezifischen Vor- und Nachteilen verbunden. Die exakte strukturelle Vergleichbarkeit verschiedener Untersuchungseinheiten setzt eine genaue Kenntnis der strukturellen Gemeinsamkeiten und Differenzen voraus. Demgegenüber könnten beim Zeitvergleich die festgestellten Unterschiede unter Anwendung der Ceteris-paribus-Klausel auf den Zustand der Untersuchungseinheit vor der technischen Veränderung bezogen werden.

Ein reiner Zeitvergleich wäre im Rahmen dieser Arbeit allein schon aus Gründen der für das Vorhaben gesetzten Zeitrestriktion nur schwerlich zu realisieren gewesen. Aber selbst bei einer zeitlichen Verlängerung der Feldphase hätten sich unter den gegebenen Zugangsbedingungen zu Industrieverwaltungen wohl kaum geeignete Unternehmen gefunden, die einem Vergleich sowohl vor wie auch nach der Umstellung zugestimmt hätten. Hinzu kommt, daß eine sinnvolle Einschätzung von Veränderungen der objektiven Arbeitsbedingungen durch eine technische Umstellung erst nach

Abschluß einer längeren Anlaufphase möglich ist. Nach Expertenmeinung kann eine solche "Reifephase", in der meist immer wieder kleinere Änderungen der Programme und der Arbeitsabläufe vorkommen, je nach Komplexität des Sachgebietes, bis zu einem Jahr dauern[10]. So haben Unternehmen, in denen die empirischen Erhebungen durchgeführt wurden, beispielsweise Personalreduzierungen im Zusammenhang mit Verbesserungen des EDV-Systems teilweise erst nach der Routinisierung des neuen Arbeitsablaufs in der Fachabteilung vorgenommen.

Auch die Realisierung des ursprünglich geplanten Strukturvergleichs stieß auf unüberwindbare praktische Schwierigkeiten, die in der Betriebsauswahl bzw. in den Hindernissen des Betriebszugangs begründet lagen. Da das variierende Strukturmerkmal das Entwicklungsniveau der EDV-Anwendung sein sollte, wurde nach Unternehmen gesucht, die einerseits unterschiedliche Anwendungsstadien der EDV-Technik repräsentieren, andererseits jedoch in einer Reihe von Strukturmerkmalen, die wesentliche Rahmenbedingungen des EDV-Einsatzes darstellen, wie z.B. Unternehmensgröße, Produktionsprogramm, Kundenstruktur, Unternehmensverbindungen, Standort usw., weitgehend übereinstimmen. Die geeignete Informationsquelle für die Planung eines Untersuchungssamples, das den Anforderungen eines Strukturvergleichs hinsichtlich der vorliegenden Fragestellung genügen könnte, wären die Kundendatenbanken größerer Hersteller von EDV-Anlagen gewesen. Diese standen jedoch einer entsprechenden Bitte aus, wie es in einem Antwortschreiben hieß, "grundsätzlichen Erwägungen", die es nicht zuließen, eine Bewertung des technischen Entwicklungsstandes von Kunden gegenüber Dritten vorzunehmen, ablehnend gegenüber.

In langwierigen Bemühungen konnten schließlich über die verschiedensten Kontaktpersonen dennoch fünf Unternehmen gefunden werden, die bereit waren, die geplante Untersuchung in ihren Verwaltungen durchführen zu lassen[11]. Allerdings entsprach das nun gegebene Sample nur noch bedingt den für einen Strukturvergleich vorauszusetzenden Anforderungen. Es erwies sich zudem als notwendig, zugleich in jedem Einzelfall die vergangene und zukünftig geplante technisch-organisatorische Entwicklung mitzuerheben, da es nur so möglich war, die vorgefundenen technisch-organisatorischen Strukturen mit betrieblichen Rationalisierungsinteressen in Beziehung zu setzen. Dabei mußten freilich die bekannten Probleme der Rekonstruktion vergangener Zustände in

Kauf genommen werden (siehe hierzu LUTZ 197o, S.318). Um Verzerrungen durch lückenhaftes Erinnerungsvermögen einzelner Befragter möglichst zu vermeiden, wurden mehrere Personen hierzu befragt (Abteilungsleiter, Sachbearbeiter und EDV-Organisationsexperten) und zusätzlich verfügbares betriebliches Material (Stellenbeschreibungen, Organisationspläne) herangezogen.

Der ursprünglich auf einen reinen Strukturvergleich angelegte Forschungsansatz läuft damit auf einen Quasi-Zeitvergleich mit ergänzenden Strukturvergleichen hinaus.

Die Sampelgröße und die monographische Methode unterwerfen die Interpretation des gewonnenen Materials gewissen Restriktionen. Durch die monographische Methode können zwar soziale Zusammenhänge am deutlichsten in ihrer Gesamtheit dargestellt werden, dafür wird jedoch der Schluß vom Einzelfall auf allgemeine Entwicklungstendenzen schwieriger. Die gewählte Methode legitimiert sich durch den bislang sehr defizitären soziologischen Wissensstand über Probleme des technischen Wandels in der Industrieverwaltung, wodurch es zunächst eher darauf ankommt, Sachverhalte sichtbar zu machen und Zusammenhänge auszuspüren. Mehr als empirisch plausible Hypothesen sind deshalb im Rahmen dieser Arbeit nicht beabsichtigt[12]. Die Analyse von Einzelfällen technischen Wandels bedeutet indes noch nicht zwangsläufig, daß das hierbei gewonnene Material keinerlei verallgemeinernde Aussagen zuläßt. Vorsichtige Verallgemeinerungen sind immer dann möglich, wenn berechtigte Vermutungen vorliegen, daß der ausgewählte Einzelfall exemplarischen Charakter besitzt. Der exakte Nachweis eines solchen Modellcharakters stellt allerdings hohe Anforderungen an die Betriebsauswahl, die bislang von kaum einer industriesoziologischen Studie realisiert werden konnten (vgl. LUTZ 197o, S.319).

Eine Durchsicht der einschlägigen Fachzeitschriften und die Befragung von Experten ergab, daß es gerechtfertigt erscheint, das Unternehmen B als Modellfall für die Anwendung der EDV-Technik im Off-line-Verfahren und das Unternehmen A als Modellfall für die Anwendung der EDV-Technik im Real-time-Verfahren anzusehen (Angaben zu den Unternehmen finden sich im Anhang 8.1).

Ein zentrales methodisches Problem bestand darin, die konkreten Untersuchungseinheiten festzulegen. Hierzu kamen verschiedene Ansätze in Betracht. Zunächst war geplant, von Arbeitsplätzen "gelernter" Industriekaufleute auszugehen, da angenommen wurde, daß sich diese weitgehend mit den Sachbearbeiterpositionen in den kaufmännischen Fachabteilungen decken. Wie sich indes bei ersten Kontaktgesprächen in den Unternehmen herausstellte, waren Industriekaufleute zwar überwiegend, jedoch nicht ausschließlich als Sachbearbeiter eingesetzt. Sie fanden sich vereinzelt auch in untergeordneten Positionen, teilweise aber auch in Abteilungsleiterpositionen[13]. Andererseits waren Sachbearbeiterpositionen in den kaufmännischen Fachabteilungen relativ häufig mit Angehörigen anderer kaufmännischer Lehrberufe (z.B. Großhandelskaufmann, Einzelhandelskaufmann, Bankkaufmann, Speditionskaufmann) oder nicht-kaufmännischer Berufe (z.B. Techniker oder ehemaliger Meister) besetzt. Eine berufsbezogene Bestimmung der Untersuchungseinheiten wäre damit von den Besonderheiten der betrieblichen Personalpolitik abhängig gewesen und hätte Veränderungen in der Zuweisung von Tätigkeiten zu Personen als Strategien der Unternehmensleitung im Zusammenhang mit technisch-organisatorischen Rationalisierungsmaßnahmen aus der Analyse ausgeklammert. Schließlich hätte eine solche Auswahl zu einer punktuellen Erhebung an einzelnen Arbeitsplätzen geführt, ohne dabei die kooperationen Zusammenhänge in systematischer Weise mit einbeziehen zu können.

Eine Alternative zu einem berufsbezogenen Ansatz besteht darin, von typischen Sachbearbeiter-Arbeitsplätzen auszugehen. Anhaltspunkte für eine Auswahl bietet die Untersuchung von MANN/MOLLE (1964, S.24f), wo als solche ermittelt wurden: Auftragssachbearbeiter, Vor-Kalkulator, Kaufmännischer Fertigungsplaner, Einkaufssachbearbeiter, Verkaufssachbearbeiter, Exportsachbearbeiter, Lagerist, Lagerverkäufer, Versandsachbearbeiter, Frachtsachbearbeiter, Organisationssachbearbeiter, Personalsachbearbeiter, Sozialsachbearbeiter, Arbeitsentgelt-Sachbearbeiter, Fakturist, Rechnungsprüfer, Kassierer, Buchhalter, Betriebsabrechner, Betriebsstatistiker.

Gegen die Wahl des Arbeitsplatzes bzw. der Tätigkeit als Ausgangspunkt der empirischen Analyse des technischen Wandels wurden von LUTZ (1969, S.236 Anm.12) vor allem aus zwei Gründen methodische Bedenken erhoben: Da das Ziel der technischen Entwicklung in der zunehmenden Ausschaltung menschlicher Arbeit und der zunehmenden Organisierung von Produktionsabläufen liege, könne "Einheit der empirischen Analyse nicht jene Größe sein, die gerade durch diese Tendenzen fundamental verändert, ja tendenziell ausgeschaltet wird". Zudem könnten Arbeitsplatzveränderungen nicht als unmittelbares Resultat technischer Veränderungen angesehen werden, hier seien vielmehr soziale Bedingungen als zentrale Einflußgrößen mit zu berücksichtigen. LUTZ plädiert deshalb für eine prozeßorientierte Analyse der technisch-organisatorischen Entwicklung (siehe auch S. 9f).

Wie die empirischen Erfahrungen zeigen, wäre ein ausschließlich tätigkeitsbezogener Ansatz für die Untersuchung der sozialen Auswirkungen des Einsatzes und der Weiterentwicklung der EDV in der kaufmännischen Verwaltung in der Tat ungenügend. Ähnlich dem berufsorientierten Ansatz könnten Veränderungen betrieblicher Arbeitsteilung und der Informationsfluß und damit die Kooperationswege im Unternehmen nur ungenügend erfaßt werden; dies gilt um so stärker, je höher der Integrationsgrad der betrieblichen Datenverarbeitung ist und je mehr die EDV nicht mehr nur isolierte Teilbereiche, sondern das gesamte Unternehmen umfaßt. Ebenso könnte die Umverteilung von Arbeitsaufgaben in Verbindung mit der technischen Rationalisierungsmaßnahme nicht erkannt werden[14].

Indes erweist sich die Umsetzung eines prozeßbezogenen Ansatzes als außerordentlich schwierig. Zunächst wäre eine Abgrenzung der zu untersuchenden Prozesse vorzunehmen. LEMINSKY/HELFERT (197o, S.79) schlagen vor, hierbei von Funktionseinheiten als relativ abgeschlossenen und abgrenzbaren Aufgabenkomplexen auszugehen, wobei die Funktionseinheiten nach dem Kriterium der relativen Unabhängigkeit gegenüber anderen Bereichen und dem relativ stärkeren funktionalen Zusammenhang im Inneren zu bestimmen seien. Nun sind in der kaufmännischen Verwaltung einzelne Funktionsbereiche nur schwer voneinander zu isolieren. Anders als beispielsweise in einer Bank, wo die einzelnen Abteilungen (Spar-, Devisen-, Wertpapierabteilung usw.) als weitgehend selbständige Funktionsbereiche jeweils einen bestimmten Kundenkreis betreuen, greifen die Arbeitsabläufe in der Industrieverwaltung stärker simultan ineinander (JAEGGI/WIEDEMANN 1963, S.24, 97). Die Funktionsprozesse in der Industrieverwaltung sind deshalb in der Regel nicht deckungsgleich mit den formalen Organisationsstrukturen (PÖHLER 1969, S.151ff). Damit wird aber selbst dem fachkundigen Sozialforscher eine Vorab-Festlegung der Untersuchungseinheiten ohne eingehendes Studium der jeweiligen Funktionszusammenhänge kaum möglich sein.

Es wurde schließlich ein zugleich tätigkeits- und prozeßorientierter Ansatz gewählt, wobei das jeweilige Schwergewicht der Analyse von den konkreten Bedingungen der Arbeitsorganisation abhing.

In die Untersuchung einbezogen werden sollten bevorzugt die Bereiche: Materialdisposition, Einkauf, Verkauf (Auftragsabwicklung und Kundenbetreuung), Debitorenbuchhaltung und Betriebsabrechnung, da sie nach Hinweisen in der Literatur (siehe die Studien von BORRIS 1972 und MANN/MOLLE 1964) sowie in den Expertengesprächen Schwerpunkte des Einsatzes kaufmännischer Fachangestellter darstellen. In Vorgesprächen mit den jeweiligen Bereichs- oder Abteilungsleitern wurden nähere Erkundigungen über die Arbeitsabläufe und Tätigkeiten in den Abteilungen angestellt, auf deren Grundlage zunächst ein für die Abteilung typischer Sachbearbeiter-Arbeitsplatz ausgewählt werden konnte. Je nach den gewonnenen Erkenntnissen über die Funktionszusammenhänge und Formen der Arbeitsteilung wurde die Analyse auf Arbeitsplätze innerhalb und teilweise auch außerhalb der Abteilung erweitert, um so einen Arbeitszusammenhang möglichst weitgehend erfassen zu können.

1.5.2. Zur Bestimmung der Erhebungsverfahren

Die eingesetzten Erhebungsverfahren müssen dem Vorhaben, objektive Daten über einen bislang weitgehend unerforschten Bereich gesellschaftlicher Arbeit zu gewinnen, gerecht werden.

Um das Untersuchungsfeld möglichst intensiv ausleuchten zu können, erschien es angebracht, mehrere auf objektive Sachverhalte bezogene Erhebungsverfahren: das Intensivinterview, die Arbeitsplatzbeobachtung, das Experteninterview und die Auswertung betrieblicher Unterlagen, kombiniert anzuwenden[15].

Die Analyse objektiver Veränderungen wie etwa SCHIEFER (1969) allein auf der Basis von Interviews durchzuführen, muß als problematisch angesehen werden. KERN/SCHUMANN (197o, S.3o) nennen hierfür drei wesentliche Gründe, die nach den gemachten empirischen Erfahrungen auch im Angestelltenbereich die Brauchbarkeit der Interviewmethode einschränken:

"(1) Das Interview allein eignet sich nur dazu, die subjektiven Reaktionen des Befragten auf die objektiven Gegebenheiten seiner Arbeit festzustellen; die objektiven Verhältnisse selbst spiegeln sich jedoch in den Befragungsergebnissen nur in gebrochener Form. Ein objektives Bild der Arbeit erschließt sich daher nur unter der Voraussetzung, daß der Forscher in der Lage ist, die Befragungsergebnisse zu relativieren und zu ergänzen, und dies setzt eine eigene, außerhalb des Interviews gewonnene Kenntnis der Arbeit voraus. (2) Die Kategorien, mit denen eine soziologische Analyse der Industriearbeit durchgeführt werden muß, sind oft so abstrakt, daß sie sich nicht in einer Form operationalisieren lassen, die dem konkreten, anschaulichen Denken der Arbeiter entspricht. Verständnisschwierigkeiten auf seiten des Befragten und auf Mißverständnis beruhende Antworten sind unter diesen Bedingungen nicht vermeidbar. (3) Der Arbeiter ist gewohnt, sich in konkreter und anschaulicher Form über seine Tätigkeiten zu äußern. Die Angaben, die er über seine Arbeit macht, stoßen daher beim Untersuchenden auf Verständnis- und Interpretationsschwierigkeiten, solange dieser nicht über detaillierte Kenntnis der Arbeit des Befragten verfügt."

Um Verzerrungen in den Aussagen über die Objektivität der Arbeit einzuschränken, schlagen KERN/SCHUMANN deshalb vor, zusätzlich zum Interview systematische Arbeitsplatzbeobachtungen durchzuführen.

Der Anwendung der Beobachtungsmethode im kaufmännischen Verwaltungsbereich steht jedoch das Problem entgegen, daß das Sinnverstehen des Arbeitshandelns kaufmännischer Angestellter durch visuelle Wahrnehmung im Rahmen einer zeitlich begrenzten Arbeitsplatzbeobachtung allein nicht gesichert werden kann. Hierfür gibt es mehrere Gründe:

(1) Die Tätigkeiten bestehen weniger aus manuellen Hantierungen, sondern verlaufen vorwiegend als Denkprozesse, die sich einer unmittelbaren Anschauung entziehen.

(2) Insbesondere bei qualifizierten kaufmännischen Sachbearbeitern fallen nicht alle Arbeitsaufgaben innerhalb eines vom Zeitaufwand her vertretbaren Beobachtungszeitraums an, sondern streuen unregelmäßig oder sind an bestimmte Termine (z.B. Monats- und Jahresabschluß) gebunden.

(3) Kooperationsprozesse können sich auf einen längeren Zeitraum erstrecken, da zwischen den Arbeitskontakten jeweils länger dauernde Arbeiten liegen oder bestimmte Reaktionen von Kunden oder Lieferanten abgewartet werden müssen.

(4) Kooperationsprozesse verlaufen vielfach nicht im direkten persönlichen Kontakt der Kooperierenden, sondern über Telefongespräche, den Belegverkehr usw., ohne daß durch Beobachtung ermittelt werden könnte, wer der jeweilige Kooperationspartner ist und auf welchen Geschäftsvorfall sich der Kooperationsprozeß bezieht.

Um die Arbeitsplatzbeobachtung bei kaufmännischen Sachbearbeitertätigkeiten anwenden zu können, muß diese deshalb notwendig durch klärende Gespräche mit dem "Beobachteten" ergänzt werden[16].

1.5.3. Zur praktischen Durchführung der Feldarbeit

Die Schwerpunkte der empirischen Feldarbeit lagen in den Unternehmen A und B. Abgesehen von der besonderen Kooperationsbereitschaft von Teilen der Unternehmensleitung liegt dies darin begründet, daß die Unternehmen durch einige Gemeinsamkeiten gezeichnet sind, die eine gewisse Vergleichbarkeit ergeben. Die wichtigsten gemeinsamen Merkmale sind, daß beide Unternehmen:

- Tochtergesellschaften eines multinationalen Konzerns mit Sitz in den USA sind, dessen Produktions- und Vertriebsnetz jeweils weltweit organisiert ist;
- ihren Schwerpunkt im Vertrieb haben, nur einen kleinen Teil ihres Verkaufsvolumens in Deutschland produzieren und ansonsten den deutschen Markt mit fertig bezogenen Produkten der europäischen und außereuropäischen Schwestergesellschaften beliefern (was in einem hohen Anteil kaufmännischer Angestellter an der Zahl der Beschäftigten zum Ausdruck kommt);
- einer strengen Rentabilitätskontrolle durch die Konzernzentrale unterliegen (z.B. genaue Vorgabe des zu erzielenden Gewinns, Kontrollen des Geschäftsgebarens durch eine zentral gelenkte interne Revision), die insbesondere dafür sorgt, daß rentable technisch-organisatorische Rationalisierungsmaßnahmen möglichst konsequent durchgesetzt werden und deshalb die An-

passung der Tochtergesellschaften an die voranschreitende technologische Entwicklung betreibt;

- etwa die gleiche Größe aufweisen;
- den gleichen regionalen Standort haben;
- die Fertigung überwiegend auf standardisierte Großserienprodukte ausgerichtet ist.

Wesentlich ist schließlich, daß die Unternehmen A und B jeweils unterschiedliche Stufen der EDV-Anwendung (Real-time- versus Off-line-Verfahren) repräsentieren, so daß bestimmte Vergleiche hinsichtlich unterschiedlicher technischer Bedingungen bei der Gestaltung der Arbeitsorganisation angestellt werden können.

Im Unternehmen B konnten die Bereiche Verkauf, Debitorenbuchhaltung, Disposition, Einkauf und Betriebsabrechnung, im Unternehmen A die Bereiche Verkauf, Debitorenbuchhaltung und Disposition in die Untersuchung einbezogen werden.

Besondere Probleme gab es, ein geeignetes Unternehmen zu finden, bei dem im Einkauf die dort bislang wenig verbreitete Bildschirmtechnik bereits Anwendung findet. Hierfür konnte schließlich das Unternehmen C gewonnen werden.

Die durchgeführten Arbeitsplatzbeobachtungen dauerten je nach der Komplexität und der zeitlichen Struktur der Tätigkeiten je Funktionsbereich zwischen einem halben und eineinhalb Arbeitstage.

Die Sachbearbeiterbefragungen mußten an den jeweiligen Arbeitsplätzen innerhalb der Arbeitszeit durchgeführt werden, da den Sachbearbeitern ein längeres Verlassen der Arbeitsplätze nicht gestattet wurde. Als hauptsächliche Gründe hierfür wurden die knappe Personalausstattung, die Arbeitsüberlastung und die Sicherstellung der innerbetrieblichen Kooperationsprozesse und der Auskunftsbereitschaft insbesondere gegenüber Kunden angeführt, die es nicht erlaubten, daß die Sachbearbeiter für die Dauer eines Interviews (als vermutliche Dauer wurden 1 - 1,5 Stunden angegeben) den Arbeitsplatz verließen. Andererseits hätte die Verlegung der Befragung außerhalb der Arbeitszeit die Gefahr von Verweigerungen mit sich gebracht. Es sollte aber jeder Angestellte, dessen Arbeitsplatz einer Beobachtung unterzogen wurde, auch befragt werden. Das Interview wurde deshalb während der Arbeitsplatzbeobachtung in ruhigen Arbeitsphasen oder Pausen durchgeführt. Eine Beeinflussung durch Dritte kann aufgrund der geräuschgedämpften Arbeitsplätze in Großraumbüros als unwesentlich angesehen werden. Zudem ging es in den Interviews um die Darstellung objektiver Gegebenheiten und nicht um die Erfassung von Einstellungen. Wie im Verlauf der Feldarbeit deutlich wurde, verbinden sich mit der Durchführung der Interviews am Arbeitsplatz auch gewisse Vorteile. So können Unklarheiten leicht anhand von Unterlagen am Arbeitsplatz geklärt werden; zudem dürfte angesichts der realen Arbeitsumgebung die Gefahr von Ideologisierungen und Übertreibungen in den Antworten der Befragten geringer sein als in einer neutralen Interviewsituation.

Je Funktionseinheit wurden zwischen einer und drei Arbeitsplatzbeobachtungen und Sachbearbeiterinterviews durchgeführt, wobei von einem für den Untersuchungsbereich typischen Sachbearbeiterarbeitsplatz ausgegangen wurde. Inhaber von Arbeitsplätzen, die in einem engeren Arbeitszusammenhang mit dem untersuchten Sachbearbeiterarbeitsplatz stehen (z.B. zuarbeitende Hilfskräfte) wurden zusätzlich in einem kürzeren Interview hinsichtlich des kooperativen Zusammenhangs befragt. Die Grenze des zu untersuchenden kaufmännischen Funktionsbereichs wurde unter pragmatischen Gesichtspunkten auf der Grundlage des gewonnenen Einblicks in die Kooperationszusammenhänge festgelegt. Nach der ersten Sichtung des in einer Abteilung erhobenen Materials fanden zur Klärung widersprüchlicher Aussagen oder noch offener Fragen kürzere "Nachinterviews" mit ausgewählten Sachbearbeitern und dem Abteilungsleiter statt.

In den kleineren Unternehmen D und E hatten die Erhebungen das Ziel, einmal die Datenbasis hinsichtlich der Ziele und Bedingungen der Einführung der EDV-Technik in kaufmännische Verwaltungen zu erweitern, und zum andern, da insbesondere im Unternehmen E noch weitgehend im traditionellen Verfahren ohne EDV gearbeitet wurde, Informationen über die Arbeitsabläufe in nichttechnisierten Verwaltungen zu erhalten. Neben der Befragung der EDV-Organisationsexperten fanden in zentralen Fachabteilungen der Unternehmen ausführlichere Informationsgespräche mit Abteilungsleitern und Sachbearbeitern statt.

In den Unternehmen A, B und C wurden durchgeführt:
- 15 Arbeitsplatzbeobachtungen und Befragungen der Arbeitsplatzinhaber an ausgewählten Sachbearbeiter-Arbeitsplätzen;
- 11 Kurzbefragungen an Arbeitsplätzen, die zu den beobachteten Arbeitsplätzen in einem engen kooperativen Zusammenhang stehen;
- 13 Befragungen von Leitern von Hauptabteilungen, Abteilungen oder Unterabteilungen;
- 3 Befragungen von Experten der EDV-Organisation (Leiter der EDV- bzw. Organisationsabteilung des Unternehmens).

Die wichtigsten Ergebnisse der Arbeitsplatzbeobachtungen und Befragungen sind in 9 Fallstudien zusammengefaßt, die die Bedingungen des Arbeitshandelns kaufmännischer Angestellter und deren Veränderung durch technisch-organisatorische Rationalisierungen in einem Gesamtzusammenhang darstellen sollen (vgl. Anhang 8.2.).

In den Unternehmen D und E wurden durchgeführt:
- 8 Informationsgespräche mit Abteilungsleitern und Sachbearbeitern in ausgewählten Fachabteilungen;
- 3 Befragungen von Experten der EDV-Organisation.

1.6. Erläuterung der Abkürzungen

Hinweise auf Beispiele und nähere Erläuterungen in den Fallstudien im Anhang (Kapitel 8.2.) werden im Text wie folgt gekennzeichnet:

- durch römische Ziffern I bis IX als Numerierung der Fallstudien (zu einem Verzeichnis der Fallstudien siehe S.2o1);
- durch arabische Ziffern als Numerierung der Seiten je Fallstudie.

Ein Beispiel: (IX/2) bedeutet Fallstudie I~~X~~, Seite 2. Zur leichteren Auffindung der betreffenden Stellen im Anhang sind diese Ziffern auf der rechten oberen Ecke der Seiten angegeben.

Zitate aus den Interviews werden durch Buchstaben wie folgt gekennzeichnet:
- Der erste Buchstabe steht für das Unternehmen (A bis E).

- Diesem folgt die Bezeichnung der Abteilung, in der der Befragte tätig ist. Dabei bedeuten: E = Einkauf, Di = Disposition, De = Debitorenbuchhaltung, B = Betriebsbuchhaltung, V = Verkauf.
- Die letzten Buchstaben kennzeichnen die Position des Befragten: SB = Sachbearbeiter, GL = Gruppenleiter, AL = Abteilungsleiter.

Ein Beispiel: (BBGL) bedeutet Gruppenleiter der Betriebsbuchhaltung im Unternehmen B.

Zitate aus den Experteninterviews werden durch die Buchstaben A bis E für das Unternehmen und den Zusatzbuchstaben "O" für Organisations- und EDV-Experte gekennzeichnet.
Ein Beispiel: (AO) bedeutet Experte Organisation/EDV im Unternehmen A.

2. Die kaufmännische Verwaltung als Funktionsbereich von Industrieunternehmen

Arbeitsprozesse in der kaufmännischen Verwaltung sind zugleich auf ein bestimmtes Objekt und auf einen bestimmten Zweck bezogen. Das Objekt eines Arbeitsprozesses wird im Hinblick auf ein bestimmtes Ziel von einem Ausgangszustand in einen Endzustand transformiert (LUTZ u.a. 197o, S.79ff).

Entsprechend der These vom prozeß-spezifischen Charakter des "technischen Fortschritts" (siehe S.1o) ist anzunehmen, daß die je besonderen Objekte und Zwecke von Verwaltungsprozessen je verschiedene Möglichkeiten der Technisierung und Organisierung eröffnen und damit eine zentrale Bedingung sowohl für den Einsatz der EDV-Technik, wie auch für die Form, die Inhalte und Anforderungen des auf den jeweiligen Verwaltungsprozeß bezogenen menschlichen Arbeitshandelns darstellen. Die Analyse und Interpretation des technisch-organisatorischen Wandels in der kaufmännischen Industrieverwaltung setzt damit notwendig eine theoretische Bestimmung der Objekte und Zwecke kaufmännischer Verwaltungsprozesse voraus.

2.1. Der Gegenstand der Arbeitsprozesse in der Industrieverwaltung

In der Literatur wird üblicherweise davon ausgegangen, daß die Unternehmensverwaltung es mit dem Sammeln, Fixieren, Aufbereiten und Weiterleiten von Daten und Informationen zu tun hat (LEVIN 1957, S.17ff, 32; JAEGGI/WIEDEMANN 1963, S.1o, 9o;PIRKER 1963, S.32, 88; KRAUS 1969, S.23), und das Arbeitsobjekt der Verwaltungsangestellten damit im Gegensatz zu dem der Produktionsarbeiter nicht realer bzw. stofflicher, sondern geistiger bzw. ideeller Natur ist (SZYPERSKI 1961, S.92). Die geistigen Objekte der Verwaltungsarbeit können sowohl "reine Produkte menschlichen Denkens" wie auch "mit Hilfe des menschlichen Denk- und Vorstellungsvermögens von realen Objekten abgeleitet" sein, sie sind jedoch stets "Gegenstand des Denkgeschehens" (ebd.).

Verwaltungsprozesse können sich auf Personen, Sachen oder sachliche Verhältnisse richten. Gegenstand der Verwaltungsarbeit sind deren prozeßrelevante Eigenschaften, die durch einen Set von Daten beschrieben und im Verlauf eines Datenverarbeitungsprozesses nach vorgegebenen Regeln verändert werden (LUTZ u.a. 197o, S.79ff). Bei der Debitorenbearbeitung beispielsweise sind die prozeßrelevanten Eigenschaften des Kunden durch eine Reihe von Daten (Höhe der Schuld, Fälligkeitsdatum usw.) dokumentiert. Im Prozeß der Verbuchung des Zahlungseingangs wird diese Eigenschaft dadurch verändert, daß der Kunde aus dem Forderungskonto gestrichen wird.

Daten können in der Form von Zeichen, Symbolen, Signalen usw. ausgedrückt, jedoch nicht mit dem Begriff Information inhaltlich gleichgesetzt werden. Daten sind "potentielle Informationen"; sie werden erst dann zu Informationen, wenn es dem Empfänger gelingt, sie im Rahmen eines bestimmten Bezugssystems in "nützliches Wissen" umzuwandeln. Informationen entstehen erst durch einen Prozeß der Verarbeitung von Daten (PÖHLER 1969, S.164ff). Informationen sind gewissermaßen das "Produkt" der Datenverarbeitung (RHEE 1968, S. 36, 91). Die Eigentümlichkeit der kommerziellen Information als Abbild ökonomischer Sachverhalte liegt darin, daß ihr Stellenwert erst über einen bestimmten Bezugsrahmen definiert ist und ihre Brauchbarkeit für den Empfänger davon abhängt, inwieweit der von ihnen beschriebene Sachverhalt tatsächlich zum Zeitpunkt ihrer Aufnahme durch den Empfänger noch fortbesteht. Üblicherweise verliert die kommerzielle Information, bedingt durch den raschen Wandel der Geschäftsverhältnisse im Zeitablauf verhältnismäßig schnell an "Wert" (JAEGGI/WIEDEMANN 1963, S.12, 88; HANSEN 197o, S.7o).

Eine Analyse kaufmännischer Tätigkeiten auf der Ebene der Daten kann über eine phänomenologische Deskription von Arbeitsvollzügen, wie sie für arbeitswissenschaftliche Untersuchungen der "Büroarbeit" kennzeichnend ist, nicht hinauskommen. Erst die Kenntnis des Interpretationsschemas von Daten und der Zwecke, zu denen in der kaufmännischen Industrieverwaltung Daten verarbeitet werden, ermöglicht es, den "Sinn" des Arbeitshandelns kaufmännischer Angestellter zu erschließen.

2.2. Neuere Ansätze zu einer soziologischen Theorie der Industrieverwaltung

Die Verwaltung privater Industrieunternehmen, insbesondere deren kaufmännischer Teil, ist bislang in der industriesoziologischen Theoriebildung weitgehend vernachlässigt worden. Die traditionelle soziologische Interpretation der Industrieverwaltung verkürzt diese auf ihre Funktion als Mittel der Unternehmensleitung zur Kontrolle und Beherrschung des Produktionsprozesses. Im Hintergrund dieser Interpretation steht ausgesprochen oder unausgesprochen der Webersche Typus "bürokratischer Herrschaft", wonach die bürokratisch strukturierte Verwaltung aufgrund ihrer besonderen Leistungsfähigkeit im Hinblick auf "Präzision", "Stetigkeit", "Verläßlichkeit" usw. für die "nicht-bürokratische Spitze" die "formal r a t i o n a l s t e Form der Herrschaftsausübung" erlaubt (WEBER 1972, S.128).

Vernachlässigt wird, daß die Industrieverwaltung zugleich ein Arbeitssystem zur Erbringung bestimmter technischer und kaufmännischer Leistungen und damit selbst Objekt von Herrschaft ist. Die Industrieverwaltung ist demnach mehr als nur eine Institution zur Absicherung innerbetrieblicher Herrschaft. Nur ein Teil der in der Industrieverwaltung vollzogene Aufgaben sind delegierte Herrschaftsfunktionen oder sind mittelbar und unmittelbar auf diese bezogen, indem sie das "Wissen" bereitstellen, das für die "Umsetzung realer Macht in praktische Autorität" (BRAUN 1964, S.117) notwendig ist. Die übrigen Aufgaben, wie beispielsweise die kaufmännischen Aufgaben am Markt, bleiben bei einer auf betriebsinterne Vorgänge beschränkten herrschaftssoziologischen Interpretation der Industrieverwaltung unerklärt.

In neueren soziologischen Interpretationen der Industrieverwaltung hat sich die Erkenntnis durchgesetzt, daß die Umweltbeziehungen des Unternehmens in die theoretischen Überlegungen einzubeziehen sind. Darüber hinaus wird der industrielle Verwaltungsapparat nicht mehr allein als Herrschaftsmittel, sondern zugleich als Leistungssystem angesehen.

Vor allem in zwei neueren Publikationen von PÖHLER (1969) und BOSETZKY (197o) wird die hier anstehende Frage nach den Zwecken industrieller Verwaltung eingehender erörtert. Beide Autoren bedienen sich bei ihrer theoretischen Analyse eines systemtheoretisch-funktionalen Ansatzes.

PÖHLER gibt unter dem Hinweis, daß der Begriff "Bürokratie" erst aus dem Begriff "Verwaltung" als übergeordnetem Gattungsbegriff bestimmt werden könne, an, gegenüber WEBER eine "Wendung" vollziehen zu wollen(S.119ff). Bei seinem Versuch, die Unternehmensverwaltung als "Gegenstand soziologischer Analyse" zu bestimmen, kennzeichnet er diese, ausgehend von deren Funktion und den Objekten der Bearbeitung als Funktionsbereich der Unternehmung (S. 123). In der Unternehmensverwaltung werden nach PÖHLER Daten und Informationen bearbeitet, um "zielgerichtetes Handeln" in den die Verwaltung umgebenden "Außensystemen" bzw. "Interaktionssystemen"[1] zu ermöglichen. Zur "Umwelt" der Verwaltung zählt PÖHLER nicht nur alle Bereiche außerhalb der Unternehmung, sondern auch alle internen Bereiche der Unternehmung, wie beispielsweise die Produktion, die Entwicklung oder den Einkauf.

"D i e   S t e u e r u n g   v o n   I n t e r a k t i o n e n   m ö g l i c h   z u   m a c h e n" (S.129) gilt als die allgemeine Funktion der Verwaltung. Dabei kann es sich einmal um die unmittelbare Steuerung von Interaktionsprozessen, also z.B. der Produktion, des Vertriebs oder des Einkaufs oder zum andern um die mittelbare Steuerung durch die Bereitstellung von Informationen für interne Bereiche (z.B. die Unternehmensleitung) oder externe Bereiche (z.B. Kunden) handeln.

Zusammenfassend bezeichnet PÖHLER die Unternehmensverwaltung als "die funktionale Einheit eines Unternehmens, die betriebliche und außerbetriebliche Interaktionsprozesse steuert, sofern sich diese (im weitesten Sinne) auf wirtschaftliche und technische Vorgänge beziehen". Als Spezifikum der "Organisationssteuerung durch Verwaltung" wird "die Produktion formal rationaler Informationen und die 'rechenhafte' Interpretation von Interaktionsprozessen auf dieser Grundlage" (S. 148f) angesehen.

PÖHLER versäumt es nun allerdings, die "Zielorientiertheit der Verwaltung" und die "Arbeitsprozesse der Unternehmensverwaltung", die er als einen "Aspekt der Realisierung der allgemeinen Organisationsziele" bezeichnet (S.152), inhaltlich auszuweisen.

Dies erklärt sich aus dem Verzicht PÖHLERs, seine Analyse von Funktionsproblemen der Unternehmensverwaltung auf die gesellschaftlich-ökonomischen Verhältnisse zu beziehen, innerhalb derer die Unternehmen und deren Verwaltung agieren.

BOSETZKY versucht mit Hilfe einer "modifizierten Bürokratiekonzeption", die er durch die Adaption des in der neueren Organisationssoziologie angewandten Konzepts des "offenen Systems" gewinnen will, die "Grundzüge einer Soziologie der Industrieverwaltung" zu entwerfen. Während WEBER die vorherrschende Zweck/Mittel-Orientierung, die Befehlsgebung und die Legitimation der Herrschaft als "rein interne Vorgänge" aufgefaßt habe, werde in der systemtheoretisch orientierten Organisationssoziologie die Organisation als ein für Umwelteinflüsse offener ultrastabiler Leistungszusammenhang begriffen. BOSETZKY glaubt dadurch, entgegen der traditionellen Industrie- und Betriebssoziologie, den industriellen Großbetrieb in seiner "Gesamtheit" und "Ganzheit" erfassen zu können (S. 2). Die industrielle Unternehmung als "zielgerichtetes soziales System" besteht für BOSETZKY aus den beiden "symbiotischen Untersystemen" "Produktionsbereich" und "Verwaltungsapparat" (S.74). Neben den "Umweltpotentialen" (den Lieferanten, Abnehmern, Geschäftspartnern, Konkurrenten, Parlamenten und Regierungen, Behörden, Interessenverbänden und Parteien und Kontrolleuren) und der "nicht-bürokratischen Spitze", die ebenfalls zur Umwelt des Industriebetriebes gerechnet wird, gehört der Produktionsbereich zu den auf die Unternehmensverwaltung "einwirkenden Variablen". Industrielle Unternehmen weisen, wie BOSETZKY im Anschluß an die neuere Organisationssoziologie feststellt, eine "multiple Zielstruktur" auf. "Aus heuristischen Gründen und aus Platzmangel" ordnet er freilich der Industrieunternehmung und ihrem Verwaltungsapparat drei zentrale Ziele zu: "1. System- und Herrschaftserhaltung, 2. Güterproduktion und 3. Gewinnmaximierung" (S.18). Der Zweck des Verwaltungsapparates wird in der Zielverwirklichung und der Erhaltung des Unternehmens gesehen. Aus diesen Zielen ergeben sich, so das analytische Konzept BOSETZKYs, "Organisationsnotwendigkeiten", d.h. die "zur Erhaltung und zur Zielverwirklichung der Organisation unabdingbar zu erfüllenden Aufgabenkomplexe" (S.36). Administrativen Prozessen obliegt es, für die Erfüllung der Organisationsnotwendigkeiten zu sorgen. BOSETZKY unterscheidet zwischen "primären Organisationsnotwendigkeiten" und "sekundären Organisationsnotwendigkeiten". Zu den "primären Organisationsnotwendigkeiten" zählt er: die Beschaffung von Gütern, Diensten und Rechten; die Einleitung, Aufrechterhaltung, Steuerung und Kontrolle der Fertigung; den Absatz der erzeugten Produkte; die Umweltabsicherung (Beeinflussung und Bearbeitung von Umwelteinflüssen); die "Erzeugung und Erhaltung von Ungleichheiten" zur Sicherung von Leistung und Herrschaft. Die "sekundären Organisationsnotwendigkeiten" Planung, Koordination, Kontrolle, Integration und Instandhaltung ergeben sich, wie der Autor ausführt, einmal direkt aus dem impliziten Ziel der Systemerhaltung und sind zum andern Voraussetzungen und Folgen der "primären Organisationsnotwendigkeiten" (S.1o2).

Insgesamt wird der Verwaltung eine doppelte Funktion zugerechnet:

> "Für die nicht-bürokratische Spitze ist der grundsätzlich bürokratisch organisierte Verwaltungsapparat mit seinem Fach- und Dienstwissen nicht nur ein Mittel, die Zielverwirklichung und Umweltabsicherung des Unternehmens zu erreichen, sondern auch ein Instrument zur Beherrschung der unmittelbaren Produzenten, der Lohnarbeiter in der Produktion, der Arbeiter." (S. 264)

Mit der Unterscheidung zwischen "primären" und "sekundären" Aufgabenkomplexen bedient sich BOSETZKY eines Ansatzes, wie er auch in der betriebswirtschaftlichen Organisationslehre verbreitet ist. Wie deren Vertreter vermag jedoch auch BOSETZKY einerseits kein eindeutiges Kriterium zur Unterscheidung beider Aufgabengruppen anzugeben; andererseits geht auch bei BOSETZKY durch diese Trennung die Einsicht in den inneren Zusammenhang der Teilaufgaben weitgehend verloren.

Die entscheidende Schwäche des von BOSETZKY vorgelegten Versuchs einer Reformulierung der Soziologie der Industrieverwaltung muß, wie schon bei PÖHLER, darin gesehen werden, daß gesellschaftlich-ökonomische Bestimmungsmomente industrieller Unternehmen und ihrer Verwaltungsapparate keine systematische Berücksichtigung in der theoretischen Analyse finden. So gibt BOSETZKY an, Faktoren wie das Wirtschaftssystem oder die Gesellschaftsstruktur "wegen Platzmangels" leider ausklammern zu müssen (S.9), wobei er freilich diese Ankündigung bei der Konkretisierung seiner Begriffe an einzelnen Punkten selbst durchbricht.

Der von PÖHLER und BOSETZKY gewählte systemtheoretisch-funktionalistische Ansatz einer Theorie der Industrieverwaltung vermag das hier anstehende Problem, die Zwecke der kaufmännischen Verwaltung von Industrieunternehmen zu klären, nur in eingeschränkter Weise zu lösen. Zwar gelingt es dieser theoretischen Position, die Umweltbeziehungen des Industrieunternehmens und seiner Verwaltung in die Analyse einzubeziehen; dafür fällt jedoch der im WEBERschen Konzept noch vorhandene historische Bezug weitgehend heraus. Herrschaft wird nicht systematisch als Produkt gegebener gesellschaftlicher Verhältnisse ausgewiesen, noch werden die Sachleistungen und Steuerungsfunktionen der Industrieverwaltung systematisch auf die ökonomischen Ziele privatkapitalistischer Produktion bezogen[2]. Statt die Verwaltung von Industrieunternehmen in den Gesamtzusammenhang zwischen Markt und Produktion einzuordnen, wird die Produktion zur "Umwelt" der Verwaltung erklärt und der Zusammenhang von Verwaltung und Produktion im Rahmen abstrakter Steuerungsleistungen analysiert. Eine Theorie der Industrieverwaltung hätte jedoch

> "nicht nur zu berücksichtigen, daß die ausdifferenzierten und technisierten Arbeitsvollzüge zur Herstellung der koordinierten Gemeinsamkeit und zur Sicherung der Kontinuität der Produktionsaufgabe einer 'Verwaltung' schlechthin bedürfen, vielmehr ist wesentlich, w e l c h e r A r t diese Verwaltung ist, d.h. welche Entscheidungen und 'steuernden' Eingriffe sie inhaltlich vornimmt und wie diese wiederum aus der besonderen gesellschaftlichen Ordnung begründet sind." (LITTEK 1973, S.8o)

Indem PÖHLER und BOSETZKY den ökonomischen Zweck privater Unternehmen aus ihrer Analyse ausklammern, können sie die Steuerungsfunktionen der Industrieverwaltung nur formal, nicht aber inhaltlich ausweisen. Es fehlt ihnen der Bezugspunkt, durch den der Zusammenhang der von ihnen isoliert aufgezählten Steuerungsleistungen vermittelt wird.

Ausgangspunkt einer Theorie der Industrieverwaltung, die hier nicht in Angriff genommen werden kann, müßte m.E. die Analyse der ökonomischen Gesetzmäßigkeiten und Bedingungen industrieller Produktion in einem marktwirtschaftlich-kapitalistischen Wirtschaftssystem sein. Im folgenden werden hierzu einige Überlegungen angestellt werden, die insbesondere der Entwicklung der theoretischen Grundlagen der Untersuchung und der Abgrenzung des Untersuchungsobjektes "kaufmännische Industrieverwaltung" dienen sollen.

2.3. Die kaufmännische Industrieverwaltung als Träger von Steuerungsfunktionen im Verwertungsprozeß des Unternehmenskapitals

Die industrielle Unternehmung bildet eine "wirtschaftliche Aktionseinheit" (KOSIOL), deren einzelne Teile nicht ohne Verzerrung isoliert voneinander analysiert werden können. Die kaufmännische Verwaltung kann deshalb nicht als gesondertes Arbeitssystem, sondern nur als integrierter Bestandteil des gesamten Unternehmens Gegenstand soziologischer Untersuchung sein. Der Stellenwert kaufmännischer Arbeitsprozesse läßt sich erst vor dem Hintergrund ihrer Funktionen für das Unternehmen ermitteln.

Geht man davon aus, daß private Unternehmen in einem kapitalistisch-marktwirtschaftlichen Wirtschaftssystem zwangsläufig eine kontinuierliche und optimale Verwertung des eingesetzten Kapitals zum obersten Ziel ihres Handelns machen müssen (MUELLER 1952, S. 43f), so liegt der Versuch nahe, die Funktionen der kaufmännischen Verwaltung ausgehend von der Analyse des Verwertungsprozesses des industriellen Einzelkapitals zu bestimmen. Dieser basiert auf der kontinuierlichen Umwandlung des Kapitals in einem mehrstufigen Prozeß von der Form des Geldkapitals in die Form des produktiven Kapitals durch den Kauf von Produktionsmitteln und Arbeitskräften; von der Form des produktiven Kapitals in die Form des Warenkapitals im Prozeß der materiellen Produktion und schließlich von der Form des Warenkapitals zurück in die Form des Geldkapitals durch den Verkauf der erzeugten Produkte auf dem Markt. Maßstab der Verwertung ist der Überschuß der produzierten und realisierten Werte (Erlöse) über die in der Produktion und Zirkulation eingesetzten Werte (Kosten) in einem bestimmten Zeitraum.

Für das kapitalistisch-marktwirtschaftliche System ist es kennzeichnend, daß die Bewegung des Kapitals nicht gleichförmig und störungsfrei verläuft. Der Ablauf des gesellschaftlichen Produktionsprozesses ist vielmehr kontingent, d.h. daß die Beziehungen zwischen Produktion und Vermarktung, Verwandlung von Warenkapital in Geldkapital, Zirkulationsdauer usw. disproportional verlaufen und diskontinuierlich. Sie können zu einer Höher- oder Minderverwertung von Kapital im einzelbetrieblichen Vergleich führen (BECHTLE u.a. 1974, S.21). Kontingente Preis- und Nachfragebewegungen haben zur Folge, daß sich die Differenz zwischen Produktionskosten und erzielbaren Verkaufserlösen nicht zwingend, sondern offen gestaltet und Produktionskosten, Verkaufserlöse, Zirkulationsfristen usw. nicht ex ante als Planungsdaten zur Verfügung stehen. Es kann daher zu konkurrenzbedingten Kapitalentwertungen und Chancen der Erzielung von Extraprofit einerseits und marktbedingten Realisationsengpässen und Auftauchen neuer Realisierungschancen andererseits kommen (ebd., S.29f). Kontingente Nachfragebewegungen schlagen sich jedoch nicht nur im Gegensatz zwischen Kauf und Verkauf, sondern auch im Gegensatz zwischen Produktion und Verkauf nieder. Die Bewegungen der Nachfrage treffen auf Produktionskapazitäten, die je nach den gegebenen technisch-ökonomischen Strukturen kurzfristig nicht oder nur bedingt beweglich sind[3]. Sie verursachen entweder nicht voll ausgelastete Kapazitäten oder führen bei voller Auslastung der Produktionsanlagen zum Verlust von Verkaufschancen.

Auf der Ebene der Bewegung des industriellen Einzelkapitals schlagen sich die skizzierten kontingenten Beziehungen als Stockungen im Prozeß der Produktion und Zirkulation, als Freisetzung von und Zusatzbedarf an Kapital nieder. Die ökonomische Gesetzmäßigkeit besteht nun darin, daß brachliegende Kapitalteile, sei es in Form von Geldkapital, vorrätigen Rohstoffen, unverkäuflichen Waren oder offenen Schuldforderungen das produktiv tätige Kapital verringern, was zu einer Erhöhung der Umschlagszeit des Gesamtkapitals und damit zu einer Senkung der Rate des Profits führt(MARX 1974c, S.8o). Deshalb

> "(erscheint) d i e b e s t ä n d i g e K o n t i n u i t ä t des Prozesses, das ungehinderte und flüssige Übergehen des Werts aus einer Form in die andere, oder einer Phase des Prozesses in die andere, als Grundbedingung für die auf Kapital gegründete Produktion ..." (MARX 1974d,S.433)

Die Bewegungen des Kapitals im Nacheinander der einzelnen Phasen seines Kreislaufs und dem gleichzeitigen Nebeneinander seiner Formen als Geldkapital, produktivem Kapital und Warenkapital sind unter den dargestellten Bedingungen der Kontingenz nicht friktionslos aufeinander abstimmbar, was in der Lagerhaltung und der Beanspruchung von Kredit durch die Unternehmen zum Ausdruck kommt. Die Lagerhaltung auf der Beschaffungsseite von produktivem Kapital führt einerseits zu brachliegendem Kapital, ist andererseits jedoch notwendig, um die Produktion vor Zufällen in der Zufuhr insbesondere von Rohstoffen zu schützen. Die Kontinuität und Sicherheit der Zufuhr der einzelnen Bestandteile des produktiven Kapitals ist maßgebend für die Kontinuität der Produktion. Je eher es zu Unterbrechungen in der Zufuhr kommen kann, je geringer also deren Sicherheit und Regelmäßigkeit ist, desto größer muß der Vorrat sein. Da jedoch sowohl brachliegendes Kapital wie auch potentielle Unterbrechungen der Produktion sich negativ auf die Rate des Profits auswirken können, müssen unter Verwertungsgesichtspunkten beide sorgfältig gegeneinander abgewogen werden. Das gleiche gilt für die Vorratshaltung auf der Seite des Verkaufs, wo sich die Ziele geringer Lagerkosten und hoher Lieferbereitschaft gegenüberstehen, die Vorratsbildung aber auch durch Absatzstockungen hervorgerufen werden kann. Die Funktion des Kredits besteht in diesem Zusammenhang darin, das zur Absicherung der Kontinuität von Zirkulation und Produktion notwendige Kapital bereitzustellen(HILFERDING 1968, S.82ff) und die Verwertung von vorübergehend brachliegendem Kapital zu vermitteln (ebd. S.96).

Für kapitalistische Unternehmen ist es kennzeichnend, daß diese versuchen, ihren Einfluß auf die relevanten Verwertungsbedingungen innerhalb und außerhalb des Unternehmens soweit wie möglich auszudehnen und die kontingenten Ereignisse in der Produktions- und Marktsphäre je nach ihrem Effekt auf die eigene Kapitalverwertung zu nutzen oder abzuwehren (BECHTLE u.a. 1974, insbes. S.52ff).

Steuerung als Funktion der Industrieverwaltung hat somit Kontingenzbewältigung zum Ziel, d.h. ist darauf ausgerichtet, betriebsexterne und betriebsinterne Prozesse im Hinblick auf die

Interessen und Möglichkeiten des Unternehmens zu gestalten. Steuerung kommt zum Ausdruck in strategischem betrieblichem Handeln und Entscheiden.

Zweckrationales Entscheiden in dem skizzierten Sinne setzt notwendig die Kalkulation der verwertungsrelevanten Folgen betrieblichen Handelns, d.h. Kapitalrechnung bzw. Geldrechnung[4] und damit die zweckgerichtete Verarbeitung von Informationen voraus[5].

Zusammenfassend kann die Industrieverwaltung als ein Arbeitsbereich des Unternehmens gekennzeichnet werden, dessen Funktion es ist, die Unternehmensprozesse nach Maximen der Kapitalverwertung zu steuern bzw. Informationen zur Steuerung der Unternehmensprozesse bereitzustellen. Gleichzeitig ist die Industrieverwaltung damit auch ein Instrument zur Sicherung betrieblicher Herrschaft. Wird die Funktion der Industrieverwaltung ausgehend von den Verwertungsproblemen industrieller Unternehmen bestimmt, so können im Gegensatz zu systemtheoretisch-funktionalistischen Interpretationen der Industrieverwaltung die Steuerungsleistungen der Verwaltung nicht nur formal, sondern auch inhaltlich und historisch ausgewiesen werden. Es zeigt sich, daß das Wirtschaftssystem, das die diskutierten Ansätze von PÖHLER und BOSETZKY aus ihrer theoretischen Analyse ausklammern, ein unverzichtbares Erklärungsmoment der steuernden Eingriffe der Industrieverwaltung in die Produktions- und Marktprozesse ist. Will ein Industrieunternehmen in einem kapitalistisch-marktwirtschaftlichen Wirtschaftssystem seine ökonomische Existenz sichern, so ist es ständig zu neuen und immer wieder partiell scheiternden Versuchen gezwungen, sich kontingenten Veränderungen in den unternehmensinternen und unternehmensexternen Bedingungen industrieller Produktion und Vermarktung anzupassen.

Die hier vorgenommene allgemeine Funktionsbestimmung der industriellen Verwaltung gilt für jedes privatwirtschaftlich betriebene Industrieunternehmen. Von den jeweiligen ökonomischen und sozialen Bedingungen des einzelnen Unternehmens (Unternehmensgröße, Stellung am Markt usw.) hängt es jedoch ab, mit welchen konkreten Mitteln die Steuerung der Unternehmensprozesse vollzogen wird. Strukturelle Veränderungen in den unternehmensexternen und unternehmensinternen Bedingungen führen bei unveränderten Funktionen der Industrieverwaltung üblicherweise zu einem Wandel der zur Sicherung einer profitablen Unternehmensexistenz wahrzunehmenden Arbeitsaufgaben (siehe auch Kap. 3.1.).

Schwierigkeiten ergeben sich beim Versuch, aus der allgemeinen Funktionsbestimmung industrieller Verwaltung die besonderen Aufgaben der kaufmännischen Verwaltung abzugrenzen. Diese Probleme resultieren vor allem daher, daß die Bezeichnung "kaufmännische Verwaltung" der betrieblichen Organisationspraxis entstammt, dort aber der Begriff "kaufmännisch" lediglich als "mehr oder weniger imaginärer Sammelbegriff" Verwendung findet (Deutscher Vervand für das kaufmännische Bildungswesen e.V., 1963, S.82). Was in einzelnen Unternehmen als "kaufmännische" Aufgabe bzw. Tätigkeit gilt, ist vor allem in den Grenzbereichen technisch-ökonomischer Aufgaben bzw. Tätigkeiten vielfach willkürlich festgelegt.

Versuche, den Begriff "kaufmännisch" im Zusammenhang mit Industrieunternehmen theoretisch abzugrenzen, finden sich vor allem in der berufspädagogischen Literatur, ohne daß es dort allerdings bislang gelungen wäre, zu einer eindeutigen Begriffsbestimmung zu gelangen.

So kommt FURRER (1968, S.98) angesichts der bisherigen theoretischen Bemühungen zu der resignativen Feststellung, daß man eine Abgrenzung kaufmännischer Aufgaben nur relativ vornehmen könne. Eine Stelle sei umso eher kaufmännisch, als in ihr gewirtschaftet werde im Sinne eines Ermittelns und Vergleichens von Aufwand und Ertrag und eines Handelns und Entscheidens auf Grund dieses Vergleiches. FURRER gibt damit jedoch eigentlich nur eine Beschreibung ökonomischen Handelns, dem jede Stelle eines Wirtschaftsunternehmens verpflichtet sein muß.

Zu einer engeren Begriffsbestimmung gelangt RATZ (1973, S.79 ff), der versucht, die "Wesenszüge des typisch Kaufmännischen" aus der historischen Entwicklung der Funktionen des Kaufmanns als Marktmittler abzuleiten. Aufgrund des vorwiegend dispositiven Charakters der Marktaufgabe, die der Kaufmann unter Übernahme besonderer Risiken möglichst rentabel zu realisieren versucht habe, bezeichnet RATZ im Anschluß an A. KIESLINGER "das unternehmerische-spekulative Element" als die "Basis des typisch Kaufmännischen". Der "originäre kaufmännische Aufgabenkern" sei heute allerdings nur noch in den Ziel- und Mittelentscheidungen im Rahmen der zielgerichteten ökonomisch rationalen Vermittlung von Sachgütern und Dienstleistungen im Marktgeschehen wiederzufinden. An diese "originären kaufmännischen Aufgaben" hätten sich zunehmend "derivative kaufmännische Teilaufgaben" der Entscheidungsvorbereitung, Realisation und Kontrolle angeschlossen. Aber auch diese derivativen kaufmännischen Aufgaben seien nach ihrem ursprünglichen Inhalt von technischen und wissenschaftlichen Aufgaben verschieden.

Es entspricht der historischen Entstehung des Begriffs "kaufmännisch", mit diesem alle Aufgaben zu kennzeichnen, die es mit der Steuerung der Marktoperationen industrieller Unternehmen zu tun haben[6]. Um die Ebene der theoretischen Begriffsbildung von der Ebene der durch die betriebliche Praxis geprägten Begriffe abheben zu können, erscheint es angebracht, den Begriff "ökonomische Aufgabe" zur umfassenden Kennzeichnung aller Aufgaben zu verwenden, die sich unmittelbar auf den Verwertungsprozeß des industriellen Kapitals richten. Danach wären kaufmännische Aufgaben grundsätzlich auch ökonomische Aufgaben, jedoch nicht alle ökonomischen Aufgaben auch kaufmännische Aufgaben (= Marktaufgaben). So ist z.B. die systematische Wertkontrolle der materiellen Produktion offensichtlich keine kaufmännische Marktaufgabe, obwohl sie in der betrieblichen Praxis als "Betriebsabrechnung" in der Regel zur Organisationseinheit "kaufmännische Verwaltung" gerechnet wird. Nach der hier vorgenommenen Begriffsabgrenzung ist die wertmäßige Produktionskontrolle keine kaufmännische, jedoch eine ökonomische Aufgabe. Die Produktionsplanung wird in der betrieblichen Praxis üblicherweise organisatorisch zur "technischen Verwaltung" gerechnet. Sie ist jedoch keine rein technische, sondern vielmehr eine technisch-ökonomische Aufgabe.

Mit dem Begriff "ökonomische Aufgabe" kann auf einer abstrakten Ebene nachvollzogen werden, was auf einer konkreten Ebene als zunehmende Integration der Unternehmensprozesse auf der Basis integrierter Datenverarbeitungssysteme vor sich geht, die die überkommenen Grenzen zwischen "technischer" und "kaufmännischer" Verwaltung zunehmend verwischt.

Wenn hier weiterhin der Begriff "kaufmännische Verwaltung" Verwendung findet, so als Sammelbegriff ökonomischer Aufgaben, die in der betrieblichen Praxis üblicherweise organisatorisch unter dieser Bezeichnung zusammengefaßt werden.

2.4. Inhaltliche und formale Differenzierung der kaufmännisch-ökonomischen Aufgaben in Industrieunternehmen

Einen Überblick über die Spannbreite kaufmännisch-ökonomischer Einzelaufgaben in Industrieunternehmen vermittelt ein von LUKESCH u.a. (1974, S.195ff) entwickelter und empirisch getesteter Aufgabenkatalog, in dem die zentralen Aufgabenbereiche der kaufmännischen Verwaltung, Beschaffung, Absatz, Finanzierung und Rechnungswesen, weiter untergliedert werden:

"Absatz

Absatzforschung - Markt- und Produktionsforschung
Absatzplanung - Kundenkreis festlegen, Absatzregionen feststellen, Absatzwege bestimmen, Sortimentsfestlegung und -bereinigung, Absatzprognosen
Preis- und Konditionengestaltung - Konkurrenzpreise beobachten, Kalkulationen und Kostenrechnungsunterlagen bearbeiten
Werbung - Werbeplan aufstellen, Werbebudget, Mediafestlegung, Kontakt zu Werbeagenturen, Graphikern
Auftragseinholung - Vertreterbetreuung, Kundenbesuche, Offertstellung, Verkaufsabschluß
Auftragsabwicklung - Auftragsbestätigung, Lieferterminüberwachung, Fakturierung, Lager und Versand, Speditionsaufgaben und Verzollung
Kundendienst - technische Beratung, Service, Reklamationswesen

Materialwirtschaft (Roh-, Hilfs- und Betriebsstoffe)

Beschaffungsmarktbeobachtung - Informationssammlung und Auswertung bezüglich Roh-, Hilfs- und Betriebsstoffen
Einkaufsplanung - qualitative und quantitative Festlegung des laufenden und künftigen Materialbedarfs, einschließlich Budgetplanung
Materialbedarfsprüfung - Zweckmäßigkeits- und Notwendigkeitsprüfung, Wirtschaftlichkeitsprüfung
Materialeinkauf - Offerteinholung, Preis- und Konditionenprüfung, Qualitätsprüfung
Materiallagerhaltung - Warenübernahme und Prüfung, Bestandsüberwachung, Lagerkarteiführung, Einlagerung, Bereitstellung und Ausgabe von Materialien, Inventurwesen

Anlagenwirtschaft

Beobachtung des Investitionsgütermarktes - Informationssammlung über neue technische Entwicklungen, Offerteinholung und -vergleiche, Preis- und Qualitätsvergleiche

Investitionsplanung - qualitative und quantitative Festlegung des künftigen Anlagenbedarfs, Investitionsrechnung einschließlich Budgetplanung, Investitionserfolgskontrolle
Anlagenbedarfsprüfung - Zweckmäßigkeits- und Notwendigkeitsprüfung
Anlageneinkauf - Abschluß von Kaufverträgen, Auftragsausführungsüberwachung, Liefertermine, Reklamationen
Anlagenunterhalt - Instandsetzung, Reparaturen und Instandhaltung

Informationswesen

Sachkonten- und Kontokorrentbuchaltung - Aufwands- und Ertragskonten, Kreditoren, Debitoren
Bilanzbuchhaltung - Abschlußvorbereitung, Bilanzerstellung
betriebliches Steuerwesen - Bewertung, Kontakt mit Finanz- und Steuerbehörden
Anlagen- und Materialrechnung - Anlagenkartei, Abschreibungsberechnung, Lagerbuchhaltung
Lohn- und Gehaltsbuchhaltung - Auswertung von Lohn- und Gehaltsberechnungsgrundlagen, Lohnauszahlung bzw. -anweisung
Betriebsabrechnung - Betriebsabrechnungsbogen, Erfolgsrechnung
Kalkulation - Vor- und Nachkalkulation, Selbstkostenrechnung, Angebotspreiskalkulation
Statistik - Absatz-, Umsatz-, Lohn-, Materialverbrauchs-, Produktionsstatistiken usw.
EDV-Aufgaben - Systemplanung, Programmierung

Finanzierung

Finanzplanung und Budgetierung - Finanzbedarfsermittlung, Liquiditätsrechnung, Finanzierungspläne, Erstellung bereichsspezifischer Budgets
Beschaffung von Finanzierungsmitteln - Kontakte zur Hausbank, Veräußerung von Vermögensteilen, Hereinnahme von Beteiligungen, Ausgabe von Schuldtiteln
Kapitalanlage und -verwaltung - Wertpapiere, Disposition über Kassenbestände und Bankguthaben

Personalwesen

Personalbedarfsplanung - Ermittlung des quantitativen und qualitativen Personalbedarfs
außerbetriebliche Personalbedarfsdeckung - Arbeitsmarktbeobachtung, Anwerbung, Auswahl, Einstellung
innerbetriebliche Personalbedarfsdeckung - Versetzungen, Beförderungen, Entlassungen
Personaleinsatz - Arbeitsplatzgestaltung, Arbeitszeitregelung, Unfallverhütung
Entlohnung - Arbeits- und Leistungsbewertung, Lohn- und Gehaltssysteme einschließlich Erfolgsbeteiligung
Personalentwicklung - Aus- und Weiterbildung, Beurteilung, Laufbahnplanung
betriebliches Sozialwesen - Verpflegung, Wohnung, Zusatzversicherungen, Betriebsarzt, Freizeit, Altersversorgung
Personaladministration - Personalkartei und -akte, Meldungen bei Sozialversicherung, Personalstatistik

Gesamtführung

Festlegung von Zielen und Grundsätzen - Absatzpolitik, Finanzierungspolitik
Gesamtplanung - Koordination der Teilpläne, Langfristplanung
Organisation - Gestaltung des organisatorischen Aufbaus und der Arbeitsprozesse, Kommunikation
Revision - Unabhängige Kontrolle betrieblicher Teilbereiche, Soll-Ist-Vergleich, Zuverlässigkeit des Informationswesens
Rechtsfragen - Patente, Vertretung vor Gerichten, Verträge
Public Relations - Veröffentlichungen in Presse, Fachzeitschriften, Rundfunk, TV, Vorträge
Vertretung gegenüber Teilhabern - Aufsichtsrat, Hauptversammlung u.ä.
Vertretung gegenüber Mitarbeiterinstitutionen - Betriebsrat, Gewerkschaftsbund u.a.
Vertretung gegenüber Behörden und Verbänden - Gebietskörperschaften, Kammern usw.
Kooperation mit anderen Unternehmungen - im Beschaffungs-, Produktions-, Absatzbereich usw."

Die zu diesen kaufmännisch-verwaltenden Aufgaben gehörenden Datenverarbeitungsprozesse lassen sich formal gliedern in planende (z.B. Einkaufsplanung, Finanzplanung), kontrollierende (z.B. Lieferterminüberwachung, Betriebsabrechnung) und dokumentierende (z.B. Lagerkarteiführung, Kontenführung) Datenverarbeitungsprozesse.

Wie GROCHLA u.a. (1971) in einer empirischen Untersuchung feststellen , bestehen zwischen, aber auch innerhalb dieser Gruppen von Datenverarbeitungsprozessen erhebliche Unterschiede im Komplexitätsgrad und damit dem Schwierigkeitsgrad, die Datenverarbeitungsprozesse zu automatisieren. Eine qualitative Grenze ziehen GROCHLA u.a. hierbei zwischen langfristigen, nur gering determinierten Planungs- und Kontrollaufgaben einerseits und kurzfristigen planenden (z.B. Materialbedarfsermittlung), abrechnenden (z.B. Lohnabrechnung), kurzfristig kontrollierenden (z.B. Lieferterminüberwachung) und aus gesetzlichen oder betrieblichen Normen abgeleiteten Datenverarbeitungsaufgaben mit reinem Dokumentationscharakter (z.B. Kontenführung) andererseits (S.2of). GROCHLA u.a. stellen weiterhin fest, daß der überwiegende Teil industrieller Datenverarbeitungsaufgaben kurzfristigen Planungs-, Abrechnungs- und Kontrollaufgaben zuzurechnen ist (S.19), die, so ist zu vermuten, den wesentlichen Inhalt der Arbeit in den kaufmännischen Fachabteilungen ausmachen. Insofern kennzeichnet die von GROCHLA u.a. angegebene Grenzziehung zugleich den Übergang zwischen der Ebene eher ausführender, den täglichen Ablauf der Unternehmensprozesse steuernder Datenverarbeitungsaufgaben der kaufmännischen Fachabteilungen und der Ebene der Planungs- und Kontrollfunktionen der kaufmännischen Unternehmensführung.

3. Die organisatorische und technische Rationalisierung der kaufmännischen Industrieverwaltung vor dem Einsatz von EDV-Anlagen

3.1. Der qualitative Wandel und das quantitative Wachstum der kaufmännisch-ökonomischen Aufgaben in Industrieunternehmen als Ausgangspunkt der technisch-organisatorischen Rationalisierung der Industrieverwaltung

In historischer Perspektive hat sich die Industrieverwaltung in engem Zusammenhang mit der Gesamtentwicklung der industriellen Produktion herausgebildet. Tendenzen der Konzentration und Zentralisierung der Produktion und des Kapitals führen zu einem durchgreifenden Wandel der Produktionsstruktur und Marktsituation industrieller Unternehmen.

Mit dem Übergang von der Manufakturproduktion zur industriellen Massenproduktion verbindet sich ein tendenzielles Steigen der organischen Zusammensetzung des Kapitals, d.h. es kommt zu einer fortgesetzten Steigerung der Kapitalintensität und damit zu Verschiebungen in der betrieblichen Kostenstruktur: Ein sinkender Teil der variablen Kosten und ein steigender Anteil der fixen Kosten führt dazu, daß die fixen Kosten zunehmend für die Produktionsgestaltung bestimmend werden. Die Auslastung der technischen Produktionskapazitäten wird immer mehr zu einer Voraussetzung profitabler Produktion[1]. Aus der veränderten Kostenstruktur ergibt sich für die Unternehmen ein Produktionszwang unabhängig von der Marktlage:

> "Ist aber der wesentliche Teil der Selbstkosten fix, dann bringt eine Verringerung der Produktion die Kosten nicht entsprechend herunter. Und wenn bei dieser Sachlage die Preise fallen, dann hat es keinen Zweck, diesen Preisfall durch Produktionsverminderung auszugleichen. Es ist billiger, unter den durchschnittlichen Selbstkosten weiter zu produzieren. Zwar arbeitet der Betrieb fortan mit Verlust, aber der Verlust ist kleiner, als er sein würde, wenn man die Produktion verringern würde und trotzdem die vollen bisherigen Kosten tragen müßte." (SCHMALENBACH 1928,S.245)

Aus dem Problem der Kapazitätsauslastung resultieren Bestrebungen der Unternehmen, die Marktbewegungen zu beeinflussen und den Markt soweit wie möglich zu beherrschen[2]. Neben der Monopolisierung der Märkte ist ihre ständige Erweiterung, insbesondere was den Exportmarkt anbelangt, eine weitere Folge der

Bemühungen industrieller Unternehmen, die Marktbewegungen an inflexibel gewordene Produktionskapazitäten anzupassen (KOCKA 1969, S.315ff; DOBBS 1972, S.318ff; Sohn-Rethel 1972, S.3off).

Durch die Vergrößerung der Produktionseinheiten, ihre wachsende Kapitalausstattung, die Ausdehnung und Monopolisierung der Märkte, nehmen die Aufgaben der Steuerung von Produktion und Vermarktung an Bedeutung und Umfang zu:

> "Die Vergrößerung der Unternehmen und die damit verbundene wachsende innerbetriebliche Kooperation und wechselseitige Abhängigkeit der verschiedenen Betriebsteile sowie die immer breitere gesamtgesellschaftliche Kooperation der einzelnen Betriebe und Industriezweige untereinander bedingen einen Ausbau und ein weitverzweigtes System der innerbetrieblichen Planung und Abrechnung sowie verstärkte überbetriebliche Geschäftstransaktionen und Erschließung neuer sowie Behauptung bisheriger Märkte mit all den hierfür erforderlichen Voraussetzungen." (STEINER 1967, S.61)

Der stetige Zwang, neue Absatzchancen zu suchen, läßt immer verwickeltere und weiterreichende Absatzgebiete entstehen und entsprechend die Zahl der mit der Verteilung der Waren und der Finanzierung dieser Prozesse beschäftigten Angestellten innerhalb und außerhalb der Unternehmen ständig anwachsen (MILLS 1955, S.1o6).

Um bei inflexiblen Produktionsstrukturen die Anforderungen einer ökonomisch optimalen Produktion mit den wechselnden Marktlagen koordinieren zu können, bedarf es vor allem in konjunkturanfälligen Unternehmen eines ausgebauten Planungssystems (SOHN-RETHEL 1972, S.33). Insbesondere eine langfristige Planung von Produktion und Verkauf wird zur Verminderung des Verkaufsrisikos unumgänglich (MROSS 1956, S.92; HUFFSCHMIDT 197o, S.1o4).

Unter unflexiblen Produktionsstrukturen entstehen Gefährdungen der Betriebsexistenz nicht allein durch die Konkurrenz, sondern vor allem auch durch sprunghaft wechselnde Bedürfnisse der Nachfrager.

> "Aus diesem Grund erstreckt sich die langfristige Planung der Unternehmen nicht nur auf die Produktion, den Absatz sowie die Finanzierung, sondern auf die Bedürfnisse selbst, die teils gründlicher als in früheren Jahren erforscht, teils produziert, auf jeden Fall aber für den Produzenten beherrschbar gemacht werden." (HUFFSCHMIDT 197o, S.1o4f)

Hierin liegt auch ein wesentlicher Grund für die Entstehung der betrieblichen Marktforschungs- und Marketingabteilungen.

Die unvollkommene Beherrschung "externer Prozesse" läßt unter den Bedingungen unflexibler Produktionsstrukturen der Kontrolle über die "internen Prozesse" eine besondere Bedeutung zukommen. Im Mittelpunkt steht hierbei die Entwicklung eines betrieblichen Informationssystems und von Methoden der exakten Rechnungslegung:

> "Damit (mit der Konzentration der Produktionsmittel, R.K.) ergeben sich größere und vielgestaltigere Aufgaben der Steuerung des betrieblichen Gesamtsystems, als je zuvor in der Geschichte. Diese Steuerungsaufgaben konnten nur erfüllt werden mit Hilfe eines breiten und differenzierten Melde-, Kommando- und Rückmeldesystems, d.h. durch den Ausbau eines betrieblichen Kommunikationssystems von großer Geschlossenheit. Gleichzeitig mit der Vermehrung der Produktion ergab sich im Großbetrieb die Aufgabe, die einzelnen Produktionsvorgänge auf ihre Effektivität und Rentabilität hin stetig zu überprüfen. Das Kommunikationssystem im Großbetrieb ist kein reines Steuerungssystem, sondern ein Steuerungssystem, dem ganz bestimmte Normen zugrunde liegen." (PIRKER 1962, S.45f)

Auf der wachsenden Bedeutung der Kontrolle über den unmittelbaren Produktionsprozeß beruht schließlich die Herausbildung des modernen Produktionsmanagement (SCHMIEDE/SCHUDLICH 1976, S.163ff), dessen kaufmännische Grundlage ein entwickeltes "industrielles Rechnungswesen" bildet (BOBERMIN 193o, S.3f).

Die skizzierten Tendenzen industrieller Produktion und Vermarktung führen zu einem Anwachsen und qualitativen Wandel der kaufmännisch-ökonomischen Aufgaben in den industriellen Unternehmen, was eine ständige Vermehrung der ausschließlich mit diesen Aufgaben beschäftigten Arbeitskräften zur Folge hat (BOBERMIN 193o, S.5). Der sich zunächst in größeren Unternehmen herausbildende kaufmännische Verwaltungsapparat wird für die Unternehmen zu einem immer gewichtigeren Kostenfaktor. In ihrem Bemühen die "unproduktiven" Verwaltungskosten zu senken und gleichzeitig den steigenden Anforderungen an die kaufmännische Verwaltung gerecht zu werden, beginnen die Unternehmen die Arbeit in ihren Verwaltungen Rationalisierungsmaßnahmen, zunächst vor allem organisatorischer (Kap.3.2.), später mehr und mehr auch technischer Art (Kap. 3.3.) zu unterwerfen.

3.2. Die organisatorische Rationalisierung der frühindustriellen Verwaltung

Die Leitungsarbeiten und kommerziellen Funktionen entwickelten sich in den Industrieunternehmen zunehmend zu besonderen Fachgebieten, die vom Einzelunternehmer allein nicht mehr bewältigt werden konnten. Der Unternehmer sah sich daher gezwungen, "Gehilfen" einzustellen,die ihn bei der technisch-wissenschaftlichen Planung der Produktion, der Überwachung der Arbeiter und der Regelung der Finanzen und dem Verkauf unterstützten. Neben dem Ingenieur und dem Werkmeister gehörte der Buchhalter zu den ersten Unternehmergehilfen (CRONER 1962, S.63ff; BRAUN 1964, S.1o8f).

Die Aufgaben des Industriebuchhalters bzw. des von ihm geführten Fabrikkontors waren vielfältig: "Beim Fabrikkontor mischen sich Aufgaben des Handelskontors mit den Aufgaben der Kundenkorrespondenz, mit denen des Betriebsbüros und den Aufgaben des Buchhaltungsbüros." (PIRKER 1963, S.26)[3] Dennoch blieb das Informationssystem der frühindustriellen Verwaltung auf die Person des Privatunternehmers zugeschnitten (PIRKER 1963, S.66), der aufgrund seines Überblicks über alle wesentlichen inner- und außerbetrieblichen Probleme meist in der Lage war, jeden neuen Geschäftsvorfall unter Abwägung des betrieblichen Gesamtinteresses sofort zu entscheiden (VOGT 1968, S.4o).

Die Arbeitsorganisation des Fabrikkontors war gekennzeichnet durch eine "straffe hierarchische Ordnung, in der der Buchhalter eine ähnliche Position einnahm wie der Altgeselle in einer Werkstatt" (BAHRDT 1958, S.4o). Die erworbenen Fähigkeiten auf dem Gebiet des Schreibens und Rechnens und die aktuelle Bewährung, beides eng gekoppelt an das Dienstalter, bestimmen maßgebend die Stellung in der Positionshierarchie (PIRKER 1963, S.66f).

Die Arbeitsteilung war noch wenig entwickelt. Es bestand eine einfache Form der Aufgabenteilung zwischen dem Buchhalter und Kassierer, der mit den Finanzaufzeichnungen zu tun hatte und dem einfachen Angestellten, der für die Korrespondenz, die Ablage, einfache Eintragungen in die Buchhaltung und für andere Routinearbeiten im Kontor zuständig war (LOCKWOOD 1966, S.2o).

In den industriellen Großbetrieben entwickelte sich im Zuge einer Vermehrung der organisatorischen, kommerziellen und verwaltenden Aufgaben um die Jahrhundertwende aus dem Fabrikkontor ein ausdifferenzierter kaufmännischer Verwaltungsapparat. Der organisatorische Wandel vollzog sich auf zwei Ebenen: einmal auf der Ebene der Unternehmensorganisation als Ausdifferenzierung von kaufmännischen Fachgebieten und Departementalisierung der Verwaltung und zum anderen auf der Ebene der Arbeitsorganisation als arbeitszerlegende Spezialisierung der Tätigkeiten.

Die Departementalisierung bestand zunächst in einer organisatorischen Verselbständigung der verschiedenen Aufgaben des Fabrikkontors (PIRKER 1963, S.68). Jede der neu entstehenden Abteilungen hatte einen bestimmten Aufgabenbereich, der in einem kompakten Arbeitsgang noch in der Regel von Anfang bis Ende erledigt wurde (BAHRDT 1958, S. 45, 62). Die Departemente standen, bezogen auf ihre Arbeit, zwar noch verhältnismäßig unverflochten nebeneinander (ebd., S.62), waren aber bereits in eine große übergreifende, hierarchisch gegliederte Organisation eingeordnet (ebd., S.46).

Rationalisierungsbemühungen einerseits und Stabilisierungsprobleme des überkommenen Herrschaftssystem andererseits führten zu weiteren unternehmens- und arbeitsorganisatorischen Veränderungen der Verwaltung. Die Rationalisierungsidee bestand darin, gleichartige Aufgaben aus verschiedenen Abteilungen auszugliedern und in spezialisierten Abteilungen zusammenzufassen, beispielsweise buchhalterische Tätigkeiten in einer zentralen Buchhaltung oder Lohnberechnungen in einer zentralen Lohnbuchhaltung (BAHRDT 1958, S.48; KOCKA 1969, S.136). Die Unternehmensleitungen hofften damit die Effektivität der Arbeitsgänge steigern, die Arbeit leichter kontrollieren und Personalkosten einsparen zu können (BAHRDT 1958, S.48, 52).

Mit der Departementalisierung auf dem Prinzip der Funktionszentralisierung wurden ehemals ganzheitliche Arbeitsprozesse zerschnitten (ebd., S.48); parallel dazu setzte innerhalb der Abteilungen eine neue Form spezialisierender Arbeitsteilung ein (ebd., S.43ff). Ein Bearbeitungsvorgang wurde nach der Methode des "fließenden Bandes" in mehrere hintereinandergeschaltete Teilschritte zerlegt und unterschiedlichen Angestellten übertragen (BOBERMIN 193o, S.12ff; KRAKAUER 1971, S.12).

Die Arbeit in der Industrieverwaltungwurde zur "Teilarbeit in einem Arbeitssystem" (BRAUN 1963, S.193), dessen Funktionszusammenhänge die Angestellten immer weniger überblickten (GABLENTZ 1926, S.45f; BAHRDT 1958, S.48f; BRAUN 1963, S.193).

> "Die Tätigkeiten in ihrer großen Mehrheit verloren jene Momente, die an unternehmerisches Handeln, an privatkapitalistische Initiative, an Risiko, Improvisation und Innovation erinnert hatten, und näherten sich dem bloßen Vollzug von geplanten, arbeitsteiligen Verwaltungshandlungen. Dies gilt selbst für kaufmännische Angestellte, die für die Behandlung des Marktes verantwortlich waren."(KOCKA 1969, S.523)

Entsprechend wurden von den Angestellten nicht mehr Initiativenreichtum und Kritikvermögen, sondern Genauigkeit, Pünktlichkeit und Anpassung an die gegebene Organisationsstruktur erwartet (BOBERMIN 193o, S.18f; KOCKA 1969, S.488).

Dennoch führte die Arbeitsrationalisierung nicht zu einer generellen Abwertung aller Tätigkeiten:

> "... die Rationalisierung hat für einen Teil der Angestellten zweifellos eine Hebung der Funktionen mit sich gebracht ... Der Kontokorrentbuchhalter etwa, der heute (in den 2oer Jahren, R.K.) nur noch Differenzen klärt, die Korrespondenz erledigt, die aus dem Rahmen der Schemabriefe herausfällt, und daneben seine Hilfskräfte anleitet, die für ihn buchen, mahnen, abhaken etc., übt nunmehr Funktionen aus, die der eines Abteilungsleiters ähnlich sind ... Aber die Zahl derjenigen, die diese 'gehobenen' Tätigkeiten ausüben, ist relativ gering ..." (BOBERMIN 193o, S.2o)

Es zeigt sich also eine deutliche Tendenz der Differenzierung der Tätigkeitsstruktur: auf der einen Seite werden qualifizierte Tätigkeiten von Routinearbeit entlastet, auf der anderen Seite entstehen durch voranschreitende Arbeitsteilung und Standardisierung allgemeine Bürotätigkeiten, die aufgrund ihrer Simplizität auch von billigen, angelernten Hilfskräften ausgeführt werden können. Der Ausbau der schulischen Elementarbildung kam den Bestrebungen der Unternehmer entgegen, zunehmend auch Bürohilfskräfte einzustellen und anzulernen. Die immer weitere Verbreitung der Fertigkeiten im Schreiben, Lesen und Rechnen schuf für die Unternehmen ein breites Reservoir schnell anlernbarer Arbeitskräfte für untergeordnete Bürotätigkeiten (KOCKA 1969, S.266). Ein Wandel der Situation auf dem Arbeitsmarkt, wo sich bereits um die Jahrhundertwende (ebd., S.266f), insbesondere aber in der Wirtschaftskrise der 2oer Jahre dieses Jahrhunderts

(KADRITZKE 1975, S.192ff) Tendenzen einer Arbeitslosigkeit unter den Industrieangestellten zeigten, wie auch die verstärkten arbeitsorganisatorischen Rationalisierungsmaßnahmen in den Industrieverwaltungen, die die Fungibilität der Angestellten erhöhten (BOBERMIN 193o, S.19f), entzogen den Angestellten die objektive Grundlage ihrer lange Zeit privilegierten innerbetrieblichen Stellung. Sahen sich die Unternehmen aufgrund des individuellen Charakters der Funktionen der ersten Industrieangestellten, ihrer Teilhabe am Herrschafts- und Informationssystem des Unternehmens und den mangelnden Kontrollmöglichkeiten ihrer Tätigkeiten, wie auch aufgrund von Rekrutierungsproblemen auf dem für kaufmännische Industrieangestellte kaum ausgebildeten Arbeitsmarkt im Interesse des Geschäftserfolgs lange Zeit veranlaßt, sich um die Loyalität der Angestellten zu bemühen und sie durch Privilegien in einem besonderen "Treueverhältnis" an sich zu binden (KOCKA 1969, S.1o9f, 186), so kam es nun zu einem grundlegenden Wandel in der sozialen Stellung der Industrieangestellten. Nicht mehr der Unternehmergehilfe, dessen Arbeit in abhängiger Stellung eine Art Ausbildungs- oder Wartezeit auf dem Wege zur Chefposition (CRONER 1954, S.5o) und somit einen Abschnitt in einer "Laufbahn" darstellte[4], sondern der "gehaltsabhängige" Angestellte wurde zum vorherrschenden Beschäftigtentypus der Verwaltung. Der Angestellte erhält einen kurzfristig kündbaren Arbeitsvertrag, der ihn den Mechanismen des Arbeitsmarkts aussetzt (FURRER 1968, S.1o9; KOCKA 1969, S.547).

Die veränderte Stellung der Angestellten zum Unternehmen und die fortschreitend arbeitsteilige Organisation der Verwaltung ließen das auf persönlicher Anweisung des Vorgesetzten und dienstbereiter Loyalität der "Privatbeamten" beruhende traditionelle Herrschaftssystem zunehmend als ungenügend erscheinen:

> Zum einen "konnte sich die Unternehmensleitung nicht mehr auf jenes unkontrolliert wirksame Engagement (der Angestellten, R.K.) verlassen", zum anderen konnten "guter Wille und Loyalität, Dienstbereitschaft und Arbeitsfreude auf der unteren und mittleren Ebene der Unternehmenshierarchie direkte und exakte Vorschriften nicht mehr ersetzen, nachdem die Interdependenz der einzelnen Arbeitsvollzüge auch im Büro aufeinander abgestimmte Planung verlangte."
> (KOCKA 1969, S.489)

Zur Effektivierung des Verwaltungsapparates, der Absicherung unternehmerischer Herrschaft, der Disziplinierung und Kontrolle der Angestellten setzte sich deshalb zunehmend eine Form der Arbeitsorganisation durch, die an den Prinzipien genauester Kompetenzabgrenzung, hierarchischer Ordnung, formalisierter Kommunikation, zentraler Kontrolle und detaillierter, genereller Regelung ausgerichtet war (GABLENTZ 1926, S.48f; BOBERMIN 193o, S. 23, 33; KOCKA 1969, S.371). Die Unternehmensverwaltung näherte sich dem Modell bürokratischer Organisation[5].

3.3. Die Mechanisierung der Verwaltungsarbeit

Die Anwendung von Büromaschinen in den Verwaltungen deutscher Industrieunternehmen setzte in großem Umfang erst innerhalb der Rationalisierungsperiode 1925 bis 1928 ein (KRAKAUER 1971, S.12), obwohl Schreibmaschinen, Rechenmaschinen und sogar Lochkartenmaschinen schon seit längerer Zeit auf dem Markt verfügbar waren (PIRKER 1962, S. 31ff, 62ff, 76ff, 91ff; NEULOH 1966, S.128; RHEE 1968, S.36ff). Mit der technischen Rationalisierung verbanden sich zugleich durchgreifende arbeitsorganisatorische Rationalisierungsmaßnahmen.

Eingeleitet wurde die Maschinisierung der kaufmännischen Verwaltung durch die Einführung der Schreibmaschine. Gleichzeitig mit der Schreibmaschine wurden erstmals weibliche Arbeitskräfte, die von vorneherein auf die maschinelle Fixierung und Reproduktion von Daten und Informationen spezialisiert waren, in den Büros eingesetzt:

> "Es war keineswegs so, daß mit dem Anwachsen der Verwaltung sich die Aufgaben im Sinne manufaktuриeller Arbeitsteilung immer schärfer spezialisierten, daß die spezialisierten Arbeitsplätze von billigen Arbeitskräften, eben von Frauen, übernommen wurden und sodann diese billigen Arbeitskräfte mit Schreib- und Vervielfältigungsmaschinen ausgerüstet worden wären, um ihre Effektivität zu steigern oder ihre Arbeit zu erleichtern. Die Frau, die geringer qualifizierte Bürokraft, trat gleichzeitig mit dem Instrument der Maschine in das Büro ein - sozusagen als reine Schreibkraft.
> PIRKER 1962, S.49)

Durch die Mechanisierung der Datenfixierung und -reproduktion[6] und den Einsatz geringer bezahlter weiblicher Arbeitskräfte versuchten die Unternehmen den steigenden Kosten der Textverarbeitung zu begegnen[7].

Mit der Übertragung von Schreib- und Reproduktionsarbeiten auf besondere Arbeitskräfte entstand eine neue Form der Arbeitsteilung. Ein bisher ganzheitlicher Arbeitsvorgang wird nicht in ein zeitliches Hintereinander geteilt, sondern man hat es, wie PIRKER ausführt, mit der Teilung eines Arbeitsvorgangs nach Grundoperationen, wie Schreiben, Rechnen oder Ordnen zu tun:

> "Eine Organisation der Arbeitsteilung nach solchen Grundoperationen stellt keine Aufteilung eines ganzheitlichen Arbeitsvorgangs in einem räumlichen Nebeneinander dar oder in zeitlichen Sequenzen, und damit trifft bei dieser Form der Arbeitsteilung das idealtypische Bild der Manufaktur und der Fabrik nicht zu. Eine Arbeitsteilung dieser Art ist im Hinblick auf das Produkt weitaus flexibler, wie sie auch in sich komplexer ist. Aber mit dem Auftreten der Arbeitsteilung in der Form der Grundoperationen geht auch der 'Beruf' im alten Sinne zugrunde." (PIRKER 1962, S.49f)

In der Industrieverwaltung vollzog sich eine weitgehende Trennung zwischen fachbezogenen Sachbearbeitertätigkeiten einerseits und fachlich neutralen Schreibtätigkeiten andererseits (BRAUN 1963, S.194), die teilweise in zentralen Schreibbüros zusammengefaßt wurden (MILLS 1955, S.288; BAHRDT 1958, S.52f).

Im Gegensatz zur Schreibmaschine führte die Rechenmaschine zu keiner wesentlichen Veränderung der Arbeitsteilung (PIRKER 1962, S.66). Die Rechenmaschine blieb vielmehr ein Hilfsinstrument an bestehenden Sachbearbeiter-Arbeitsplätzen[8] und dies, obwohl der Anteil der Rechenarbeit an der Büroarbeit relativ hoch einzuschätzen ist (PIRKER 1962, S.66)[9].

Anders verhält es sich mit der Buchungsmaschine. Im Gefolge ihrer Einführung, die auf eine ständige Zunahme der Buchhaltungsdaten zurückzuführen ist (PIRKER 1962, S.46), kam es zu wesentlichen Änderungen der Arbeitsmethode und Arbeitsorganisation innerhalb der Buchhaltungsabteilungen.

Relativ hohe Anschaffungskosten der Buchungsmaschinen und der kostenmäßige Zwang zur Ausnutzung ihrer Kapazität legten den Unternehmen eine weitgehende Zentralisierung aller im Unternehmen anfallenden Buchungsaufgaben nahe. Die Buchungsmaschine förderte somit den Prozeß der Departementalisierung der kaufmännischen Verwaltung[1o].

Eine Voraussetzung für die Einführung der Buchungsmaschine war eine Veränderung der angewandten Buchungsverfahren. Die Verbuchung in Form des gebundenen Buches mußte durch ein "Lose-Blatt-Verfahren" ersetzt werden, was eine Anpassung der gesetzlichen Vorschriften über Form und Inhalt der Buchführung, die sogenannten "Grundsätze ordnungsmäßiger Buchführung" (vgl. dazu WÖHE 1968, S.5o3), an die neue Technik erforderlich machte (WOLLER 1965, S.26o8). Maschinell gebucht wurde auf beweglichen Kontenblättern, die in einem "Kontentrog" nach den verschiedensten Gesichtspunkten gruppiert werden konnten. Damit eröffnete sich in größeren Buchhaltungen die Möglichkeit einer über die traditionelle Aufgliederung der Buchhaltung nach "Bucharten" (z.B. Hauptbuch, Journal, Kassenbuch)hinausgehenden Spezialisierung der Buchhaltungstätigkeiten. Bestimmte Sachgebiete, wie beispielsweise die Verbuchung der Kreditoren- oder Debitorenvorgänge, konnten spezialisierten Bearbeitern bzw. gesonderten Abteilungen übertragen und bei entsprechendem Buchungsanfall etwa nach Kontennummern oder Kundennamen weiter horizontal aufgegliedert werden (BAUER 1957, S.58o).

Anders als die Schreib- oder Rechenmaschine besitzt die Buchungsmaschine keinen rein instrumentalen Charakter. Sie ist nicht als Hilfsinstrument für die verschiedenen Verwaltungsaufgaben einsetzbar, sondern auf die spezifische Aufgabe der Kontenführung ausgerichtet. Die Starrheit in der Verbindung der von ihr teilweise in selbsttätiger Form durchgeführten Funktionen Fixieren, Ordnen und Summieren, macht eine gewisse Ausrichtung des Arbeitsflusses auf sie hin erforderlich (PIRKER 1962, S.79; BRAUN 1963, S.194). Der Arbeitsgang wird in die Vorbereitung der Buchung und die maschinelle Verbuchung selbst zerlegt, was vielen Unternehmen Anlaß gab, eine vertikale Teilung der ehemals komplexen Buchhaltertätigkeit vorzunehmen:

> "Während die Buchführungsarbeiten früher überwiegend nur von Angestellten ausgeführt werden konnten, die das System und die Technik beherrschten, und die Zusammenhänge kennen mußten, wird der größte Teil des Arbeitsanfalls heute von 'Buchhaltungs-Mitarbeitern' ohne besondere buchhalterische Kenntnisse, für bestimmte Teilearbeiten spezialisiert, unter Verwendung (Bedienung) von Maschinen erledigt."(MANN/MOLLE 1964, S.19)

Die Einführung der Buchungsmaschine löste damit eine Tendenz aus, die an Fachqualifikation gebundenen Buchhaltertätigkeiten von Buchhaltungs-Hilfstätigkeiten, insbesondere der Maschinenbedienung, abzutrennen[11].

Durch die mechanischen Leistungen der Buchungsmaschinen, ihre Schnelligkeit und Sauberkeit des Fixierens, wurden zudem eine Reihe traditioneller Buchhalterqualifikationen, wie beispielsweise die Fähigkeiten,gestochen schreiben und lange Zahlenreihen schnell und zuverlässig addieren zu können, obsolet(MILLS 1955, S.285f). Da mechanische Kontrolleinrichtungen an der Buchungsmaschine (Störungszeichen, Sperrung des Mechanismus bei Buchungsfehlern) die Möglichkeit von versehentlichen oder bewußten Falschbuchungen reduzierten, mußten die Unternehmen kein so großes Gewicht mehr auf die Vertrauenswürdigkeit der Angestellten legen wie in der traditionellen Buchhaltung (KALVERAM 1929, S.281). Der Wegfall von Anforderungsmerkmalen traditioneller Buchhaltertätigkeiten für einen großen Teil der in den Buchhaltungen beschäftigten Angestellten erhöht zugleich deren Austauschbarkeit[12].

Auch nach dem verbreiteten Einsatz von Schreib-, Rechen- und Buchungsmaschinen war die Arbeit in den Büros noch immer eher durch eine weitentwickelte Schematisierung und Routinisierung als durch eigentliche Maschinisierung gekennzeichnet. Nicht die Büromaschinen, sondern die jeweilige Arbeitsorganisation war für die Arbeitsabläufe in der Verwaltung bestimmend (BRAUN 1963, S.194), wenngleich die vor allem auf dem Wege der Arbeitsteilung und Arbeitszerlegung vorangetriebene Rationalisierung der Angestelltentätigkeiten (CRONER 1962, S.142f) durch die Maschinisierung einen besonderen Auftrieb erhielt[13].

Eine wichtige Folge dieser Phase technisch-organisatorischer Rationalisierung der kaufmännischen Verwaltung war die Herausbildung spezialisierter Sachbearbeitertätigkeiten einerseits und fachlich unspezifischer, von angelernten Arbeitskräften zu leistenden Bürotätigkeiten andererseits. Die Position des Sachbearbeiters vermittelte keinen hinreichenden Überblick mehr über das gesamte Unternehmensgeschehen[14]. An die Stelle der kaufmännischen Betätigung auf dem Markt trat immer mehr die Verwaltungstätigkeit[15]. Gleichwohl erfüllte der Sachbearbeiter eine letztendlich fachbezogene Tätigkeit, die sich noch immer durch eine gewisse Komplexität auszeichnete, wenngleich ein Einschlag von repetitiver Tätigkeit unverkennbar war (BRAUN 1963, S.194). Anders als bei einer Reihe der neu entstehenden Hilfstätigkeiten behält die Maschine für den Sachbearbeiter jedoch den Charakter eines Hilfsmittels.

Mit der nach mechanischen Prinzipien arbeitenden Lochkartenanlage wird in der Industrieverwaltung zum ersten Mal ein geschlossenes Maschinensystem eingesetzt, das eine Tabelliermaschine und eine Reihe von Zusatzgeräten wie Sortierer, Mischer, Locher, Doppler und Prüfgerät umfaßt (PIRKER 1962, S.94). Die Kombinierbarkeit der einzelnen Teilaggregate verhalf der Lochkartenanlage zu einer hohen Flexibilität, die ihr breite Anwendungsmöglichkeiten im Bereich der industriellen Datenverarbeitung eröffnete[16]. Zuerst wurden Lochkartenanlagen von einigen Großunternehmen für Verkaufsstatistiken eingesetzt, drangen dann aber insbesondere in routinemäßige Abrechnungsprozesse der Lager-, Lohn- und Betriebsbuchhaltung ein, in denen sie aufgrund ihrer Schnelligkeit und Verarbeitungssicherheit manuellen Verfahren überlegen waren (FISCHER 1961, S.1276ff; PIRKER 1962, S.91f.).

Um im Rahmen einer konventionellen Lochkartenanlage einzelne Grundfunktionen der Datenverarbeitung in einem relativ kontinuierlichen Prozeß miteinander zu verbinden, war jedoch die menschliche Vermittlung zwischen den einzelnen Geräten notwendig (PIRKER 1962, S.95; SCHIEFER 1969, S.15f). Es entstand die Tätigkeit des Maschinenbetreuers (Operator). Die Übertragung der Daten auf Lochkarten wurde von speziell dafür angelernten Hilfskräften (Locherinnen) vorgenommen. Systemanalytiker und Programmierer (Tabellierer) waren mit der Vorbereitung der maschinellen Abläufe beschäftigt[17]. Diese "neuen Berufe" unterscheiden sich von den traditionellen Verwaltungstätigkeiten insofern, als sie sich von jeglicher Prozeß- bzw. Fachspezifität gelöst, allein an der Methode der Datenverarbeitung und den eingesetzten Maschinen orientieren.

Anders als alle bisherigen Büromaschinen wurde die konventionelle Lochkartenanlage nicht direkt in ihrem jeweiligen Anwendungsfeld, der Fachabteilung, sondern in einer neu eingerichteten

Fachabteilung ("Hollerithabteilung","Lochkartenabteilung") installiert. Der Grund liegt vor allem in den verhältnismäßig hohen Anschaffungskosten bzw. Mietkosten der Lochkartenanlagen, woraus sich unter betriebswirtschaftlichen Gesichtspunkten die Notwendigkeit einer weitgehenden Ausnutzung der Maschinenkapazitäten ergibt (FISCHER 1961, S.1282). Durch die Auslagerung der maschinellen Datenverarbeitungsoperationen kamen die Fachabteilungen nur auf eine eher indirekte Weise mit der Lochkartentechnik in Berührung. Die Lochkartenanlagen blieben im Grunde ein Hilfsmittel für Routinearbeiten (NEULOH 1966, S.132; SCHIEFER 1969, S.16f); von ihr betroffen waren primär routinehafte, unqualifizierte Arbeiten (JAEGGI/WIEDEMANN 1963, S.224). Die Übertragung isolierter Teilaufgaben auf die Lochkartenanlage beließ die traditionellen Arbeitsgänge weitgehend unberührt: "... die konventionelle Lochkartentechnik kann so eingesetzt werden und wurde vielfach so eingesetzt, daß in der Funktion des einzelnen Arbeitsplatzes keine wesentliche Änderung eintrat." (JAEGGI /WIEDEMANN 1963, S.225) Gleichwohl führte die Lochkartentechnik dort, wo sie eingesetzt wurde, zu einer Erhöhung der Rationalität der Informationsverarbeitung:

> "Um die Umstellung zu ermöglichen, müssen zuerst jene Arbeitsstufen systematisiert werden, mit denen das Belegmaterial für die Lochkartenstelle vorbereitet wird. Im Prinzip bleibt auf diesen Stufen zwar die Arbeit ähnlich wie bisher. Nur ein Teil der Verrichtungen wird durch Maschinen ersetzt. Sonst werden gewöhnlich auch weiterhin Belege mit dem Kopierstift ausgefüllt und zur Unterschrift vorgelegt, Listen und Karteien geführt. Aber es stellt sich jedesmal heraus, daß das bisherige System der Bearbeitung für die Umstellung nicht geeignet ist, ..." (BAHRDT 1958,S.71)

Bei der Einführung der Lochkartentechnik zeigten sich Rationalisierungsmängel in den Verwaltungsvorgängen, die, da sie ihre Gestalt vielfach den Rationalisierungsbestrebungen der 2oer Jahre verdanken, eigentlich als rationell geordnet angesehen wurden (ebd., S.71f).

Die Rationalisierung der Arbeitsgänge im Zusammenhang mit der Einführung der Lochkartentechnik führte in den Fachabteilungen zu einer bisher nicht gekannten Verfahrensdisziplin (PIRKER 1962, S.95). Insofern zeigten sich bereits bei der Anwendung konventioneller Lochkartenanlagen Erscheinungen, die bei der Anwendung von EDV-Anlagen noch deutlicher hervortreten. Ein Rückfall in traditionelle Arbeitsmethoden war in den neu durchgeplanten

Arbeitsgängen nicht mehr so leicht wie in nichttechnisierten Arbeitsprozessen möglich, da die formularmäßige Vorbereitung der Ablochung in einer genau festgelegten Weise zu erfolgen hatte, um Ablochfehler zu vermeiden (BAHRDT 1958, S.72).

3.4. Zusammenfassung

Im Zusammenhang mit durchgreifenden Veränderungen der Produktionsstruktur (Vergrößerung der Produktionseinheiten und wachsende Kapitalausstattung der Produktion) und der Marktsituation (Ausdehnung und Monopolisierung der Märkte) industrieller Unternehmen kam es zu einem qualitativen Wandel und quantitativen Wachstum der kaufmännisch-ökonomischen Aufgaben in Industrieunternehmen und als Folge davon zu einem ständigen Anstieg der Zahl der kaufmännischen Angestellten. Die steigenden Anforderungen an die kaufmännische Verwaltung und die wachsende Kostenbelastung der Unternehmen durch den kaufmännischen Verwaltungsapparat führten zu organisatorischen und technischen Rationalisierungsmaßnahmen, durch die sich die Verwaltungs- und Arbeitsorganisation wie auch die soziale Stellung der in der kaufmännischen Verwaltung Beschäftigten grundlegend veränderte.

Durch die Ausdifferenzierung kaufmännischer Fachgebiete und die Departementalisierung der Verwaltung nach dem Prinzip der Funktionszentralisierung entstand aus dem frühindustriellen Fabrikkontor ein reichlich untergliederter Verwaltungsapparat. Parallel dazu vollzog sich eine Tendenz der Arbeitszerlegung. Die einst umfassende Tätigkeit des Buchhalters im Fabrikkontor zerfiel in eine Vielzahl eng spezialisierter Sachbearbeitertätigkeiten in den kaufmännischen Fachabteilungen. In seiner Stellung zum Unternehmen war der in der Verwaltung Beschäftigte nun nicht mehr "Unternehmergehilfe", sondern "gehaltsabhängiger" Angestellter.

Mit der Anwendung der Schreibmaschine, der Buchungsmaschine und der konventionellen Lochkartenanlage wurden die Tätigkeiten weiter zerlegt. Die Zahl der angelernten weiblichen Hilfskräfte, die ausschließlich zur Bedienung der Büromaschinen eingesetzt wurden, nahm ständig zu. Den fachbezogenen, durch eine Mischung aus einfacheren und komplexeren Aufgaben gekennzeichneten Sachbearbeitertätigkeiten standen die fachlich unspezifischen Bürotätigkeiten im Schreibbüro, in der Maschinenbuchhaltung, im Lochsaal, in der Registratur usw. gegenüber.

Mit Hilfe von konventionellen Lochkartenanlagen wurden weitgehend nur routinehafte Massenaufgaben (Verkaufsstatistik, Fakturierung usw.) bearbeitet. Die traditionellen Arbeitsstrukturen und Verfahrensweisen in der kaufmännischen Industrieverwaltung blieben deshalb weitgehend unverändert.

4. Die Technisierung der kaufmännischen Arbeitsprozesse mit Hilfe elektronischer Datenverarbeitungsanlagen

Die Technisierung der kaufmännischen Arbeitsprozesse eines Industrieunternehmens verläuft empirisch als ein langfristiger, komplizierter Rationalisierungsprozeß, der neben der Ersteinführung eines EDV-Systems auch dessen Weiterentwicklung mitumfaßt. Weil die Planungskapazität der mit der Konzipierung des EDV-Systems beauftragten Organisationsabteilung begrenzt ist und die mit einer technisch-organisatorischen Umstellung verbundenen Störungsrisiken im Arbeitsablauf so gering wie möglich gehalten werden sollen, gehen die Unternehmen bei der Einführung technischer Neuerungen üblicherweise schrittweise voran, d.h. die Umstellung wird jeweils nur für einen begrenzten, zusammenhängenden Arbeitsbereich vorgenommen und erst nach der Konsolidierung des neuen Arbeitsablaufs ein weiterer Bereich umgestellt. Das EDV-System in einem Unternehmen umfaßt damit mehrere in unterschiedlichem Umfang miteinander verknüpfte (integrierte) Anwendungen der EDV-Technik in verschiedenen Verwaltungsbereichen.

Als maßgebliche Bestimmungsfaktoren des Technisierungsprozesses werden angesehen:
- die Programmierbarkeit der betrieblichen Datenverarbeitungsaufgaben (Kap. 4.1.);
- die Weiterentwicklung der EDV-Technologie, insbesondere im Hinblick auf deren Anwendbarkeit für kommerzielle Aufgabenstellungen (Kap. 4.2.);
- die Wirtschaftlichkeit der Anwendung der EDV-Technik (Kap. 4.3.).

Es wird angenommen, daß die in privatwirtschaftlichen Unternehmen zentrale Bedingung der Wirtschaftlichkeit zu einer von Rentabilitätsüberlegungen gesteuerten, selektiven Nutzung der durch die Faktoren "Programmierbarkeit" und "technische Entwicklung" eröffneten Technisierungsmöglichkeiten führt; aktuelles und potentielles Technisierungsniveau demnach üblicherweise auseinanderfallen[1].

4.1. Die Programmierbarkeit der betrieblichen Datenverarbeitungsaufgaben

Das Grundprinzip der Arbeitsweise elektronischer Datenverarbeitungsanlagen besteht darin, daß diese lediglich logische Schritte aufgrund eines vorgegebenen Programms vollziehen können. Datenverarbeitungsaufgaben sind deshalb nur dann maschinell durchführbar, wenn sich der Prozeß zu ihrer Erfüllung in einer Folge logisch geschlossener Operationsregeln darstellen läßt (LUTZ u.a. 197o, S.79). Datenverarbeitungsprozesse richten sich auf ein Objekt (Person, Sache, sachliches Verhältnis), dessen prozeßrelevante Eigenschaften (Objektdaten) durch eine Abfolge von Datenverarbeitungsoperationen nach vorgegebenen Regeln verändert werden. Inwieweit ein Datenverarbeitungsprozeß den Bedingungen der Programmierbarkeit und damit der Automatisierung angepaßt werden kann, hängt entscheidend ab einmal von der Standardisierbarkeit des Objekts, die insbesondere durch das Ausmaß der Variabilität und Intransparenz der Objektmerkmale bestimmt wird, dann von der Komplexität des Regelsystems, das dem Prozeß zugrunde liegt und schließlich vom Grad der Rationalität der Abfolge der einzelnen Datenverarbeitungsoperationen. Aus der Struktur dieser Elemente ergibt sich der Standardisierungsgrad des Prozesses, der gewissermaßen die Wahrscheinlichkeit angibt, den Prozeß automatisieren zu können (ebd., S.79ff).

Eine Ausdehnung der durch den Faktor Programmierbarkeit gezogenen absoluten Technisierungsgrenze von Verwaltungsprozessen kann durch eine Vielzahl organisatorischer Maßnahmen, die auf eine Erhöhung des Standardisierungsgrades der Prozesse ausgerichtet sind, erreicht werden. Eine Gruppe derartiger Maßnahmen setzt entsprechend bekannter Muster der Arbeitsteilung an der Aufteilung bisher als Einheit vollzogener Prozesse an. Die Rationalisierungsstrategie geht von dem Umstand aus, daß ein Prozeß nur dann programmiert werden kann, wenn alle Operationsregeln logisch geschlossen sind. Ist dies nicht der Fall, so können zumindest Teile eines Prozesses maschinell abgewickelt werden, wenn aus dem bislang als Einheit vollzogenen Prozeß die nicht programmierbaren Teile des Regelsystems herausgelöst werden. Hierbei lassen sich zwei Verfahrensweisen unterscheiden: entweder kann eine ursprünglich ganzheitliche Operationsreihe in zwei oder mehrere hintereinandergeschaltete Teilprozesse zerlegt werden; oder die Operationsreihe kann gewissermaßen horizontal aufgespalten werden, ein Fall, der bei der manuellen Bearbeitung als die Auslagerung schwieriger Fälle auf den qualifizierteren Bearbeiter bekannt ist(ebd., S.91ff). Eine Erhöhung des Standardisierungsgrades von Datenverarbeitungsprozessen kann auch durch eine Reduzierung der Komplexität des Regelsystems erreicht werden. Derartige Maßnahmen richten sich beispielsweise darauf, die prozeßrelevanten Objektmerkmale zu reduzieren, den Zusammenhang von Einzelregeln im Regelsystem zu vereinfachen oder im Regelsystem enthaltene Wahlmöglichkeiten durch den Einbau von Zusatzregelungen auf logisch geschlossene Entscheidungsregeln zu reduzieren (ebd., S.94ff).

Im Standardisierungsgrad und den Möglichkeiten wie Schwierigkeiten, ihn zu erhöhen, bestehen zwischen einzelnen betrieblichen Datenverarbeitungsaufgaben erhebliche Unterschiede. Als prinzipiell programmierbar sind alle operativen Datenverarbeitungsprozesse anzusehen, die es mit der Dokumentation, dem Ordnen und Vergleichen von Daten zu tun haben (SCHMIDT 1963, S.85ff; GROCHLA 1968, S.84). Dispositive Datenverarbeitungsaufgaben (Entscheidungsprozesse) sind dann automatisierbar, wenn die auszuwählenden Alternativen durch Entscheidungsregeln (Algorithmen) eindeutig vorgegeben werden können(DWORATSCHEK 1971, S.88).

Zur Entwicklung programmierbarer Entscheidungsregeln haben insbesondere Methoden des "Operations-Research" beigetragen (vgl. dazu SIMON 196o, S.14ff). Die dort entwickelten heuristischen Problemlösungsmethoden könnten nach der Ansicht vieler Autoren zunehmend auch nicht-deterministische Entscheidungen einer Programmierung zugänglich machen (SIMON 196o, S.21ff; GROCHLA 1968, S.86).

Zu vermuten ist, daß das beim gegenwärtigen Stand der Programmforschung abgesteckte potentielle Entwicklungsfeld der Technisierung erheblich größer ist als das selbst von Unternehmen mit fortgeschrittener EDV-Anwendung tatsächlich genutzte Feld. Die hierfür maßgebenden Gründe dürften vor allem in Problemen der Software-Entwicklung und in der durch das Kriterium der Wirtschaftlichkeit gesteuerten Nutzung der EDV-Technik liegen.

Empirische Untersuchungen, die ein genaueres Bild über die gegenwärtig in Industrieunternehmen mit Hilfe von EDV-Anlagen abgewickelten kaufmännischen Datenverarbeitungsaufgaben vermitteln könnten liegen nicht vor. Gewisse Anhaltspunkte über den Stand der Technisierung zu Beginn der 7oer Jahre gibt eine von MERTENS (1972, S.49-164, 272-3o8) vorgenommene Auswertung der Fachliteratur. Danach wird die EDV im kaufmännischen Bereich von Industrieunternehmen bislang zu folgenden Aufgaben eingesetzt:

- Im Vertriebsbereich zur:
  - Kundenanfrage- und Angebotsbearbeitung,
  - Angebotsüberwachung,
  - Auftragserfassung und -prüfung,
  - Auftragszuteilung,
  - Lieferfreigabe,
  - Versanddisposition,
  - Fakturierung,
  - Gutschriftenerteilung,
  - Packmittelverfolgung,
  - Verkäufereinsatzsteuerung;
- im Beschaffungs- und Lagerbuchhaltungssektor zur:
  - Materialbewertung und Lagerbestandsführung,
  - Bedarfsermittlung,
  - Bestelldisposition,
  - Bestellüberwachung,
  - Wareneingangsprüfung;
- im Rechnungswesen zur:
  - Kostenrechnung,
  - Lieferantenrechnungskontrolle,
  - Hauptbuchhaltung,
  - Debitorenbuchhaltung,
  - Kreditorenbuchhaltung,
  - Anlagenbuchhaltung;
- im Personalsektor zur:
  - Entlohnungsabrechnung,
  - Rentenabrechnung,
  - bestimmte Melde- und Veranlassungsprogramme (Bescheinigungen, Aufforderung zur Routineuntersuchung, Statistiken usw.).

Einige Ende der 6oer Jahre durchgeführte Untersuchungen kommen zu dem Ergebnis, daß die EDV-Entwicklung in industriellen Unternehmen lediglich auf dem Gebiet der Lohn- und Gehaltsbuchhaltung weitgehend abgeschlossen ist. Alle übrigen kaufmännischen Anwendungsgebiete bilden nach Angabe der dort befragten Unternehmen auch in der Zukunft noch Schwerpunkte der Problemanalyse und Programmerstellung (DIEBOLD 1969, S.836; BECKER u.a. 1971, S.53ff; ZUBERBÜHLER 1972, S.2o2; VDMA 197o, S.53ff).

In den in die empirischen Erhebungen dieser Untersuchung einbezogenen Unternehmen weist die Anwendung der EDV entsprechend dem jeweils erreichten Entwicklungsstand der EDV-Technologie und den von der Unternehmensleitung gesetzten Anwendungsschwerpunkten erhebliche Differenzen auf. Während die Unternehmen A, B und C die EDV in nahezu allen wichtigen kaufmännischen Funktionsbereichen einsetzen, weisen die Unternehmen D und E ein vergleichsweise geringeres Technisierungsniveau auf. So wird im Unternehmen E zunächst nur das wegen einer hohen Zahl von Produktvarianten vordringlichste administrative Problem, die Auftragsabwicklung, mit Hilfe der EDV-Anlage bearbeitet.

Den Unternehmen D und E geht es bei der zukünftigen Programmentwicklung zunächst vor allem um die Übernahme weiterer kaufmännischer Aufgabengebiete auf die EDV; demgegenüber sehen die Unternehmen A, B und C ihren zukünftigen Schwerpunkt bei der Programmentwicklung für den kaufmännischen Bereich in einer Verbesserung des operativen Datenverarbeitungssystems durch eine verstärkte Verknüpfung bislang isoliert durchgeführter Programme (Integration) und, darauf aufbauend, in einer Verbesserung der EDV-Unterstützung dispositiver Aufgaben. Die hierzu erforderlichen Programme sollen weitgehend von Herstellern, speziellen Serviceunternehmen oder anderen Industrieunternehmen "fertig" bezogen werden.

Der Umfang der menschlichen Interventionen in die maschinell abgewickelten Datenverarbeitungsprozesse differiert nach dem erreichten bzw. erreichbaren Standardisierungsniveau der Prozesse. Während die meisten abrechnenden und kontrollierenden Datenverarbeitungsaufgaben in den Unternehmen A, B und C vollautomatisiert sind, werden die dispositiven Datenverarbeitungsaufgaben lediglich durch die EDV unterstützt (vgl. S. 148ff).

Die oben genannten Untersuchungen deuten ebenso wie die hier durchgeführten Fallstudien darauf hin, daß das Technisierungsniveau im Rechnungswesen durchschnittlich höher liegt, als in den Beschaffungs- und Absatzabteilungen, was auf den unterschiedlichen Schwierigkeitsgrad der Standardisierung und Programmierung der Arbeitsaufgaben in Abrechnungsabteilungen und marktbezogenen Abteilungen zurückzuführen sein dürfte.

Hinsichtlich der Programmentwicklung in industriellen Unternehmen lassen sich folgende Tendenzen absehen:

- Der Übergang von der isolierten Lösung administrativer Massenprobleme zu integrierten Ablaufzusammenhängen mit weitgehender Ausschaltung manueller Zwischenglieder (VDMA 197o, S.68ff; ZUBERBÜHLER 1972, S.2o1f; GROCHLA/MELLER 1974, S.18ff).
- Die Verlagerung des Schwerpunkts der EDV-Anwendung vom operativen Bereich, in dem die Entwicklung maschineller Datenverarbeitung schon relativ weit vorangeschritten ist, in den Bereich dispositiver Aufgaben, wo die Anwendung der EDV noch relativ am Anfang steht (ZUBERBÜHLER 1972, S.163).
- Die Standardisierung der Programmerstellung (normierte Programmierung) und die Standardisierung der Aufgabenlösungen (Standardprogramme). Standardprogramme für bestimmte Datenverarbeitungsaufgaben (z.B. Lohn- und Gehaltsbuchhaltung, Lagerbestandsführung oder Debitorenbuchhaltung) werden von den Herstellern und spezialisierten Software-Unternehmen angeboten. Den Anwenderunternehmen verbleibt nur noch eine Anpassung der Standardprogramme an die jeweiligen betrieblichen Besonderheiten (SZYPERSKI 1973, S.481; GROCHLA/MELLER 1974, S.18f; FOREST 1975, S.312ff). Befragte betriebliche Experten sehen in den Unzulänglichkeiten des bisherigen Angebots an Standardsoftware einen limitierenden Faktor für die weitere Technisierung. Heute könne man zwar unter einer Vielzahl von Geräten wählen, die Softwareentwicklung hinke aber auch bei den großen Herstellern um 2 bis 3 Jahre der Hardwareentwicklung hinterher. Softwarepakete für spezielle kaufmännische Anwendungsgebiete fehlten teilweise oder seien noch nicht genug ausgereift. Von der Weiterentwicklung der Standardsoftware dürfte deshalb eine beschleunigende Wirkung auf die Technisierung in der Industrieverwaltung ausgehen.
- Ein weiteres Gebiet zukünftiger Programmentwicklung, das nicht Gegenstand dieser Untersuchung ist, bildet der Aufbau computergestützter Entscheidungssysteme für die Unternehmensleitung auf der Basis entwickelter operativer und dispositiver Informationssysteme (GROCHLA 1971a, S.219ff; HERBOLD 1971, S.2o7ff). Der Aufbau von Managementinformationssystemen steckt allerdings bislang in der deutschen Industrie noch in den Anfängen (GROCHLA 1971a, S.225).

4.2. Die technische Entwicklung auf dem Gebiet der elektronischen Datenverarbeitung

Die technische Realisierbarkeit theoretischer Möglichkeiten der Programmierung von Datenverarbeitungsaufgaben wird maßgeblich beeinflußt vom Entwicklungsstand und der daran gebundenen Leistungsfähigkeit der für die Unternehmen verfügbaren EDV-Technologie. So bildete beispielsweise die geringe Kernspeicherkapazität der ersten Generation elektronischer Datenverarbeitungsanlagen eine Sperre gegen die maschinelle Abwicklung komplexer Datenverarbeitungsaufgaben, die eine verhältnismäßig große Kernspeicherkapazität voraussetzt.

Kennzeichen der technischen Entwicklung auf dem Gebiet der EDV ist eine ständige Zunahme der Leistungsfähigkeit von EDV-Anlagen, insbesondere hinsichtlich der Speicherkapazität, der Verarbeitungsgeschwindigkeit und der Ein- und Ausgabegeschwindigkeit, sowie eine Verbesserung der Ein- und Ausgabegeräte.

4.2.1. Die Elemente eines EDV-Systems

Die zentralen Komponenten eines EDV-Systems sind die realtechnischen Bauelemente des Maschinensystems (Hardware) und die üblicherweise unter dem Begriff "Software" zusammengefaßten Betriebs- und Anwendungsprogramme. Nach GROCHLA/MELLER (1974, S.28f,212) lassen sich die Elemente eines EDV-Systems wie folgt anordnen:

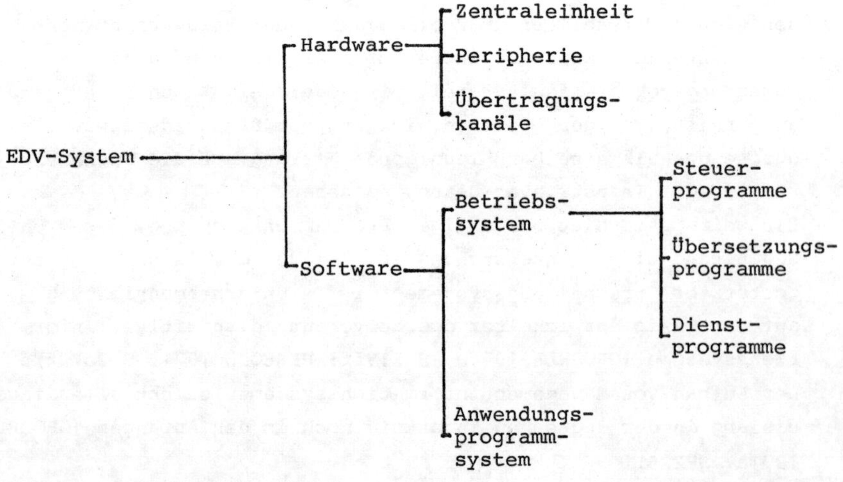

Die Elemente der Zentraleinheit sind[3]:
- das Rechenwerk zur Durchführung der Rechenoperationen,
- das Speicherwerk zur Aufbewahrung von Daten in der Zentraleinheit,
- das Steuerwerk zur Steuerung der maschinellen Abläufe.

Die peripheren Geräte dienen zur Eingabe (wie Lochkartenleser, Lochstreifenleser, Magnetschriftleseeinheit, Klarschriftleseeinheit, Handschriftleseeinheit, Bildschirm), zur Ausgabe (wie Lochkartenstanzer, Lochstreifenstanzer, Drucker, Plotter, Bildschirm) und (externen) Speicherung von Daten (wie Magnetband-, -trommel-, -platten-, -karten- Speichereinheit).

Übertragungskanäle verknüpfen die Elemente des Maschinensystems.

Zwischen dem Maschinensystem und dem Anwendungsprogrammsystem steht das Betriebssystem, dessen Funktion darin besteht, ein reibungsloses Zusammenwirken der übrigen Komponenten des EDV-Systems und insbesondere eine hohe Auslastung des Maschinensystems zu gewährleisten. Den Steuerprogrammen, die den Ablauf aller Programme regeln, kommt innerhalb des Betriebssystems eine zentrale Bedeutung zu.

Die Übersetzungsprogramme wandeln die in einer bestimmten Programmiersprache geschriebenen Anwendungsprogramme in die Maschinensprache der jeweiligen Anlage um. Übersetzungsprogramme für maschinenorientierte Programmsprachen werden "Assembler", für problemorientierte Programmsprachen "Compiler" genannt.

Dienstprogramme übernehmen Systemwartungs- und Systempflegeaufgaben. Bei anwendungsbezogenen Dienstprogramme, wie Hilfsprogrammen für die Datenein- und -ausgabe, oder Sortier- und Mischprogrammen, ist die Grenze zu Anwendungsprogrammen fließend.

Anwendungsprogramme sind die Übersetzung betrieblicher Datenverarbeitungsaufgaben in eine maschineller Verarbeitung zugängliche Form.

4.2.2. Die Entwicklungsstufen des Maschinen- und Betriebssystems

Elektronische Datenverarbeitungsanlagen werden entsprechend ihrer technischen Ausstattung und dem damit verbundenen Leistungsvermögen üblicherweise "Generationen" zugeordnet. Die erste, ab 1951 eingesetzte Generation war mit Elektronenröhren als Schaltelementen und Magnettrommeln als Speichereinheiten ausgestattet. In der zweiten Anlagengeneration ab 1958 fanden demgegenüber Transistoren und Kernspeicher Verwendung. Der Übergang zur dritten Generation (1965) wird durch den Einsatz von integrierten Schaltkreisen, die Verwendung von Ferritkernen im Speicherwerk, sowie die Anschlußmöglichkeit unterschiedlichster Peripheriegeräte markiert. Im Zusammenhang mit dem Einsatz der Halbleitertechnik im Speicherwerk, etwa ab 1972, wird vielfach von einer "vierten Computergeneration" oder auch nur von einer "verbesserten dritten Generation" gesprochen, da innerhalb des Maschinensystems keine wesentlichen Neuerungen hinzukamen (SEGERT 197o, S.219; GROCHLA/MELLER 1974, S.16).

Die technische Entwicklung des Maschinensystems führte, gemessen an der Operationsgeschwindigkeit und der Zugriffszeit auf gespeicherte Daten, zu einer ständigen Zunahme der Leistungsfähigkeit von elektronischen Datenverarbeitungsanlagen. Die Operationsgeschwindigkeiten der Zentraleinheit liegen bei Anlagen der dritten Generation bereits im Bereich von Nanosekunden (HERHOLZ 1969, S.5; GROCHLA/MELLER 1974, S.136). Eine erhebliche Ausdehnung der Speicherkapazitäten und eine Verkürzung der Zugriffszeiten kennzeichnet die Entwicklung der externen Speichermedien (GROCHLA/MELLER 1974, S.195ff). Neben Magnetband- und Magnettrommelspeichereinheiten finden hier zunehmend Magnetplattenspeichereinheiten Verwendung (DIEBOLD DEUTSCHLAND GMBH 1969, S.821). Vergleichsweise langsamer als bei der Zentraleinheit vollzog sich die technische Entwicklung auf dem Gebiet der Ein- und Ausgabegeräte. Lange Zeit dominierte die periphere Ausstattung der ersten Generation elektronischer Datenverarbeitungsanlagen[4]. Die Bestandteile der konventionellen EDV-Peripherie, wie Lochkarten- oder Lochstreifengeräte und Schnelldrucker, ließen nur eine verhältnismäßig geringe Leistungssteigerung zu, so daß es zu einer wachsenden Diskrepanz in der Leistungsfähigkeit zwischen fortentwickelter Zentraleinheit und konventioneller Peripherie kam. Die Datenerfassung und Datenausgabe wurden zunehmend zu einem Engpaß in der maschinellen Datenverarbeitung (DIEBOLD DEUTSCHLAND GMBH 1969, S.822; BECKER u.a. 1971, S.37). Erst die Entwicklung neuer peripherer Geräte brachte hier eine gewisse Wende. Seit Ende der sechziger Jahre gelangen zunehmend Geräte zur optischen Zeichenerkennung, neuerdings auch verstärkt Bildschirmgeräte zur Anwendung. Insbesondere durch die Bildschirmgeräte, die neben reinen Eingabefunktionen auch eine interaktive Nutzung der EDV durch den Dialog zwischen Benutzer und EDV-System ermöglichen, ist eine weitgehende Ablösung der konventionellen Peripherie zu erwarten (DIEBOLD DEUTSCHLAND GMBH 1969, S.822f).

Die neuere Entwicklung auf dem Gebiet der Steuerprogramme ist gekennzeichnet durch den Übergang von der Einzelprogramm- zur Mehrprogrammverarbeitung (Multiprogramming) und von der stapelweisen Verarbeitung zur Direktverarbeitung (Real-time Verarbeitung) (DIEBOLD DEUTSCHLAND GMBH 1969, S.824ff und 1971, S.212f; GROCHLA/MELLER 1974, S.18, 213ff).

Die ersten Anwendungsprogramme waren in einer dem Maschinensystem direkt zugänglichen Sprache, dem sogenannten "Maschinencode" abgefaßt. Die Entwicklung von Übersetzungsprogrammen erlaubt eine gewisse Ablösung der Programmierung vom unmittelbaren Maschinencode. Bei sogenannten "maschinenorientierten Programmiersprachen" steht allerdings nach wie vor der Zusammenhang zum Maschinencode im Vordergrund. Demgegenüber wird bei "problemorientierten Programmiersprachen" eine direkte Programmierung des zu lösenden Problems, unabhängig vom Maschinensystem, möglich (FISCHER 1967, S.41of; GROCHLA/MELLER 1974, S.17). Ein gewisser Trend zu problemorientierten Programmiersprachen ist gegenwärtig festzustellen (FISCHER 1967, S.41off).

4.2.3. Die Betriebsformen elektronischer Datenverarbeitungsanlagen

In der Form, in der die Angestellten in den Fachabteilungen mit dem Rechensystem in Beziehung treten , können zwei grundsätzliche Möglichkeiten unterschieden werden, die zugleich die Fortentwicklung der Nutzungsformen der EDV-Anlagen für kommerzielle Zwecke kennzeichnen. In den traditionellen Formen der Nutzung elektronischer Datenverarbeitungsanlagen tritt der Benutzer während der Aufgabenlösung mit der Maschine selbst nicht in Verbindung. Bei diesen indirekten Benutzungsarten ("off-line"), die für repetitive Verarbeitungsaufgaben mit großen Datenmengen auch weiterhin Anwendung finden, werden die Daten außerhalb oder innerhalb des Rechensystems gesammelt und diesem stapelweise zur Verarbeitung zugeführt (Stapelverarbeitung). Zwischen der Datenübergabe an das Rechenzentrum und der Rückgabe der Ergebnisse in Form von Ausdrucken oder Lochkarten hat die Fachabteilung keinen Zugriff zu den Daten ("closed shop").

Mit der Weiterentwicklung der EDV-Technik wurden Verarbeitungsformen möglich, bei denen der Angestellte in der Fachabteilung direkt in Verbindung zum EDV-System tritt. Voraussetzungen dieser Nutzungsform waren die Entwicklung peripherer Geräte, durch die der Benutzer eine direkte Verbindung("On-line") zum EDV-System herstellen kann, ferner ein Betriebssystem, das eine unmittelbare Verarbeitung der direkt eingegebenen Daten zuläßt (Real-time-Verarbeitung) und das das Rechensystem "gleichzeitig" mehreren Benutzern zur Verfügung stellen kann (Time-Sharing-System, Multiprogramming) (vgl. GROCHLA/MELLER 1974, S.97).

Je nachdem, ob die direkte Datenverarbeitung programmgesteuert oder benutzergesteuert ist, wird von Teilhaber- oder Teilnehmersystemen gesprochen. Der Teilhaberbetrieb zeichnet sich dadurch aus, daß der Benutzer bei der Definition seiner Anforderungen an das EDV-System an starre Programmvorschriften gebunden ist, also weder die Aufgabenstellung noch die Bearbeitungsschritte bestimmen kann, sondern zentral vorgegeben bekommt. Demgegenüber löst der Benutzer im Teilnehmerbetrieb die von ihm selbst definierten Aufgaben durch den Dialog mit dem EDV-System in sachlicher und zeitlicher Freizügigkeit (FISCHER 197o, S.459ff und 1973, S.717ff; GROCHLA/MELLER 1974, S.99ff).

Die Anwendung direkter Nutzungsformen der EDV beginnt sich in Industrieunternehmen zunehmend durchzusetzen. Entsprechend der weitgehend determinierten, routinehaften Arbeitsaufgaben der Fachabteilungsebene kaufmännischer Verwaltungen handelt es sich hierbei allerdings durchweg um Formen des Teilhaberbetriebes, d.h. programmgesteuerter Dialogformen mit geringer zeitlicher

und sachlicher Freizügigkeit für den Benutzer. In den kaufmännischen Fachabteilungen werden EDV-Terminals eingesetzt:
- zur Datenerfassung,
- zur Auskunftsbearbeitung,
- zur Direktverarbeitung von Geschäftsvorfällen.

Als zukünftiges Anwendungsfeld von Teilnehmersystemen im kommerziellen Bereich werden unstrukturierte Aufgabenstellungen auf der Managementebene angesehen (FISCHER 197o, S.462).[5]

4.2.4. Die Flexibilisierung des EDV-Systems

Die Leistungsfähigkeit der verfügbaren EDV-Technik entsprach lange Zeit nur unzulänglich den Anforderungen, die von den Unternehmen an die Datenverarbeitungsprozesse der kaufmännischen Verwaltung, insbesondere hinsichtlich der Aktualität der verfügbaren Informationen und den Möglichkeiten, schnell auf veränderte Geschäftslagen reagieren zu können,gestellt werden.

Mit der Anwendung der EDV-Anlage im traditionellen Off-line-Betrieb verbindet sich eine Zentralisierung der Datenverarbeitung und Datenspeicherung. Die in den Abteilungen arbeitsaufwendig vorbereiteten Daten werden an die zentrale EDV-Abteilung abgegeben, dort gelocht und in die Anlage eingelesen. Das Ergebnis der maschinellen Verarbeitung geht auf EDV-Listen in die Fachabteilungen zurück. Die zentralisierte Organisation der Datenverarbeitung hat nach Meinung befragter Experten zwar die quantitative Leistungsfähigkeit,nicht dagegen die qualitative Leistungsfähigkeit der Fachabteilungen erhöht. Die Flexibilität der Datenverarbeitung, wie sie im manuellen Verfahren insbesondere in der Möglichkeit des Direktzugriffs auf die Dateien zum Ausdruck kommt, ging demgegenüber verloren.

Der Arbeitsrhythmus in den kaufmännischen Fachabteilungen wird im Off-line-Betrieb erheblich von einem an der Auslastung der EDV-Anlage orientierten Zeitplan beeinflußt (s.S. 95ff), wodurch den zeitlichen Anforderungen der fachlichen Arbeitsabwicklung, die insbesondere in marktorientierten Abteilungen in einer schnellen und flexiblen Reaktion auf sich wandelnde Markt- und Produktionsdaten bestehen, aus Kostengründen vielfach nicht oder nur teilweise entsprechen werden konnte. In der einschlägigen betriebswirtschaftlichen Fachliteratur fanden sich deshalb schon frühzeitig Stimmen, die die Entwicklung einer den Anforderungen kommerzieller Aufgabenstellungen angemessenere EDV-Technologie forderten[6].

Mit der Einführung eines Real-time-Systems kann nun die Flexibilität der betrieblichen Datenverarbeitung gegenüber dem Off-line-Betrieb entscheidend erhöht werden. Durch die Möglichkeit, die Daten über Terminals direkt einzugeben und abzufragen, sind Dateien wieder dezentral verfügbar.

Die Bedeutung, die in den Unternehmen der technischen Weiterentwicklung als Voraussetzung für eine den Erfordernissen der kaufmännischen Arbeitsprozesse adäquateren Nutzung der EDV-Technik zugemessen wird, zeigt das Beispiel der Auftragsbearbeitung und Disposition eines Großunternehmens der Chemiebranche (MEIER u.a. 1972, S.3ff):

Als allgemeine Anforderungen an die Auftragsbearbeitung, die sich aus der spezifischen Produktions- und Marktsituation des Unternehmens ergeben, werden hervorgehoben:
- die Minimierung der für die Auftragsbearbeitung aufzuwendenden Zeit,
- niedriger Lagerbestand bei gleichzeitig hoher Lieferbereitschaft,
- rasche und koordinierte Abwicklung von Eilaufträgen und Auftragsänderungen,
- niedriger Personalbestand.

Als Probleme des manuellen Bearbeitungsverfahrens, die schließlich zum Einsatz einer EDV-Anlage im Stapelverfahren führten, werden genannt:
- nur geringe Auskunftsbereitschaft,
- unzureichende Planungsunterlagen,
- keine mit erträglichem Aufwand durchführbare Verfügbarkeitsrechnung,
- hohe Fehlerrate,
- verlorene Aufträge und fehlende Rechnungen,
- hoher Personalbedarf,
- Schwierigkeiten beim Personalwechsel (lange Einarbeitungszeit).

Nach der Umstellung auf EDV im Stapelbetrieb sei durch die maschinelle Abwicklung der Versandpapiererstellung,der Fakturierung und maschinellen Gewinnung der Buchungsdaten zwar die Datensicherheit gegenüber dem manuellen Verfahren erheblich gestiegen, dafür jedoch die hochgradige Flexibilität der manuellen Bearbeitung völlig verlorengegangen. Zudem habe die Übertragung auf Lochbelege, das Ablochen und schließlich die maschinelle Verarbeitung erhebliche Verzögerungen der Auftragsbearbeitung mit sich gebracht; bei Fehlern habe die ganze Abwicklung nochmals von vorne beginnen müssen, was insbesondere bei Eilaufträgen, die einen hohen Anteil am gesamten Auftragsbestand ausmachen, ungünstige Auswirkungen gezeigt hätte. Schließlich sei aufgrund der nur wöchentlich ausgedruckten Listen die Auskunftsbereitschaft noch nicht so befriedigend gewesen, daß die Sachbearbeiter auf das Führen von Hilfskarteien hätten verzichten können.

Das nun praktizierte Real-time-Verfahren sei eine Anwendungsform der EDV, die alle Vorteile der vorherigen Organisationsformen vereinigt. Als solche werden u.a. genannt:
- extrem kurze Bearbeitungszeiten,
- höchste Flexibilität,
- Auskunftsbereitschaft zu jeder Zeit,
- geringer Personalbedarf (keine Hilfskarteien nötig),
- große Fehlersicherheit,
- hohe Lieferbereitschaft,
- automatisches Erkennen von Ausnahmesituationen, die das Eingreifen eines Sachbearbeiters erforderlich machen,
- in Drucklisten fällt nur relevantes Datenmaterial an (keine Papierflut),
- Disposition und Verfügbarkeitsrechnung sind möglich.

Von den in die empirischen Erhebungen einbezogenen Unternehmen werden hauptsächlich folgende Gründe für die realisierte oder geplante Umstellung vom Off-line- auf den Real-time-Betrieb genannt:
- schnellere, sichere und rationellere Auftragsabwicklung,
- schnellere und flexiblere Bearbeitung von Eilaufträgen,
- Sofortauskunft gegenüber Kunden,
- Einsparung von Arbeitskräften durch Beschleunigung der Arbeitsabwicklung,
- Soforüberblick über den aktuellen Kontostand, Lagerbestand usw.,
- Senkung der Zinskosten durch reibungslosere Debitorenabwicklung, effektivere Lagerbestandsüberwachung usw.

4.3. Zielsetzungen und Bedingungen der Technisierungsstrategien in der kaufmännischen Verwaltung

Inwieweit durch die Bedingung der Programmierbarkeit der Verwaltungsaufgaben und die verfügbare EDV-Technik eröffnete Möglichkeiten der Technisierung tatsächlich genutzt werden, entscheiden in privaten Unternehmen primär die Wirtschaftlichkeitsüberlegungen der Unternehmensleitungen. Nach dem Kriterium der Wirtschaftlichkeit werden technische Neuerungen nur dann vorgenommen, wenn für das Unternehmen der zu erwartende finanzielle Nutzen größer ist als die für die Innovation aufzuwendenden Kosten. Es ist deshalb zu vermuten, daß die Unternehmen dahin tendieren, für die Durchführung einer gegebenen Verwaltungsaufgabe grundsätzlich das Datenverarbeitungsverfahren zu wählen, das die geringsten Kosten verursacht[7]. Betriebliche Entscheidungen zur Einführung bzw. Weiterentwicklung eines EDV-Systems (sieht man von der Alternative der "Datenverarbeitung außer Haus" ab) richten sich auf:

- die Festlegung des Zeitpunkts, zu dem eine EDV-Anlage angeschaft bzw. das EDV-System erweitert oder verbessert werden soll;
- die Auswahl einer Anlage nach Art, Größe (Kapazität) und Hersteller (vgl. dazu HANSEN 197o, S.135ff; ZUBERBÜHLER 1972, S.83ff);
- die Festlegung der Aufgabengebiete, die mit Hilfe der EDV-Anlage abgewickelt werden sollen.

Alle in die empirische Erhebung einbezogenen Unternehmen treffen die Entscheidungen über die Einführung technischer Neuerungen und die Festlegung von Technisierungsprioritäten auf der Grundlage ökonomisch bestimmter Planungen.

Die Unternehmen D und E stützten sich bei der Anschaffung einer eigenen EDV-Anlage auf Investitionskalküle, die in Zusammenarbeit mit dem EDV-Hersteller und Unternehmensberatungsfirmen erstellt wurden. In den Konzernunternehmen A und B unterliegen geplante Rationalisierungsinvestitionen zudem der Genehmigungspflicht und Kontrolle durch die jeweilige Konzernzentrale bzw. werden von dieser veranlaßt. Im Unternehmen A wird für jedes EDV-Projekt ein genauer Wirtschaftlichkeitsplan aufgestellt, in dem insbesondere die Investitionskosten, die voraussichtlichen Personalkosteneinsparungen und die erwarteten Verbesserungen in der Leistungsfähigkeit der Verwaltung detailliert ausgewiesen werden.

Im Unternehmen B bildet der langfristige Verkaufsplan die Grundlage für den langfristigen EDV-Entwicklungsplan. Aus der Entwicklung des Verkaufsvolumens wird die Entwicklung des Arbeitsvolumens für die einzelnen Verwaltungsfunktionen, zunächst unter der Annahme eines konstanten Organisationsstandes und konstanter qualitativer Anforderungen an die Verwaltungsfunktionen, abgeleitet. Aus der Umrechnung des Arbeitsvolumens in Personalbedarf und Personalkosten ergeben sich Kostenschwerpunkte, personelle und räumliche Engpässe und daraus gewisse Prioritäten für bestimmte EDV-Projekte. Als weitere Planungsvariablen gelten gewünschte Verbesserungen des Organisationsstandes und Veränderungen der qualitativen Anforderungen an die Funktionsleistungen der Verwaltung, die jeweils auf ihre kostenmäßigen Konsequenzen bezogen werden.

Diese am Rentabilitätsprinzip orientierte Bestimmung von Technisierungsprioritäten entspricht der Empfehlung von Vertretern der Betriebswirtschaftslehre, nicht die Aufgaben mit dem jeweils geringsten Schwierigkeitsgrad, sondern die rentabelsten Anwendungsgebiete zuerst auf die EDV-Anlage zu übernehmen (GROCHLA 197o, S.26; BRENNEIS 1973, S.112). Es bestehen indes Schwierigkeiten, die erwarteten Vorteile (insbesondere die einer qualitativen Verbesserung des Informationsstandes) und Aufwendungen exakt kostenmäßig zu quantifizieren. Hinsichtlich der Investitionskosten wird in der einschlägigen betriebswirtschaftlichen Literatur darauf verwiesen, daß die Unternehmen bei anstehenden EDV-Investitionen nicht allein die einmaligen und laufenden Maschinen-, Personal- und Raumkosten veranschlagen sollten, sondern darüber hinaus imponderable Nachteile des EDV-Verfahrens wie z.B. die Risiken der Organisationsumstellung, Flexibilitätsverluste aufgrund eines höheren Fixkostenanteils, den erheblichen Zeit- und Kostenaufwand für Systemanalyse, sowie eventuelle Abhängigkeiten des Management von Spezialisten ebenfalls in Rechnung zu stellen hätten (DWORATSCHEK 1971, S.18off).

Die Unternehmen setzen die EDV in der kaufmännischen Verwaltung ein, um unter veränderten ökonomischen Bedingungen die Wirtschaftlichkeit der Verwaltung zu sichern. Als maßgeblicher Impuls der Technisierungsbemühungen wird die von der Konkurrenz ständig bedrohte Wettbewerbsfähigkeit des Unternehmens angesehen, zu deren Erhaltung eine kostengünstige und leistungsfähige Verwaltung eine wesentliche Voraussetzung sei. Demgegenüber spiele der Arbeitskräftemangel bei den Technisierungsentscheidungen aufgrund der gegenwärtigen Arbeitsmarktlage keine wesentliche Rolle mehr.

Die betrieblichen Strategien des Einsatzes zu der Weiterentwicklung der EDV richten sich insbesondere auf zwei Zielsetzungen: Einmal auf die Senkung der Verwaltungskosten durch die Einsparung von Personal, die Rationalisierung der Kooperationsprozesse, die Effektivierung der Leistungskontrolle (siehe dazu S. 127f) usw. Zum anderen auf die Effektivierung der Steuerleistungen der kaufmännischen Verwaltung im Verwertungsprozeß des Unternehmenskapitals. Die Strategien der EDV-Anwendung setzen hierbei an unterschiedlichen Punkten des Reproduktionsprozesses des Unternehmenskapitals an und reichen von der Effektivierung der Planung und Kontrolle von Teilprozessen (z.B. Einkauf (I/2ff), Mahnwesen (VIII/2f) usw. bis zur Verbesserung der Abstimmung der Teilprozesse (z.B. Aufbau eines integrierten Materialdispositionssystems, das die Beschaffungs-, Lagerhaltungs- und Fertigungsprozesse verbindet (III/1). Der Auskunft der befragten Experten zufolge wird in technologisch fortgeschrittenen Unternehmen, bei denen die programmierbaren administrativen Massenprozesse bereits weitgehend automatisiert sind, die Anwendung der EDV im Rahmen der Steuerungsfunktionen der Industrieverwaltung eine zunehmende Bedeutung gewinnen, wenngleich sich die Unternehmen auch weiterhin bemühen werden, insbesondere Arbeitskräfte einzusparen.

Im folgenden sollen nun zentrale Aspekte der Technisierungsstrategien der in die empirischen Erhebungen einbezogenen Unternehmen näher erläutert werden. Zunächst Strategien, die sich auf die Senkung der Verwaltungskosten richten, dann Strategien, die Einsparungen durch die Effektivierung der Steuerungsleistungen der Industrieverwaltung zum Ziel haben. Abschließend wird noch auf Fragen der Systemgestaltung eingegangen.

Als entscheidende Bedingung wachsender Verwaltungskosten wird von den Unternehmen ein ständiges Ansteigen der quantitativen und qualitativen Leistungsanforderungen an die kaufmännische Verwaltung angegeben. Der quantitative Anstieg des Leistungsvolumens wird insbesondere durch die Umsatzexpansion der Unternehmen hervorgerufen. Alle untersuchten Unternehmen verweisen darauf, innerhalb der letzten 15 Jahre ein mehr oder minder großes Umsatzwachstum realisiert zu haben. Die Zunahme des in der Verwaltung zu bewältigenden Datenvolumens habe jedoch eher überproportional zur Umsatzsteigerung zugenommen, da neben den quantitativen zugleich die qualitativen Anforderungen an die Verwaltung gestiegen seien. Als Grund für den Anstieg qualitativer Leistungsanforderungen wird insbesondere eine Verschärfung der Konkurrenzsituation angeführt. In den Konkurrenzauseinandersetzungen bilde der kaufmännische Lieferservice (Auskunftsbereitschaft gegenüber den Kunden; Erhöhung der Lieferbereitschaft, insbesondere hinsichtlich der Möglichkeit, Eilaufträge zu erfüllen, durch einen besseren Überblick über die Produktions-

und Lieferfähigkeit, zuverlässige Terminplanung usw.) für die Unternehmen einen zentralen Wettbewerbsfaktor.

Das wachsende Datenvolumen bzw. die Zunahme kaufmännischer Verwaltungsaufgaben zwang die Unternehmen dazu, den kaufmännischen Personalbestand ständig auszuweiten, was nicht nur zu steigenden Personalkosten, sondern auch zu räumlichen Engpässen und einer Überforderung bzw. Vermehrung des unteren Leitungspersonals führte. Mit organisatorischen Rationalisierungsmaßnahmen und dem Einsatz konventioneller Bürotechnik vermochten die Unternehmen dieser Entwicklung nur ungenügend zu begegnen. Erst der Einsatz der EDV-Technik bot die Möglichkeit, den Anstieg der Verwaltungskosten entscheidend zu bremsen.

Im Vordergrund der mit der Erstinstallation einer EDV-Anlage verbundenen Rationalisierungsziele stand in allen Untersuchungsunternehmen die Reduzierung von Personalkosten und einer Reihe daran gebundener Kosten wie z.B. Raumkosten oder Kosten für Büromaterial[8]. Auch im Verlauf der zukünftigen Weiterentwicklung des EDV-Systems sollen nach Angabe der befragten betrieblichen Experten Personalkosten eingespart werden.

Im Unternehmen B ist man allerdings der Ansicht, daß die Einsparungsmöglichkeiten im weiteren Verlauf der Technisierung und Organisierung abnehmen werden. Zukünftige Einsparungsmöglichkeiten seien vor allem durch eine qualitative Verbesserung der Software und Integration des Datenverarbeitungssystems gegeben, etwa indem durch die Beachtung von Verflechtungsbeziehungen zwischen einzelnen Datenverarbeitungsaufgaben die Mehrfacherfassung und -verarbeitung vermieden oder durch eine Verbesserung der maschinellen Eingabekontrollen arbeitszeitaufwendiges Suchen und Korrigieren von Eingabefehlern vermindert werden. Man hält das jetzige EDV-System allerdings bereits für so ausgereift, daß die geplante Einführung von Bildschirmen zu keinen größeren Personalkosteneinsparungen mehr führen könne. Zu Entlassungen werde es zumindest nicht kommen, da freigesetzte Angestellte innerbetrieblich umgesetzt werden könnten. Ziel der Verbesserung des EDV-Systems auf dem gegenwärtigen Technisierungsniveau sei es nicht mehr, Leute wegzurationalisieren, sondern vielmehr einen Zuwachs an Arbeitskräften aufzufangen und mit dem vorhandenen Personal auch das zukünftig wachsende Arbeitsvolumen zu bewältigen:

"Heute setzt man die EDV ein, wenn man die Einstellung von Arbeitskräften verhindern will. Vor 15 - 2o Jahren, als man mit der EDV begann, gab es noch ganze Säle mit Leuten, die z.B. Rechnungen schrieben; die wurden freigesetzt. Ebenso in der Lohnbuchhaltung. Aus 2o Mitarbeitern werden 3. Das war früher einmal richtig, wo es darum ging, durch die EDV diese Massenprobleme zu bewältigen. Aber heute ist diese Entwicklung bei den Großfirmen vorbei. Bei fortschrittlichen Firmen kann man nicht mehr in solchen Massen Personal durch die EDV einsparen. Sobald diese Phase überstanden ist, kommt es darauf an, daß man qualitativ mehr erreicht, schneller wird, aussagefähiger, mehr Integration, daß man mit dem vorhandenen Personal in der Lage ist, zukünftiges Wachstum abzudecken, Personal dadurch abbaut, daß man gar keines mehr dazukommen läßt." (BO)

Verfolgt das Unternehmen B zur Durchsetzung von Personalkosteneinsparungen im Zusammenhang mit der Anwendung der EDV eher die Strategie, den Personalbestand bei steigendem Arbeitsvolumen nicht vergrößern zu müssen, so wird im Unternehmen A eine Senkung des kaufmännischen Personalbestandes angestrebt. Die im Unternehmen A von der Unternehmensleitung auf Anordnung der Konzernzentrale verfolgte Personalpolitik machte sich in Entlassungen bemerkbar, die auf einen technologischen Freisetzungseffekt im Zusammenhang mit der Umstellung des EDV-Systems auf den On-line-Betrieb und außerdem auf einen Rückgang des Auftragsvolumens im Verlauf der krisenhaften Wirtschaftsentwicklung in den Jahren 1974/75 zurückzuführen sind. Die Umstellung auf den On-line-Betrieb brachte nicht nur Freisetzungen aufgrund einer direkten Automatisierung von Arbeitsaufgaben, sondern insbesondere auch aufgrund einer höheren Fehlersicherheit des neuen Verfahrens der Dateneingabe (siehe auch S. 158):

"... z.B. Rechnungsprüfung. Wir haben keine Auftragsrechnungsprüfung mehr. Die geschriebenen Auftragsbestätigungen und Rechnungen verlassen das Haus ungeprüft, weil sich gezeigt hat, daß die Leute,die da sitzen, das in dieser Menge ohnehin nicht mehr prüfen könnten. Da hätte sonst zusätzliches Personal eingesetzt werden müssen. Durch die Bildschirmeingabe sind aber auch nicht mehr soviel falsche Daten im System. Wir nehmen lieber da und dort eine Gutschrift in Kauf und haben uns aber von den Köpfen befreit, von den Jobs. Sowas passiert auf allen Gebieten." (AO)

Zum Zeitpunkt der Untersuchung (Mai 1976) war aufgrund des vor allem in der Automobilindustrie einsetzenden Konjunkturaufschwungs bereits ein spürbarer Anstieg des Auftragsvolumens eingetreten, ohne daß die Unternehmensleitung bis dahin allerdings bereit gewesen wäre, dem Drängen der Fachabteilungen nachzugeben, die zunehmende Überlastung der Angestellten durch Neueinstellungen abzubauen.

Gegenüber dem Unternehmen A, das als Zulieferer konjunkturanfälliger Branchen wie z.B. der Automobilindustrie erheblichen Schwankungen in der Absatzentwicklung ausgesetzt ist, weist das Unternehmen B als Produzent einer breiten Palette von Lebensmittel- und Pharmaerzeugnissen eine weitgehend gleichmäßige Expansion in den vergangenen Jahren auf, so daß technologisch bedingte Freisetzungen durch Umsetzungen innerhalb des Unternehmens aufgefangen werden konnten.

Da die Substitution von Arbeitskräften durch maschinelle Kapazitäten zu einer wachsenden Inflexibilität der Verwaltungskosten führt (HARTMANN 1961, S.65; REBLIN 1967, S.21ff; HANSEN 197o, S. 28, 85), könnte vermutet werden, daß sich daraus für konjunkturempfindliche Unternehmen gewisse Technisierungsgrenzen ergeben. Allerdings ist zu bedenken, daß auch die Kosten der konventionellen kaufmännischen Verwaltung zu einem gewissen Teil fix sind[9], da eine Vielzahl kaufmännischer Funktionen auch dann ausgeführt werden müssen, wenn der Umsatz zurückgeht (MROSS 1956, S.91; KRAMER 1961, S.168,184; REBLIN 1967, S.22; HANSEN 197o, S.32). Für die Starrheit der Verwaltungskosten sind noch eine Reihe weiterer Faktoren verantwortlich, wie z.B. das Interesse der Unternehmen an der Erhaltung eines Stammpersonals, Befürchtungen, bei einem einsetzenden Konjunkturaufschwung die benötigten Arbeitskräfte nicht oder zumindest nicht zu den erwünschten Gehaltskonditionen auf dem Arbeitsmarkt rekrutieren zu können; die Verpflichtung zur Einhaltung von Kündigungsfristen usw. Kann aber das kaufmännische Personal nicht synchron zu den Konjunkturbewegungen auf- und abgebaut werden, macht sich der Verwaltungskostendruck bei ungünstiger Absatzentwicklung besonders deutlich bemerkbar. Die Unternehmen werden deshalb insbesondere dann die Technisierung weiter vorantreiben, wenn die "fixen" Kosten einer gering technisierten und daher personalintensiven Verwaltung über den "fixen" Kosten einer höher technisierten Verwaltung liegen.

In diesem Zusammenhang ist die gegenwärtig zu beobachtende Tendenz ständig steigender Lohnkosten bei gleichzeitig sinkenden Anlagenkosten bzw. einer Verbesserung des Preis-Leistungsverhältnisses von EDV-Anlagen (DIEBOLD 1969, S.823; FISCHER 197o, S.46o; LUTZ u.a. 197o, S.11of, 175f; SEGERT 197o, S.219) von Bedeutung, die zu einer permanenten Verschiebung der Wirtschaftlichkeitsschwelle maschineller Datenverarbeitung und damit zu einer Begünstigung arbeitssparender Informationsverarbeitungsverfahren führt.

Bis Anfang der 7oer Jahre war Arbeitskräftemangel für die Unternehmen ein wichtiger Technisierungsimpuls. Die Unternehmen geben an, erst seit etwa 1974 aufgrund der für sie günstigeren Arbeitsmarktentwicklung insbesondere wieder genügend Schreib- und Bürohilfskräfte rekrutieren zu können. Bis dahin habe man die EDV einsetzen müssen, auch wenn sie teurer gewesen sei als das manuelle Verfahren. Dagegen könne man heute wieder Personalkosten gegen EDV-Kosten setzen.

Die fortbestehende Verknappung bestimmter Fachqualifikationen (z.B. technisch und kaufmännisch ausgebildeter Einkäufer) könne allerdings nicht durch Automatisierung aufgefangen werden, da in qualifizierten Sachbearbeiterpositionen menschliche Denkfunktionen weiterhin eine notwendige Ergänzung maschineller Datenverarbeitung sei. Die Unternehmen versuchen in solchen Fällen, durch arbeitsorganisatorische Maßnahmen ihren Bedarf an knappen Fachqualifikationen zu reduzieren (z.B. I/3).

In den in der EDV-Entwicklung fortgeschrittenen Unternehmen A, B und C wird neben weiteren Bemühungen, die Kosten der Datenverarbeitung durch die Anwendung der EDV zu senken, der Effektivierung der Steuerungsfunktionen der Industrieverwaltung durch den Aufbau computer-gestützter Informations- und Entscheidungssysteme eine zunehmende Bedeutung zugemessen. Mit Hilfe aktuellerer und komplexerer Entscheidungs- und Kontrollinformationen soll die Steuerung und Abstimmung der Beschaffungs-, Produktions-,

Absatz- und Finanzierungsprozesse verbessert werden, um so zu einer effektiveren Nutzung des Unternehmenskapital zu kommen. Die hierbei erzielbaren Kosteneinsparungen werden als erheblich bezeichnet und daher der Ausbau des dispositiven Informationssystems als lohnendes Technisierungsgebiet betrachtet. Mit den traditionellen Datenverarbeitungsverfahren habe man diese Zielsetzung nicht realisieren können, da die Vermehrung und Aktualisierung von Steuerungsinformationen zu einem rasch wachsenden Datenverarbeitungsvolumen führe. Durch die EDV-Anlage werden nun auf der Grundlage automatisierter Buchungs- und Abrechnungssysteme Kontrollinformationen über Abweichung der Betriebsprozesse von vorgegebenen Sollwerten geliefert, die in den Fachabteilungen zu entsprechenden Dispositionen führen.

In den in die empirischen Erhebungen einbezogenen kaufmännischen Funktionsbereichen ging es bei bisherigen Umstellungen dabei vor allem um folgende Rationalisierungsziele:

- Materialdisposition und Einkauf:

  Reduzierung der Kapitalbindung durch Senkung der Lagerbestände bei gleichzeitiger Verhinderung kostspieliger Produktionsausfälle oder -umstellungen, ausgelöst durch Materialmangel. Einkaufsoptimierung durch wirtschaftliche Losgrößen. Bessere Nutzung von Chancen, günstig einzukaufen.
- Verkaufsabwicklung:

  Abkürzung der Zeit zwischen Auftragseingang und Fakturierung
- Debitorenbuchhaltung:

  Sicherung und Beschleunigung des Kapitalrückflusses
- Betriebsabrechnung:

  Erkennen von Unwirtschaftlichkeiten in der Produktion
- Verkaufsdisposition:

  Geringe Kapitalbindung im Fertigwarenlager bei gleichzeitiger Sicherung einer hohen Lieferbereitschaft

Bei der Konzipierung der EDV-Systeme dominieren ökonomische Aspekte. Das Primäre wird in der Gestaltung eines unter wirtschaftlichen Gesichtspunkten "optimalen Systems" gesehen, dem der "Faktor Mensch" durch personalpolitische Maßnahmen (Schulungen, Umsetzungen, Entlassungen, Neueinstellungen usw.) anzupassen sei. Die Stellungnahmen der verantwortlichen EDV-Organisatoren in den Unternehmen D, A und B mögen diese Vorgehensweise verdeutlichen.

"Die EDV wird nach den Erfordernissen geplant. Dann wird die Stelle beschrieben, was der machen und wie der mit den anderen arbeiten soll, wofür wir den Mann brauchen. Dann wird der Mann erst gesucht. Ähnlich ist es mit den Leuten, die schon da sind. Da wird einfach gesagt, so brauchen wir ihn. Wenn er das nicht kann, dann muß ein anderer dran. Heute bekommt man ja wieder Arbeitskräfte. Als das noch anders war, wurde einfach länger gesucht, oder der Mann kostete etwas mehr." (DO)

"Zuerst muß man sich das optimale System ausdenken; dem müssen die Menschen folgen, das Personal daraufhin geschult und motiviert werden. Würde man sich nach dem Personal richten, müßte man dauernd umorganisieren." (AO)

"Wir entwickeln ein System, das nach unseren Überlegungen die Aufgaben, die wir an das System stellen, optimal erfüllen kann. Dann geht es darum, die verfügbaren Mitarbeiter durch Schulung soweit zu bringen, daß sie sich in dem Job wieder wohl fühlen. Das ist die Vorgehensweise und es kann durchaus passieren, daß hier der eine oder andere Mitarbeiter ein völlig neues Arbeitsgebiet kriegt. Das sehe ich nicht unbedingt als Nachteil an. Im Gegenteil, nur durch solche Maßnahmen bleiben wir wettbewerbsfähig und bieten dadurch auch eine gewisse Sicherheit für den Arbeitsplatz." (BO)

Als Ziel der Systemgestaltung gelten insbesondere eine verbesserte Erfüllung der fachlichen Aufgabenstellung und eine Vereinfachung der Arbeit[11]:

"Es kommt darauf an, aussagefähiger und schneller zu werden. Das Ziel ist Qualität, wobei als willkommenes Nebenprodukt eine Vereinfachung der Arbeit anfällt." (BO)

"... die Arbeit einfacher machen, damit die Leute mehr Arbeit in der gleichen Zeit machen können." (DO)

Von Widerständen der betroffenen Angestellten gegen die technisch-organisatorischen Neuerungen wird in den Befragungen verschiedentlich berichtet. Allerdings wird von den befragten Experten darauf hingewiesen, daß bislang das geplante System stets eingeführt wurde. Lediglich gewisse Verbesserungsvorschläge aus den Fachabteilungen seien nachträglich noch teilweise berücksichtigt worden und hätten zu kleineren Veränderungen der Arbeitsabwicklung geführt. Die Widerstände der Angestellten werden insbesondere als ein "Sich-gegen-den-Fortschritt-Stellen" interpretiert. ("Natürlich gibt es gegen alles Neue gewisse Widerstände" (BO).)

Im Einkauf des UnternehmensC gingen die Widerstände gegen die Umstellung vor allem von den älteren Einkäufern aus, die an der traditionellen Arbeitsweise mit Karteikarten festhalten wollten. Dem wurde nach Angaben des Abteilungsleiters durch eine "radikale Verjüngung" begegnet (I/5). Im Verkauf des Unternehmens A wird von Widerständen gegen die stärkere Reglementierung der Arbeit durch die Einführung des On-line-Systems berichtet. Der verantwortliche EDV-Organisator kommentiert diesen Vorgang wie folgt: "Es kann sein, daß da nicht jeder mit dem System glücklich ist. Der Verkauf ist sowieso immer etwas undiszipliniert in seiner Arbeitsweise. Der meint, ich muß verkaufen. Wie das dann administrativ weiterverarbeitet wird, interessiert den dann nicht. Wir haben uns um diese Ansicht gar keine Gedanken gemacht. Der Trend war damals, wer nicht will, der kann gehen." (AO) Zusammenfassend meint er jedoch: "Eine Abneigung gegen die EDV gibt es bei uns eigentlich nicht." (AO)

Die Systemkonzipierung liegt in allen Untersuchungsunternehmen lediglich in den Händen von Systemanalytikern, Organisatoren, externen Beratern von der Herstellerfirma, Unternehmensberatungsfirmen, sowie Angehörigen der Unternehmensleitung und des Fachmanagements. Sachbearbeiter werden lediglich zur Klärung von Detailfragen der Arbeitsabwicklung beratend herangezogen[12]. Da auch der Betriebsrat keinen Einfluß auf die qualitativen Veränderungen der Arbeitsorganisation im Zusammenhang mit den technischen Umstellungen genommen hat (in den kleineren Unternehmen D und E ist freilich bislang kein Betriebsrat gewählt), bleibt festzustellen, daß bei der Gestaltung der Arbeitsorganisation nahezu ausschließlich die Interessen der Unternehmensseite maßgebend waren. Den vereinzelt anzutreffenden Widerstand der Angestellten gegen die geplante Neuerung konnten die Unternehmen durch personalpolitsiche Maßnahmen oder bestimmte "Befriedungsmaßnahmen" (insbesondere wird hier eine "geschickte Informationspolitik" genannt) neutralisieren[13].

4.4. Zusammenfassung

Von den Unternehmen werden Entscheidungen, die Technisierungsmöglichkeiten zu nutzen, die durch die Bedingung der Programmierung von Datenverarbeitungsaufgaben und die verfügbare EDV-Technologie sich eröffnen, primär unter ökonomischen Gesichtspunkten getroffen. Durch die Entwicklung auf den Gebieten der Programmforschung und EDV-Technologie wird das potentielle Technisierungsfeld ständig ausgedehnt und die Wirtschaftlichkeitsschwelle der EDV nach unten verschoben.

Unterschiedliche Schwierigkeitsgrade der Programmierung einzelner Datenverarbeitungsaufgaben beeinflussen maßgeblich die Programmierkosten und damit die Wirtschaftlichkeit der Technisierung der Aufgaben. Haben die Unternehmen die Programme für administrative Massenprobleme, die im allgemeinen zuerst auf EDV-Anlagen übertragen werden, vielfach noch selbst entwickelt, so greifen sie bei der schwierigeren Technisierung dispositiver Aufgaben meist auf Standardprogramme zurück, die von "Herstellern" oder speziellen "Software-Unternehmen" angeboten werden. Die Standardprogramme müssen nur noch den betrieblichen Besonderheiten angepaßt werden. Von der Weiterentwicklung der Standardsoftware ist ein entscheidender Technisierungsimpuls zu erwarten. Allgemein scheint sich gegenwärtig der Schwerpunkt der Programmentwicklung von der Ebene der administrativen Massenprobleme auf die Ebene dispositiver Aufgaben und der Integration der betrieblichen Informationsverarbeitungsprozesse zu verlagern.

Die Entwicklung der EDV-Technologie ist sowohl durch eine zunehmende Flexibilität als auch durch eine Verbesserung des Preis-Leistungsverhältnisses der EDV-Anlagen gekennzeichnet. Die Flexibilisierung der EDV-Technologie eröffnet dieser weiterreichende Anwendungsmöglichkeiten vor allem im dispositiven Bereich, bei dem im Interesse aktueller Entscheidungsinformationen ein Direktzugriff auf Dateien erforderlich ist. Die neuere EDV-Technologie kann insbesondere unter kostenökonomischen Gesichtspunkten besser als die ersten Generationen von EDV-Anlagen in den von den Funktionen der Industrieverwaltung bestimmten Arbeitsrhythmus der Fachabteilungen eingepaßt werden (siehe auch S. 95 ff). Die Verbesserung des Preis-Leistungsverhältnisses von EDV-Anlagen begünstigt angesichts steigender Gehälter der Angestellten die Anwendung arbeitssparender Verfahren der Informationsverarbeitung.

Ein steigendes Datenverarbeitungsvolumen ist eine maßgebliche Bedingung der Technisierung. Die Konkurrenzsituation zwingt die Unternehmen, die "unproduktiven" Verwaltungskosten so gering wie möglich zu halten, jedoch gleichzeitig die Leistungsfähigkeit der kaufmännischen Verwaltung zu erhöhen.

Der größte Teil der Verwaltungskosten sind Personalkosten und daran gebundene Kosten (z.B. Raumkosten). Personaleinsparungen stellen daher eine zentrale Zielsetzung des EDV-Einsatzes dar. Die Automatisierung von administrativen Massenproblemen (z.B. Lohnbuchhaltung, Fakturierung) führt zu erheblichen Personalfreisetzungen. In technologisch fortgeschrittenen Unternehmen, in denen die operativen Datenverarbeitungsaufgaben weitgehend automatisiert sind, scheint die Freisetzungsrate zu sinken. Freisetzungen basieren dort weniger auf der direkten Automatisierung von Datenverarbeitungsaufgaben, sondern vor allem auf der Integration der Datenverarbeitungsprozesse. Hinsichtlich der Entlassung von Personal verfolgen die in die empirischen Erhebungen einbezogenen Unternehmen unterschiedliche Strategien. Diese Unterschiede dürften insbesondere auf die unterschiedliche Konjunkturanfälligkeit der Unternehmen, aber auch auf übergeordnete Konzernstrategien zurückzuführen sein. Alle Unternehmen versuchen jedoch gleichermaßen, ohne Neueinstellungen auch ein gestiegenes Arbeitsvolumen zu bewältigen.

In den Mittelpunkt betrieblicher Technisierungsstrategien rücken Anwendungen der EDV im Rahmen der Steuerungsfunktionen der industriellen Verwaltung, deren Ziel es ist, auf der Grundlage detaillierterer und aktuellerer Kontroll- und Entscheidungsinformationen eine effektivere Nutzung des Unternehmenskapitals zu erzielen.

Die Verbesserung des kaufmännischen Lieferservices bzw. der Kundenbetreuung veranlaßt die Unternehmen ebenfalls zu einem Ausbau des computer-gestützten Informationssystems.

5. EDV-System und Arbeitsorganisation

Das Verhältnis von EDV-Technologie und Arbeitsorganisation wird nicht durch die gegebene technische Anlage, sondern vielmehr durch die spezifische Anwendung einer gegebenen EDV-Anlage in einem konkreten Arbeitsbereich bestimmt (s.S. 11f). In den verschiedenen Entwicklungsstufen der EDV-Technologie sind allerdings Differenzen in der Hard- und Softwareausstattung eines EDV-Systems gegeben, die unterschiedliche Bedingungen der Anwendung von EDV-System darstellen. Mit der Weiterentwicklung der Hardware (insbesondere auf dem Gebiet der peripheren Geräte) und Software (vor allem Einführung des Multiprogramming) verbinden sich alternative Möglichkeiten der Nutzung von EDV-Systemen (Off-line-Betrieb versus On-line- und Real-time-Betrieb), mit denen sich insbesondere hinsichtlich einer kostenökonomischen Anwendung der EDV-Anlage unterschiedliche Anforderungen an die organisatorische Vermittlung menschlicher und maschineller Arbeit ergeben.

Die technologischen Möglichkeiten der Vermittlung menschlicher und maschineller Arbeit, d.h. die möglichen Betriebsverfahren des EDV-Systems (Off-line- oder On-line- bzw. Real-time-Verfahren werden durch die Art der eingesetzten Maschinenkonfiguration, insbesondere die jeweiligen Geräten zur Dateneingabe (Lochkartenleser, Lochstreifenleser, Markierungsleser, Klarschriftleser, Terminal) und Datenausgabe (Lochkartenstanzer, Lochstreifenstanzer, Drucker, Terminal) sowie das angewandte Betriebssystem (insbesondere Einzel- oder Mehrprogrammverarbeitung abgesteckt.

Organisationsrelevant wird die Hardware- und Softwareausstattung eines EDV-Systems zum einen über Regeln der Bedienung der peripheren Geräte, die unmittelbar Bestandteil der Ein- und Ausgabeprogramme sind, und zum andern über Regeln der Benutzung des EDV-Systems, die festlegen, in welcher Form Daten für die Eingabe aufzubereiten und in welcher Form ausgegebene Daten weiterzuverarbeiten sind.

Ob das auf das EDV-System bezogene Arbeitshandeln kaufmännischer Angestellter in den Fachabteilungen direkt über einprogrammierte Regeln oder indirekt über Benutzerregeln gesteuert wird, hängt davon ab, in welcher Betriebsform das EDV-System eingesetzt wird. Im Off-line-Verfahren werden die Daten in den Fachabteilungen entweder auf einem Ablochbeleg oder, beim Einsatz von Beleglesern, auf maschinell lesbaren Belegen erfaßt. Die Erfassungsregeln leiten sich aus dem Datenerfassungsprogramm ab. Im On-line-Verfahren werden die Daten direkt über ein Terminal eingegeben. Die Dateneingabe wird durch das Terminalprogramm gesteuert. Die Wiedergabe von Daten ist im Off-line- wie im On-line-Betrieb durch Ausgabeprogramme gesteuert, die die Inhalte und Form der auszugebenden Daten festlegen. Im On-line-Betrieb besteht noch die Möglichkeit der Dialogverarbeitung von Geschäftsvorfällen. Erfolgen bei der Off-line-Anwendung des EDV-Systems die Rechenoperationen der Zentraleinheit räumlich und zeitlich getrennt vom "Benutzer" in den Fachabteilungen, so laufen bei der Dialogverarbeitung die Verarbeitungsprozesse des "Benutzers" und der Maschine ineinander verzahnt ab. Der "Dialog" ist bei den Anwendungsfällen in den kaufmännischen Fachabteilungen vollständig programmgesteuert (Teilhaberbetrieb).

Bedingt durch die hohen Kauf- oder Mietkosten einer EDV-Anlage fallen kostenökonomische Gesichtspunkte der Anlagennutzung in viel stärkerem Maße als bei traditionellen Büromaschinen ins Gewicht. Aus einer den Erfordernissen der Kostenökonomie entsprechenden Synchronisation menschlicher und maschineller Arbeit sind Anforderungen insbesondere an die zeitliche Gestaltung des Arbeitsablaufs zu erwarten.

Es wird vermutet, daß die Bedingung,eine gegebene EDV-Anlage kostenökonomisch anzuwenden, mit der Weiterentwicklung des betrieblichen EDV-Systems, insbesondere durch den Übergang vom Off-line- auf den Real-time-Betrieb als Determinante der Arbeitsorganisation jedoch an Gewicht verliert. Diese These gründet sich auf folgende Überlegungen: Unter dem Aspekt der Maschinenkosten wird eine EDV-Anlage umso wirtschaftlicher genutzt, je höher die durchschnittliche Auslastung der Maschinenkapazität liegt. Je höher nämlich die Auslastung, desto stärker wirkt sich der Effekt der Degression der fixen Maschinenkosten, bezogen auf eine Leistungseinheit des Maschinensystems aus (LUTZ u.a. 197o, S.1o8f; SZYPERSKI 1961, S.158). Bei der Datenverarbeitung im Off-line-Betrieb setzt der Zwang zur wirtschaftlichen Anlagennutzung einen starren Zeitplan voraus, nach dem die Termine der Dateneingabe, der Rechen- und der Datenausgabeprozeduren für die einzelnen betrieblichen Datenverarbeitungsaufgaben festgelegt werden. Die Ökonomie der fixen Maschinenkosten erfordert damit eine zeitliche Strukturierung der Arbeitsabläufe in den kaufmännischen Fachabteilungen entsprechend dem zentralen Zeitplan. Gelangen die in den Fachabteilungen erfaßten Daten aufgrund von Störungen oder Schwankungen im Arbeitsanfall nicht zu den geplanten Terminen ins Rechenzentrum, so ist das kostenökonomische Ziel einer hohen Auslastung der Rechen- und der Ablochkapazitäten gefährdet. Das "Kapazitätsproblem" wird im Verwaltungsbereich dadurch verstärkt, daß Verwaltungsleistungen meist nicht "auf Lager" produziert werden können (KRAMER 1961, S.168), sondern an kurzfristige Anforderungen von seiten der Kunden, Lieferanten oder des Fertigungsbereichs gebunden sind und der Arbeitsanfall deshalb vielfach kurzfristigen und nicht planbaren Schwankungen ausgesetzt ist. Starre Termine des Rechenzentrums und schwankender Arbeitsanfall führen aber auch in den Fachabteilungen zu einer ungleichmäßigen Auslastung der Personalkapazitäten. (Hierin liegt ein wesentlicher Grund für schwankende Anforderungen an das von den Angestellten verlangte Arbeitstempo, siehe Kap. 5.3.1.) Der Terminplan des Rechenzentrums zeigt nicht nur auf der Seite der Datenerfassung, sondern auch auf der Seite der Datenausgabe Auswirkungen auf die zeitliche Organisation der Arbeit in den kaufmännischen Fachabteilungen. Ebenso wie die Dateneingabe erfolgt im Off-line-Verfahren auch die Datenausgabe nur zu fest vorgegebenen Terminen, was den Zugriff der Fachabteilungen auf aktuelle Informationen einschränkt.

Die Datenverarbeitung im Real-time-Betrieb ist dadurch gekennzeichnet, daß die Geschäftsvorfälle unmittelbar nach ihrem

Auftreten bearbeitet und aktuelle Informationen zu beliebigen und nicht vorgeplanten Zeiten abgefragt werden können. Um sicherzustellen, daß das geplante EDV-System in der Lage ist, Daten von einer Vielzahl angeschlossener Terminals "gleichzeitig" aufzunehmen und unter Einhaltung vorgegebener "Antwortzeiten" zu bearbeiten, muß die Zentraleinheit mit einer ausreichenden Reservekapazität ausgestattet sein, die auch einen kurzfristig schwankenden Datenanfall ohne erhebliche Zeitverzögerungen bei der Bearbeitung erlaubt (RAMER 1973, S.118ff). Die kostenökonomische Auslastung der Anlagenkapazität wird im Real-time-Betrieb vordringlich zu einem Problem der Programmierung des Betriebssystems und der Datenbanken (siehe OSSWALD 1973), da die Ein- und Ausgaben über die dezentral in den Fachabteilungen installierten Terminals zu nicht geplanten Zeiten erfolgen.

Wird in den kaufmännischen Fachabteilungen ein Real-time-Betrieb praktiziert, so läßt dies darauf schließen, daß die Unternehmensleitung der Aktualität und Flexibilität der Informationsverarbeitung eine hohe Priorität einräumt und die "Erträge" einer qualifizierteren Informationsverarbeitung höher einschätzt als die Mehrkosten für den vergleichsweise aufwendigen Real-time-Betrieb. Die hohe Flexibilität fortgeschrittener EDV-Systeme ermöglicht den Unternehmen, die Datenverarbeitung entsprechend den jeweiligen Erfordernissen an Aktualität von Informationen bei gleichzeitiger Sicherung eines möglichst hohen Auslastungsgrades der installierten EDV-Anlage zu organisieren.

In den Unternehmen A und C wird eine hohe Kapazitätsauslastung durch eine Kombination von Stapel- und Real-time-Verarbeitung angestrebt. Während die Maschinenkapazität während der Geschäftszeit weitgehend für den Real-time-Verkehr reserviert ist, erfolgt die Abwicklung von Massenaufgaben, wie z.B. die Lohnabrechnung, während der Nacht im Stapelbetrieb.

Die Weiterentwicklung der Bildschirme zu "intelligenten Terminals", die selbst gewisse Rechen- und Speicheroperationen ausführen können und damit die Zentraleinheit entlasten, dürfte zu einer weiteren Flexibilisierung der EDV-Systeme beitragen (vgl. UNIVAC-Informationen H.2/1976, S.1ff und H.3/1976 S.12ff).

Im folgenden soll anhand der unter 1.4. entwickelten analytischen Dimensionen der Arbeitsorganisation - Arbeitsteilung (5.1.), Kooperation (5.2.) und Arbeitsautonomie (5.3.) - der Frage nachgegangen werden, welche Tendenzen arbeitsorganisatorischer Veränderungen im Zusammenhang mit der Anwendung und Weiterentwicklung von EDV-Systemen, insbesondere deren Umstellung auf den On-line- und Real-time-Betrieb und der Integration der betrieblichen Datenverarbeitungsprozesse, in den kaufmännischen Fachabteilungen der Industrieverwaltung zu beobachten und weiterhin zu erwarten sind.

5.1. Arbeitsteilung

Hervorgegangen aus dem Tätigkeitsbereich des Buchhalters der frühen Industrieverwaltung, bildet die entwickelte kaufmännische Verwaltung in heutigen Industrieunternehmen eine vertikal in Leitungsebenen und horizontal in kaufmännische Fachgebiete und Teilarbeiten gegliederte Organisationseinheit (vgl. auch LUTZ 1976, S.1o5f). Der Organisationsplan zeigt, einer gebräuchlichen Analogie zufolge,das Bild einer Pyramide, wobei die Leitungskompetenzen und der Umfang des fachlichen Tätigkeitsbereichs von den oberen zu den unteren Positionen hin tendenziell abnehmen. An der Spitze der Pyramide steht die Unternehmensleitung. Ihr folgt im kaufmännischen Bereich des Unternehmens die Schicht der mittleren und unteren kaufmännischen Leitungspositionen, deren Anweisungsbefugnisse, Kontrollrechte und fachliche Entscheidungskompetenzen sich auf fachliche und organisatorische Teilbereiche beschränken. Den unteren Bereich der Pyramide bildet die nach fachlichen Kompetenzen reichlich untergliederte Schicht der ausführenden Tätigkeiten, die von einfachen Hilfs- und Zubringertätigkeiten bis zu qualifizierten Sachbearbeitertätigkeiten reicht. Die Trennungslinie zwischen leitenden (d.h. die Arbeit anderer organisierenden, planenden und kontrollierenden) und ausführenden Tätigkeiten ist anhand von Organisationsplänen nicht eindeutig zu ziehen, da es Positionen gibt, in denen sowohl gewisse leitende wie auch ausführende Aufgaben in unterschiedlichen Anteilen vorkommen (z.B. Gruppenleiter oder Abteilungsleiter kleinerer Abteilungen)[1].

Was in einzelnen Unternehmen als Sachbearbeitertätigkeit eingestuft wird, ist recht uneinheitlich. Selbst innerhalb eines Unternehmens bilden die Sachbearbeitertätigkeiten eine recht heterogene Gruppe, da sie sowohl hinsichtlich der eingeräumten Handlungs- und Entscheidungsspielräume, wie auch hinsichtlich der Höhe der Anforderungen an Erfahrungs- und Sachwissen Unterschiede aufweisen (vgl. auch BORRIS 1972, S.171ff)[2].

Der kaufmännische Sachbearbeiter in größeren Industrieverwaltungen entspricht bereits vor dem Einsatz von EDV-Anlagen nicht mehr dem "Allround"-Typ des kaufmännischen Angestellten im Sinne des Industriekaufmanns alter Prägung. Er ist vielmehr fachlich auf ein mehr oder weniger begrenztes Tätigkeitsfeld begrenzt, innerhalb dessen er üblicherweise eine gewisse spezialistische Selbständigkeit besitzt (siehe Kap. 3.3.). Der kaufmännische Sachbearbeiter ist ein Produkt vorherrschender Prinzipien der Arbeitsteilung: der Hierarchisierung und Arbeitszerlegung. Folge der Hierarchisierung ist die tendenzielle Auslagerung kooperativer Funktionen aus der Ebene der Durchführung der kaufmännischen Verwaltungsprozesse und deren Konzentration in der kaufmännischen Leitungsorganisation: die Trennung von ausführenden und leitenden Tätigkeiten. Die Trennung von determinierbaren Arbeitsinhalten und komplexen, unbestimmten Arbeitsinhalten bzw. von Routine- und Nicht-Routinearbeit war bislang in der Geschichte arbeitsorganisatorischer Rationalisierung in der kaufmännischen Verwaltung das vorherrschende Prinzip spezialisierender Arbeitsteilung. Diese Tendenz der Arbeitszerlegung führte zu einer Reduzierung der fachlichen Breite kaufmännischer Tätigkeiten.

Zu fragen ist, ob sich mit der gegenwärtigen technisch-organisatorischen Rationalisierung in der kaufmännischen Verwaltung von Industrieunternehmen Tendenzen einer grundlegenden Neustrukturierung der ausführenden Tätigkeiten in den kaufmännischen Fachabteilungen verbinden.

5.1.1. Formen der Arbeitsteilung in der kaufmännischen Verwaltung

In den untersuchten Funktionsbereichen werden Teilarbeiten nach einem Prinzip arbeitszerlegender Spezialisierung ausdifferenziert, dessen Logik in der Trennung von standardisierbaren und weniger standardisierbaren Arbeitsaufgaben besteht. Ziel einer solchen Trennung ist es, die programmierbaren Aufgaben zu automatisieren und ansonsten unterschiedlich standardisierte Arbeitsaufgaben Angestellten mit verschieden hohen Qualifikationen zu übertragen. Die Frage ist damit, welche Arbeitsaufgaben automatisiert werden (siehe dazu Kap. 4.1.), und wie die verbleibende Summe menschlicher Arbeitsaufgaben zu Tätigkeiten zusammengefaßt wird und welche Arbeitskräfte diese Tätigkeiten ausüben. Um auch den Vorgang der Substitution menschlicher durch maschinelle Arbeit als Aspekt der Arbeitsteilung erfassen zu können, muß von der Ebene der Verwaltungsprozesse ausgegangen werden (siehe auch S. 9f).

Ein bislang ganzheitlich vollzogener Verwaltungsprozeß kann bei homogenen Objekten, d.h. Objekten gleichen Standardisierungsgrades, in zwei und mehr aufeinanderfolgende Teiloperationen zerlegt und verschiedenen Bearbeitern übertragen werden. Bei heterogenen Objekten, d.h. Objekten unterschiedlichen Standardisierungsgrades, können mehrere Unterklassen von Objekten gebildet und wiederum auf verschiedene Bearbeiter übertragen werden. Im ersten Fall wird ein Prozeß gewissermaßen horizontal, im zweiten Fall vertikal geteilt. Da ein Prozeß nur dann automatisierbar ist, wenn er vollständig das Standardisierungsniveau der Programmierbarkeit erreicht, können durch entsprechende Prozeßteilung programmierbare von nicht-programmierbaren Prozeßteilen abgesondert und damit zumindest Teile des bislang ganzheitlich vollzogenen Prozesses automatisiert werden (siehe auch S.69f).

Beispiele vertikaler Teilung von Verwaltungsprozessen sind:
- die Auslagerung der Textverarbeitung auf besondere Schreibkräfte (V/2; VI/3);
- die Abtrennung der Kontierungsarbeit des Buchhalters vom Buchungsvorgang an der Buchungsmaschine durch die Maschinenbuchhalterin in der konventionellen Maschinenbuchhaltung;
- die Trennung dispositiver und operativer Teilaufgaben; beispielsweise die Auslagerung von vor- und nachbereitenden Routinearbeiten aus qualifizierten Sachbearbeitertätigkeiten und deren Übertragung auf Hilfskräfte oder die EDV-Anlage (I/5f, II/2).

Beispiele horizontaler Teilung von Arbeitsprozessen sind:

- die Übertragung "schwieriger" Fälle oder von "Ausnahmefällen" auf den höherqualifizierten Bearbeiter (IV/4;I/3f; V/2;VI/2);
- die Auslagerung von Routinefällen aus der Sachberarbeitertätigkeit und deren Übertragung auf die EDV-Anlage.

In den Unternehmen sind vielfach Mischformen horizontaler und vertikaler Teilung nicht-automatisierter Teilprozesse anzutreffen.

Ein Beispiel ist die Arbeitsteilung im Einkauf des Unternehmens C, wo zwischen qualifizierten Einkäufern und geringer qualifizierten Angestellten sowohl dispositive und operative Teilaufgaben, wie auch Ausnahmefälle und Routinefälle verteilt sind (I/2ff).

Übersteigt das in einem horizontal oder vertikal abgeteilten Teilprozeß anfallende Arbeitsvolumen die Arbeitskapazität eines Beschäftigten , so muß dieses Arbeitsvolumen weiter unterteilt werden. Üblich ist es, dafür mehrere gleichartige, parallel nebeneinander stehende Arbeitsplätze zu bilden und beispielsweise nach Kundennummern oder Materialnummern voneinander abzugrenzen (IV/4; VIII/4; VI/3; I/6). Diese "Mengenteilung" (BÖHRS 1972, S.58) ist allerdings wiederum selten in reiner Form anzutreffen. Meist werden den nebeneinander arbeitenden Sachbearbeitern noch verschiedene Nebenarbeiten übertragen, die sie in "Leerzeiten" zusätzlich auszuführen haben. Durch eine Mengenteilung wird die Qualifikationsstruktur nicht wesentlich verändert, da lediglich mehrere gleichartige Tätigkeiten entstehen. Um bei steigendem Arbeitsvolumen zugleich eine hinsichtlich der Einsparung von Personalkosten günstige Differenzierung der Qualifikationsstruktur zu erreichen, können die Unternehmen anstatt einer Mengenteilung auch die horizontale und vertikale Prozeßteilung vorantreiben, was zu eng spezialisierten Tätigkeiten führt.

In der Auftragsbearbeitung des Unternehmens B wurden im Verlauf des Anstiegs des Auftrags- bzw. Arbeitsvolumens aus zwei gleichartigen Routine-Sachbearbeitertätigkeiten, die eine Vielzahl von Aufgaben umfaßten, mehrere stark spezialisierte Hilfstätigkeiten gebildet. Die Variabilität der ehemaligen Sachbearbeitertätigkeiten wurde durch diesen Vorgang soweit reduziert, daß man diese heute nur noch bedingt als Sachbearbeitertätigkeiten bezeichnen kann (V/6f).

5.1.2. Arbeitsteilung und EDV-System

Arbeitszerlegende Spezialisierung läßt sich bereits in den Anfängen der industriellen Verwaltung nachweisen (siehe Kap. 3.2.). Mit der beginnenden Maschinisierung hat sich diese Tendenz verstärkt (siehe Kap.3.3.); Routine- und Nichtroutinearbeit waren in der mechanisierten Verwaltung jedoch noch immer recht unvollkommen getrennt. Insbesondere die Sachbearbeitertätigkeiten waren gekennzeichnet von einer Mischung qualifizierter und routinehafter Arbeitsaufgaben.

Mit der Einführung und Weiterentwicklung von EDV-Systemen scheint es nun zu einer Neugliederung der ausführenden Tätigkeiten zu kommen, bei der höhere und niedrigere Anforderungsbereiche stärker als bisher getrennt und zu gesonderten Tätigkeiten, qualifizierten Sachbearbeitertätigkeiten einerseits und Tätigkeiten für Hilfs- und Zubringerdienste andererseits, zusammengefaßt werden. Zu fragen ist, inwieweit bei dieser Polarisierungstendenz technische und kostenökonomische Anwendungsbedingungen des eingesetzten EDV-Systems eine Rolle spielen.

In den ersten "Generationen" elektronischer Datenverarbeitungsanlagen standen einer leistungsfähigen Zentraleinheit nur wenig entwickelte periphere Geräte gegenüber (vgl.LUTZ 197oa, S.288). Eine direkte Verbindung der Fachabteilungen mit der Zentraleinheit war nicht möglich, so daß die Arbeit in den Fachabteilungen über maschinenlesbare Datenzwischenträger (Lochkarten, Lochstreifen) auf der Eingabeseite und EDV-Listen auf der Ausgabeseite mit der EDV-Anlage vermittelt werden mußte.

Ausgehend von diesen technischen Bedingungen ergab sich für die Unternehmen das Problem, eine Organisationsform der Arbeit in den von der EDV betroffenen Arbeitsbereichen zu finden, die den Funktionserfordernissen der Fachabteilungen gerecht wird, zugleich aber eine kostengünstige Auslastung der EDV-Anlage sicherstellt. Die sich allgemein durchsetzende organisatorische Lösung dieses Problems bestand darin, die fachliche Datenverarbeitung von der fachlich neutralen, direkt auf die maschinellen Abläufe bezogenen Datenverarbeitung zu trennen und die letztere organisatorisch im "Rechenzentrum" und "Lochraum" zu zentralisieren. Für die Unternehmen hat diese organisatorische

Lösung zwei entscheidende ökonomische Vorteile: Die so zentralisierte Arbeit kann völlig einer an den Erfordernissen einer ökonomischen Nutzung der Anlage ausgerichteten Zeitwirtschaft untergeordnet werden, ohne von gegenläufigen Zeiterfordernissen, wie sie aus den Funktionszusammenhängen der fachlichen Datenverarbeitung resultieren, direkt betroffen zu sein. Außerdem können für diese abgetrennten Tätigkeiten billigere, angelernte Hilfskräfte (Locherinnen, Prüferinnen, Maschinenbediener) eingesetzt und damit die Arbeitszeit teurer Fachkräfte, die theoretisch diese Aufgaben nebenbei übernehmen könnten, eingespart werden. Eine planmäßige Auslastung der EDV-Anlage und der personellen Kapazitäten im Lochraum kann freilich nur dann sichergestellt werden, wenn es gelingt, die Arbeit in den Fachabteilungen und die Arbeit im Rechenzentrum zeitlich zu koordinieren. Während die Arbeit im Rechenzentrum an der Kontinuität des Maschinenlaufs orientiert ist, wird die Arbeit in den kaufmännischen Fachabteilungen, insbesondere dann, wenn sie unmittelbar auf die Marktbeziehungen des Unternehmens ausgerichtet ist, von einer Variabilität der zu erfassenden Datenmenge und einer Heterogenität der zu bearbeitenden Geschäftsvorfälle gekennzeichnet. Es liegt die Vermutung nahe, daß die Unternehmen die Arbeitsteilung u.a. als Mittel einsetzen, um die durch die Fixkostenbelastung und die Zufälligkeiten in der Entwicklung des Arbeitsanfalles entstehenden Kapazitätsprobleme zu lösen.

Im Unternehmen B ist beispielsweise in der administrativen Verkaufsabwicklung und in der Debitorenbuchhaltung - beides direkt kundenbezogene Arbeitsprozesse - die Routinebearbeitung von der Arbeit, die bei der Klärung von Sonderfällen auftritt, abgetrennt und organisatorisch in einer gesonderten Abteilung zusammengefaßt, deren Arbeitsfluß direkt an den Terminen des Rechenzentrums orientiert ist. Demgegenüber ist die Klärung von Sonderfällen zeitlich durch die Zufälligkeiten in den Marktbeziehungen determiniert. Der notwendige Zeitaufwand ist nur schwer abzuschätzen, da er meist von den Reaktionen der Kunden auf entsprechende Anfragen oder Aufforderungen der Sachbearbeiter abhängt.[3]

Die technischen Prinzipien der Anlagen zweiter Generation mit hochleistungsfähigen Zentraleinheiten bei vergleichsweise unterentwickelten, nur zentralisiert einsetzbaren peripheren Geräten dürfte unter Kostengesichtspunkten eine Tendenz der Abtrennung kaufmännischer Fachtätigkeiten von direkt auf die Vorbereitung der maschinellen Abläufe ausgerichteten Tätigkeiten erheblich befördert haben[4].

Mit der Installation von Bildschirmen in den kaufmännischen Fachabteilungen treten die dort beschäftigten Angestellten direkt und nicht mehr vermittelt über Ablochbelege, Lochkarten, EDV-Listen usw. mit dem Maschinensystem in Verbindung. Die erhebliche Differenz zwischen manueller und maschineller Verarbeitungsgeschwindigkeit schlägt sich im Real-time-Betrieb auf der Grundlage des "Multiprogramming" darin nieder, daß mehrere Terminals unabhängig voneinander und zu nicht vorgeplanten Zeiten bedient werden können. Die Auslastung der Zentraleinheit ist primär ein Problem der Gestaltung des Betriebssystems (siehe S. 97) und der Bemessung der für den Betrieb einer bestimmten Anzahl von Terminals notwendigen Kernspeicherkapazitäten. Die Auslastung eines Terminals selbst wird von den betrieblichen Experten als ein vom Kostenstandpunkt nur untergeordnetes Problem bezeichnet, da die Mietkosten eines Bildschirms weit geringer seien als etwa die Lohnkosten einer kaufmännischen Hilfskraft und zudem nicht die Betriebsbereitschaft des Terminals oder das Eintippen der Daten und Operationsbefehle, sondern nur die Übertragung der im Terminal vorgespeicherten Daten und Befehle und die Rechenoperationen in der Zentraleinheit die Bereitstellung von Rechen- und Speicherkapazitäten in der Zentraleinheit erforderlich machten.
Um dennoch eine möglichst hohe Auslastung eines installierten Bildschirms zu erreichen, wird teilweise ein Bildschirm von mehreren Angestellten zusammen benutzt. So ist in jeder Einkaufsgruppe der Einkaufsabteilung des Unternehmens C (3-4 Einkäufer) ein Bildschirm auf einem Drehtisch für alle Einkäufer leicht zugänglich aufgestellt. Bei durchschnittlich 1o - 15 Abfragen pro Stunde und Einkäufer wäre ein Terminal je Arbeitsplatz nur gering ausgenutzt.
Anzunehmen ist, daß die Ökonomie der fixen Maschinenkosten als Bedingung der Arbeitsteilung im Real-time-Betrieb ein vergleichsweise geringeres Gewicht als im Off-line-Betrieb besitzt.

Dennoch scheint die Tendenz arbeitszerlegender Spezialisierung auch bei der Anwendung der neuesten EDV-Technologie mit leistungsfähiger und dezentral einsetzbaren peripheren Geräten anzuhalten.

So kam es in zwei der untersuchten Fälle der Einführung von Bildschirmen in kaufmännischen Fachabteilungen zu einer Auflösung bisher aus qualifizierten Fachaufgaben und Routineaufgaben zusammengesetzten Sachbearbeitertätigkeiten: Aus den ehemaligen Sachbearbeitertätigkeiten wurde eine Reihe von Routineaufgaben, insbesondere der Datenerfassung ausgelagert und zu besonderen, geringer qualifizierten Tätigkeiten zusammengefaßt. Die Sachbearbeitertätigkeiten erfuhren dadurch eine gewisse Aufwertung, da sie jetzt weitgehend nur noch auf ihren eigentlichen fachlichen Kern bezogen sind. Die neu entstandenen Tätigkeiten wurden geringer qualifizierten Arbeitskräften übertragen.

Die Tätigkeit der Verkaufssachbearbeiter im Unternehmen A umfaßte vor Einführung der Bildschirme neben der Auftrags- bzw. Kundenbetreuung auch die Übertragung der Auftragsdaten auf einen maschinell lesbaren Markierungsbeleg. Nach Einführung der Bildschirme werden die eingehenden Aufträge von den Verkaufssachbearbeitern nur noch einer sachlichen Prüfung unterzogen. Die Direkteingabe der Auftragsdaten wird durch angelernte Arbeitskräfte vorgenommen. Von weiterer Routinearbeit wurden die Verkaufssachbearbeiter dadurch entlastet, daß die routinehafte Bearbeitung von Reklamationen aus ihren Tätigkeiten ausgelagert, in einer neuen Tätigkeit zusammengefaßt und einer geringer qualifizierten Sachbearbeiterin übertragen wurden.

Vor Einführung der Bildschirme in der Einkaufsabteilung des Unternehmens C waren die Einkäufer für die gesamte Einkaufsabwicklung einer bestimmten Materialgruppe, von der Angebotseinholung über die Lieferantenauswahl bis zur Terminverfolgung, zuständig. Gleichzeitig mit Einführung der Bildschirme wurde eine Neuverteilung der Arbeitsaufgaben vorgenommen. Während die Einkäufer heute nur noch ihre eigentliche Kernaufgabe, die Lieferantenauswahl und den Kaufabschluß, wahrnehmen, sind alle vor- und nachbereitenden Aufgaben, wie die Angebotseinholung, die Eingabe der Bestelldaten, die Textverarbeitung, die Ablage und die Terminverfolgung, aus der Einkäufertätigkeit ausgelagert und zentral für alle Einkäufer in einer besonderen Verwaltungsabteilung zusammengefaßt, in der überwiegend Kontoristinnen und angelernte weibliche Hilfskräfte beschäftigt sind(I/2ff).

Bei den qualifizierten Sachbearbeitertätigkeiten wird der Bildschirm eher als Informationsmittel eingesetzt, während er bei den Datenerfassungsplätzen ein reines Arbeitsmittel, vergleichbar mit dem Ablochgerät im traditionellen Lochkartenverfahren, darstellt.

Die Einführung des Real-time-Verfahrens könnte eine weitere Arbeitszerlegung insoweit fördern, als damit gewisse informationstechnische Restriktionen einer Zerlegung komplexer Sachbearbeitertätigkeiten beseitigt werden. Die organisatorischen Folgen und die Kosten der Koordination, die durch die Verteilung eines Arbeitszusammenhangs auf verschiedene Tätigkeiten entstehen, können von den Unternehmen mit Hilfe der Bildschirmtechnik vergleichsweise gering gehalten werden. Die Zentralisierung der Informationsbasis der Bearbeiter der Teilsachbereiche macht eine Datenänderung auf einem Teilgebiet dem Bearbeiter des anderen Teilgebiets direkt über Bildschirm zugänglich und stellt so dessen Überblick über den gesamten Arbeitszusammenhang sicher, ohne daß dazu eine Ausweitung des Formular- und Telefonverkehrs, ein aufweniger Aktentransport, eine doppelte Führung von Karteien oder ein größerer Verlust an Flexibilität hingenommen werden müßte. Dieser Wandel der Informationsbedingungen als Voraussetzung der Zerlegung stark interdependenter Sachgebiete setzt zwar bereits dann ein, wenn durch EDV-Listen bestimmte, in Teiltätigkeiten anfallende Informationen gewissermaßen "veröffentlicht" werden, kommt aber erst durch die Ausschöpfung der Möglichkeiten der Bildschirmtechnik voll zur Geltung:

Das Unternehmen B steht in der Materialdisposition aufgrund des angewachsenen Arbeitsvolumens seit längerem vor dem Problem, die Aufgabe des Materialdisponenten für Rohmaterial und Packmittel auf zwei Angestellte zu verteilen. Bei den bisherigen Informationsbedingungen hätte die Aufteilung des Arbeitsvolumens zu größeren Koordinationsproblemen und Flexibilitätsverlusten geführt. Mit der geplanten Einführung von Bildschirmen soll diese Aufteilung der Materialdisposition in Angriff genommen werden (III/4).

Zusammenfassend läßt sich feststellen, daß es im Verlauf der Einführung und Weiterentwicklung von EDV-Systemen in der kaufmännischen Industrieverwaltung nicht zu einem Abbau der Polarisierung, sondern zu verschärfter Trennung von einfachen Routinetätigkeiten und qualifizierten Fachtätigkeiten kommen dürfte.

Die Beobachtung, daß ursprünglich arbeitsteilige Aufgaben in der EDV-Anlage oder beim Sachbearbeiter wieder zusammengefaßt werden, darf nicht dahingehend interpretiert werden, daß der Prozeß der Arbeitszerlegung durch die EDV unterbrochen oder aufgehalten werde (SCHIEFER 1969, S.19; FUHRMANN 1971a, S.328). Der Prozeß der "intramschinellen Arbeitsvereinigung" (KÖNIG) ist soziologisch nur von geringerer Bedeutung, da es sich um einen rein maschineninternen Vorgang handelt. Auch die Zusammenlegung von ursprünglich arbeitsteiligen Aufgaben bei Sachbearbeitern bedeutet nach den empirischen Beobachtungen keine Revision spezialistischer Arbeitsteilung, sondern stellt lediglich eine Reduzierung der "Mengenteilung" bei gleichartigen Tätigkeiten zum Ausgleich eines verringerten Arbeitsanfalls dar.

Beispielsweise wird nach der Einführung des Real-time-Systems in der Dispositionsabteilung des Unternehmens A eine annähernd gleiche Zahl an Dispositionsfällen von etwa der Hälfte der vorherigen Sachbearbeiter bewältigt. Bei den einzelnen Disponenten hat sich dadurch die Zahl der zu disponierenden Artikel entsprechend erhöht.

Das Festhalten an traditionellen Prinzipien der Arbeitsteilung auch unter veränderten technologischen Bedingungen führt zu einer Tendenz der Polarisierung der Qualifikationsstruktur in den kaufmännischen Fachabteilungen: routinehafte Datenerfassungstätigkeiten stehen fachlich anspruchsvolleren Sachbearbeitertätigkeiten gegenüber. Aus den eingesetzten EDV-Systemen kann die voranschreitende Arbeitszerlegung zwingend weder unter technologischen noch unter kostenökonomischen Gesichtspunkten erklärt werden.

Das der Entwicklung der Arbeitsstrukturen in den kaufmännischen Fachabteilungen zugrundeliegende Prinzip der Arbeitsteilung verweist auf arbeitsorganisatorische Grundgedanken des klassischen Taylorismus[5], deren Anwendung im Produktionsbereich unter anderem zu einer strengen Qualifikationspolarisierung führte, indem traditionell mit einer erheblichen Autonomie ausgestattete Facharbeitertätigkeiten zugunsten einer großen Zahl angelernter Arbeitskräfte auf der einen und einer Minderheit qualifizierter Arbeitskräfte für Planungs- und Kontrolltätigkeiten auf der anderen Seite aufgelöst wurde.

Es liegt nahe, die tayloristische Umstrukturierung der Arbeitsplätze als eine umfassende Strategie der Unternehmen zu interpretieren, die darauf ausgerichtet ist, den Einsatz menschlicher Arbeitskraft soweit wie möglich von der Notwendigkeit zu entlasten, übergreifende Qualifikationen zu berücksichtigen(vgl. LUTZ/KRINGS 1971, S.44). Neben den diskutierten technisch-ökonomischen Gesichtspunkten der Anwendung von EDV-Anlagen kommen als objektive Bedingungen der tayloristischen Arbeitszerlegung in der kaufmännischen Verwaltung insbesondere die Verfügbarkeit bzw. Verknappung von Arbeitskräften bestimmter Qualifikation, die Personalkostensituation und Gesichtspunkte des betrieblichen Kontrollsystems in Betracht.

Unter Arbeitsmarktgesichtspunkten stellt sich die Anwendung tayloristischer Prinzipien der Arbeitsorganisation als ein Mittel zur Umgestaltung nicht oder nur schwer besetzbarer qualifizierter Arbeitsplätze in leicht besetzbare "Jedermanns"-Arbeitsplätze dar (LUTZ 197oa, S.285f). Die traditionellen Arbeitsplatzstrukturen in der Industrieverwaltung hätten bei steigendem Arbeitsvolumen zu einem Mehrbedarf an qualifizierten Arbeitskräften geführt, der, zumindest in Zeiten der Hochkonjunktur, nicht zu decken gewesen wäre. Demgegenüber waren Arbeitskräfte mit "Jedermannsqualifikationen", die auf der Basis zivilisatorischer Grundqualifikationen schnell und ohne größere Ansprüche an Interessantheit der Arbeit oder Aufstiegsmöglichkeiten in den Arbeitsprozeß eingegliedert werden können, bislang auf dem Arbeitsmarkt vergleichsweise reichlicher vorhanden.

Die Verknappung von Fachqualifikationen als Bedingung der Arbeitsteilung zeigt folgendes Beispiel:

Das Unternehmen C konnte selbst während der Rezessionsphase Mitte der 7oer Jahre seinen Bedarf an zugleich technisch und kaufmännisch qualifizierten Einkäufern mit Berufserfahrung für die durch die Neuorganisation des Einkaufs geschaffenen Einkäuferarbeitsplätze nicht auf dem Arbeitsmarkt decken. Nicht zuletzt deshalb werden gegenwärtig Überlegungen angestellt, pro Einkaufsgruppe einen neuen Arbeitsplatz zu schaffen, dessen Inhaber den übrigen Einkäufern der Gruppe leichtere Fälle abnehmen soll. Dieser neue Einkäufertypus würde nach Ansicht der Einkaufsleitung keine so hohen Fachqualifikationen wie die übrigen Einkäufer benötigen. Er wäre deshalb leichter auf dem Arbeitsmarkt zu rekrutieren und würde zudem den Bedarf an hochqualifizierten Einkäufern senken.

Als wesentliche Bedingung der Arbeitszerlegung ist das Bestreben der Unternehmen anzusehen, Personalkosten dadurch einzusparen, daß sie die Qualifikationsstruktur differenzieren. Unter der Voraussetzung, daß höhere Qualifikationen in der Regel auch teurer sind, ist eine Einsparung von Personalkosten durch rein arbeitsorganisatorische Maßnahmen vor allem dadurch möglich,

daß das durchschnittliche Qualifikationsniveau auf dem Wege der Qualifikationspolarisierung oder der Reduktion der Qualifikationsanforderungen bestimmter Tätigkeitkeitsgruppen gesenkt wird (BAETHGE u.a. 1973, S.12o; PÖHLER 1974, S.62f).
So wird beispielsweise die beschriebene Umgestaltung der Tätigkeitsstruktur im Einkauf des Unternehmens C vom Einkaufsleiter u.a. damit begründet, daß man die "teureren" Qualifikationen der Einkäufer nur dann richtig ausnutzen könne, wenn man sie nicht Arbeiten verrichten lasse, die von billigeren Hilfskräften ebenso geleistet werden könnten.

Voraussetzung einer entsprechenden Neustrukturierung der Arbeit ist allerdings eine genaue Analyse der zu reorganisierenden Tätigkeiten. Eine solche analytische Durchdringung der meist "gewachsenen" Tätigkeiten und Arbeitsabläufe erfolgt aber gerade als Vorbereitung der Technisierung von Arbeitsaufgaben. Wenn es deshalb in Verbindung mit der Einführung und Weiterentwicklung von EDV-Systemen in der kaufmännischen Verwaltung zu einer tayloristischen Umgestaltung der Tätigkeitsstruktur kommt, so dürfte dies nicht zuletzt auch damit zusammenhängen, daß die Unternehmensleitungen aufgrund dieser Analyse der traditionellen Tätigkeiten und Arbeitsabläufe einen bislang nicht gekannten Einblick in die Arbeit der Angestellten erlangen. Sie werden in die Lage versetzt, genau festzustellen, welcher Anteil der Tätigkeiten aus Routinearbeit und welcher aus tatsächlichen Denkfunktionen besteht (JAEGGI/WIEDEMANN 1963, S.231). Bei derartigen Arbeitsplatzanalysen habe sich herausgestellt, berichten Vertreter der Organisationspraxis, daß Arbeitsplätze, die bislang als hochqualifiziert galten, lediglich zu einem geringen Prozentsatz mit wirklich qualifizierten Arbeiten ausgefüllt waren, während der Rest überwiegend aus administrativer Routine bestand[6].

Bislang wurden Bedingungen genannt, die die Tendenz einer arbeitszerlegenden Spezialisierung und Polarisierung der Tätigkeiten in den kaufmännischen Fachabteilungen vorantreiben. Zu fragen wäre, ob es nicht auch Gegentendenzen zu einer solchen Entwicklung gibt. So könnte in der zunehmenden Automatisierung von Routineaufgaben eine Tendenz vermutet werden, durch die der Bildung von "Jedermanns"-Tätigkeiten in absehbarer Zeit gewissermaßen der Boden entzogen wird. Mit einem Verschwinden der Routinearbeit in der kaufmännischen Verwaltung kann jedoch in naher Zukunft nicht gerechnet werden. Nicht alle Routinearbeit ist programmierbar und programmierbare Routineaufgaben werden nach Maßgabe von Wirtschaftlichkeitsüberlegungen auf die EDV-Anlage übertragen, so daß ein Restbestand maschinell nicht rentabel zu bearbeitender Routineaufgaben erhalten bleiben dürfte. Schließlich kommen durch die maschinelle Datenverarbeitung auch neue Routineaufgaben, insbesondere im Bereich der Datenerfassung und Datenkontrolle, hinzu. Darüber hinaus ist anzunehmen, daß auch zukünftig aus bislang gering standardisierten Arbeitsprozessen durch Rationalisierungsbemühungen immer wieder neue Routinelemente ausgesondert und zu Tätigkeiten verselbständigt werden (siehe auch Kap. 6.1.).

Eine tayloristische Umgestaltung der Tätigkeitsstruktur könnte auch dort an ihre Grenze stoßen, wo zur Sicherstellung einer vollen Auslastung der Personalkapazitäten eine gewisse "Breite" von Tätigkeiten und Qualifikationen erforderlich ist. Kurzfristige Schwankungen des Arbeitsvolumens sind in der "umweltbezogenen" Industrieverwaltung besonders häufig zu beobachten. Sie können einmal dadurch aufgefangen werden, daß Tätigkeiten gebildet werden, die sich aus mehreren Aufgaben zusammensetzen, deren variierender Zeitbedarf sich durch ein flexibles Vorziehen, Dazwischenschieben und Aufschieben von Teilaufgaben insgesamt ausgleichen läßt. Eine zweite Möglichkeit bestünde darin, die Arbeit zwischen einzelnen Angestellten flexibel umzuverteilen. In den untersuchten Abteilungen ist vorwiegend die erste Lösung des Kapazitätsproblems anzutreffen. Es wird den Angestellten selbst überlassen, durch entsprechende Anordnung ihrer Teilaufgaben und eine Anpassung des Arbeitstempos oder Ableistung von Überstunden dafür zu sorgen, daß das Arbeitsvolumen im Rahmen der gesetzten Termine bewältigt wird. Die gegenseitige Aushilfe ist insbesondere bei qualifizierten Sachbearbeitertätigkeiten kaum anzutreffen. Befragte Sachbearbeiter geben an, auf entsprechende Bitten von Kollegen diesen ab und zu gewisse Hilfsarbeiten abzunehmen; weitergehende Aushilfen seien schon deshalb nicht möglich, da ihnen der Einblick in die Besonderheiten der Tätigkeiten der Kollegen weitgehend fehle. Befragte Abteilungsleiter sehen keine Notwendigkeit, etwa durch systematisches "Job Rotation" die qualifikatorischen Voraussetzungen für eine Ausweitung der Möglichkeiten gegenseitiger Aushilfe zu schaffen. Bislang sei es noch immer gelungen, Arbeitsspitzen und auch den Ausfall von Arbeitskräften durch Krankheit usw. durch Behelfslösungen, die einen "geordneten Notbetrieb" gestatteten, zu überstehen. Hingewiesen wird auch darauf, daß durch eine variablere Arbeitsverteilung die Eindeutigkeit von Verantwortungsbereichen gefährdet werden könnte (IV/8).

In einem Versicherungsunternehmen führten insbesondere auch Probleme der Inflexibilität der Arbeitsverteilung zu einer Reorganisation stark spezialisierter Arbeit nach dem Prinzip des "Job Enlargement". Ein zunächst eingeführtes Konzept des "Allround-Sachbearbeiters" wurde allerdings wieder zugunsten einer stärker spezialisierten Qualifikationsverteilung ("Allround-Gruppe") aufgegeben, da aus der Sicht des Unternehmens die Vorteile einer Flexibilisierung der Arbeitsverteilung (leichtere Bewältigung von Arbeitsspitzen und Stellvertreterproblemen) die Nachteile dieser Lösung: hohe Ausbildungskosten, lange Einarbeitungszeit, Knappheit qualifizierter Arbeitskräfte, Wegfall von Leistungsanreizen durch nivelliertes Qualifikations- und Gehaltsniveau, nicht hätte aufwiegen können (vgl. LADNER 1974, S.25ff).

Eine Grenze tayloristischer Arbeitsgestaltung könnte ferner in kaum exakt prognostizierbaren Leistungsanforderungen vermutet werden, die vom Markt ausgehen und gewisse Qualifikationsreserven erforderlich machen (vgl. LUTZ 197oa, S.286ff).

Nun laufen freilich die in den Untersuchungsunternehmen beobachteten Strategien arbeitsorganisatorischer Gestaltung weniger darauf hinaus, qualifizierte Fachangestellte generell durch angelernte Hilfskräfte zu ersetzen, vielmehr erhalten sich die Unternehmen dadurch eine Flexibilität des Qualifikationspotentials, daß sie höher qualifizierte Sachbearbeiter in gewissem Umfang von Routinearbeit entlasten und die Bearbeitung von gering standardisierbaren Geschäftsvorfällen zum Gegenstand ihrer Tätigkeit machen. Begründet wird diese arbeitsorganisatorische Maßnahme u.a. mit der Absicht, die Qualität der Arbeit und insbesondere die "Güte" der von den qualifzierten Sachbearbeitern zu treffenden Entscheidungen dadurch verbessern zu wollen, daß man dem Sachbearbeiter durch die Entlastung von Routinearbeit mehr Zeit gibt, die problemrelevanten Informationen zu beschaffen und auszuwerten.

Die aus der Unzufriedenheit von Angestellten mit stark spezialisierter Tätigkeit resultierenden Folgekosten, insbesondere durch Fluktuation und mangelnde Arbeitsmotivation, werden in den Unternehmen als nicht wesentlich angesehen. Hingewiesen wird in diesem Zusammenhang auf die Möglichkeiten der innerbetrieblichen Umsetzung und des Aufstiegs für besonders qualifizierte Arbeitskräfte. Dennoch gaben zwei der befragten Angestellten an, kündigen zu wollen, da sie in ihrer jetzigen Tätigkeit keine Möglichkeit sehen, ihre fachlichen Qualifikationen weiterzuentwickeln und so eine Chance zum beruflichen Aufstieg zu haben.

Ein Sachbearbeiter will kündigen, um eine betriebswirtschaftliche Ausbildung zu absolvieren, von der er glaubt, daß sie ihm den Zugang zu interessanteren Tätigkeiten eröffnet: "Hinzulernen kann ich hier nichts mehr ... Was will man da noch vervollkommnen ... höchstens das Gedächtnis noch ausweiten. Da ist so ein gewisser Stillstand. Höchstens wenn ich noch Arbeit dazu bekommen würde, Großaufträge und Sonderaufgaben bearbeiten und von meiner Arbeit etwas abgeben ..." (ADiSB) Der Sachbearbeiter hält es allerdings für unwahrscheinlich, daß es zu einer solchen Umverteilung der Arbeit kommen könnte, da diese Aufgaben ja dem stellvertretenden Abteilungsleiter weggenommen werden müßten.

Ebenfalls kündigen will eine Hilfskraft in der Auftragsbearbeitung des Unternehmens B, da sie entgegen den Versprechungen des Abteilungsleiters bei der Einstellung, immer noch "die gleiche stupide Arbeit" machen müsse. Sie würde gern Teile ihrer Arbeit den Kolleginnen übertragen und dafür aus deren Arbeitsgebiet eine Reihe interessanterer Arbeitsaufgaben übernehmen, um so einen größeren Einblick in die Arbeitszusammenhänge zu bekommen und fachlich etwas hinzulernen zu können. Gegen eine solche Umverteilung sträube sich aber nicht nur der Abteilungsleiter, auch die Kolleginnen würden da nicht mitmachen. Der Abteilungsleiter meint, die Hilfskraft sei für andere Arbeiten nicht qualifiziert genug. Der Arbeitsplatz soll seine jetzige Form behalten und mit einer ehemaligen Locherin besetzt werden.

5.1.3. Zusammenfassung

Die Entwicklung der Arbeitsteilung in den kaufmännischen Fachabteilungen von Industrieunternehmen ist traditionell durch eine Tendenz der arbeitszerlegenden Spezialisierung gekennzeichnet. Im Verlaufe der Einführung und Weiterentwicklung von EDV-Systemen scheint diese Tendenz eindeutiger als vor der

Anwendung von EDV-Systemen dahin zu gehen, einfache Routineaufgaben und qualifiziertere kaufmännische Fachaufgaben zu trennen und verschiedenen Tätigkeiten zuzuordnen. Die Arbeitsaufgaben auf der Fachabteilungsebene der kaufmännischen Industrieverwaltung werden durch die EDV in zwei große Gruppen gespalten: die der EDV vorgelagerten Datenerfassungsaufgaben und die der EDV nachgelagerten Auswertungs- und Dispositionsaufgaben. Bei den der EDV vorgelagerten Erfassungstätigkeiten handelt es sich mehrheitlich um einfachere Routineaufgaben. Diese Aufgaben werden nun weitgehend von der der EDV nachgelagerten, fachlich anspruchsvolleren Auswertungs- und Dispositionsaufgaben getrennt und zu Tätigkeiten für angelernte Hilfskräfte zusammengefaßt. Diesen Routinetätigkeiten stehen die Fachtätigkeiten qualifizierterer Sachbearbeiter gegenüber, die auf den Ergebnissen der EDV aufbauen.

Diese Polarisierung der Tätigkeitsstruktur wird durch die technischen und kostenökonomischen Bedingungen der Anwendung der EDV-Technik im Off-line-Verfahren befördert. Auch bei der Anwendung der EDV-Technik im Real-time-Verfahren setzt sich die Polarisierungstendenz anscheinend ungebrochen fort, obwohl von den technischen und kostenökonomischen Bedingungen der Anwendung der EDV-Technik in diesem Verfahren kaum nennenswerte Impulse für eine polarisierte Qualifikationsstruktur abgeleitet werden können. Daraus folgt aber, daß andere Faktoren arbeitsorganisatorischer Gestaltung für die Entwicklung der Arbeitsteilung in den kaufmännischen Fachabteilungen verantwortlich zu machen sind.

Von besonderer Bedeutung scheinen hierbei personalpolitische Zielsetzungen der Unternehmensleitungen zu sein, die im Zusammenhang mit der gründlichen Analyse der traditionell organisierten Arbeitsabläufe und deren Reorganisation bei der Einführung von EDV-Systemen durchgesetzt werden. Als maßgebliche Zielsetzungen arbeitsorganisatorischer Rationaliserung werden in den Experten- und Managerinterviews insbesondere die Einsparung von Personalkosten und eine stärkere Unabhängigkeit von qualifiziertem Fachpersonal genannt. Auf der Ebene der Arbeitsorganisation werden diese Ziele vor allem über eine Polarisierung der Qualifikationsstruktur in den Fachabteilungen realisiert: Wenn die Unternehmen aus traditionellen Sachbearbeitertätigkeiten, die meist zugleich Datenerfassungs-, Datenverarbeitungs-, Auswertungs- und Entscheidungsaufgaben umfaßten, Routinearbeit auslagern und auf Arbeitsplätzen mit geringerem Anforderungsniveau zusammenfassen, so lassen sich teuere Arbeitskräfte durch billigere Arbeitskräfte ersetzen. Zugleich erhöht sich dadurch die Autonomie der Unternehmen gegenüber dem Arbeitsmarkt, da qualifizierte Fachkräfte am Arbeitsmarkt in der Regel schwerer rekrutiert werden können als anzulernende Hilfskräfte.

Auch unter den Bedingungen technisierter Arbeitsabläufe scheint in den Unternehmen noch immer die von GROCHLA (1961, S.56) vorgenommene Abwägung der Vor- und Nachteile einer Intensivierung der Arbeitsteilung arbeitsorganisatorische Rationalisierungsmaßnahmen anzuleiten:

> "Obwohl die Nachteile der Arbeitsteilung, wie einseitige Beanspruchung der Aufgabenträger, die Verengung seiner Arbeitswelt und die Erstarrung seiner Umstellungsfähigkeit, die Gefahr der Monotonie und dgl. nicht von der Hand zu weisen sind, überwiegen die Vorteile doch dermaßen, daß sich in vielen Büros schon durch eine Intensivierung der Arbeitsteilung Rationalisierungsmöglichkeiten erschließen lassen. Die Teilarbeiten können nicht nur besser übersehen und überwacht werden, sondern es läßt sich auch leichter Personal mit Spezialbegabung finden. Die Anlern- bzw. Einarbeitungszeit ist relativ gering, die Beherrschung der Arbeit wird leichter, Qualität und Leistungsmenge nehmen zu und - worauf es vor allem ankommt - die Bearbeitungszeit der einzelnen Objekte wird geringer."[7]

5.2. Kooperation

Arbeitsteilung und Kooperation bedingen sich gegenseitig. Die Struktur der Arbeitsteilung ist konstitutiv für die Interdependenz der Teilarbeiten, auf die sich die Arbeitsbeziehungen gründen. Um das Arbeitsergebnis sicherzustellen, müssen die Teilarbeiten zu einem abgeschlossenen Gesamtprozeß zusammengefaßt werden. Diese Koordination der Teilarbeiten kann durch die betriebliche Hierarchie, formalisierte Regelsysteme oder unmittelbar durch die ausführenden Angestellten selbst erfolgen (siehe S. 19f). Zu fragen ist, welche Veränderungen in den Formen der Arbeitsbeziehungen und Koordination der Teilarbeiten im Zusammenhang mit dem Einsatz der EDV auftreten. Dabei ist insbesondere zu klären, in welcher Form die EDV als Mittel der Integration und Kontrolle der Teilarbeiten bzw. Arbeitsprozesse und damit als Mittel der Rationalisierung der Kooperationsprozesse in der kaufmännischen Industrieverwaltung angewendet wird.

5.2.1. Formen der Arbeitsbeziehungen kaufmännischer Sachbearbeiter

Kooperationsbeziehungen sind stets durch die Dependenzen der Teilarbeiten definiert. Bei kaufmännischen Tätigkeiten können zwei Abhängigkeitsbeziehungen analytisch unterschieden werden: Sie können auf dem Zusammenhang verschiedener kaufmännischer Funktionen, wie er sich über deren Stellung im Reproduktionsprozeß des Unternehmenskapitals und dem gemeinsamen Bezug der Funktionen auf übergeordnete ökonomische Ziele ergibt, oder auf dem Arbeitszusammenhang beruhen, der durch einen bestimmten kaufmännischen Funktionsprozeß konstituiert wird.

Empirisch kommt die erste Dependenzebene dort zum Ausdruck, wo interfunktionale Zielkonflikte als zentrale Kooperationsbedingungen von Tätigkeiten auftreten, die unterschiedlichen Funktionsprozessen zugeordnet sind und im Interesse des Gesamtunternehmens zu einem Kompromiß über den Grad der Erfüllung der jeweils vertretenen Funktionsziele zwingen. Beispiele sind: der Gegensatz zwischen technischer und ökonomischer Rationalität bzw. zwischen den stofflichen Bedingungen der Produktgestaltung und deren Ausrichtung an technischer Perfektion einerseits sowie dem kaufmännischen Kalkül höchstmöglicher Rentabilität andererseits (LAATZ u.a.1976, S.17off); der Gegensatz zwischen Produktions- und Marktökonomie, der sich als Gegensatz zwischen den Anforderungen einer kostenoptimalen und einer umsatzoptimalen Gestaltung des Produktionsprozesses darstellt (SOHN-RETHEL 1972, S.3off)(vgl. IV/1,4ff; VI/6f); Gegensätze zwischen einzelnen Zirkulationsfunktionen, wie etwa zwischen der kostenorientierten Debitorenbuchhaltung und dem umsatzorientierten Verkauf (vgl.VIII/7; VII/7).

Inter- und intrafunktionale Dependenzen bzw. Kooperationsbeziehungen reichen üblicherweise über die organisatorisch gesetzten Abteilungsgrenzen hinaus (siehe dazu die Abschnitte 6 ("horizontale Kooperation") in den Fallstudien) da die Organisationsgliederung nicht deckungsgleich ist mit der Gliederung betrieblicher Funktionen und auch zusammenhängende Funktionsprozesse meist vertikal zerschneidet[8]. Die Abteilungsbildung in der Industrieverwaltung ist insbesondere aus Rationalisierungsgründen nicht an Funktionszusammenhängen, sondern eher auf eine Zentralisation gleicher oder ähnlicher Aufgaben orientiert (siehe vor allem die Kap. 3.2. und 3.3.). In den untersuchten Abteilungen bestehen unmittelbar funktionsbezogene Arbeitskontakte deshalb überwiegend mit Angehörigen anderer Abteilungen.

Die Zerlegung von Arbeitszusammenhängen führt dazu, daß die jeweils vorgelagerte Teilleistung Voraussetzung für die Erbringung der jeweils nachfolgenden Teilleistung ist. Die hieraus entstehenden Dependenzen können sowohl sachlicher (Qualität der Vorarbeit), wie auch zeitlicher (Termineinhaltung) Natur sein; die Arbeitsbeziehungen, je nach der Form der Aufgabenverteilung, auf einer horizontalen, diagonalen wie auch vertikalen Ebene verlaufen.

Innerhalb der untersuchten Fachabteilungen dominieren auf der Sachbearbeiterebene Tätigkeiten mit gleichen oder ähnlichen Arbeitsaufgaben. Für diese aus einer einfachen Mengenteilung des vorhandenen Arbeitsvolumens hervorgegangenen Tätigkeiten ist kennzeichnend, daß jeder Sachbearbeiter die in seinem Aufgabengebiet anfallenden Aufgaben, entsprechend der vorgegebenen Anweisungen, weitgehend unabhängig von den parallel arbeitenden Sachbearbeitern abwickeln kann (vgl. I/8; II/5; V/8; VIII/6).

Dependenzen zwischen diesen Sachberarbeitertätigkeiten stellen sich nur dann her, wenn beispielsweise die Arbeitsergebnisse der Teilarbeiten innerhalb der Abteilung zu einem Gesamtergebnis zusammengefaßt werden müssen.

Dies ist etwa in der Debitorenbuchhaltung des Unternehmens A der Fall, wo zu einem von der Unternehmensleitung festgelegten Termin der Buchungsabschluß erstellt werden muß, in dem die von den einzelnen Debitorensachbearbeiterinnen für jeweils einen Kundenkreis erstellten Teilverbuchungen zusammengefaßt werden (VIII/6f).

Die einzelnen Sachbearbeiter können auch von den gleichen Ressourcen abhängig sein.

Als Beispiel hierfür kann die Verkaufsabteilung des Unternehmens A gelten, wo die Sachbearbeiter bei Artikeln, deren Bestand die Nachfrage nicht deckt, sich gegenseitig über die Zuteilung der Quoten einigen müssen (VI/7).

Zu erhöhten Abstimmungsnotwendigkeiten führt die horizontale Teilung eines Arbeitsprozesses, bei der die Arbeitsbereiche (z.B. Kundengruppe, Materialgruppe) derart auf zwei Bearbeiter aufgeteilt werden, daß die komplizierteren Fälle ein qualifizierter Sachbearbeiter übertragen bekommt.

Beispielsweise werden in der Disposition des Unternehmens A die Großaufträge jeweils aus dem Arbeitsgebiet der einzelnen Disponenten ausgegliedert und einem qualifizierten Sachbearbeiter übertragen. Zwischen diesem und den Disponenten, in deren Artikelnummernkreis er eingreift, werden Abstimmungen über die Bestellmengen und bei Verknappungen, über die den einzelnen Aufträgen zuzuteilenden Lieferquoten notwendig (IV/7).

Soweit die komplizierten Fälle auf die jeweiligen Vorgesetzten übertragen werden, fungieren diese als qualifizierte Sachbearbeiter und unterhalten in dieser Eigenschaft auch ansatzweise horizontale Kooperationsbeziehungen zu den ihnen disziplinarisch unterstellten Sachbearbeitern (VII/7).

In Abteilungen mit Arbeitsplätzen gleicher Tätigkeitsinhalte kann man den Zusammenhang der Angestellten nur sehr bedingt als "Arbeitsgruppe" bezeichnen, da sich die Arbeitsvollzüge der einzelnen Sachbearbeiter nicht ergänzen[9]. Die Vermutung SCHIEFERs, daß es durch die Arbeitsteilung nach dem "Objektprinzip"[10] zur Teamarbeit kommt (SCHIEFER 1969, S.39), muß deshalb als falsch bezeichnet werden. Die Abhängigkeit, wie sie sich über die horizontale Teilung von Fallgruppen herstellt, die sich auf die gleichen oder ähnlichen Objekte beziehen, darf nicht verwechselt werden mit Formen der unmittelbaren Zusammenarbeit im Hinblick auf eine gemeinsame Arbeitsaufgabe (Teamarbeit). Eine teamartige Zusammenarbeit tritt in den Fachabteilungen nur bei interfunktionalen Abstimmungsprozessen auf, wenn Angehörige verschiedener Funktionsbereiche ihre Dispositionen an sich kurzfristig veränderte Planungsdaten anpassen müssen (z.B. III/3f, 6)[11]. Zu vermuten ist, daß Teamarbeit in der kaufmännischen Verwaltung insbesondere auf der Ebene des mittleren und höheren Managements anzutreffen ist, wo es um die Erstellung der betrieblichen Teilpläne (Absatzplan, Produktionsplan, Finanzplan usw.) und die Koordination der damit verbundenen, partiell konfligierenden Zielsetzungen der einzelnen Funktionsbereiche geht.

Verschiedentlich anzutreffen sind Formen gegenseitiger Hilfeleistung bei fachlichen Arbeitsproblemen (Konsultation) und Termindruck (Aushilfe), die in der Regel auf die Eigeninitiative der Angestellten zurückgehen (vgl. V/8;VII/7; VIII/6; IX/6). Derartige Formen von Kooperationsbeziehungen unterscheiden sich von den zuerst dargestellten dadurch, daß sie nicht auf eine direkte funktionale Dependenz der Tätigkeiten beruhen.

5.2.2. Die Kooperation in der Industrieverwaltung vor der Einführung von Datenverarbeitungsanlagen

In der frühen Industrieverwaltung wurde die Arbeit zweier Abteilungen gemäß dem hierarchischen Prinzip vom gemeinsamen Vorgesetzten fallweise koordiniert (BAHRDT 1958, S.62). Je mehr die zusammenhängenden Arbeitsprozesse zerlegt wurden, umso häufiger mußte die Arbeit der Abteilungen abgestimmt werden. Die Voraussetzungen, unter denen eine rein hierarchische Steuerung der Kooperationsbeziehungen ohne die Ergänzung anderer Koordinationsformen zur Sicherung des Arbeitsergebnisses genügte, waren immer weniger gegeben. Ein striktes Festhalten am hierarchischen Modell erwies sich als ineffizient:

> "Der Dienstweg ... ist nicht immer der schnellste Weg, und in großen Unternehmen ... mitunter fürchterlich lang. Nun gibt es viele Geschäftstätigkeiten, deren Erfolg von der schnellen Ausführung abhängt; man muß also die Achtung vor dem ordnungsgemäßen Weg mit der Notwendigkeit, schnell zu handeln, in Einklang bringen ... Die Anwendung des direkten Verbindungsweges geht einfach, schnell und sicher vor sich..." (FAYOL 1929, S.29)

Mit der Einrichtung horizontaler Verbindungswege wird freilich das hierarchische Prinzip nicht grundsätzlich außer Kraft gesetzt, da die Vorgesetzten die horizontalen Verbindungen von ihrer Genehmigung abhängig machen und sich jeweils über das Ergebnis der Verhandlungen ihrer Untergebenen unterrichten lassen können (vgl. ebd.). Die hierarchische Kooperation behielt ihre dominierende Stellung. Die horizontale Kooperation spielte lediglich in Ausnahmefällen als ergänzende Koordinationsform eine Rolle:

> "Man wagt sie (die horizontale Kooperation, R.K.) wirklich nur dann, wenn es wirklich keinen anderen Weg gibt. Ist es jedoch irgendwie möglich, so laufen alle Vorgänge einen kuriosen Zick-Zack-Kurs: zuerst klettern sie die hierarchische Pyramide nach oben bis zum gemeinsamen Vorgesetzten, bleiben auf dessen Schreibtisch eine Zeitlang liegen, da dieser die wachsenden Aktenberge gar nicht so schnell verarbeiten kann; danach steigen sie langsam wieder nach unten an jene Stelle, wo sie weiterbearbeitet werden. Das hierarchische Prinzip ... führt dazu, daß die meisten Akten falsch laufen, nicht dorthin, wo sie hingehören, sondern immer zuerst zu einer vorgesetzten Instanz, die zur Bearbeitung gewöhnlich gar nichts beiträgt." (BAHRDT 1958, S.63)

Neben vereinzelten "horizontalen Improvisationen" (ebd., S.1o2) treten zunehmend generelle arbeitsorganisatorische Regelungen der Kooperationsbeziehungen auf. Durch die bereits sehr früh in der Geschichte der Industrieverwaltung zu beobachtende Tendenz der Formalisierung der Kooperation (vgl. KOCKA 1969, S.371) werden den Vorgesetzten kooperative Funktionen entzogen, ohne daß dadurch freilich die Verfügung über den kooperativen Arbeitsprozeß in stärkerem Maße auf die ausführenden Angestellten übergegangen wäre. Es kommt lediglich zu einer Substitution der fallweisen Regelungen des Vorgesetzten durch generelle, von der Unternehmensleitung erlassene Regelungen. Die Hierarchie greift als Koordinationsinstanz nur noch bei Abweichungen vom routinehaften Arbeitsablauf ein:

> "Der einzelne ist in seinem Arbeitsbereich dabei selbständig, da er praktisch keine Anweisungen erhält und genau weiß, wie und wann er eine Arbeit verrichten muß; er ist "Rädchen" insofern, als der Arbeitsfluß ihn dazu zwingt, sich nach einer feststehenden Weisung zu verhalten; fällt keiner aus und tritt nichts Außergewöhnliches dazwischen, so geht praktisch alles 'wie am Schnürchen', insofern war der erste Schritt zu einer Neustrukturierung der Arbeitsbeziehungen bereits im nichtautomatisierten Büro vorgegeben." (JAEGGI/WIEDEMANN 1963, S.12o)

Der Arbeitsplan ist auf den Gesamtzusammenhang der Teilarbeiten ausgerichtet, der damit ohne Beteiligung der ausführenden Angestellten hergestellt wird. Freilich weist die formale Rationalität der Kooperation erhebliche Lücken auf, die durch improvisierende Eingriffe der Vorgesetzten, aber auch durch nicht formalisierte Abstimmungen auf der Sachbearbeiterebene überbrückt werden müssen.

5.2.3. Kooperation und EDV-System

Die EDV tangiert die Kooperation in der kaufmännischen Verwaltung in zweifacher Weise: Zum einen tritt die EDV als integrierendes Element des betrieblichen Datenverarbeitungsprozesses zwischen die Tätigkeiten der Angestellten. Die Teilarbeiten werden über die Ein- und Ausgabeprogramme des EDV-Systems vermittelt. Auf diese Weise entsteht ein Zwang zur Formalisierung und Standardisierung der auf das EDV-System bezogenen Arbeitsabläufe. Es ist deshalb damit zu rechnen, daß die Arbeitsbeziehungen der Angestellten zunehmend durch formale Regelsysteme gesteuert und die traditionellen Koordinationsfunktionen der ausführenden Angestellten und insbesondere auch der unteren Leitungspositionen abgebaut werden. Zum andern stellt die EDV Kontrollinformationen über die relevanten Nahtstellen im technisierten Arbeitsablauf zur Verfügung, an denen qualifiziertes menschliches Arbeitshandeln erforderlich ist. Die EDV dürfte damit zugleich die Leistungsfähigkeit des betrieblichen Leitungssystems steigern.

Im folgenden soll zunächst anhand der Entwicklung der betrieblichen Kommunikationsstruktur der Frage nachgegangen werden, inwieweit es durch die Einführung und Weiterentwicklung von EDV-Systemen in der kaufmännischen Industrieverwaltung zu dem vermuteten Rückgang personaler Koordinationsleistungen kommt. Anschließend wäre zu klären, inwieweit die gegenwärtig in den Verwaltungen verbleibenden Koordinationsnotwendigkeiten von der unmittelbaren Kooperation der ausführenden Angestellten oder vom hierarchischen System getragen werden und welche Bedingungen für die angetroffeneVerteilung kooperativer Funktionen maßgebend sind.

In der Literatur wird verbreitet damit gerechnet, daß es durch die Anwendung von EDV-Anlagen zu einem Rückgang der Kommunikation zwischen den Angestellten kommt (JAEGGI/WIEDEMANN 1963, S.141; HOOS 1966, S.1o2; WHISLER 1971, S.3o6)[12]. Für diese These sprechen eine Reihe von Veränderungen des betrieblichen Informationssystems durch die Einführung der EDV:

Zunächst wäre der durch die EDV veränderte Informations- und Belegfluß zu nennen. Bei manueller und wenig mechanisierter Informationsverarbeitung sind an die Weitergabe der Verarbeitungsobjekte innerhalb eines Arbeitszusammenhangs intensive Kommunikationsbeziehungen geknüpft (GROCHLA 1971b, S.24): Der jeweils nachfolgende Sachbearbeiter kontrollierte die Vorarbeiten auf Richtigkeit und Plausibilität; werden Fehler entdeckt, ergeben sich Rückfragen. Mit dem Einsatz einer EDV-Anlage tritt diese zwischen die Angestellten. Das unmittelbare Ineinandergreifen der Tätigkeiten wird durchbrochen. Die Informationen fließen jetzt nicht mehr direkt, sondern indirekt über die EDV-Anlage von der vorbereitenden zur weiterverarbeitenden Stelle. In den vorbereitenden Stellen werden die Daten erfaßt und in das EDV-System eingegeben. Die weiterverarbeitenden Stellen erhalten die Daten über EDV-Listen oder direkt über ein EDV-Terminal. Die Dateneingabe unterliegt maschinellen Plausibilitätskontrollen, was zu einer Verringerung fehlerhafter Informationen führt. Entsprechend gehen auch die mit der Fehlersuche und Fehlerbeseitigung verbundenen Abstimmungsaufgaben zurück.

Wird die arbeitsplatz- oder abteilungsbezogene Datenspeicherung in Karteien durch zentrale Datenspeicher abgelöst, verbessern sich die betrieblichen Informationsbedingungen. Informationen, die im manuellen System vom karteiführenden Sachbearbeiter erfragt werden mußten, werden jetzt durch das EDV-System ausgegeben.

Allerdings kommt es in den untersuchten Fällen bei der Anwendung der EDV-Anlage im Off-line-Verfahren weiterhin zu Rückfragen beim jeweiligen Sachbearbeiter, weil die periodisch auf Listen ausgedruckten Informationen meist nicht der Forderung nach Tagesaktualität entsprechen. Bei der Anwendung der EDV im

Real-time-Verfahren sind die an einer Stelle des integrierten Datenverarbeitungssystems eingegebenen Informationen sofort an jeder Stelle über Bildschirm zugänglich, so daß es zu weniger Rückfragen nach aktuellen Informationen kommt. Der Real-time-Betrieb scheint damit eine Tendenz der Substitution menschlicher Kommunikation durch "Mensch-Maschine-Kommunikation" mit sich zu bringen (GROCHLA 1971b, S.24; BRINCKMANN u.a. 1974, S.85). Allerdings gibt es bislang keine Anzeigen für die Herausbildung isolierter Arbeitsplätze. Den empirischen Beobachtungen zufolge fallen durch die Einführung eines Real-time-Systems bislang lediglich routinehafte Rückfragen weg, während die gegenseitige Abstimmung der Teilarbeiten weiterhin Kommunikationsbeziehungen erforderlich macht (z.B. VI/6f).

Die EDV dürfte fener auch die vertikale Kommunikation reduzieren, da leitende Stellen die gewünschten Informationen auf Listen erhalten oder direkt vom Bildschirm abfragen können, ohne mit den untergeordneten Stellen in Verbindung treten zu müssen (VIII/9; vgl. auch GROCHLA 1971b, S.25).

Ein Impuls zu Veränderung der Kommunikationsstruktur in der Industrieverwaltung geht auch von der Tendenz der (Re-) Integration der Datenerfassungs- und Informationsverarbeitungsprozesse aus. Ziel der integrierten Datenverarbeitung ist es, einerseits die Daten möglichst nur einmal im Augenblick ihrer Entstehung zu erfasen und für alle Auswertungen maschinell zwischenzuspeichern, sowie andererseits über künstliche Abteilungsgrenzen hinweg die tatsächlichen Zusammenhänge aller Vorgänge im Unternehmen zur Grundlage der Verbindung zwischen einzelnen Datenverarbeitungsprogrammen zu machen und nicht wie in den früheren Anwendungsformen der EDV die Programme weitgehend isoliert nebeneinander zu stellen (MERTEN 1972, S.23ff).

In der Literatur wird von der Integration der Datenverarbeitung insbesondere eine stärkere Formalisierung der Kommunikationsbeziehungen erwartet (GROCHLA 1976, S.51o; MANN/WILLIAMS 1976, S.5o3). Die Ergebnisse der Fallstudien und Experteninterviews weisen auf zwei Auswirkungen der Integrationstendenzen auf die Kommunikationsstruktur hin: Die kommunikativen Arbeitskontakte gehen zurück, da weniger manuelle Eingabevorgänge und Interventionen im integrierten Datenverarbeitungsprozeß zu weniger Fehlern und einem geringeren Belegtransport zwischen den Abteilungen führen. Auf der anderen Seite wirken sich auftretende Fehler und Sonderfälle sofort auf den integrierten Gesamtzusammenhang aus. Fehler und Sonderfälle können nur durch ein abgestimmtes Vorgehen aller betroffenen Stellen bearbeitet werden, wobei jeweils die EDV-Verfahrensprinzipien genau beachtet werden müssen.

"Das hängt alles an einem Faden. Wenn das Lager, der Versand, die Produktion oder die Materialplanung ein Problem haben, dann müssen sie die anderen fragen, ob sie das wie vorgesehen ändern können. Da wird abgesprochen, was gemacht wird." (BBGL)

Grundlage erhöhter Abstimmungsnotwendigkeiten bei der integrierten Datenverarbeitung ist auch die Zentralisierung der Datenspeicherung. Eingriffe in die Datenbanken betreffen sämtliche betriebliche Stellen, die sich auf diese Datenbasis stützen (III/3; IX/7).

Es bleibt festzuhalten, daß mit der Technisierung und Integration der Datenverarbeitungsprozesse in der kaufmännischen Industrieverwaltung aufgrund geringerer Fehlerhäufigkeit und verbesserter Informationsbedingungen die Routinekommunikation abnehmen wird. Die erreichte Rationalität der kooperativen Arbeitsprozesse bleibt jedoch so lückenhaft, daß weiterhin personale Koordinationsleistungen erforderlich sind. Ein wesentlicher Grund hierfür liegt, den empirischen Beobachtungen zufolge, in dem Auftreten nicht-geplanter Situationen, die sich aus der Funktion der kaufmännischen Industrieverwaltung als Vermittlungsinstanz zwischen variablen Marktanforderungen einerseits und den verfügbaren Produktionskapazitäten andererseits ergeben. Eine "Voll-Integration" der betrieblichen Datenverarbeitung, wie sie zu Anfang der EDV-Entwicklung verschiedentlich prognostiziert wurde, erweist sich für die Industrieverwaltung, nicht zuletzt unter diesem Aspekt als unrealistisch. Vielmehr ist anzunehmen, daß auch bei weiter verbesserten EDV-Systemen in gewissem Umfang die Notwendigkeit personaler Koordination zur Überbrückung von ungeplanten Situationen verbleibt.

In der Soziologie der "Büroautomation" ist die Frage umstritten, ob die Koordination zunehmend von der unmittelbaren Kooperation der Ausführenden oder weiterhin vom hierarchischen System getragen wird. Unter der Annahme, die an älteren Produktionsweisen orientierte und mit Herrschaftstendenzen konvergierende hierarchische Betriebsorganisation werde aufgrund des technischen Fortschritts zunehmend irrational, vertritt BAHRDT die Auffassung, daß es im Zuge der Einführung der Lochkartentechnik zu einer Herausbildung horizontaler Arbeitsbeziehungen und einer "Enthierarchisierung des personellen Gefüges" im Büro kommt (BAHRDT 1958, S.95ff; ders. 1959, S.113ff).

Seine These demonstriert BAHRDT nicht an den gesamten Kooperationsverhältnissen der "Industriebürokratie", sondern vor allem an den "kooperativen Prozessen der Lochkartenbearbeitung", ohne allerdings, wie PIRKER (1962, S.1o2) zu Recht kritisiert, das Verhältnis der Locherin zum Tabellierer in seine Analyse einzubeziehen. Bei der Lochkartenbearbeitung komme es zu einer "Versachlichung" und "Intellektualisierung der Arbeitskontakte"; die entstehenden Kooperationsformen seien ein "Mitteldding von teamartiger und gefügeartiger Kooperation":

"Gefügeartig ist die Kooperation insofern, als der einzelne Arbeitsgang in der Regel jeweils allein eine Phase des Bearbeitungsprozesses repräsentiert. So wichtig die Kontakte zu den anderen sind, so läuft die Kooperation jedoch im großen und ganzen nicht auf einen Kollektivakt, auf ein gemeinsames Zufassen hinaus, sondern darauf, daß jeder an s e i n e r Maschine seine Prozeßphase in der Weise bewältigt, daß sie sich mit den anderen Phasen zu einem sinnvollen Ganzen zusammenfügt." (BAHRDT 1958, S.97)

Horizontale Arbeitsbeziehungen entstünden jedoch nicht nur innerhalb der mechanisierten und automatisierten Büroabteilungen selbst, diese reichten vielmehr bis in jene Abteilungen hinein, in denen auch weiterhin nach herkömmlicher Art mit Leitzordner und Schreibmaschine gearbeitet wird; auch dort müßten sich die Vorgesetzten mit einer größeren Unabhängigkeit ihrer Untergebenen abfinden (BAHRDT 196o, S.62).

Im Gegensatz zu BAHRDT sind JAEGGI und WIEDEMANN der Ansicht, daß es im "automatisierten Büro" zu keiner Enthierarchisierung kommt. JAEGGI und WIEDEMANN geben an, in den von ihnen untersuchten Abteilungen auf eine "straffe Funktionsgliederung" gestoßen zu sein. Durch die Automatisierung komme es eher zu einer Verschärfung der Trennung zwischen Gruppenführer und Ausführenden. Während die Funktion der ausführenden Angestellten auf einfache, wenn auch exakt auszuführende Arbeiten beschränkt sei und die hier Eingesetzten isoliert ihre Handgriffe und die verbliebene Denkarbeit verrichteten, disponiere der Gruppenführer und halte Kontakt mit den vor- und nachgelagerten Gruppen (JAEGGI/WIEDEMANN 1963, S.121ff).

Ein Wandel der Kooperationsverhältnisse in der Industrieverwaltung kann soziologisch zulänglich nur erfaßt werden, wenn unterhalb der Oberfläche der Arbeitskontakte zugleich nach den Formen und Mechanismen der Koordination der Teilarbeiten gefragt wird.

Das Problem der Enthierarchisierung berührt insbesondere die Frage nach der Verteilung kooperativer Funktionen zwischen Leitenden und Ausführenden. Von einer Beobachtung horizontaler Arbeitskontakte allein, beispielsweise zwischen Sachbearbeitern und Angehörigen des betrieblichen Rechenzentrums (vgl. BAHRDT 1958, S.1o4; JAEGGI/WIEDEMANN 1963, S.116f) kann deshalb noch nicht auf eine Verlagerung kooperativer Funktionen auf ausführende Angestellte geschlossen werden. Zum einen kann das hierarchische Prinzip, worauf schon FAYOL hingewiesen hat (siehe S. 118f), so modifiziert werden, daß es zwar zu direkten Arbeitskontakten zwischen Untergebenen kommt, diese aber mit keinem kooperativen Handlungsspielraum verbunden sind, da die Vorgesetzten durch Anweisungen und Kontrollen den Koordinationsvorgang steuern. Zum anderen können horizontale Arbeitskontakte völlig formalisiert sein. In diesem Fall sind die Koordinationsleistungen in dem von der Unternehmensleitung erlassenen Regelsystem vorweggenommen.

Im folgenden soll zunächst der Rolle des Vorgesetzten im technisierten Arbeitsprozeß nachgegangen werden, um dann zu klären, welche kooperativen Funktionen den ausführenden Angestellten überlassen werden und welche Gründe hierfür maßgebend sind.

Durch die Technisierung werden die Eingriffsmöglichkeiten des Vorgesetzten in den Arbeitsprozeß eingeschränkt (BAHRDT 1958, S.97ff; BRAUN 1963, S.195; JAEGGI/WIEDEMANN 1963, S.12off; JAEGGI 1971, S.491). Der technisierte Arbeitsablauf ist durch eine "neue Sachlichkeit" (JAEGGI/WIEDEMANN 1963, S.12o) gekennzeichnet, die von einer grundlegenden Rationalisierung und logischen Neuordnung der Datenverarbeitungsabläufe entsprechend den Funktionsprinzipien des EDV-Systems herrührt. Durch den integrierenden Effekt des EDV-Systems wird der Zusammenhang zwischen den einzelnen Abteilungen verstärkt, so daß eine Umdisposition des Arbeitsablaufs in einer Abteilung zukünftig über die Abteilungsgrenzen hinauswirkt. Eine reibungslose Synchronisation des über das EDV-System vermittelten Arbeitsablaufs kann deshalb nur durch eine verbindliche formale Regelung sichergestellt werden. Der Vorgesetzte muß den einzelnen Sachbearbeiter nach den ausgearbeiteten Arbeitsanweisungen selbständig arbeiten lassen (JAEGGI/WIEDEMANN 1963, S.121). Durch die Technisierung kommt es also zu einer verstärkten Substitution der Anweisungskompetenz der Vorgesetzten durch generelle arbeitsorganisatorische Regelungen.

"Die Anweisungen der Abteilungsleiter an die Sachbearbeiter sind weniger geworden, weil der Ablauf ja vorgegeben ist."(AO)

"Auch der Abteilungsleiter steht unter der Regie der EDV, denn seine Mitarbeiter gehorchen allgemeinen Regeln. Arbeitsabläufe können nicht mehr fallweise gesteuert werden, sondern sind generell geregelt." (BO)

Den unteren Leitungsinstanzen (Gruppenleiter, Abteilungsleiter) ist die Verfügung über den sachlichen Ablauf des Arbeitsprozesses weitgehend entzogen. Ihre Anweisungen werden inhaltlich durch die EDV-Organisation vorbestimmt; sie müssen mit den Ablaufprogrammen des EDV-Systems kompatibel sein (IX/9). In den untersuchten Abteilungen verbleiben ihnen als Vorgesetztenfunktion neben der Überwachung der allgemeinen Arbeits- und Leistungsdisziplin die Sicherstellung der Termine (VIII/8, IX/7) und vor allem die Kontrolle der Arbeitsergebnisse.

Greifen die Vorgesetzten einerseits weniger sachlich-kooperativ in den Arbeitsprozeß ein, so wird andererseits durch das EDV-System ihre Kontrollfunktion wesentlich effektiver. Die Kontrolle setzt in den untersuchten Fällen durchweg am Arbeitsergebnis, nicht an der laufenden Arbeitsdurchführung an. Eine laufende Kontrolle ist teilweise schon aufgrund der sachlichen Gegebenheiten der kaufmännischen Tätigkeiten, insbesondere wenn diese den telefonischen oder persönlichen Umgang mit Kunden oder Lieferanten zum Inhalt hatten, nicht sinnvoll durchführbar. In solchen Fällen müssen den Angestellten gewisse Handlungskompetenzen eingeräumt werden, die erst nachträglich am Arbeitsergebnis kontrolliert werden können (IV/8, VI/8, VII/6). Allerdings unterliegen diese Tätigkeiten insoweit einer präventiven Kontrolle, als sie durch mehr oder weniger detaillierte Arbeitsanweisungen gesteuert werden.

Vor Einführung der EDV mußte der Vorgesetzte zur Kontrolle der Sachbearbeitertätigkeiten die von den Sachbearbeitern geführten Karteien heranziehen. Da die Kontrollinformationen aus den wenig verdichteten Karteien teilweise arbeitsaufwendig zusammengestellt werden mußten, wurden vielfach nur indirekte Kontrollformen praktiziert. Man ging davon aus, daß sich Fehler der Angestellten mehr oder weniger unmittelbar und schnell in Reaktionen der hiervon Betroffenen niederschlagen (z.B. Beschwerden von Kunden, Rückfrage der Produktion wegen drohendem Materialmangel), so daß dann der Vorgesetzte steuernd eingreifen konnte. Diese Formen indirekter Kontrolle, die bei den Sachbearbeitern das Gefühl einer relativ großen Freizügigkeit erwecken, finden sich auch noch nach dem Aufbau von EDV-Systemen (vgl. z.B. V/8, VI/8, III/8).

Es überwiegen nun jedoch Formen einer direkten Ergebniskontrolle. Durch die EDV werden die von den Angestellten bearbeiteten Geschäftsvorfälle lückenlos dokumentiert. Die relevanten Kontrollinformationen können auf dieser Grundlage leicht durch eine maschinelle Verdichtung der entsprechenden Dateien und die Zusammenstellung von Ausnahmefällen gewonnen und den Vorgesetzten zugänglich gemacht werden (III/7f, VII/8, VIII/8). Eine vereinfachte Kontrolle ergibt sich aber auch schon dadurch, daß der Vorgesetzte nun mittels der EDV-Liste oder eines Bildschirmes über die gleiche Informationsgrundlage wie der Sachbearbeiter, der die laufenden Geschäftsvorfälle bearbeitet, verfügt (IV/8).

Als ein im manuellen wie im automatisierten Betrieb gleichermaßen wirksames Kontrollverfahren von Tätigkeiten in der Buchhaltung erweist sich das System der doppelten Buchführung, in dem sich Falschbuchungen durch Differenzen zwischen "Soll" und "Haben" bemerkbar machen. Der Vorgesetzte kann sich deshalb weitgehend auf die Überprüfung des jeweiligen "Abschlusses" beschränkten (VIII/8).

Für viele Angestellte bedeutet die durch die maschinelle Dokumentation ihrer Arbeitsschritte eröffnete Kontrollmöglichkeit eine neue Erfahrung. Im Off-line-Verfahren werden fehlerhaft erfaßte oder falsch eingegebene Daten in sogenannten"Fehlerprotokollen" festgehalten. Diese erlauben dem Vorgesetzten. die sachliche Arbeitsleistung der Angestellten direkt zu kontrollieren und "Schwachstellen" in der administrativen Arbeitsabwicklung zu ermitteln (IX/4). Vor allem Angestellte im Rechnungswesen, die an die Möglichkeit der Selbstkorrektur bei Arbeitsfehlern gewöhnt waren, befürchten durch diese "Veröffentlichung" der von ihnen gemachten Fehler ihren "Ruf" als zuverlässige Arbeitskraft zu verlieren. Im On-line-Verfahren mit Bildschirmen fällt das "Fehlerprotokoll" allerdings wieder weg. Die Hinweise am Bildschirm auf Erfassungs- und Eingabefehler können nicht als Instrument zur Leistungskontrolle eingesetzt werden, sondern geben den Angestellten vielmehr die Möglichkeit zur Selbstkorrektur zurück (VIII/3, 6).

Die Gruppenleiter der in die Untersuchung einbezogenen Abteilungen sind zugleich als qualifizierte Sachbearbeiter eingesetzt und,ebenso wie die übrigen Sachbearbeiter,für ein abgegrenztes Sachgebiet zuständig. In den eingespielten Normalabläufen werden weder vom Gruppenleiter noch von den Sachbearbeitern kooperative Funktionen wahrgenommen. Der Arbeitszusammenhang ist durch generelle organisatorische Regelungen (Arbeitsablaufanweisungen) vermittelt. Zu Koordinationsnotwendigkeiten kommt es erst bei Termingefährdungen. Arbeitsfehlern, Problemen der Bearbeitung organisatorisch nicht vollständig geregelter Sonderfälle, Zielkonflikten mit anderen Abteilungen oder Notwendigkeiten abgestimmter Anpassung an sich kurzfristig verändernde "Umweltbedingungen" (kurzfristige Auftragsänderungen, Lieferantenausfälle, Lieferverzögerungen usw. (z.B. II/3)).

Üblicherweise sind organisatorische Kompetenzintervalle festgelegt, entsprechend denen die kooperativen Funktionen den einzelnen Stufen der Verwaltungshierarchie zugewiesen werden. Das Organisationsschema vertikaler Kooperation basiert auf dem Prinzip des "management by exception", das durch eine genaue Definition von Verantwortung und Kompetenz die einzelnen Hierarchieebenen arbeitsmethodisch verknüpft. Durch genau begrenzte kooperative Handlungsspielräume kann so den Bedürfnissen horizontaler Kooperation Rechnung getragen werden, ohne den Herrschaftsanspruch der Leitungshierarchie grundsätzlich in Frage zu stellen.

Während in Abteilungen, in denen angelernte Hilfskräfte und gering qualifizierte Sachbearbeiter mit der unmittelbaren Vor- und Nachbereitung der maschinellen Abläufe beschäftigt sind, weitgehend jede Abweichung vom Routineablauf vom Gruppenleiter oder Abteilungsleiter geregelt wird und deshalb den ausführenden Angestellten nahezu keine kooperativen Funktionen überlassen bleiben, verfügen in den untersuchten Fällen qualifiziertere Sachbearbeiter meist über einen mehr oder minder begrenzten kooperativen Handlungsspielraum.

Die terminliche Koordination von Teilarbeiten,verschiedentlich verbundenen mit Formen gegenseitiger Aushilfe zur Überbrückung von Arbeitsspitzen, ist in den untersuchten Abteilungen verbreitet anzutreffen. Der Vorgesetzte greift meist erst dann ein, wenn die Angestellten durch eigene Bemühungen (insbesondere schnelleres Arbeiten und Aushilfen) einen Termin nicht einhalten können. Bei Arbeitsfehlern und der Bearbeitung von organisatorisch nicht vollständig geregelten Sonderfällen kommt es zwischen den unmittelbar betroffenen Angestellten zu entsprechenden Beratungs- und Abstimmungsprozessen, die sich freilich im Rahmen des EDV-Verfahrensprogramms halten müssen. Da die Anweisungsbefugnisse des Vorgesetzten in diesen Fällen ebenfalls durch das EDV-Programm limitiert sind, kann dieser lediglich als kompetenter Berater auftreten. Anlaß abteilungsübergreifender horizontaler Kooperation ist schließlich die Notwendigkeit, sich an kurzfristig verändernde "Umweltbedingungen" anzupassen, denen aufgrund der sachlichen und zeitlichen Inflexibilitäten des EDV-Systems im Rahmen des regulären

Informationsflusses nicht ausreichend begegnet werden kann. Dies gilt vor allem für das Off-line-Verfahren mit seiner starren Zeitorganisation. Demgegenüber zeichnet sich das Real-time-Verfahren durch eine vergleichsweise größere Flexibilität und Schnelligkeit der Informationsübermittlung aus. Im Real-time-Betrieb geht die Notwendigkeit besonderer "Eilmethoden" zwar zurück, bleibt aber dennoch weiterhin bestehen (I/8). Unterhalb des über die EDV-Anlage vermittelten Informationsflusses finden sich deshalb "Ad-hoc-Informationssysteme", die in der Regel getragen von qualifizierten Sachbearbeitern mit oder ohne Gruppenleiterfunktionen, das Unternehmen teilweise über mehrere Funktionsbereiche hinweg quer durchziehen und eine Beschleunigung des Informationsflusses bewirken (III/3,6). Bei derartigen Abstimmungsprozeduren werden bisweilen die offiziellen Arbeits- und Kompetenzregelungen teils ohne Wissen, teils unter stillschweigender Duldung der Vorgesetzten unterlaufen[13]. Die Angestellten nehmen dabei die Verantwortung für das Abweichen von den Vorschriften auf sich und werden zur Rechenschaft gezogen, wenn das gewünschte Arbeitsergebnis nicht eintritt (vgl. z.B. IX/7).

Den Ansätzen horizontaler Kooperation tritt gleichwohl das hierarchische System allenthalben als limitierender Faktor entgegen; insbesondere dort, wo die Entscheidungsvorbehalte kaufmännischer Leitungsstellen berührt werden. So ist es den Sachbearbeitern nicht gestattet, unter Umgehung ihrer unmittelbaren Vorgesetzten, Vereinbarungen mit den Leitern anderer Abteilungen und Unternehmensbereiche zu treffen (III/7).

5.2.4. Zusammenfassung

Es ist zu vermuten, daß die personale Koordination der Teilarbeiten in der technisierten Industrieverwaltung durch die Übertragung zusammenhängender Arbeitsabläufe auf das EDV-System und einer zunehmenden generellen organisatorischen Regelung der Koordinationsprobleme auf der Grundlage neu geordneter und durchrationalisierter Arbeitsprozesse zurückgeht. Diese Entwicklung wird auch nicht durch eine Tendenz der Integration der Datenverarbeitung aufgehoben, die eine komplexere Kooperationsstruktur zur Folge hat. Trotz stärkerer Formalisierung der Kooperation bleibt die Rationalität der kooperativen Arbeitsprozesse weiterhin lückenhaft. Ungeplante bzw. unplanbare Situationen, die insbesondere in den spezifischen Vermittlungsfunktionen der industriellen Verwaltung ihre Ursache haben, erfordern nach wie vor personale Koordinationsleistungen.

Die Fallstudien deuten darauf hin, daß die Unternehmen auch unter veränderten technischen Bedingungen an einer von betrieblichen Kontrollinteressen geprägten Konzentration der Verfügungsmacht über die Arbeitsprozesse in den Leitungsstellen festhalten. Kooperationsspielräume auf der Sachbearbeiterebene sind in den Unternehmen nur dort anzutreffen, wo dies aus Effizienzgesichtspunkten als notwendig erscheint; beispielsweise wenn in Fällen sich kurzfristig und ungeplant verändernder Dispositionsdaten nur durch ein schnelles und abgestimmtes Handeln von Sachbearbeitern ein finanzieller Schaden für das Unternehmen abgewendet werden kann. Insbesondere auch aufgrund der Erhöhung der koordinativen Kapazitäten der Leitungsstellen durch maschinell aufbereitete Leitungsinformationen dürften die Unternehmen keinen Grund sehen, Koordinationsfunktionen in einem größeren Umfang als vor der Einführung der EDV an die unmittelbar mit der Durchführung der Aufgaben beschäftigten Angestellten zu übertragen. Anzunehmen ist, daß die Hierarchie auch weiterhin ein zentrales Koordinations- und Kontrollmittel in der industriellen Verwaltung bleibt.

Es erscheint deshalb als bedenklich, wie BAHRDT (1958, 1959) oder FRIELINGHAUS (1969/197o, S.112ff), unter der Annahme eines emanzipatorischen Potentials des technischen Fortschritts zu erwarten, die technisch-organisatorische Entwicklung führe zwangsläufig zu einer Umgestaltung der hierarchischen Organisation, etwa in Richtung einer Einführung von Formen der "Belegschaftskooperation" mit zunehmenden Freiräumen und unreglementierten Kooperationschancen der ausführenden Angestellten[14].

5.3. Arbeitsautonomie

Das Verhältnis von Arbeitsnormierung und Arbeitsautonomie war schon immer zentraler Gegenstand der Verwaltungsrationalisierung. Stellten in der frühen Industrieverwaltung die hierarchische Anweisung und Kontrolle, sowie eine ausgeprägte loyale Selbstverpflichtung der Angestellten, die wichtigsten Momente zur Sicherstellung der Verfügung der Unternehmensleitungen über die Arbeitsprozesse der Verwaltung dar, so gewannen mit wachsender Verwaltungsgröße, komplizierter werdenden Organisationsstrukturen und dem Wandel der Stellung des Industrieangestellten vom "Privatbeamten" zum "Lohnarbeiter" formale Arbeitsregeln und Kontrollsysteme an Bedeutung. Gleichwohl erreichte der Organisierungsgrad der kaufmännischen Tätigkeiten in der nichttechnisierten Verwaltung nicht das Taylorsche Ideal, die Arbeitsdurchführung und Arbeitsleistung vorab bis ins Detail festzulegen (PIRKER 1963, S.42; RHEE 1968, S.96, 116). Noch immer verblieb den Angestellten trotz hierarchischer Anweisungen und dem Vordringen genereller arbeitsorganisatorischer Regelungen die Möglichkeit, über ihre Arbeit und Leistungsabgabe in erheblichem Umfang selbst zu bestimmen. Der weiterhin stark individuell geprägte Arbeits- und Organisationsstil, sowie die teilweise Monopolisierung von Arbeitswissen aufgrund individueller Aufbereitung und Registratur von Informationen ("Kontenwissen"), verwehrten den Unternehmensleitungen den vollständigen Einblick in die Tätigkeiten der Angestellten und dienten damit zugleich als Grundlage von Abwehrtechniken der Angestellten gegen eine Verschärfung der Leistungsansprüche (LUTZ 197ob, S.13).

Es kann angenommen werden, daß es im Gefolge der Einführung und Weiterentwicklung von EDV-Systemen zu einem Abbau traditioneller Improvisationschancen und einer stärkeren Kontrolle verbleibender Handlungsspielräume kaufmännischer Sachbearbeiter kommt (BAHRDT 1961, S.183; JAEGGI/WIEDEMANN 1963, S.93, 226f; RHEE 1968, S.117, 133f; MANN/WILLIAMS 1976, S.5o4). Zeitliche Spielräume aufgrund wenig durchrationalisierter und schlecht kontrollierbarer Arbeitsabläufe werden bei der Analyse der teilweise historisch "gewachsenen" Tätigkeiten aufgedeckt und bei der Neuordnung der Arbeitsabläufe und Tätigkeiten entweder abgebaut oder einer externen Kontrolle unterworfen. Die Transparenz der teil-automatisierten Arbeitsabläufe entzieht den traditionellen Abwehrtechniken der Angestellten den Boden. Eine "Scheinkomplizierung" auch einfacher Bürotätigkeiten (JAEGGI/WIEDEMANN 1963, S.2) bzw. die "traditionelle Verschleierungstaktik" der Angestellten (TROLL 1968, S.222) werden weitgehend unmöglich. Wenn den Angestellten weiterhin Handlungs- und Entscheidungsspielräume eingeräumt werden, so geschieht dies im Interesse einer effizienten Funktionserfüllung. Ihre Nutzung ist soweit wie möglich durch Arbeitsanweisungen vorbestimmt und der Kontrolle unterworfen.

Im folgenden soll eingehender der Frage nachgegangen werden, welche Veränderungen die zeitlichen (5.3.1.), sachlich-arbeitsmethodischen (5.3.2.) und auf ökonomische Entscheidungen bezogenen (5.3.3.) Spielräume des Arbeitshandelns kaufmännischer Sachbearbeiter durch die gegenwärtigen technisch-organisatorischen Rationalisierungsmaßnahmen in der kaufmännischen Industrieverwaltung erfahren.

5.3.1. Technisierung und zeitlicher Tätigkeitsspielraum

Die Zeitorganisation der betrieblichen Datenverarbeitung steht vom Standpunkt des Unternehmens insbesondere unter zwei Zielsetzungen: Zum einen soll eine optimale Durchlaufzeit für die Erledigung der einzelnen Verwaltungsaufgaben erreicht werden; zum andern kommt es den Unternehmen darauf an, eine kostengünstige Auslastung der Verwaltungskapazitäten personeller und maschineller Art sicherzustellen (KRAMER 1961, S.164). Das Kapazitätsproblem der kaufmännischen Industrieverwaltung besteht nun darin, daß den gegebenen Verwaltungskapazitäten ein insbesondere aufgrund von Markteinflüssen unregelmäßig und kurzfristig schwankender Arbeitsanfall gegenübersteht. Wie dargestellt gewinnt dieses generelle Kapazitätsproblem mit dem Einsatz von EDV-Anlagen einen zusätzlichen Akzent: es entsteht erstmals die Notwendigkeit einer umfassenden zeitlichen Abstimmung menschlicher und maschineller Arbeit. Wie dieses Problem gelöst wird, hängt wesentlich von der Entwicklungsstufe des eingesetzten EDV-Systems ab.

Wurde im manuellen Verfahren die Arbeit immer dann ausgeführt, wenn ein Geschäftsvorfall (z.B. eine Bestellung) auftrat bzw. innerhalb eines Arbeitszusammenhangs die vorgelagerten Aufgaben erfüllt waren, so kann die maschinelle Bearbeitung bei der Anwendung der EDV-Anlage im Off-line-Verfahren aus ökonomischen Gründen immer erst dann erfolgen, wenn eine Anzahl von Bearbeitungsfällen vorliegt (stapelweise Verarbeitung). Die kostenoptimale Synchronisation menschlicher und maschineller Arbeit kann organisatorisch nur über einen starren Zeitplan hergestellt werden. Aus dieser strengeren Terminierung der Arbeitsabläufe ergeben sich für die Angestellten in den Fachabteilungen genaue Termine, zu denen die Arbeit abgeschlossen sein muß.

Das Ausmaß der zeitlichen Strukturierung einer Tätigkeit durch den Zeitplan des Rechenzentrums hängt davon ab, in welchem Bezug diese zum EDV-System steht. In den untersuchten Fällen sind Datenerfassungstätigkeiten dem Arbeitsrhythmus des Rechenzentrums am direktesten unterworfen. Die auf Ablochbelegen erfaßten Daten müssen zu einem genau festgelegten Termin im Rechenzentrum sein. Der EDV-"Output" geht zur Kontrolle ebenfalls zu fest vorgegebenen Terminen an die Fachabteilungen zurück (V/7f, IX/5). Tätigkeiten, die auf den EDV-"Output" aufbauen, sind eher indirekt von der Zeitorganisation im Rechenzentrum betroffen.

In der Betriebsbuchhaltung des Unternehmens B ist der "Monatsabschluß" der zentrale Termin. Die Abschlußarbeiten führten schon im manuellen System gegen Monatsende zu einem starken Termindruck. Mit der Einführung der EDV im Off-Line-Betrieb hat sich dieser noch verstärkt, da die Abschlußarbeiten immer erst begonnen werden können, wenn die dazu notwendigen Listen ausgedruckt sind, auf denen die Daten des vergangenen Monats festgehalten sind. Demgegenüber hatte der Buchhalter im manuellen Verfahren in Form der Karteien einen ständigen Zugriff zu den Daten und konnte schon frühzeitig vorbereitende Abstimmungen vornehmen, so daß am Monatsende nur noch die neuesten Daten hinzugefügt werden mußten, um den "Monatsabschluß" fertigzustellen. (IX/5)

Bei der Anwendung des EDV-Systems im Real-time-Verfahren schlägt die Anforderung, die EDV-Anlage kostenökonomisch auszulasten, weniger als im Off-line-Verfahren auf die Zeitorganisation der Arbeit in den kaufmännischen Fachabteilungen durch (siehe S. 96f). Wenn die Angestellten, wie in den untersuchten

Fällen, dennoch weiterhin einer mehr oder weniger engen Terminordnung unterliegen, so sind hierfür im wesentlichen Bedingungen außerhalb der technisch-ökonomischen Anwendung von EDV-Systemen maßgebend. Von Bedeutung ist in diesem Zusammenhang die Tendenz einer Integration der Datenverarbeitungsprozesse. Hieraus resultieren steigende Anforderungen an einen reibungslosen Informationsdurchfluß und damit eine größere zeitliche Abhängigkeit der im integrierten Arbeitszusammenhang stehenden Teilarbeiten, wodurch deren enge zeitliche Synchronisation erforderlich wird. Gerät ein Angestellter in Rückstand, so wirkt sich dies sofort auf das gesamte integrierte Datenverarbeitungssystem aus und die durch den Real-time-Betrieb angestrebte Aktualität der Informationsverarbeitung wird nicht erreicht.

"Wenn Sie eine Real-time-Anwendung haben, so gibt es zwischen den Abteilungen die Abhängigkeit, daß das System laufen muß. Sonst stehen 17 oder später 25 Arbeitsplätze leer ... bekommen keine Daten ... können nicht arbeiten. Das gibt keinen Umsatz ..." (AO)

Wesentliche Bedingungen der zeitlichen Organisation der Sachbearbeitertätigkeiten in den kaufmännischen Fachabteilungen sind, unabhängig vom erreichten Technisierungsniveau, terminliche Anforderungen, die sich aus den Inhalten und Zielen der jeweiligen Arbeitsprozesse ergeben.

Die Dispositionssachbearbeiter im Unternehmen A erhalten durchschnittlich alle 5 bis 1o Minuten einen Anruf von Verkaufssachbearbeitern, die anfragen, ob und wann eine Kundenbestellung ausgeführt werden kann. Der Disponent ist verpflichtet, nach Überprüfung der gegebenen Liefersituation anhand von Bildschirmabfragen sofort eine Entscheidung zu treffen, die der Verkaufssachbearbeiter dem meist am Telefon wartenden Kunden mitteilt. Die Auskunftsbereitschaft gegenüber dem Verkauf besitzt für den Disponenten absolute Priorität. Er soll seinen Arbeitsplatz möglichst nicht verlassen und muß seine laufende Arbeit bei jeder Anfrage unterbrechen. (IV/7f, ähnlich V/3, VI/3f)

Bei der Bearbeitung von Kundenreklamationen in der Verkaufsabteilung des Unternehmens B sind terminliche Bearbeitungsrichtwerte je Fallgruppe vorgegeben. Diese sollen zum einen eine mögliche Verärgerung des Kunden verhindern und zum andern den Zahlungsaufschub aufgrund der Mängelrüge möglichst gering halten (V/3).

Finanzielle Gesichtspunkte stehen auch bei der terminlichen Gestaltung des Mahnwesens im Vordergrund (VII/6). Ebenso bei der Auftragsbearbeitung, wo eine Beschleunigung des Kapitalumschlags erreicht werden soll (V/8).

Im Einkauf und der Materialdisposition sind es Terminanforderungen der Produktion, die zur Verhinderung von Materialengpässen einzuhalten sind (I/7, III/5).

In den abrechnenden und kontrollierenden Fachabteilungen stehen Terminanforderungen im Vordergrund, die durch das Interesse der Unternehmens- und Konzernleitungen an aktuellen Kontrollinformationen bedingt sind. Z.B. Termine des "Monatsabschlusses" in den verschiedenen Teilbuchhaltungen (VIII/6, IX/5).

Die zeitliche Organisation kaufmännischer Tätigkeit wird darüber hinaus von dem Interesse der Unternehmensleitungen beeinflußt, durch die Vorgabe eines Arbeitspensums die Arbeitsverausgabung der Angestellten zu kontrollieren. Unter Kostengesichtspunkten werden die Unternehmen versuchen, ein möglichst hohes Arbeitspensum je Arbeitskraft durchzusetzen. In welchem Umfang dies gelingt, hängt einmal davon ab, inwieweit die Unternehmensleitungen aufgrund der betrieblichen Machtverhältnisse eine Neudefinition des Arbeitspensums gegenüber den betroffenen Angestellten durchsetzen können[15], zum anderen von den gegebenen sachlichen und technisch-organisatorischen Bedingungen der zeitlichen Arbeitsplanung.

Die in den untersuchten Unternehmen getroffenen Maßnahmen der Technisierung und Organisierung scheinen in der Tat auf eine Verdichtung der Arbeit angelegt zu sein. Routinehafte Nebenaufgaben, die bislang eine gewisse zeitliche Auflockerung der Arbeit erlaubten, werden entweder automatisiert oder von qualifizierten Aufgaben getrennt und zu neuen Routinearbeitsplätze zusammengefaßt. Die Tätigkeiten werden dadurch präziser gefaßt und leichter kontrollierbar. Die Arbeitsabläufe werden gestrafft, "überflüssige Leerzeiten" abgebaut und in "Nutzzeiten" umgewandelt.

Für die Disponenten im Unternehmen A ist die Aufwertung ihrer Tätigkeiten durch den Wegfall von Routinearbeit zugleich mit einer höheren Arbeitsbelastung verbunden, da die Zahl der pro Arbeitstag zu disponierenden Fälle beträchtlich gesteigert wurde. Nach der Umstellung auf das On-line-Verfahren arbeiten nur noch 4 von vorher 8 Disponenten in der Abteilung. Dies entspricht dem Interesse des Unternehmens an einer möglichst intensiven Nutzung qualifizierter Arbeitskraft: "Durch den Bildschirm ist die manuelle Arbeit auf ein Minimum reduziert worden. Der tägliche Arbeitsaufwand für die Bearbeitung der Kundenaufträge ist z.B. um 3o % gesunken. Der Disponent ist jetzt mehr für seine eigentlichen Hauptaufgaben eingesetzt: die Bestands- und Bestellüberwachung. Dafür wird er schließlich auch bezahlt."

(ADiAL)

Der befragte Sachbearbeiter hält seine Arbeit nun für qualifizierter, aber auch für anstrengender: "Man muß den ganzen Tag in den Kasten (gemeint ist der Bildschirm, R.K.) glotzen." (ADiSB)

Mit Hilfe maschinell erstellter Statistiken über das Arbeitsvolumen pro Tätigkeit und Zeitraum (z.B. I/1o), verbunden mit einer verbesserten Einschätzung des Zeitbedarfs pro Arbeitsaufgabe aufgrund einer erhöhten Transparenz der Sachbearbeitertätigkeit (VIII/9), können die Unternehmensleitungen heute den Auslastungsgrad der Angestellten leichter beurteilen.

Gleichwohl bleibt die Planbarkeit des Arbeitspensums bei kaufmännischen Tätigkeiten begrenzt, da immer wieder nicht planbare Schwankungen im Arbeitsanfall auftreten, ausgelöst durch zufällige Absatzschwankungen oder Störungen in den Verwaltungsprozesse. Zudem kann insbesondere bei qualifizierteren Sachbearbeitertätigkeiten der Arbeitszeitaufwand für einzelne Geschäftsvorfälle meist nicht exakt im voraus geplant werden[16]. Diese Probleme der Arbeitsplanung dürften ein wesentlicher Grund dafür sein, daß die Angestellten in den untersuchten Fällen über einen mehr oder minder begrenzten zeitlichen Tätigkeitsspielraum verfügen[17].

Die den Angestellten verbleibenden zeitlichen Freiheitsgrade des Arbeitshandelns haben freilich weniger den Charakter einer Chance, die individuelle Arbeitsverausgabung selbst zu bestimmen; sie sind vielmehr Ausdruck der Anforderung an die Beschäftigten, die Unwägbarkeiten des Arbeitsanfalls durch eine zeitliche Disposition der eigenen Arbeitskraft, insbesondere eine freiwillige Steigerung der Arbeitsintensität auszugleichen (z.B. V/8, VII/6, VIII/6) und die Arbeitszeit nach "wertanalytischen" Gesichtspunkten (siehe S. 187) auf die einzelnen Arbeitsaufgaben und Geschäftsvorfälle zu verteilen (I/7, II/4f).

Die zeitlichen Tätigkeitsspielräume kaufmännischer Angestellter scheinen durch technisch-organisatorische Rationalisierungsmaßnahmen folgenden Veränderungstendenzen zu unterliegen:

- Die bei traditionell organisierten Arbeitsplätzen gegebenen Möglichkeiten, das Arbeitspensum in gewissem Umfang selbst zu bestimmen, fällt aufgrund einer strafferen Neugliederung der auf das EDV-System bezogenen Arbeitsabläufe und effektiveren Kontrollmöglichkeiten der Arbeitsleistung weitgehend weg.

- Die Terminstruktur der Tätigkeiten wird durch die Anwendung von EDV-Systemen erheblich beeinflußt. Im Off-line-Betrieb gehen Terminanforderungen insbesondere von dem Ziel einer kosten-ökonomischen Nutzung der zentralen EDV-Anlage aus. In stark integrierten Real-time-Systemen kommt es eher auf einen kontinuierlichen Datenfluß an. An die Stelle des punktuellen Termindrucks tritt für den Angestellten eher der Druck des gleichmäßigen Arbeitens.
- Die Zeitorganisation kaufmännischer Tätigkeiten wird unabhängig vom eingesetzten technischen Verfahren maßgeblich von den Inhalten und Zielen der jeweiligen fachlichen Arbeitsprozesse bestimmt, deren sachliche Bedingungen zugleich gewisse Grenzen der zeitlichen Arbeitsplanung bestimmen. Aufgrund der verbliebenen zeitlichen Unwägbarkeiten der kaufmännischen Arbeitsprozesse dürften den Angestellten auch zukünftig noch zeitliche Tätigkeitsspielräume überlassen bleiben.

5.3.2. Technisierung und sachlich-arbeitsmethodischer Arbeitsspielraum

Aspekte sachlicher Arbeitsgestaltung sind Freiheitsgrade in der Bestimmung der Arbeitsaufgaben, Arbeitsmittel und Arbeitsmethoden.

In den kaufmännischen Fachabteilungen als organisatorischen Einheiten zur Erfüllung von Daueraufgaben, die sich aus den Funktionen der Verwaltung im Rahmen der Industrieunternehmung ergeben, sind die Arbeitsaufgaben üblicherweise durch arbeitsorganisatorische Regelungen fest bestimmten Tätigkeiten zugeschrieben. Die Arbeitsverteilung steht in den von der EDV betroffenen Abteilungen auch für die unmittelbaren Vorgesetzten nur in Ausnahmefällen zur Disposition. Jeder Angestellte hat ein genau umrissenes Aufgabengebiet, das organisatorisch fest in den Gesamtzusammenhang der übrigen menschlichen und maschinellen Teilarbeiten eingeplant ist. Treten Störungen, Termingefährdungen oder Personalausfälle auf, kann es zu einer generell geregelten, vom Vorgesetzten gesteuerten oder auch von den Angestellten selbst im Wege kollegialer Aushilfe vorgenommenen vorübergehenden

Umverteilung von Arbeitsaufgaben kommen. Festgeschriebene Verantwortungsbereiche und eine spezialisierte Arbeitsteilung setzen dem jedoch enge Grenzen. Sonderauswertungen oder Sonderaktionen, die außerhalb der normalen Arbeit in den Fachabteilungen als zusätzliche Aufgaben anfallen, werden in den Abteilungen in aller Regel vom Abteilungsleiter angewiesen und zugeteilt.

An der Tatsache, daß die Bestimmung der Arbeitsaufgaben und die Arbeitsverteilung schon immer der Disposition derjenigen entzogen war, die mit der Durchführung der Aufgaben befaßt sind (vgl. auch BAHRDT 1958, S.26f), hat sich demnach durch die Anwendung moderner Datenverarbeitungstechnologie nur insoweit etwas geändert, als der Ablauf komplexer, interdependenter Datenverarbeitungsprozesse nicht mehr durch fallweise Eingriffe der Vorgesetzten allein gesichert werden kann, sondern genereller organisatorischer Regelungen bedarf.

War auch in der traditionellen Fachabteilung die Aufgabenverteilung vorgeschrieben, so blieb doch der Rationalisierungsgrad der Arbeitsmethoden mehr oder weniger so gering, daß man von einem "stark individuell geprägten Arbeitsstil" (LUTZ 197o, S.13) sprechen konnte. Unstandardisierte Informationen wurden nach einem individuellen System verarbeitet;"offizielle" Informationsspeicher (z.B. Karteien) durch "private" Nebenaufzeichnungen ergänzt. Improvisationen durch die Sachbearbeiter oder Vorgesetzten waren üblich. Dies gilt allerdings weniger für die Buchhaltung, wo aus Gründen der richtigen Unternehmensbesteuerung und des Gläubigerschutzes bereits seit Mitte des letzten Jahrhunderts allgemeinverbindliche, gesetzliche Vorschriften über Form und Inhalt der Verbuchung bestehen (WOLLER 1965, S.26o8f; ISCHEBECK 1973, S.11). Das logisch geschlossene Regelsystem der doppelten Buchhaltung läßt den Angestellten keinen arbeitsmethodischen Handlungsspielraum (vgl. VIII/5).

Standardisierte Datenträger (Karteien, Formulare) waren die wichtigsten Mittel der Unternehmensleitungen, um rationelle Arbeitsmethoden durchzusetzen.[18]

Eine wesentliche Steigerung des Organisierungsgrades bringt schließlich die Einführung der EDV. Zur Sicherung der Funktionsfähigkeit computer-gestützter Arbeitsabläufe müssen sich die Angestellten streng an die vorgegebenen Richtlinien halten, in denen die Arbeitsmethoden detailliert festgelegt sind. Die traditionellen Improvisationschancen verringern sich dadurch drastisch.

"Früher hat jede Stelle ein wenig improvisiert; alles war auf die persönlichen Belange zugeschnitten. Das wurde durch die EDV radikal geändert. Da muß sich der einzelne streng an das EDV-Programm halten, sonst läuft das EDV-System nicht. Das läuft jetzt alles zwangsgesteuert ab." (CEAL)

Konnte im manuellen System der Sachbearbeiter die Methode seiner Datenverarbeitung, bei entsprechender Absprache mit den hiervon betroffenen Stellen, in gewissem Umfang selbst bestimmen, so ist ihm heute durch die EDV-Programme das Verfahren der Datenerfassung, Datendokumentation und Datenweitergabe exakt vorgeschrieben (IX/5,7).

"Durch die EDV entsteht ein Zwang hinsichtlich des Informationsflusses. Die Anlage arbeitet erst, wenn alle Daten komplett da sind. Die Datenaufbereitung kann nicht mehr der Initiative der Fachabteilung überlassen bleiben." (DO)

Mit steigendem Integrationsgrad der Datenverarbeitung nehmen die sachlich-arbeitsmethodischen Tätigkeitsspielräume weiter ab.

"Das hängt doch alles an einem Faden. Da kann man doch nichts mehr jonglieren." (BBGL)

Entsprechend steigt die von der Unternehmensleitung erwünschte "Verfahrensdisziplin". Besonders deutlich wird dies im On-line-Verfahren, wo der Angestellte durch den Bildschirm direkt "gelenkt" wird.

"Die Bildschirmverarbeitung bringt eine große Disziplin. Die Eingabe wird so gesteuert, daß nur noch Daten vom System angenommen werden, die auch vorher geprüft werden. Fehler werden sofort festgestellt.Der Bildschirm läßt überhaupt keine andere Möglichkeit mehr zu. Er führt den Bearbeiter. Z.B. der Verkaufssachbearbeiter! Er kann keinen Preis mehr von sich aus vergeben. Wenn ein Preis nicht im System gespeichert ist, dann kann der Sachbearbeiter ihn auch nicht eingeben." (AO) (vgl.auch VI/8f)

Durch das Bildschirmprogramm kann auch festgelegt werden, welche Geschäftsvorfälle der Sachbearbeiter in welcher Priorität zu bearbeiten hat.

Welche Artikel zu disponieren sind, wird dem Disponenten im Unternehmen A auf dem Bildschirm angezeigt. Erst wenn er die in einem Kontrollauf durch das EDV-System ermittelten besonders dringlichen Fälle durchgearbeitet hat, kann er sich anderen laufenden Arbeiten zuwenden.

Damit wird deutlich, daß das EDV-System nicht nur Arbeitsmittel zur Bearbeitung von Geschäftsvorfällen ist, sondern zugleich Kontrollmittel der Unternehmensleitung.

"Durch die EDV wird alles in feste Bahnen gelenkt. Dadurch hat die Unternehmensleitung alles besser im Griff." (DO)

Arbeitsaufgaben, die direkt auf die maschinelle Verarbeitung bezogen sind, (insbesondere Datenerfassungsaufgaben), weisen sachliche Freiheitsgrade des Arbeitshandelns nur bei der Fehlersuche auf; aber auch hierbei ist das Arbeitsergebnis durch die Programmierung genau vorgeschrieben (IX/5).

Von der strikten EDV-Organisation weniger geprägt sind Arbeitsaufgaben, die sich unmittelbar auf den Umgang mit Kunden und Lieferanten richten. Hier sind vor allem flexible und schnelle Reaktionen auf variierende Aufgabenstellungen, z.B. bei Kundenanfragen und Kundenreklamationen (V/4) oder bei "Störungen" in den Beschaffungsvorgängen (I/7) von Bedeutung, die sich in gewissem Umfang einer organisatorischen Schematisierung entziehen.

Soweit das Arbeitshandeln nicht durch EDV-Programme oder Arbeitsanweisungen exakt festgelegt ist, sind es allerdings vielfach Routinisierungsprozesse, die die Bearbeitung der Geschäftsvorfälle determinieren. Befragte Angestellte waren oft nicht in der Lage anzugeben, ob die von ihnen befolgten Arbeitsregeln durch schriftliche oder mündliche Anweisungen festgelegt sind oder einfach nur der Routine entstammen.

5.3.3. Technisierung und ökonomische Entscheidungsprozesse

Die empirische Frage nach ökonomischen Entscheidungen als Bestandteil der Tätigkeiten kaufmännischer Angestellter setzt zunächst voraus zu klären, was unter ökonomischen Entscheidungen zu verstehen ist.

In der entscheidungstheoretischen Literatur werden Entscheidungen nicht unter inhaltlichen, sondern ausschließlich unter formalen Gesichtspunkten als Entscheidungsprozesse analysiert. So beschreiben GROCHLA u.a. (1971, S.16f) Entscheidungsvorgänge als mehrphasige Informationsverarbeitungsprozesse, bestehend aus den Abschnitten Informationsbeschaffung, Informationsumwandlung, Informationsauswertung als Entscheidungsvorbereitung und schließlich der Entscheidung als der eigentlichen Wahlhandlung selbst:

> "Die Phase der Informationsbeschaffung beinhaltet einerseits das Erkennen der internen und/oder externen Quellen für die jeweils benötigten Informationen ... Daneben enthält die Informationsbeschaffung auch die prozessuale Abwicklung zur Heranführung der Daten an die Verarbeitung ... Im Rahmen der Informationsumwandlung wird ... die Fülle der Information so transformiert und miteinander verknüpft, wie es der definierte Informationsbedarf nachgeschalteter Entscheidungsaufgaben bedingt. In der nächsten Phase erfolgt dann die Auswertung im Interesse der Entscheidungsvorbereitung. In dieser Phase wird eine Fülle anderer Instrumente eingesetzt. Beispielhaft seien hier Lösungsmöglichkeiten im Rahmen des Operations-Research erwähnt ... die Entscheidung für einen bestimmten Plan, d.h. für eine der ermittelten Alternativen, kann ebenfalls als Informationsverarbeitungsprozeß aufgefaßt werden, denn die Auswahl erfolgt im Rahmen von Vergleichs- und Bewertungsprozessen."

Zur formalen Differenzierung von Entscheidungsprozessen wird üblicherweise der Grad der Determiniertheit der Entscheidungssituation herangezogen. So unterscheidet SIMON programmierte und unprogrammierte Entscheidungen. Er weist allerdings darauf hin, daß die von ihm unterschiedenen Entscheidungstypen "... are not really distinct types, but a whole continuum, with highly programmed decisions at one end of that continuum and highly unprogrammed decisions at the other end". Zu den Charakteristika der von ihm gewählten Entscheidungstypen führt er aus:

> "Decisions are programmed to the extent that they are repetitive and routine, to the extent that a definite procedure has been worked out for handling them so they don't have to be treated <u>de novo</u> each time they occur" .... "Decisions are non-programmed to the extent that they are novel, unstructured, and consequential."
> (SIMON 196o, 5f)

Diesen Gedanken greift KIRSCH (1971, S.141ff) auf, wenn er zwischen wohl-definierten und schlecht-definierten Entscheidungssituationen unterscheidet und im Anschluß an GORE routinemäßige, adaptive und innovative Entscheidungen als drei Punkte auf einem ganzen Kontinuum herausgreift. Er charakterisiert die drei Entscheidungstypen wie folgt: Routineentscheidungen sind dadurch gekennzeichnet, daß das Entscheidungsproblem beim Individuum eine

Definition der Situation hervorruft, die das Individuum bereits in ähnlichen Situationen erarbeitet hat. Es erfolgt eine routinemäßige Reaktion auf die Stimuli, ohne daß ein umfangreicher Prozeß der Informationsverarbeitung und Entscheidungsfindung abläuft. Das Individuum kann also auf ein fertiges Handlungsprogramm zurückgreifen.

Auch bei adaptiven Entscheidungen steht dem Individuum eine fertige Definition der Situation zur Verfügung. Im Unterschied zur Routineentscheidung umfaßt sie jedoch mehrere Reaktionen, die sich daraus ergeben, daß eine Reihe von Merkmalen der konkreten Situation vorab noch nicht feststehen. Das Individuum verfügt jedoch über einen Algorithmus, der jeweils festlegt, welche Alternative zu realisieren ist; auch hier ist der Entscheidungsprozeß bis ins Detail programmiert.

Charakteristisch für innovative Entscheidungen ist, daß der den Entscheidungsprozeß auslösende Stimulus keine wohl-definierte Situation hervorruft. Dies liegt daran, daß dem Individuum ein spezifisches Problemlösungsprogramm fehlt, oder die Definition der Situation vage und unvollständig ist. Das Individuum ist gezwungen, eine Definition der Situation zu erarbeiten.

Zielen die in der neueren Entscheidungstheorie entwickelten formalen Bestimmungen von Entscheidungssituationen auf eine Analyse beliebiger Entscheidungsprobleme ab, so wurde in der älteren betriebswirtschaftlichen Entscheidungslehre verschiedentlich der Versuch unternommen, die besonderen Bestimmungsfaktoren ökonomischer Entscheidungen herauszuarbeiten. Wirtschaftliche Entscheidungen werden insbesondere durch vier Merkmale gekennzeichnet:

a) Durch ihren "alternativistischen Charakter". Es muß die Wahl zwischen alternativen Möglichkeiten vorliegen, sowohl was die Entscheidung über wirtschaftliche Ziele als auch die Entscheidung über die zur Zielerreichung notwendigen Mittel betrifft.
b) Durch einen zumindest rudimentär vorhandenen Ermessensspielraum, der verschiedene Freiheitsgrade aufweisen kann.
c) Durch ihren "Risikocharakter". Wirtschaftliche Entscheidungen richten sich auf Wirkungszusammenhänge, welche kaum völlig

objektivierbar und damit erfaßbar und planbar sind. Die Entscheidungsfelder umfassen häufig eine Vielzahl von Faktoren, deren Bedeutung und Wirkung im Hinblick auf die verfolgten Ziele nur vermutet oder erraten werden können. Jede wirtschaftliche Entscheidung ist mit dem Risiko des Scheiterns behaftet. Gerade Unsicherheit und Risiko als Folge unvollkommener Informationen über wirtschaftliche Zusammenhänge werden deshalb als konstitutive Elemente wirtschaftlicher Entscheidungen angesehen.

d) Durch ihren "bewußtseinsgesteuerten Charakter". Der Entscheidungsträger soll sich in einem Prozeß des Bewußtwerdens Klarheit über möglichst alle relevanten Faktoren der jeweiligen Entscheidungssituation verschaffen und die Entscheidung nicht auf traditionaler, emotionaler oder intuitiver Basis fällen.

(MÜLLER 1973, S.45f)

Diese Merkmale ökonomischer Entscheidungen beschreiben zwar deren formale Eigenschaften, es fehlt jedoch der Hinweis auf den eigentlichen Gegenstand ökonomischer Entscheidungen: den Verwertungsprozeß des Unternehmenskapitals. Ökonomische Entscheidungen können grundsätzlich an jedem Punkt des gesamten Reproduktionsprozesses des Kapitals ansetzen; ökonomische Entscheidungen in der kaufmännischen Verwaltung richten sich auf die Zirkulationssphäre des Unternehmenskapitals. Im folgenden soll von ökonomischen Entscheidungen nur dann gesprochen werden, wenn Entscheidungen,die Transformationsprozesse des Unternehmenskapitals berühren, auf einer nicht vollständig definierbaren Entscheidungssituation basieren, d.h. keine vollkommenen Informationen, keine vollständige Voraussicht über die Wirkungen der Entscheidungen vorliegen und das hieraus entstehende Entscheiungsrisiko letztlich in der Ungewißheit über die durch die Entscheidung ausgelöste potentiellen Minder- oder Höherverwertung von Kapital durch eingegangene Kostenrisiken oder Erlöschancen besteht.

Die auf der Fachabteilungsebene anzutreffenden ökonomischen Entscheidungsaufgaben[19] sind der Tendenz nach gekennzeichnet durch:

- ein relativ geringes wertmäßiges Entscheidungsrisiko. Die durch eventuelle Fehlentscheidungen der Sachbearbeiter entstehenden Mehrkosten oder Mindererlöse versuchen die Unternehmen durch eine wertmäßige Begrenzung der Entscheidungskompetenzen (z.B. Entscheidungsbefugnis der Einkäufer im Unternehmen B bis 4oo DM Bestellwert) möglichst gering zu halten. Die Kompetenzen für weitergehende Entscheidungen sind abgestuft einzelnen Ebenen der Managementhierarchie zugeteilt. Der Aufgabenbereich und der Kompetenzbereich ist damit auf der Sachbearbeiterebene typischerweise nicht deckungsgleich (III/7, VI/8) ;

- eine Beschränkung auf die unmittelbar im Rahmen der Tätigkeit gesteuerten Funktionsprozesse. Soweit interfunktionale Dependenzen bestehen, d.h. die Entscheidung Auswirkungen auf andere Funktionsbereiche hat, werden, um eindeutige Verantwortungsbereiche sicherzustellen, die Entscheidungskompetenzen einer Stelle mit der Auflage zugewiesen, sich mit den übrigen Stellen abzustimmen (III/6, IV/7);
- ein von den Rahmenentscheidungen der Abteilungs- und Unternehmensleitung bestimmtes Entscheidungsfeld. Sachbearbeiterentscheidungen richten sich auf die routinehafte Detailsteuerung des Einkaufs, der Lager- und Verkaufsvorgänge. Sie bewegen sich dabei innerhalb des durch die langfristige Planung, z.B. langfristiger Produktionsplan, Rahmenlieferverträge, der Leitungsstellen gesetzten Datenkranzes (III/2, 5; IV/4f);
- eine eindeutige Aufgabenstellung. Die Zielsetzung der Entscheidungsaufgaben ist durch Grundsatzentscheidungen des Managements eindeutig vorgegeben. Die Entscheidungsaufgabe der Sachbearbeiter besteht darin, die anstehenden Entscheidungsfälle entsprechend der vorgegebenen Instruktionen unter Beachtung der jeweiligen Entscheidungsbedingungen abzuwickeln;
- einen periodischen Vollzug bzw. hohen Repetitivitätsgrad. Die wiederholt auftretenden Entscheidungsfälle zeichnen sich jedoch dadurch aus, daß die entscheidungsrelevanten Datenkonstellationen, wenngleich teilweise nur in Nuancen, unterschiedlich sind;
- eher kurzfristige Prozesse der Entscheidungsvorbereitung. Entsprechend dem Komplexitätsgrad der anstehenden Entscheidung gibt es hier jedoch gewisse Unterschiede (I/6f).

Aufgrund dieser Merkmale sind die Sachbearbeiterentscheidungen der Kategorie routinehafter ökonomischer Entscheidungen zuzurechnen. Trotz ihres Routinecharakters sind diese Entscheidungen streng formal gesehen nicht als "programmierte Entscheidungen" zu bezeichnen, da eines ihrer wesentlichen Kennzeichen gerade darin besteht, auf keiner vollständig definierten Entscheidungsbasis zu beruhen. Entweder sind die vorgegebenen Entscheidungsregeln nicht für alle Entscheidungsfälle ausreichend oder aber die Entscheidungsinformationen müssen einer qualitativen Interpretation unterzogen werden (II/3, IV/7).

Den traditionellen Entscheidungsverfahren wird in der betriebswirtschaftlichen Fachliteratur im allgemeinen ein nur geringer Rationalitätsgrad bescheinigt, der zu suboptimalen Entscheidungen führe. Die Entscheidungsregeln seien meist nicht formalisiert und hätten sich aus der Erfahrung heraus gebildet. Es könne beobachtet werden, daß zwei verschiedene Disponenten den gleichen Fall unterschiedlich entscheiden, da jeder von ihnen der Entscheidung andere qualitative Interpretationen der Entscheidungsbedingungen zugrunde lege (LINDEMANN 1968, S.181; DWORATSCHEK 1971, S.69). In der (Teil-)Automation von Entscheidungen wird ein effizientes Mittel gesehen, der verbreiteten Suboptimalität ökonomischer Entscheidungen aufgrund menschlicher und organisatorischer Unzulänglichkeiten zu begegnen. Durch die Verlagerung der eigentlichen Entscheidung in die Entwicklung von Entscheidungsregeln werde die Entscheidung objektiviert und überprüfbar an gesamtunternehmerischen Zielsetzungen ausgerichtet. Ferner könne man den Entscheidungsprozeß nach dem Prinzip des "management by exception" gestalten[2o]. Schließlich werde der Betrieb darüber hinaus unabhängiger vom Personal, da die Wissensakkumulation sich in verbesserten EDV-Programmen niederschlage (DWORATSCHEK 1971, S.89).

Der Automatisierung ökonomischer Entscheidungen scheinen, zumindest beim gegenwärtigen Stand der Programmforschung und Softwareentwicklung, aufgrund der Komplexität und Kontingenz der durch die Industrieverwaltung zu steuernden ökonomischen Prozesse jedoch enge Grenzen gesetzt zu sein.

Auf den Zusammenhang zwischen der Verbesserung der Software und der Vereinfachung und Standardisierung von Entscheidungsvorgängen wird auch von einem befragten Abteilungsleiter hingewiesen: Es werde zwar ständig daran gearbeitet, die Tätigkeiten zu vereinfachen, um vom Fachpersonal unabhängiger zu werden, um Personal leichter austauschen zu können. Auf der Softwareseite würden dem jedoch erhebliche Schwierigkeiten entgegenstehen. Die Verkaufsdisposition gehöre zu den schwierigsten Gebieten der Programmentwicklung im Industrieunternehmen, die auch die EDV-Hersteller noch nicht im Griff hätten. Er habe sich zwar einmal in einem großen Handelsbetrieb angesehen, wie dieser die Disposition mit weiblichen Hilfskräften bewältigt, eine solche Lösung komme jedoch hier beim gegebenen Stand der Programmentwicklung nicht in Betracht, da in einem Industrieunternehmen die optimale Disposition von einer Vielzahl von Faktoren abhänge, deren Beziehung nur schwerlich zu standardisieren sei und der Disponent daher über eine bestimmte fachliche Qualifikation und Erfahrung verfügen müsse. (ADiAL)

In den untersuchten Fachabteilungen wurden mit Hilfe der EDV eine Reihe von Abläufen automatisiert, in denen bisher den Sachbearbeitern gewisse Wahlfreiheiten überlassen waren. Die dabei aufgetretenen Handlungsalternativen können allerdings nicht als ökonomische Entscheidungen im engeren Sinne angesehen werden, sondern sind eher Ausdruck lückenhafter organisatorischer Regelung.

Ein typisches Beispiel ist der Mahnvorgang in der Debitorenbuchhaltung der Unternehmen. Im Gegensatz zur manuellen Bearbeitung, wo die "Entscheidung" des Sachbearbeiters eine Mahnung auslöste, wird nach der Umstellung die Mahnung dem Kunden automatisch nach Ablauf der Zahlungsfrist zugeschickt. Der Sachbearbeiter kann die Mahnung nicht mehr nach eigenem Gutdünken oder auf die Bitte eines Verkäufers hin, der den Kunden nicht verärgern will, zurückhalten. Die Liste der nicht verschickten Mahnungen muß heute mit Begründung dem Vorgesetzten vorgelegt werden.

In einer Reihe (bisher) nicht automatisierter Entscheidungsfälle, wie beispielsweise die Entscheidung über die Anerkennung von Minderzahlungen der Kunden in der Debitorenbuchhaltung oder der Ausstellung von Gutschriften bei Mängelrügen im Verkauf, liegen jeweils detaillierte, schriftlich fixierte Instruktionen vor, die die Reaktionen der Angestellten in den meisten der auftretenden Fälle präzise festlegen. Darüber hinaus wird dem Sachbearbeiter jedoch unter dem Stichwort "Kulanz" ein gewisser "Ermessensspielraum" eingeräumt, der auf den "individuellen Umgang" mit den Kunden bezogen ist. Da die Sachbearbeiter die Kulanzfälle jedoch überwiegend routinemäßig nach feststehenden Erfahrungsregeln bearbeiten, kann man auch hier nicht von ökonomischen Entscheidungen sprechen. Ein gewisser Ermessensspielraum wird von den Ressortleitern als Voraussetzung für ein flexibles Reagieren auf alternative Situationen angesehen. Eine Automatisierung oder ein starr geregeltes Entscheidungsverfahren könne, so wird argumentiert, zur Verärgerung oder gar zu Verlust des Kunden führen:

"Es muß geprüft werden, wo der Computer kaufmännisch gesehen schief liegt. Es gibt kein perfektes Programm; dieses muß wirtschaftlich sein." (BO)

Allerdings gibt es beispielsweise im Unternehmen B Überlegungen,in der Debitorenbuchhaltung im Zuge der Einführung von Bildschirmen und der Verbesserung der Software bestimmte Standardfälle von Minderzahlungen, wie z.B. ein falscher Skontoabzug des Kunden, maschinell zu bearbeiten und im übrigen im Interesse der Senkung des Verwaltungsaufwands Minderzahlungen der Kunden bis zu einem bestimmten Betrag automatisch auszubuchen. Dies würde bedeuten, daß die Debitorensachbearbeiter Entscheidungen nur noch in Ausnahmefällen und, sofern ihnen hierzu die entsprechenden Kompetenzen eingeräumt werden, bei höherwertigen Fällen zu treffen hätten.

Bei komplexeren Entscheidungsproblemen hat sich in den untersuchten Fällen die eigentliche Entscheidungsaufgabe durch die Einführung der EDV in ihrem Kern kaum, der Prozeß der Entscheidungsvorbereitung dagegen erheblich verändert. Nach wie vor sind die Sachbearbeiter im Rahmen ihrer Kompetenzen die für den Entscheidungsbereich verantwortlichen Entscheidungsträger. Im Unterschied zum traditionellen Entscheidungsverfahren ist jedoch die Entscheidungsvorbereitung ganz oder zumindest teilweise automatisiert. In den fortgeschrittenen Fällen erhält der Entscheidende einen maschinell erarbeiteten Entscheidungsvorschlag, den er vor dem Hintergrund seines Erfahrungswissens und aktualisierter Informationen noch zu überprüfen und eventuell zu verbessern hat. Beispielsweise hatte der Materialdisponent im Unternehmen B vor Einführung der EDV seine Entscheidungen über wirtschaftliche Bestellmengen an Rohmaterial und Packmitteln auf der Grundlage von ihm selbst aus den Daten der Produktionsplanung und Lagerbestandsentwicklung gewonnenen Entscheidungsinformationen zu fällen. Nach Einführung eines computer-gestützten Materialdispositionssystems wird ihm auf einer EDV-Liste ein mit Hilfe einer Bestellmengenformel maschinell errechneter Planbedarf als Entscheidungsvorschlag unterbreitet. Ferner sind auf der Liste sämtliche in den Vorschlag eingegangenen Daten ausgedruckt. Die Aufgabe des Disponenten besteht nun darin, die dem maschinellen Entscheidungsvorschlag zugrunde liegenden Plandaten auf

Plausibilität und Aktualität zu überprüfen und daraufhin die endgültige Entscheidung eventuell hinsichtlich Liefermenge und Liefertermin entsprechend abzuändern (III/3, 5f).

Die Einkäufer des Unternehmens C haben auch nach der Einführung der EDV im Rahmen ihrer Kompetenz eigenverantwortlich die Bestellentscheidungen zu treffen. Mit der Entscheidungskompetenz verbunden ist die Handlungsvollmacht gegenüber den Lieferanten. Ein großer Teil der Entscheidungsinformationen wird heute maschinell aufbereitet und kann von den Einkäufern bei Bedarf über Bildschirm abgerufen werden. Die durch die EDV-Anlage verbesserten Speicher- und Auswertungsmöglichkeiten von Daten haben dazu geführt, daß den Einkäufern mehr und gleichzeitig besser aufbereitete Entscheidungsinformationen zur Verfügung stehen, was nach Ansicht der Einkaufsleitung die Güte der Entscheidungen verbessert hat. (I/3)

In den Unternehmen wird bei komplexeren Entscheidungen weniger eine Vollautomation als vielmehr eine weiter verbesserte Entscheidungsvorbereitung durch qualitativ bessere und aktuellere Entscheidungsinformationen angestrebt. Gerade das Zusammenwirken bzw. die gegenseitige Ergänzung von Sachbearbeitern und EDV-Anlage hilft nach Ansicht befragter Experten, die Güte der getroffenen Entscheidungen erheblich zu steigern, da zum einen durch die EDV mehr, bessere und aktuellere Informationen in die Entscheidung eingehen und zum andern die Informationen zugleich einer fachlichen Prüfung durch den Sachbearbeiter unterzogen werden können. Der Mensch bringe die notwendige Flexibilität in die Entscheidungsprozesse:

"Der Mensch muß das, was die Maschine ausdruckt, noch einmal durchprüfen, die Entscheidungsinformationen bewerten und das ganze der aktuellen Entwicklung anpassen. Wir bekommen beispielsweise monatlich die Lieferpläne der größten deutschen Firmen. Diese sind mit der EDV ausgedruckt, aber von Hand geändert." (ADiAL)

"Mit einer weiterreichenden Software wäre es durchaus möglich, Routinefälle vollautomatisch zu entscheiden. Bei jeder EDV-Lösung muß man jedoch zumindest vorläufige Grenzen ziehen und genau an den Systemgrenzen braucht man den Menschen. Bei außerplanmäßigen Veränderungen in der Beschaffung, der Produktion oder dem Absatz braucht man immer einen, der diese Ausnahmen beurteilt und entsprechend Reaktionen einleitet; denn auf diese Ausnahmen reagiert der Computer immer falsch." (BDiAL)

Durch die EDV bekommen die Sachbearbeiter die Entscheidungsinformationen maschinell aufbereitet über Listen oder Bildschirme zur Verfügung gestellt, während sie diese früher mühsam aus ihren Unterlagen zusammenstellen oder telefonisch erfragen mußten (I/3, III/2). Allerdings ist an den untersuchten Arbeitsplätzen, auch bei der Nutzung der EDV-Anlage im On-line-Verfahren, das Führen individueller Nebenaufzeichnungen und das telefonische Erfragen von Entscheidungsinformationen noch immer üblich, um die durch die EDV gelieferten Informationen zu ergänzen. Von den Experten wird jedoch damit gerechnet, daß die Bedeutung derartiger Nebeninformationssysteme im Verlauf der weiteren Vervollkommnung des EDV-Systems weiter zurückgeht.

Dadurch, daß dem Sachbearbeiter die Entscheidungsinformationen maschinell aufbereitet werden, ist er freilich auch stärker an vorgegebene Informationen gebunden (IV/6). Durch die Pflicht, den maschinell erarbeiteten Dispositionshinweisen nachzugehen, wird die Tätigkeit des Disponenten gleichzeitig stärker strukturiert (III/5).

Verbesserte betriebliche Informationsbedingungen durch den Einsatz der EDV führen auch zu einer effektiveren Kontrolle des Entscheidungshandelns der Sachbearbeiter durch eine lückenlose Dokumentation der Durchführung und Konsequenzen der getroffenen Entscheidungen (siehe auch S.127f).

In der Materialdisposition des Unternehmens B bekommt der Abteilungsleiter das Resultat der Disponententätigkeit, den Materialbestand, bereits gemessen an vorgegebenen Normen, maschinell ausgedruckt und kann von den verzeichneten "Ausreißern" sofort Rückschlüsse auf Fehlentwicklungen in den Dispositionsvorgängen ziehen (III/7f, ähnlich I/9f).

In den in die empirische Erhebung einbezogenen Verwaltungen scheint den Unternehmensleitungen daran gelegen zu sein, die effektiven Entscheidungsspielräume der kaufmännischen Sachbearbeiter so weit wie möglich zu begrenzen. Entscheidungsbefugnisse werden nur in den Fällen eingeräumt, wo es aus Effizienzgründen notwendig ist. Beispielsweise wenn auf zufällige und kurzfristige Veränderungen der Markt- und Produktionsdaten schnell und flexibel reagiert werden muß, sollen finanzielle Verluste für das Unternehmen abgewendet werden (III/5f). Die eingeräumten Entscheidungsspielräume wären damit gewissermaßen ein Kompromiß zwischen den Interessen an einer Verhinderung von Gewinngefährdungen durch unsachgemäße bzw. den Ansprüchen an die vorgegebene Zweckrationalität nicht genügenden Entscheidungen durch Sachbearbeiter und notwendigen Flexibilitätspotentialen zur Absicherung gegen außerhalb der Unternehmung liegende Gewinnrisiken.

Mit dem Einsatz der EDV gelingt den Unternehmen eine Gestaltung der Entscheidungsprozesse, die eine sachlich notwendige Delegation von Entscheidungsbefugnissen auf qualifizierte Sachbearbeiter mit einer zentralen Kontrolle,der Nutzung von Fachqualifikationen und Initiativen der Angestellten im Interesse der Entscheidungsqualität und der Sicherung betrieblicher Herrschaftsinteressen besser verbindet, als dies im manuellen System möglich gewesen ist.

In den untersuchten Fällen kam es im Zusammenhang mit der Einführung oder Weiterentwicklung der EDV nicht zu wesentlichen vertikalen Verschiebungen von Entscheidungskompetenzen auf der Fachabteilungsebene, weder im Sinne einer Automatisierung noch einer Zentralisation[21].Die Sachbearbeiterentscheidungen werden jedoch durch Informationsvorgaben und detailliertere Entscheidungsregeln stärker vorstrukturiert und unterliegen zugleich einer intensiveren Kontrolle, so daß eher als im traditionellen Entscheidungsverfahren deren rationale Ausrichtung an den Unternehmenszielen gewährleistet ist.

5.4. Zusammenfassung

Auf der Ebene der Arbeitsteilung scheint es in den kaufmännischen Fachabteilungen zu einer Neustrukturierung der traditionellen Sachbearbeitertätigkeiten durch die Trennung qualifizierter kaufmännischer Fachaufgaben von geringer qualifizierten Routineaufgaben zu kommen. Den qualifizierten Sachbearbeitern mit Dispositions-, Auswertungs- und Marktvermittlungsaufgaben stehen angelernte Hilfskräfte mit vorzugsweise Datenerfassungsaufgaben gegenüber.

Von einer nur zentral einsetzbaren EDV-Technik gehen vor allem kostenökonomisch begründete Impulse für eine Polarisierung der Tätigkeitsstruktur aus. Bei der Anwendung der EDV-Technik im Real-time-Verfahren verlieren diese kosten-ökonomischen Gesichtspunkte als Bedingung der Arbeitsgestaltung an Gewicht, ohne daß sich deswegen jedoch die Polarisierungstendenz abzuschwächen scheint. Da Tendenzen der Spaltung der Qualifikationsstruktur in den kaufmännischen Fachabteilungen auch bereits in der Zeit vor dem Einsatz von EDV-Anlagen zu beobachten waren (siehe Kapitel 3.3.), kann für die Qualifikationspolarisierung letztlich nicht allein die Anwendung der EDV-Technologie verantwortlich gemacht werden. Der Tendenz einer arbeitszerlegenden Spezialisierung scheint eine umfassende Strategie des Einsatzes menschlicher Arbeitskraft zugrunde zu liegen, die darauf abzielt, die Abhängigkeit der Unternehmen von den Bedingungen des Einsatzes qualifizierter Arbeitskraft soweit wie möglich zu reduzieren. Auf einer konkreten Ebene kommt diese Strategie in Zielen der Arbeitsgestaltung wie Senkung der Personalkosten, Unabhängigkeit vom Arbeitsmarkt, leichte Austauschbarkeit von Arbeitskräften, einfache Kontrolle der Arbeitsleistung usw. zum Ausdruck. Die Entwicklung der Datenverarbeitungstechnologie wirkt auf die Entwicklung der Arbeitsteilung insoweit modifizierend ein, als sie die technisch-organisatorischen Bedingungen und Möglichkeiten verändert, diese Zielsetzungen zu realisieren.

Auf der Ebene der Kooperation zeigt sich die Tendenz, personale Koordination durch die Koordination über formale Regelsysteme abzulösen, zu denen auch die EDV-Programme zu rechnen sind, soweit sie zwischen einzelnen Teilarbeiten vermitteln. Das EDV-System erweist sich als wirksames Mittel, die kooperativen Arbeitsprozesse stärker zu formalisieren und die Hierarchie als weiterhin maßgebliche Koordinations-und Kontrollinstanz zu ergänzen und unterstützen. Der vollständigen Formalisierung der Kooperationsprozesse durch Regelsysteme sind durch die Funktion der kaufmännischen Industrieverwaltung als Vermittlungsinstanz zwischen Markt und Produktion Grenzen gesetzt. Die Bewältigung ungeplanter Situationen erfordert weiterhin personale Koordinationsleistungen, die aus Gründen der Effizienz in gewissem Umfang auch von den ausführenden Angestellten wahrgenommen werden.

Im Zusammenhang mit der Einführung von EDV-Systemen kommt es zu einem Abbau traditioneller zeitlicher und sachlich-arbeitsmethodischer Freiheitsgrade des Arbeitshandelns kaufmännischer Sachbearbeiter. Die technisch-organisatorischen Bedingungen der Anwendung von EDV-Anlagen erweisen sich als wichtige Momente der Zeitorganisation kaufmännischer Tätigkeiten. Im Off-line-Betrieb ist es insbesondere das Ziel, die zentral installierten Datenverarbeitungsanlagen kostenökonomisch zu nutzen, von dem wesentliche Terminanforderungen ausgehen, während es bei integrierten Real-time-Anwendungen eher auf einen kontinuierlichen Datenfluß ankommt, was ebenfalls zu Anforderungen an die Zeitorganisation der Arbeit in den kaufmännischen Fachabteilungen führt. Aufgrund der zeitlichen Unwägbarkeiten kaufmännischer Arbeitsprozesse, die insbesondere aus den Marktbeziehungen der Unternehmen herrühren, verbleibt vor allem den Angestellten mit Marktvermittlungsfunktionen ein gewisser zeitlicher Tätigkeitsspielraum, den diese partiell auch zur Abwehr gegenüber Leistungsanforderungen der Unternehmensleitungen nutzen können. Hierbei erweist sich das EDV-System jedoch als wirksames Kontrollmittel, mit dem verhältnismäßig einfach Statistiken erstellt werden können, die der Unternehmensleitung einen guten Überblick über die Auslastung der Angestellten vermitteln.

Ökonomische Entscheidungen sind nur an Arbeitsplätzen qualifizierter Sachbearbeiter anzutreffen, deren Arbeitsaufgabe die Detailsteuerung betrieblicher Prozesse (z.B. Einkauf, Materialdisposition) ist. Aufgrund der Komplexität und Kontingenz der durch die Industrieverwaltung zu steuernden ökonomischen Prozesse können ökonomische Entscheidungen beim bisherigen Stand der Entwicklung von Entscheidungsprogrammen zumindest nicht in wirtschaftlicher Weise vollautomatisiert werden. Ziel der Anwendung der EDV in ökonomischen Entscheidungsprozessen ist daher weniger diese zu automatisieren, als vielmehr die Aufbereitung der Entscheidungsinformationen und Entscheidungsalternativen zu verbessern sowie das Entscheidungsverfahren stärker zu strukturieren und effektiver zu kontrollieren. Es bleibt die Aufgabe fachlich qualifizierter und erfahrener Angestellter, die Unwägbarkeiten der ökonomischen Prozesse, die sich in unsicheren Entscheidungsinformationen niederschlagen, abzuschätzen und die durch das EDV-System aufbereiteten Entscheidungsvorschläge oder Entscheidungsinformationen entsprechend zu korrigieren.

6. Technischer Wandel und die Veränderung von Arbeitsaufgaben und Qualifikationsanforderungen kaufmännischer Tätigkeiten

Die Qualifikationsfolgen des technischen Wandels werden in der Literatur zur "Büroautomation" vor allem auf einer globalen Ebene hinsichtlich Veränderungstendenzen des Qualifikationsniveaus der Angestellten kontrovers diskutiert. Der These von der Höherqualifizierung der Angestellten durch die EDV steht dabei die These von einer Dequalifizierung, vor allem in Form einer Polarisierung der Qualifikationsstruktur, gegenüber. Die Höherqualifizierungsthese findet sich vor allem in älteren Arbeiten. Begründet wird diese These damit, daß durch die EDV einerseits Routinearbeit wegfallen und andererseits die qualifizierte Arbeit zunehmen werde (insbes. CRONER 1961, S.14of und 1962, S.171f; BAHRDT 1961, S.181f; zu weiteren Literaturhinweisen siehe BLUM 1971, S.473, Anm.2). Demgegenüber gehen die Vertreter der "Polarisierungsthese" davon aus, daß zwar einerseits Routinearbeit durch die EDV automatisiert wird, andererseits jedoch ein Rest an traditioneller Routinearbeit weiterhin anfällt und neue Routinearbeit hinzukommt. Die Zahl der höherqualifizierten Tätigkeiten werde begrenzt bleiben. Das "automatisierte Büro" sei dadurch gekennzeichnet, daß einer kleinen Gruppe hochqualifizierter Spezialisten die Masse von "Büroarbeitern" gegenüberstehe (LEAVITT/WHISLER 1959, S.77ff; PIRKER 1962, S.183; POLLOCK 1964, S.26of; SCHIEFER 1969, S.245f). Insbesondere die Vertreter der "Höherqualifizierungsthese" stützen sich auf eine weitgehend technologische Begründung, die von den maximalen Möglichkeiten des EDV-Einsatzes ausgeht und die konkreten Ziele und Bedingungen der Anwendung der EDV-Technik außer acht läßt.

Eine Überprüfung der Thesen zur Entwicklung des Qualifikationsniveaus müßte auf einer breiten empirischen Basis erfolgen, die das gesamte Spektrum kaufmännisch-verwaltender Tätigkeiten umfaßt. Auf der Grundlage von Fallstudien kann es lediglich um eine qualitative Abschätzung der Qualifikationsentwicklung gehen. Im folgenden soll versucht werden, Veränderungstendenzen in der Struktur der Arbeitsaufgaben durch den technischen Wandel herauszuarbeiten (Kap. 6.1.) und Konsequenzen der durch den technisch-organisatorischen Wandel veränderten Arbeitsaufgaben und Tätigkeitsbedingungen für die Anforderungen an die Qualifikation der Angestellten zu analysieren (Kap.6.2.).

6.1. Technisierung und die Struktur der Arbeitsaufgaben in der kaufmännischen Industrieverwaltung

Die Aufgabenstruktur in der kaufmännischen Verwaltung erfährt mit dem Einsatz einer EDV-Anlage Veränderungen durch:

(1) den Wegfall von Arbeitsaufgaben aufgrund der Substitution menschlicher durch maschinelle Arbeit;

(2) das Hinzukommen neuer oder Modifizierung bisheriger Arbeitsaufgaben.

Zu (1): Bei den auf EDV-Anlagen übertragenen Arbeitsaufgaben handelt es sich in den untersuchten Fällen insbesondere um Aufgaben, die es mit dem Dokumentieren, Speichern, Vergleichen und Umgruppieren von Daten zu tun haben, also beispielsweise Karteiführungsarbeiten und Terminkontrollen (I/3, III/2, IV/2, VIII/2f, IX/2).

Der Abbau noch verbreitet anzutreffender Restbestände traditioneller und prinzipiell programmierbarer Routinearbeit verläuft in den Unternehmen vor allem nach Maßgabe von Rentabilitätsüberlegungen, in die insbesondere die Entwicklung des Aufgabenvolumens und einer Reihe von Kostengrößen (Personalkosten, Maschinenkosten, Programmierkosten usw.) als maßgebende Determinanten der Wirtschaftlichkeitsschwelle der maschinellen Verarbeitung eingehen. Für die zukünftige Entwicklung des Anteils der Routinearbeit ist noch von Bedeutung, daß zwar einerseits Routinearbeit automatisiert wird, andererseits durch Standardisierungsmaßnahmen jedoch auch neue Routinearbeit entsteht, über deren Automatisierung wiederum nach den Kriterien "Programmierbarkeit" und "Wirtschaftlichkeit" entschieden wird.

Hinsichtlich der Automatisierung von Routineentscheidungen zeigt sich in den Unternehmen die Tendenz zwar Entscheidungsvorschläge maschinell zu erarbeiten, den eigentlichen Entschluß jedoch dem sachkundigen Angestellten zu überlassen, der die Entscheidungsinformationen und Entscheidungsprämissen nochmals auf ökonomischer Plausibiliät überprüft. Die menschlichen Fähigkeiten, Informationen zu bewerten und auf den Wandel komplexer Entscheidungsbedingungen in flexibler Weise zu reagieren, wird in den Unternehmen als unabdingbare Ergänzung maschineller Verarbeitung von Entscheidungsinformationen angesehen. Die EDV-Anlage dient vor allem dazu, das Informationsangebot für die Entscheidungsträger zu steigern und Entscheidungen wirksamer zu zu kontrollieren (siehe S. 149ff).

Zu (2): Mit der Anwendung der EDV kommen eine Reihe von Routinearbeitsaufgaben hinzu, die sich auf die unmittelbare Vorbereitung, Durchführung und Nachbereitung der maschinellen Abläufe beziehen. Den Hauptanteil neu hinzukommender bzw. in veränderter Form fortbestehender Routinearbeit stellt die Datenerfassung. Die maschinell zu verarbeitenden Daten müssen in einer maschinell lesbaren Form fixiert werden. In den Untersuchungsunternehmen werden hierzu folgende Methoden eingesetzt:

- Ablochen der in den Fachabteilungen erstellten Ablochbelege ;
- handschriftliches Ausfüllen eines maschinell lesbaren Klarschriftbeleges;
- beleglose Datendirekteingabe über ein Terminal[1].

Die Entwicklung der Datenerfassung in industriellen Verwaltungen führt zu einem zunehmenden Einsatz von Terminals zur Direkterfassung von Daten, während die Lochkarte an Bedeutung verliert (DIEBOLD 1969, S.822f). Anders als etwa bei Banken oder im Handel scheint die optische Beleglesung in der Industrieverwalgung gegenwärtig nur eine geringe Rolle zu spielen. Das Unternehmen A setzte einen Klarschriftleser nur als Übergangslösung zwischen der traditionellen Erfassungsmethode mit Lochkarten und der Direkteingabe über Bildschirm ein. Zwar konnte durch die optische Beleglesung ein manueller Zwischenschritt im gesamten Erfassungsvorgang eingespart werden, da anstatt der Arbeitsschritte "Ausfüllen eines Ablochbelegs" in den Fachabteilungen,"Ablochen und Prüfen" im Lochraum und "Eingabe der Lochkarten" im Rechenzentrum beim Lochkartenverfahren, beim Einsatz eines Klarschriftlesers nur noch die Arbeitsschritte "Erstellen eines maschinell lesbaren Belegs" in den Fachabteilungen und "Eingabe der Belege über den Klarschriftleser" im Rechenzentrum anfielen. Mit dem Ausfüllen des Klarschriftbelegs verband sich jedoch eine zeitaufwendige und fehleranfällige Routinearbeit (IV/2, VIII/6). Dagegen fällt in dem nun angewandten Verfahren der Direkteingabe über Bildschirm die manuelle Bearbeitung der Zwischendatenträger weg. Gleichwohl bildet auch im Unternehmen A die Datenerfassung noch den Hauptanteil der in den Fachabteilungen anfallenden Routinearbeit. Dies gilt insbesondere für alle Abteilungen, die auf den Verkehr mit anderen Unternehmen ausgerichtet sind, wie z.B. der Einkauf, der Verkauf oder die Debitorenbuchhaltung. Während mit fortschreitender Integration der innerbetrieblichen Datenverarbeitung ein manueller Datentransport oder eine manuelle Datentransformation zwischen einzelnen Betriebsabteilungen kaum noch stattfindet, müssen die von anderen Unternehmen auf Bestellformularen, Zahlungsbelegen usw. eingehenden Daten zunächst so transformiert werden, daß sie in der betrieblichen Datenverarbeitungsanlage weiterverarbeitet werden können; d.h. die Daten müssen auf sachliche Richtigkeit geprüft, ergänzt und in das EDV-System eingegeben werden.

Die mit den Erfassungsvorgängen verbundenen Routinearbeiten würden wegfallen, wenn es den Unternehmen gelänge, den zwischenbetrieblichen Datenfluß so abzustimmen, daß die auszutauschenden Daten ohne besondere Umordnung und Übertragung auf andere Datenträger direkt in das Datenverarbeitungssystem des die Daten empfangenden Unternehmens fließen könnten. Einer solchen "zwischenbetrieblichen Integration" (MERTENS 1966, S.169) als Voraussetzung einer weitgehenden Vollautomation der Routinearbeit in der kaufmännischen Verwaltung stehen bislang jedoch erhebliche Widerstände entgegen. Hierzu zählen insbesondere die Bedingungen der Konkurrenz, nicht zuletzt der Hersteller von Datenverarbeitungsanlagen selbst. Jedes Unternehmen wird versuchen, "sein" System durchzusetzen, d.h. "Rationalisierung auf Kosten anderer" (ebd., S.2), letztlich der wirtschaftlich schwächeren Unternehmen, zu betreiben. So bemüht sich das Unternehmen B darum, seine Kunden dazu zu veranlassen, Bestellungen nur auf den von ihm zur Verfügung gestellten Formularen vorzunehmen. Dies gelang bisher allerdings nur bei kleineren Betrieben ohne maschinelle Bestellschreibung[2].

Bei der Anwendung des Lochkartenverfahrens kommt es in den Fachabteilungen zu einem starken Anwachsen routinehafter Kontrollaufgaben, wodurch teilweise aus Sachbearbeitern Kontrolleure werden (JAEGGI/WIEDEMANN 1963, S.1o1, 113; SCHIEFER 1969, S.25). Die erhöhten Kontrollnotwendigkeiten im maschinellen Verfahren entstehen dadurch, daß Fehler nicht mehr wie im manuellen Verfahren einfach in den Unterlagen der jeweiligen Sachbearbeiter korrigiert werden können, sondern sich in integrierten Datenverarbeitungssystemen durch das ganze System fortpflanzen und an vielen Stellen zu falschen Ergebnissen führen können.

Die Weiterentwicklung der EDV-Technik führt nun allerdings zu einem Rückgang der Kontrollaufgaben. Maßgebend hierfür sind die Eliminierung von Fehlerquellen durch eine geringe Zahl von Verarbeitungsstellen bei der Datenerfassung und -eingabe und verbesserte maschinelle Plausibilitätskontrollen. Durch den Einsatz von Datenerfassungssystemen mit "eigener Intelligenz" wird die stereotype, mechanisch-intellektuelle Arbeit des Prüfens auf Fehler bzw. Plausibilität von der Maschine übernommen (SCHRAMM 1972). Besondere Fehlerquellen bei traditionellen Eingabeverfahren sind die Übertragung der Daten vom Originalbeleg auf einen Ablochbeleg und die Ablochung der Daten, wobei zudem meist fachlich nicht qualifizierte Angestellte eingesetzt werden, denen die notwendigen Sachkenntnisse fehlen, um die abzulochenden Daten auf ökonomische Plausibilität zu überprüfen. Mit der Einführung von Bildschirmen wird der Eingabevorgang dezentral in die Fachabteilungen verlagert. Das Eingabepersonal ist mit den Besonderheiten der Dateneingabe in der jeweiligen Abteilung vertraut oder kann in Zweifelsfällen zumindest den fachlich kompetenten Sachbearbeiter fragen.

Im Zusammenhang mit der maschinellen Datenspeicherung ergibt sich mit der sogenannten "Datenbankpflege" (Änderung der Stammdaten, Schlüsseländerungen usw.) ein neues Aufgabenfeld. In den in die empirische Erhebung einbezogenen Unternehmen werden in den Fachabteilungen jedoch lediglich die routinehaften Änderungsarbeiten durchgeführt, während die komplizierteren Fälle, die eingehende Kenntnisse des EDV-Systems voraussetzen, von besonderen Fachkräften der EDV-Abteilung bearbeitet werden.

Aufgaben, die auf den persönlichen (direkten oder telefonischen) Kontakt mit Kunden, Lieferanten usw. (z.B. Verhandeln, Beraten) ausgerichtet sind, wurden durch die bisherige informationstechnologische Entwicklung nicht wesentlich verändert. Diese Aufgaben dürften auch in Zukunft im wesentlichen unverändert bleiben, da ihrer Standardisierung Grenzen gesetzt sind[3].

Prognosen darüber, wie sich die zukünftige Struktur menschlicher Arbeitsaufgaben in der kaufmännischen Verwaltung von Industrieunternehmen entwickeln wird, sind gegenwärtig noch mit erheblichen Unsicherheiten behaftet. Zwar läßt sich der Bereich technisch-organisatorischer Möglichkeiten der Automatisierung in etwa abstecken (siehe Kap. 5.1. und 5.2.), offen ist jedoch die Entwicklung ökonomischer und sozialer Faktoren, die für den tatsächlichen Fortgang der Substitution menschlicher durch maschinelle Arbeit entscheidend sind (siehe insbesondere Kap.5.3.). Offen ist insbesondere auch, welche neuen Arbeitsaufgaben langfristig durch veränderte Anforderungen an die Funktionen kaufmännischer Verwaltung aufgrund veränderter Produktions- und Marktbedingungen hinzukommen[4].

Verschiedentlich wird versucht, den langfristigen Wandel menschlicher Arbeitsaufgaben und damit der Stellung menschlicher Arbeitskraft im Arbeitsprozeß aus dem Verhältnis der spezifischen "Qualifikationen" des Menschen einerseits und der EDV-Maschine andererseits zu bestimmen. Als besondere Vorteils des "Computers" gegenüber dem Menschen werden dessen Operationssicherheit und Fähigkeit gesehen, große Datenmengen zu speichern und verfügbar zu halten. Demgegenüber besitze der Menschen jedoch kreative Fähigkeiten, ein Gefühl für Unsicherheit, die Fähigkeit zum assoziativen Denken und zur zielkonformen Bewertung von Entscheidungsalternativen. Diejenigen Aufgaben, bei denen die Maschine die relativ größeren Vorteile aufweise, würden letztlich automatisiert; diejenigen Aufgaben, bei denen der Mensch seine Überlegenheit behalte, würden hingegen nicht automatisiert (vgl. SIMON 196o, S.37f; GROCHLA 1971, S.227).

Hierbei handelt es sich freilich um rein technologisch orientierte Prognosen, die von den maximalen Möglichkeiten des Technologieeinsatzes ausgehen. Sie erscheinen jedoch vergleichsweise realistischer als die Vorstellung vom "Total System", einem vollintegrierten Datenverarbeitungssystem, in dem sämtliche betrieblichen Informationsverarbeitungsaufgaben automatisiert sind. Nimmt man Technisierungsgrenzen zum Ausgangspunkt einer Prognose über die zukünftige Aufgabenstruktur in der kaufmännischen Industrieverwaltung, so würden in den "klassischen" kaufmännischen

Abteilungen noch folgende Arbeitsaufgaben verbleiben: auf den Markt ausgerichtete Vermittlungsfunktionen der Einkäufer und Verkäufer, bei denen die Betonung auf dem "Miteinander-Verhandeln" liegt; die Bearbeitung nicht generell regelbarer und damit nicht programmierbarer Sonderfälle, die Auswertung maschinell erstellter Abrechnungs- und Kontrollberichte und die hierauf aufbauende Detailsteuerung betrieblicher Teilprozesse (vgl. auch ZINSER 1968, S.47o).

Die tatsächliche Entwicklung von EDV-Systemen in industriellen Unternehmen ist dadurch gekennzeichnet, daß integrierte Datenverarbeitungssysteme nur jeweils für begrenzte Teilgebiete der Verwaltung aufgebaut werden, an deren Nahtstellen die Anwendung menschlicher Arbeitskraft als flexibles Steuerungselement notwendig ist und an deren Grenzen zur nicht-maschinellen Datenverarbeitung der Angestellte als ergänzender Faktor auftritt.

Auf der dispositiven Ebene der kaufmännischen Verwaltung, d.h. bei der routinehaften Steuerung der Beschaffungs-, Absatz-, Lager- und Finanzierungsprozesse, dürfte auch langfristig noch menschliche Arbeit erforderlich sein, da in den wirtschaftlichen Beziehungen, in die das Industrieunternehmen integriert ist, ständig zufällige Entwicklungen auftreten, an die die betrieblichen Planungen angepaßt werden müssen.

Dies wird am Beispiel der Beschaffungsvorgänge besonders deutlich: "Da gibt es zum Teil eine lange und internationale Kette von Lieferanten und Vorlieferanten. Wenn da irgendwo etwas schief läuft, muß jeder seine Planung über den Haufen werfen." (BDiAL)

Auf der Ebene der operativen Datenverarbeitungsaufgaben fallen insbesondere bei der Transformation von Geschäftsvorfällen auf einen maschinell bearbeitbaren Standardisierungsgrad auch beim Einsatz fortgeschrittener EDV-Technik noch Routinearbeiten in erheblichem Umfang an. Der Abbau der Routinearbeit in der kaufmännischen Verwaltung dürfte weniger eine Frage der technischen Möglichkeiten als vielmehr eine Frage der Wirtschaftlichkeit und der Möglichkeiten einer umfassenden Rationalisierung des kaufmännischen Geschäftsverkehrs sein. Da es unter der Voraussetzung steigender Personalkosten für die Unternehmen rentabel ist, Routinearbeit zunehmend auf technische Anlagen zu übertragen, könnte es mittel- und längerfristig, nach der Ausreifung entsprechender Rationalisierungsstrategien, durchaus zu einer Verringerung der Routinearbeit in der kaufmännischen Verwaltung kommen. Allerdings wäre dann auch mit einer erheblichen Freisetzung menschlicher Arbeitskraft zu rechnen (PÖHLER 1974, S.66).

6.2. Die Veränderung der Qualifikationsanforderungen der Tätigkeiten in den kaufmännischen Fachabteilungen der Industrieverwaltung

In den vorangegangenen Kapiteln wurden die Veränderungen der Struktur der Arbeitsaufgaben und des technisch-organisatorischen Rahmens menschlichen Arbeitshandelns in der Industrieverwaltung im Zusammenhang mit dem Einsatz und der Weiterentwicklung von EDV-Systemen diskutiert. Die gewandelten Arbeitsaufgaben und Tätigkeitsbedingungen sollen nun unter dem Aspekt der Veränderung von Anforderungen an das Arbeitsvermögen der Beschäftigten analysiert werden.

Es bestehen zwei Möglichkeiten, Arbeits- bzw. Qualifikationsanforderungen zu definieren: Entweder werden unter Anforderungen objektiv geforderte Leistungen bestimmter Tätigkeiten verstanden oder Anforderungen werden in Eigenschaften und Qualifikationen beschrieben, die eine Person aktivieren muß, um objektiv vorgegebene Leistungen zu erfüllen (LEMINSKY/HELFERT 197o, S.93; HACKER 1973, S.73).

Da ein eindeutiger Schluß von der Arbeitsaufgabe auf die inneren Leistungsvoraussetzungen gewöhnlich nicht möglich ist, erscheint es angebracht, Arbeitsanforderungen als objektiv geforderte Leistungen zu bestimmen. Auch bei stark strukturierten Aufgaben besteht in den beteiligten psychischen Prozessen ein "vielschichtiges Geflecht von Kompensationsmöglichkeiten", das für praktische Zwecke kaum zu erfassen ist. Wenn Arbeitsanforderungen in subjektiven Eigenschaftsbegriffen gefaßt werden, besteht demnach die Gefahr, daß jeder abhebend benennbaren Tätigkeit kurzerhand eine psychische Funktion oder ein eigenes "Vermögen" zugeordnet wird(HACKER 1973, S.74).

Arbeitsanforderungen werden hier deshalb als Vermittlungskategorien zwischen der objektiven Ebene der Verwaltungsprozesse bzw. Tätigkeiten einerseits und der subjektiven Ebene des Arbeitsvermögens bzw. der Qualifikation andererseits definiert (vgl. BOEHM u.a. 1974, S.35). Als arbeitsplatzgebundene Kategorie beschreiben sie Ansprüche an das subjektive Handlungspotential der Arbeitsplatzinhaber.

Eine klare begriffliche Trennung zwischen der objektiven Ebene der Arbeitsanforderungen und der subjektiven Ebene der Qualifikation wurde in bisherigen Untersuchungen vielfach versäumt. Eine solche Abgrenzung ist im Interesse der analytischen Klarheit des Untersuchungsansatzes jedoch notwendig, da technisch-organisatorische Rationalisierungsmaßnahmen zunächst nicht Qualifikationen verändern, sondern lediglich veränderte Anforderungen an die Qualifikationen der Beschäftigten stellen. Zwischen dem technisch-organisatorischen Wandel und der Veränderung subjektiver Qualifikationen besteht lediglich insofern eine vermittelte Beziehung, als Veränderungen in der Arbeitsorganisation wesentlich sein können für die Chancen der Beschäftigten, ihre beruflichen Qualifikationen im Prozeß des Arbeitshandelns zu erhalten und auszubauen (FRICKE 1975, S.34f; FRICKE/FRICKE 1976, S.39f).

Für empirische Zwecke kommt es darauf an, Arbeitsanforderungen in operationalisierbaren Kategorien zu differenzieren. Für den Bereich kaufmännischer Angestelltentätigkeiten gibt es hierzu keine soziologischen Vorarbeiten. Bisherige soziologisch orientierte Untersuchungen stützen sich weitgehend auf arbeitswissenschaftliche Ansätze, deren Anwendbarkeit für soziologische Anforderungsanalysen beschränkt bleibt (Kap.6.2.1.). Es wurde deshalb versucht, einen auf dem Konzept der psychologischen Handlungsstrukturanalyse beruhenden und insbesondere von GERSTENBERGER u.a. (1974) für eine soziologische Analyse der Qualifikationsanforderungen von Industriearbeitertätigkeiten weiterentwickelten Ansatz als Grundlage einer Differenzierung von Qualifikationsanforderungen kaufmännischer Tätigkeiten zu verwenden(KAP.6.2.2.) und anhand der hierbei entwickelten Anforderungskategorien Veränderungen von Anforderungen kaufmännischer Tätigkeiten durch den technisch-organisatorischen Wandel zu beschreiben (Kap.6.2.3.).

6.2.1. Ansätze zur Erfassung von Arbeitsanforderungen

Die ersten Versuche, Anforderungskategorien für Angestelltentätigkeiten zu systematisieren, wurden in den Arbeitswissenschaften im Zusammenhang mit der Konstruktion von Arbeitsbewertungsverfahren unternommen (zu einem Überblick vgl. HETZLER 1964; WIBBE 1966, S.82ff; BIEDING/DÖRING 1974). Die vorgeschlagenen Anforderungskataloge beruhen meist auf dem sogenannten "Genfer Schema", das die Anforderungsgruppen "geistige Anforderungen", "körperliche Anforderungen", "Verantwortung" und "Arbeitsbedingungen" nach Fachkönnen und Belastungen differenziert (vgl. WIBBE 1966, S.13). Dieses ursprünglich für "Handarbeit" entwickelte Schema wird zur Anwendung bei der Bewertung von Angestelltentätigkeiten üblicherweise insbesondere in den Punkten "geistige Anforderungen"[5] und "Verantwortung"[6] erweitert und durch zusätzliche Anforderungsmerkmale wie beispielsweise "Umgangs- und Ausdrucksgewandtheit" oder "Disponieren" ergänzt.

Die arbeitswissenschaftlichen Anforderungskataloge erweisen sich für eine soziologisch ausgerichtete Analyse von Qualifikationsanforderungen als unzureichend. So werden die einzelnen Anforderungen isoliert als elementare Einheiten nebeneinandergestellt (LEMINSKY/HELFERT 197o, S.95; RÜGER 1974, S.18). In arbeitssoziologischen Untersuchungen käme es dagegen darauf an, den funktionellen Zusammenhang einzelner Anforderungsdimensionen im Rahmen von Tätigkeiten zu erfassen. Dabei können Anforderungen nicht losgelöst vom Arbeitsinhalt analysiert werden. So bleiben "Menschenkenntnis", "Verhandlungsgeschick" oder "Verantwortung" inhaltsleere Formeln, solange nicht geklärt ist, in welchem Arbeitszusammenhang sie von Bedeutung sind. Auffällig an arbeitswissenschaftlichen Anforderungskatalogen ist auch, daß Anforderungen, die sich aus dem kooperativen Charakter der Arbeit ergeben, mehrheitlich vernachlässigt werden. Schließlich wäre anzumerken, daß in wenig systematischer Weise einzelne Anforderungsmerkmale in objektiven Leistungsanforderungen (z.B. Verantwortung für Material) beschrieben, während gleichzeitig andere Anforderungsarten in Kategorien subjektiver Eigenschaften (z.B. Ausdrucksgewandtheit) gefaßt werden.

Diese Kritik trifft weitgehend auch auf die bisher unter soziologischem und berufsanalytischem Erkenntnisinteresse unternommenen Qualifikationsanalysen kaufmännischer Tätigkeiten zu, die sich eng an arbeitswissenschaftliche Ansätze anlehnen[7]. So gelten bei CLAESSENS u.a. (1959, S.27) als "charakteristische Anforderungsarten":

"1. 'Fähigkeit zur Arbeitsplanung und Arbeitsleitung' (Dispositionsbefugnis)
2. 'Vertrauenswürdigkeit'
3. 'Kombinations- und Gestaltungsgewandtheit'
4. 'Umgangs- und Ausdrucksgewandtheit'
5. 'Aufmerksamkeit,Monotoniewiderstand,Konzentration'"

CLAESSENS u.a. fassen Qualifikationsanforderungen in Kategorien von subjektiven Eigenschaften, ohne den hierzu notwendigen Schluß von der Aufgabe auf ihre psychische Leistungsvoraussetzung ausweisen zu können. Sie fallen dabei zurück auf den oben kritisierten Ansatz der traditionellen Vermögenspsychologie, indem sie, wie im Falle der ersten Anforderungskategorie, für eine Aufgabe einfach eine dazugehörige "Fähigkeit" konstruieren.

Demgegenüber fassen MANN/MOLLE und JAEGGI/WIEDEMANN Arbeitsanforderungen in objektiven Kategorien. Der von MANN/MOLLE entwickelte Katalog von Arbeitsanforderungen umfaßt 3o Aufgabengruppen (von Kurzschrift, Maschinenschreiben, schriftliche Ausdrucksform über Karteiführung, Kassenführung, Buchführung. Zahlungsverkehr, Arbeiten im Lohnwesen usw. bis hin zu Werbung und Umgang mit Menschen), die in 5 "Tiefenstufen" nach Umfang und Tiefe der Anforderungen weiter differenziert werden (MANN/MOLLE (1964, S.76ff).

JAEGGI/WIEDEMANN 1963, S.98) unterscheiden in Anlehnung an BÖHRS 7 "Typen menschlicher Arbeit":

1. Produktive Tätigkeit (Organisieren, Disponieren, Planen, Verhandeln, Kontrollieren usw.
2. Repetitive Formulararbeit
3. Korrespondenz und Nachrichtendienst
4. Repetitive Handlungstätigkeit (routinemäßige Verkaufs- und Einkaufstätigkeit)
5. Hantierungsarbeit (z.B. bei Locherin)
6. Überwachung von Maschinen in Verbindung mit leichter Hantierungsarbeit (z.B. Tabellieren und Maschinen bedienen)
7. Überwachung teil- oder voll-automatisierter Anlagen ohne oder nur mit gelegentlicher Hantierungsarbeit.

MANN/MOLLE wie auch JAEGGI/WIEDEMANN bleiben bei ihrer Anforderungsanalyse auf der Ebene der Arbeitsvollzüge. In arbeitswissenschaftlicher Begrenztheit gelingt es ihnen nicht, auf die Ebene des betrieblichen Funktionszusammenhangs vorzudringen, wo der "Sinn" von kaufmännischen Arbeitsvollzügen erst erschlossen werden kann, was wiederum Voraussetzung für eine inhaltliche Bestimmung von Arbeitsanforderungen wäre.

Zusammenfassend bleibt festzuhalten, daß die bisherigen Ansätze zur Analyse von Anforderungen kaufmännischer Tätigkeiten weder hinsichtlich der Erfassung von Inhalten und Bedingungen kaufmännischer Arbeit noch hinsichtlich der Bestimmung subjektiver Qualifikationen theoretisch fundiert sind. Die Kategoriensysteme bestehen vielmehr aus weitgehend beliebig aneinandergereihten Anforderungsdimensionen.

Zur Überwindung dieser theoretischen Defizite, die auch für die traditionellen industriesoziologischen Qualifikationskonzepte kennzeichnend sind (vgl. GERSTENBERGER u.a. 1974, S.59ff), könnte entscheidend ein auf Sozialpsychologen wie HACKER und RUBINSTEIN zurückgehendes Konzept der Handlungsstruktur beitragen, das bislang vor allem von GERSTENBERGER u.a. als Grundlage von Anforderungsanalysen industrieller Produktionstätigkeiten herangezogen wurde.

Ansatzpunkt der Handlungsstrukturanalyse sind psychische Regulationsvorgänge im Rahmen von Arbeitstätigkeiten. Die psychische Struktur von Arbeitstätigkeiten umfaßt nach HACKER (1973, S.83) "die r e g u l a t i v wirksamen psychischen Vorgänge und Gebilde in der durch die Regulationsfunktion bedingten Ordnung". Diese Ordnung wird beschrieben als ein hierarchisch organisiertes Modell, das zwei Formen der Regulation, die Antriebs- und Ausführungsregulation, analytisch unterscheidet.

Die Antriebsregulation ist nach HACKER dafür maßgebend, "ob gehandelt und welche Handlung ausgeführt wird". Sie umfaßt "die Ziele und Motive des Menschen" (ebd. S.65).

Demgegenüber ist die Ausführungsregulation "konzentriert auf die Analyse des Ziels, der Verwirklichungsbedingungen und des Verhältnisses von Zielen und Bedingungen der Tätigkeit zum

Zweck der Festlegung, des Einsatzes und der Kontrolle von bedingungsadäquaten Verfahren der Zielerreichung" (ebd.S.66f). Sie umfaßt drei in hierarchischer Wechselbeziehung zueinander stehende Ebenen, die zugleich Qualifikationskomponenten darstellen:

1) sensumotorische Ebene
2) perzeptiv-begriffliche Ebene
3) intellektuelle Ebene.

Die sensumotorische Ebene ist charakterisiert durch habitualisierte Handlungsabläufe. Die Regulationsvorgänge erfolgen unterhalb der Bewußtseinsebene (BOEHM u.a. 1974, S.132ff). Gegenstand der Ausführungsregulation auf perzeptiv-begrifflicher Ebene ist die Aufnahme und Verarbeitung von Signalen (ebd., S.137ff). Zu den wesentlichen Inhalten der Handlungsregulation auf intellektueller Ebene gehören "das Analysieren der Arbeitsaufgaben unter Vergleich mit den vorliegenden äußeren Bedingungen ihrer Realisation (Arbeitsbedingungen) in Vorbereitung von gleichfalls intellektuell regulierten Mittel-Weg-Entscheidungen einerseits und die Analyse des Arbeitsablaufs selbst andererseits" (ebd.,S.143).

Die hierarchische Anordnung der Ebenen der Ausführungsregulation kommt insbesondere beim Erwerb von beruflichem Können zum Ausdruck, wo sich zeigt, daß die sensumotorischen und perzeptiven Operationen in die intellektuelle Regulation integriert bzw. ihr subsumiert sind (HACKER 1973, S.27o; BOEHM u.a. 1974, S.152f).

Wegen einer für empirische Zwecke zu geringen Trennschärfe zwischen intellektueller und perzeptiv-begrifflicher Ebene fassen GERSTENBERGER u.a. beide Ebenen der Ausführungsregulation zusammen und kommen so zu drei analytisch getrennten Ebenen der Handlungsregulation: die sensumotorische Ebene,auf der die Qualifikationsanforderungen gekennzeichnet sind durch "habitualisierte Wahrnehmungsvorgänge und Handlungsabläufe, die sich unterhalb der Bewußtseinsebene vollziehen"; die intellektuelle Ebene, welche "neben der Aktivierung und Verarbeitung von Kenntnissen auch die intelligente Handhabung und Anwendung dieser unter den Bedingungen neuer, ungewohnter Konstellationen im Arbeitsbereich" umfaßt, und schließlich die "arbeitsmotivationale" Ebene, auf der jene "arbeitsrelevanten Antriebskräfte" erfaßt werden, "die im Arbeitsprozeß selbständiges Handeln im Rahmen der durch die Produktionstechnik und Arbeitsorganisation gesetzten Normen bedingen" (GERSTENBERGER u.a. 1974, S.69).

Einen methodisch interessanten Schritt unternehmen GERSTENBERGER u.a., indem sie die abstrakte Ebene des Arbeitshandelns auf konkrete Bedingungen des Arbeitsprozesses (Arbeitsgegenstand, Arbeitsmittel und Arbeitsorganisation) beziehen und so zu einem Schema von Anforderungsdimensionen gelangen, anhand dessen sie versuchen, die durch den technisch-organisatorischen Wandel ausgelösten Verschiebungen von Qualifikationsanforderungen nachzuzeichnen (vgl. ebd., S.7off).

Dieser von GERSTENBERGER u.a. aufgezeigte Weg,arbeitspsychologische Kategorien mit der Ebene objektiver Bedingungen des Arbeitshandelns zu vermitteln, bietet m.E. eine überzeugende Möglichkeit, in systematischer Weise das Verhältnis von subjektivem Arbeitsvermögen und objektiver Anforderungssituation in Kategorien von Arbeitsanforderungen zu beschreiben.

Um diesen Ansatz für die Analyse von Anforderungen kaufmännischer Tätigkeiten in der Industrieverwaltung anwendbar zu machen, muß auf die Analyse der objektiven Arbeitssituation kaufmännischer Angestellter zurückgegriffen werden, da erst auf der Ebene der besonderen Inhalte und Ziele kaufmännischer Arbeitsaufgaben und der Kenntnis der technisch-organisatorischen Bedingungen ihrer Durchführung, Anforderungen an die Regulation des Arbeitshandelns soziologisch erfaßbar sind. Als Dimension der objektiven Arbeitssituation werden das Arbeitsobjekt (siehe Kap. 2.1.), das Arbeitsmittel (technischer (siehe Kap. 1.3.) und nicht-technischer Art (z.B. Formulare, Karteien)) sowie die Arbeitsorganisation (vgl. Kap. 1.4.) unterschieden.

Konkretes Arbeitshandeln ist grundsätzlich Einheit von Antriebs- und Ausführungsregulation und umfaßt deshalb zugleich Anforderungen sensumotorischer, intellektueller und arbeitsmotivationaler Art. Die Intensität, mit der einzelne Regulationsebenen gefordert werden, bestimmt sich nach der jeweiligen Struktur der objektiven Bedingungen des Arbeitshandelns.

Im Vergleich zu Produktionstätigkeiten, wo Anforderungen an habitualisierte Wahrnehmungs- und Handlungsabläufe eine hervorragende Rolle spielen und sensumotorische Qualifikationen vielfach in besonderen Lernprozessen erworben werden müssen (vgl. ROHMERT u.a. 197o, S.234ff), dürften sensumotorische Anforderungen bei kaufmännischen Verwaltungstätigkeiten eine insgesamt geringere Bedeutung besitzen. Kaufmännische Sachbearbeitertätigkeiten haben es mit nicht-stofflichen Arbeitsobjekten zu tun, sie sind auf die Bewältigung von bestimmten Sachverhalten und Situationen nach vorgegebenen Methoden ausgerichtet. Technische Arbeitsmittel haben bei diesen Tätigkeiten üblicherweise nur den Stellenwert eines Hilfsmittels. An Sachbearbeiterarbeitsplätzen sind deshalb vergleichsweise geringe sensumotorische Anforderungen zu erwarten. Anders hingegen bei Arbeitsplätzen, die durch ein technisches Arbeitsmittel definiert sind, wie z.B. die Arbeitsplätze im Schreibbüro oder im Lochraum. Sensumotorische Anforderungen besitzen hier ein erhebliches Gewicht[8].

Üblicherweise wird davon ausgegangen, daß bei kaufmännisch-verwaltenden Tätigkeiten geistige bzw. intellektuelle Anforderungen im Mittelpunkt stehen. Zentraler Prozeß der intellektuellen Regulation des Arbeitshandelns ist der des Denkens (BOEHM u.a. 1974, S.124), Orientierungsgrundlage zur Bewältigung geistiger Aufgaben sind Kenntnisse (ebd., S.114). Im welchem Umfang es bei einer Tätigkeit zu Denkanforderungen kommt, hängt vom Grad der Komplexität der Handlungssituation als Ausdruck der Art und des Grades der Bestimmtheit des Arbeitshandelns (GERSTENBERGER u.a. 1974, S.82f; LUTZ/KRINGS 1971, S.4f) bzw. von der Art und dem Umfang der Freiheitsgrade im Arbeitshandeln im Sinne von "Möglichkeiten zu unterschiedlichem aufgabenbezogenem Handeln" (HACKER 1973, S.213) ab. Nach HACKER sind Denkanforderungen immer dann gegeben, "wenn Arbeitsverfahren zur Bewältigung (von Aufgaben, R.K.) nicht vorhanden sind, nicht ausreichen, in intellektuellen Operationen angepaßt werden müssen oder nicht nur zur bloßen Kenntnisaktualisierung reduzierte intellektuelle Leistungen einschließen" (ebd., S.273); wenn "subjektiv neuartige Aufgabenkomponenten Analysen unterschiedlicher Wege zum

Ziel bedingen" (ebd., S.213). Das Vorhandensein objektiver Handlungsspielräume ist damit zwar eine notwendige, jedoch noch keine hinreichende Bedingung für das Auftreten von Anforderungen an Denkleistungen; diese werden vielmehr negativ begrenzt von dem Grad der Stereotypisierung der Arbeitsverfahren, d.h. der Repetitivität gleicher oder ähnlicher Arbeitssituationen, die zu einer Herausbildung und erfahrungsbedingten Aktualisierung vorstrukturierter Lösungsalgorithmen und damit zu einem allmählichen Abbau der Denkanforderungen führen kann[9]. Bei der empirischen Analyse sind deshalb erhebliche Differenzen in den intellektuellen Anforderungen einzelner kaufmännisch-verwaltender Tätigkeiten zu erwarten.

Arbeitsmotivationale Anforderungen sind Anforderungen an jene Bereiche arbeitsrelevanter Antriebskräfte, die sicherstellen, daß vorgegebene Leistungsziele des Arbeitshandelns erreicht werden (GERSTENBERGER u.a. 1974, S.69). Sie lassen sich differenzieren nach den unterschiedlichen Ansprüchen an selbständiges Arbeitshandeln, wie sie sich aus der Art und der Strenge der einzuhaltenden Normen ergeben (ebd., S.86). Die von den Unternehmensleitungen gesetzten Normen des Arbeitshandelns abhängig Beschäftigter sind Ausdruck des Verfügungsanspruchs der Unternehmen über die von ihnen "gekaufte" Arbeitskraft. Der betriebliche Herrschaftsanspruch ist insbesondere dort gefährdet, wo eine vollständige Determination und Kontrolle des Arbeitshandelns aufgrund der Besonderheiten der Arbeit nicht möglich ist, eine Kontrolle die Wirksamkeit des Arbeitshandelns beeinträchtigt oder die Kosten der Kontrolle zu hoch wären. Mit derartigen "Herrschaftslücken" verbinden sich Anforderungen an die Beschäftigten, die Handlungsspielräume in einer den Unternehmensinteressen entsprechenden Weise auszufüllen. Anforderungen an das selbständige Einhalten von Arbeitsnormen ("normative Arbeitsanforderungen") treten deshalb insbesondere immer dort auf, wo Lücken technisch-organisatorischer Normierung und Kontrolle der Arbeit für die Beschäftigten Freiheitsgrade und Interpretationsspielräume implizieren, die auch abweichend von den gesetzten Leistungszielen des Arbeitshandelns genutzt werden könnten. In solchen Fällen müssen beim Beschäftigten entsprechende subjektive

Orientierungen vorhanden sein, die im Sinne handlungsleitender, auf die gesetzten Leistungsziele verpflichteter Normen, gewissermaßen als innere Entscheidungsregeln die vorgeschriebene Erfüllung der Arbeitsaufgabe gewährleisten[1o]. Die subjektive Qualifikation kaufmännischer Angestellter muß demnach neben fachlichen Qualifikationen zugleich normative Qualifikationen umfassen, die die von der Unternehmensleitung erwünschte Anwendung fachlicher Qualifikationen immer erst ermöglichen und absichern (BRANDT u.a. 1973, S.66).

6.2.2. Zur Operationalisierung von Anforderungen kaufmännischer Tätigkeiten

Um Anforderungsdimensionen für empirische Zwecke hinreichend analytisch zu differenzieren und konkretisieren, wird die Ebene des subjektiven Arbeitsvermögens, gefaßt in arbeitspsychologischen Kategorien als sensumotorische, intellektuelle und arbeitsmotivationale (normative) Qualifikation, auf die Ebene der objektiven Tätigkeitssituation, beschrieben durch die Dimensionen Arbeitsobjekt, Arbeitsmittel und Arbeitsorganisation, bezogen. Dadurch entsteht das auf S.171 dargestellte Raster.

(1) Sensumotorische Anforderungen

Qualifikationsanforderungen auf der sensumotorischen Ebene beziehen sich auf Wahrnehmungs- und Handlungsvorgänge, die weitgehend habitualisiert bzw. automatisiert sind und deshalb unterhalb der Bewußtseinsebene ablaufen(GERSTENBERGER u.a. 1976, S.76; BOEHM u.a. 1974, S.132ff).

Beim Umgang mit Daten und Informationen (a) können sensumotorische Anforderungen auftreten als Anforderungen an habitualisierte kognitive Prozeduren. Beispiele sind Fertigkeiten bei der Ausführung von Rechenoperationen (Kopfrechnen, Überschlagsrechnen) oder Fertigkeiten bei der Durchführung visueller Kurzkontrollen auf Datenträgern ("Datenverarbeitungsfähigkeiten"). Sensumotorische Anforderungen stellen sich in diesem Zusammenhang als Anforderungen an effizientes, schnelles und korrektes Arbeiten dar.

Ebene objektive Arbeitsbedingungen	Arbeitsobjekt	Arbeitsmittel	Arbeitsorganisation
Ebene subjektiver Qualifikationen			
sensumotorische Qualifikationen (1)	Umgang mit Daten und Informationen sowie betriebsexternen Personen (a)	Umgang mit dem Arbeitsmittel (b)	Umgang mit Kollegen und Vorgesetzten (c)
intellektuelle Qualifikationen:			
Kenntnisse (2)	Sachkenntnisse (a) theoretische Fachkenntnisse (b)	Kenntnisse des Arbeitsmittels (d)	Kenntnisse der Arbeitsorganisation (e)
	Verfahrenskenntnisse (c)		
intelligentes Arbeitshandeln (3)	Arbeitshandeln in Entscheidungsprozessen (a) Umgang mit betriebsexternen Personen (b)	Einsatz des Arbeitsmittels (c)	zeitlich-sachliche Arbeitsplanung (d) Koordination arbeitsteiliger Aufgaben (e)
normative Qualifikationen (4)	Einhaltung von Leistungszielen (a)	Erhaltung des Arbeitsmittels (b)	Einhaltung von Organisationsnormen (c)

Beim Umgang mit betriebsfremden Personen (a), ebenso wie beim Umgang mit Kollegen und Vorgesetzten (c) entstehen Anforderungen an die Fähigkeit zur Einfühlung in komplexe soziale Situation und zur Mobilisierung hierauf gerichteter, adäquater Verhaltensweisen ("Umgangsfertigkeiten").

Sensumotorische Anforderungen im Umgang mit Arbeitsmitteln (b) treten insbesondere auf bei der Bedienung von Datenverarbeitungsgeräten (Schreibmaschine, Rechenmaschine, Bildschirm usw.). Habitualisierte Bewegungsabläufe verhelfen zu einer Beschleunigung des Arbeitshandelns und Reduzierung von Bedienungsfehlern (Tippfehlern, Eingabefehlern).

(2) Anforderungen an Kenntnisse

Unter Kenntnissen werden bewußt gespeicherte und als Orientierungsgrundlage des Arbeitshandelns kontrolliert abrufbare Informationen verstanden (GERSTENBERGER u.a. 1974, S.79; BOEHM u.a. 1974, S.1o3ff). Sie lassen sich differenzieren nach ihren Inhalten: Informationen über die Arbeitsaufgabe (d.h. Kenntnisse lösungsrelevanter Bedingungen des zu bearbeitenden Sachverhalts), Informationen über das Arbeitsverfahren, Informationen über die Arbeitsorganisation. Als weiteres Differenzierungskriterium von Kenntnissen kann der Grad ihrer Transferierbarkeit und ihrer Strukturierung in einem zusammenhängenden Kenntnissystem herangezogen werden, womit sich in der Regel gleichzeitig Unterschiede in der Form und Systematik des Erwerbs der Kenntnisse (unsystematisch gewonnenes Erfahrungswissen versus systematisch in formalisierten Bildungsprozessen erworbene theoretische Kenntnisse) verbinden. Bei den Kenntnissen über den Gegenstandsbereich des Arbeitshandelns (Arbeitsaufgabe) sollen danach unterschieden werden:

(a) Sachkenntnisse
d.h. wenig transferierbares (Erfahrungs-) Wissen über die arbeitsrelevanten Eigenschaften des zu bearbeitenden Sachverhalts;
(b) theoretische Fachkenntnisse
d.h. Kenntnisse, die über den besonderen betriebsspezifischen Anwendungsbereich hinaus transferierbar sind und so eine allmeine Orientierungsgrundlage beruflichen Handelns abgeben (z.B. Kenntnisse der Beziehung zwischen ökonomischen Größen).

Ebenso wie die Grenzen zwischen Sachkenntnissen und theoretischen Fachkenntnissen nicht exakt gezogen werden können[11], gibt es gewisse Überschneidungen zwischen theoretischen Fachkenntnissen und Verfahrenskenntnissen, insofern sich kaufmännisches Arbeitshandeln letztlich auf Methoden der Verarbeitung von Daten und Informationen bezieht. Bestimmte kaufmännische Arbeitsverfahren haben eine überbetriebliche Verbreitung gefunden (z.B. das Verfahren der doppelten Buchhaltung, bestimmte Kostenrechnungsverfahren) und sind zentraler Gegenstand kaufmännischer Berufsausbildung.

(c) Verfahrenskenntnisse
in dem hier verstandenen Sinn beziehen sich eher auf das Wissen um die (betriebsspezifische) Art und Weise, in der ein bestimmter Geschäftsvorfall zu bearbeiten ist. Sie beinhalten damit zunächst das organisatorisch vorgegebene Verfahrensregelsystem, umfassen aber auch das Wissen um die Stör- und Fehlermöglichkeiten, sowie mögliche Ausnahmen bei der Arbeitsabwicklung. Verfahrenskenntnisse reichen auch hinein in
(d) Kenntnisse des Arbeitsmittels,
d.h. Kenntnisse der Funktionsweise, Bedienung und Anwendungsmöglichkeiten des Arbeitsmittels.

(e) Kenntnisse der Arbeitsorganisation
Sie umfassen Kenntnisse, die zur Koordination der Teilarbeiten und Planung des Arbeitsprozesses notwendig sind. Dazu gehören insbesondere Kenntnisse der horizontalen und vertikalen Kooperationswege, des Arbeitsablaufs, der Stellung des eigenen Arbeitsplatzes zu vor- und nachgelagerten Arbeitsplätzen, sowie der Koordinationsnotwendigkeiten bei Störungen im Arbeitsablauf. Hier ist die Grenze zu Verfahrenskenntnissen fließend. Eine Graduierung der Kenntnisse der Arbeitsorganisation könnte nach dem Kriterium ihrer Reichweite im Organisationsgefüge erfolgen.

(3) Anforderungen an intelligentes Arbeitshandeln

Diese bestehen in der intelligenten Anwendung von Kenntnissen und Erfahrungen im Sinne ihrer zweckgerichteten Vermittlung mit Gegebenheiten neuer, noch nicht routinisierter Konstellationen in verschiedenen Bereichen des Arbeitshandelns (GERSTENBERGER u.a. 1974, S.79). Der Umfang der Anforderungen an intelligentes Arbeitshandeln bestimmt sich demnach wesentlich nach dem Grad der Determinierung des Arbeitshandelns und hängt insofern unmittelbar von der Komplexität der jeweiligen Arbeitsbedingungen ab, da man davon ausgehen kann, daß eine höhere Komplexität die Möglichkeit genereller organisatorischer Vorgaben und einer Routinisierung der Arbeitsabläufe einschränkt (ebd., S.83).

Anforderungen an intelligentes Arbeitshandeln sind im Rahmen kaufmännischer Sachbearbeitertätigkeiten insbesondere gegeben bei Entscheidungsaufgaben (a), Aufgaben im Umgang mit außerbetrieblichen Stellen (b), der zeitlich-sachlichen Planung der eigenen Arbeit (c) und der Koordination arbeitsteiliger Aufgaben (d)[12].

(a) Arbeitshandeln in Entscheidungsprozessen

Anforderungen an intelligentes Arbeitshandeln in ökonomischen Entscheidungsprozessen beziehen sich auf die zieladäquate Auswahl einer Entscheidungsalternative. Sie lassen sich nach dem Grad der Determination der Entscheidungssituation (siehe dazu S. 142 ff) differenzieren. Die intellektuellen Anforderungen beim Entscheidungshandeln sind um so größer

"- je mehr Ziele berücksichtigt werden müssen,
- je vager die Zielformulierung ist,
- je weniger formale Entscheidungsprämissen formuliert sind,
- je mehr intellektuelle Schritte bis zur Lösung des Problems notwendig sind,
- je weniger die Wahrscheinlichkeit des Eintreffens von Alternativen bestimmt werden kann,
- je unsicherer die Bewertung der Alternativen ist,
- je mehr Entscheidungsträger beteiligt sind."

(BRINCKMANN u.a. 1973, S.333f)

(b) Umgang mit außerbetrieblichen Stellen

Anforderungen an intelligentes Arbeitshandeln im Umgang mit außerbetrieblichen Stellen (Kunden, Lieferanten, Spediteuren usw.) treten insbesondere dann auf, wenn Angestellte als Handlungsbevollmächtigte des Unternehmens dessen Interessen gegenüber entgegengesetzte Interessen anderer Unternehmen durchsetzen sollen. Als Anhaltspunkte für den jeweiligen Umfang dieser Anforderungen können vor allem gelten: der Gegenstand der Verhandlungen, der Umfang der in Geldwerten ausgedrückten Verhandlungsmasse, die Art der vorgegebenen Verhandlungsrichtlinien und die Verhandlungsposition des handlungsbevollmächtigten Angestellten, wie sie sich u.a. aus der Marktstellung des Unternehmens und den persönlichen Beziehungen zum "Verhandlungspartner" ergibt.

(c) Einsatz des Arbeitsmittels
Hierunter fallen Anforderungen an die Anwendung von Arbeitsmitteln zur Unterstützung und Erleichterung der Arbeit.

(d) Zeitlich-sachliche Arbeitsplanung
Bei der zeitlichen und sachlichen Planung ihrer Arbeit sehen sich die Angestellten der Anforderung gegenüber, den Arbeitseinsatz innerhalb der vorgegebenen Handlungsspielräume an kurzfristig variierende Aufgabenstellungen, Terminanforderungen usw. flexibel anzupassen, um insbesondere eine Einfügung ihrer Tätigkeit in das vorgegebene Kooperationsgefüge und eine ökonomische Nutzung ihrer Arbeitskraft zu gewährleisten. Der Umfang der zeitlichen und sachlichen Vorstrukturierung des Arbeitshandelns und die Funktion der eingeräumten Handlungsspielräume können zur Differenzierung der Anforderungen herangezogen werden.

(e) Koordination arbeitsteiliger Aufgaben
Anforderungen an intelligentes Arbeitshandeln im Rahmen von Kooperationsverhältnissen ergeben sich bei der Lösung von Koordinationsproblemen interdependenter Teilarbeiten insbesondere in Fällen konfligierender Interessen und Leistungsziele. Anhaltspunkte für eine Staffelung dieser Anforderungen sind: die Stellung der Kooperierenden im Kooperationsgefüge, die Zahl der kooperierenden Stellen bzw. die Reichweite des Kooperationsgefüges in horizontaler und vertikaler Dimension, der Grad der Vorbestimmtheit der Kooperationsbeziehungen und Konfliktlösungsregeln.

(4) Normative Anforderungen

Normative Anforderungen beziehen sich auf die Einhaltung vorgegebener Normen bei der Erfüllung der Arbeitsaufgabe, bei der Handhabung des Arbeitsmittels und bei der Kooperation. Auf der Ebene der Arbeitsaufgaben resultieren Verhaltensanforderungen aus Leistungszielen und Standards der Arbeitsqualität, die letztlich auf die ökonomischen Zielsetzungen der Unternehmen bezogen sind. Auf der Ebene der Arbeitsmittel werden der ökonomische Einsatz und die Erhaltung des Arbeitsmittels gefordert. Auf der Ebene der Arbeitsorganisation geht es um die Einhaltung von Organisationsnormen, durch die ein reibungsloser Ablauf des kooperativen Arbeitsprozesses sichergestellt werden solle. Organisationsnormen beziehen sich vor allem auf die zeitliche Strukturierung der Arbeitsabläufe und Tätigkeiten, sowie die Regelung horizontaler und vertikaler Kooperationswege und der Kompetenzstruktur. Eine Graduierung normativer Verhaltensanforderungen könnte anhand des durch die Nichteinhaltung vorgegebener Normen verursachten potentiellen Schadens für das Unternehmen erfolgen[13].

6.2.3. Qualifikationsanforderungen kaufmännischer Tätigkeiten und deren Wandel durch den Einsatz und die Weiterentwicklung von EDV-Systemen

Die Veränderungen der Aufgabeninhalte kaufmännischer Sachbearbeitertätigkeiten durch die (Teil-)Automatisierung kaufmännischer Arbeitsprozesse und der Wandel der Verfahren der Aufgabenabwicklung durch den Einsatz und die Weiterentwicklung der EDV haben notwendigerweise gewisse Verschiebungen in den Anforderungsinhalten der Sachbearbeitertätigkeiten zur Folge. Anhand der entwickelten Kategorien soll nun auf der Grundlage des erhobenen empirischen Materials der Versuch unternommen werden, Schwerpunkte der Anforderungen an die Qualifikation kaufmännischer Sachbearbeiter herauszuarbeiten und vorläufige Thesen über Entwicklungstendenzen auf der Ebene der Anforderungsinhalte aufzustellen.

(1) Sensumotorische Anforderungen

Sensumotorische Anforderungen spielen bei den untersuchten Sachbearbeitertätigkeiten im allgemeinen nur eine eher untergeordnete Rolle. Das Vorhandensein bestimmter Arbeits- und Verhaltensfertigkeiten, wie z.B. "mit Zahlen umgehen können" oder "kontaktfähig sein", gilt als generelle Voraussetzungen für die Ausübung kaufmännisch-verwaltender Tätigkeiten. Entsprechend unterschiedlicher Tätigkeitsinhalte, Kooperationsformen und unterschiedlicher Ausstattung mit technischen Arbeitsmitteln, sind die Schwerpunkte sensumotorischer Anforderungen auf einzelnen Arbeitsplätzen verschieden.

So stehen bei Tätigkeiten im betrieblichen Rechnungswesen "Datenverarbeitungsfertigkeiten"[14], bei Tätigkeiten, die auf den Markt ausgerichtet sind, "Umgangsfertigkeiten" im Vordergrund. An traditionellen Sachbearbeiter-Arbeitsplätzen sind Büromaschinen von Zeit zu Zeit eingesetzte Hilfsmittel. Die Bedienung von Büromaschinen ist jeweils besonderen Arbeitskräften übertragen (Typistinnen, Maschinenbuchhalterinnen, Locherinnen usw.) (siehe Kap.3.3.). Mit dem Einsatz von Bildschirmen als vielseitig anwendbare Terminals elektronischer Datenverarbeitungsanlagen in kaufmännischen Fachabteilungen treten für Sachbearbeiter Anforderungen an die Bedienung eines technischen Gerätes stärker in den Vordergrund. Die effektive Bedienung von Bildschirmen verlangt ebenso wie die Bedienung konventioneller Schreib- und Rechenmaschinen die Habitualisierung von Bewegungsabläufen. Die befragten Sachbearbeiter geben übereinstimmend an, die Bedienung des Bildschirms schnell gelernt zu haben. Bereits vorhandene Fertigkeiten in der Bedienung von Schreib- und Rechenmaschinen werden hierbei als hilfreiche Voraussetzungen genannt. Die Sachbearbeiter bedienen die alphanumerische Tastatur des Bildschirmes überwiegend mit einer Hand. Der Bedienungsvorgang ist gekoppelt an optische Wahrnehmungsvorgänge, die sich einerseits auf die Aufnahme einzugebender Daten, die von Formularen und Listen abgelesen werden und andererseits auf den Bildschirm zur Steuerung und visuellen Kontrolle der Eingabe richten.

(2) Anforderungen an Kenntnisse

Theoretische Fachkenntnisse auf einem höheren Abstraktionsniveau, wie Inhalte betriebswirtschaftlicher, juristischer oder technisch-wissenschaftlicher Theoriesysteme, sind bei den Sachbearbeitertätigkeiten nur untergeordnete Anforderungsmerkmale. Betriebswirtschaftliche Gesetzmäßigkeiten treten den Sachbearbeitern nur jeweils in einer unmittelbar anwendungsbezogenen Form als Arbeits- und Verfahrensregeln entgegen. Weiterreichende theoretische Fachkenntnisse werden von den befragten Sachbearbeitern deshalb weniger als unabdingbare Voraussetzung für die Arbeitsabwicklung denn als gewisser Vorteil, insbesondere bei der Bearbeitung von Ausnahmefällen, angesehen. Allerdings müssen die Sachbearbeiter Arbeitsprobleme, deren Lösung spezielle Fachkenntnisse voraussetzen, ohnehin an die jeweils fachkompetente Stelle (z.B. juristische Abteilung) abgegeben.

Der Schwerpunkt der Kenntnisanforderungen über den Gegenstandsbereich des Arbeitshandelns liegt auf der Ebene von Sachkenntnissen. Die Wissensinhalte differierten dabei nach dem "Objekt", auf das sich das jeweilige Arbeitshandeln bezieht: Bei Verkaufssachbearbeitern stehen Kunden- und Produktkenntnisse (VI/5f), bei den Einkäufern Lieferanten- bzw. Markt- und Materialkenntnisse (I/3, II/4), bei den Debitorenbuchhaltern Kundenkenntnisse(VII/5f) und bei Betriebsbuchhaltern gewisse Kenntnisse der Produktion (IX/6) im Vordergrund. Dieses vor allem im täglichen Vollzug der Arbeitsaufgaben gewonnene Erfahrungswissen bildet für die Angestellten eine notwendige Orientierungshilfe in Ausnahmesituationen, die eine Interpretation der Handlungs- und Entscheidungsbedingungen erforderlich machen.

Aus den Expertengesprächen und Sachbearbeiterinterviews geht hervor, daß das individuell akkumulierte Erfahrungswissen vor allem bei komplexeren Sachbearbeitertätigkeiten mit dispositiven Funktionen von zentraler Bedeutung ist. Die Unternehmen lassen deshalb auch ein gewisses Interesse erkennen, bewährte Sachbearbeiter als Stammpersonal zu halten, um sich die Vorteile einer eingearbeiteten Arbeitskraft zu sichern. Diese Form des Erfahrungswissens, das sich auf Kenntnisse der für die Arbeitsabwicklung relevanten Besonderheiten der "Objekte" richtet, behält nach einhelliger Meinung der betrieblichen Experten auch im weiteren Verlauf der technisch-organisatorischen Rationalisierung seinen Stellenwert, da die vielfältigen Besonderheiten der Geschäftsvorfälle einer Formalisierung Grenzen setzen.

"Z.B. in der Planung sind nach wie vor Fachkenntnisse erforderlich. Der Disponent muß die Produkte kennen, er muß die Kunden kennen. Er muß ja auswählen: bei dem Kunden kann ich mir eine Lieferfrist von 4 Wochen erlauben, den Kunden muß ich vorziehen." (AO)

Soweit es sich bei den im Gedächtnis der Sachbearbeiter akkumulierten Wissensstoffe um Informationen handelt, die bei einer entsprechenden Rationalisierung der Datenspeicherung ebenso auf Listen oder Karteikarten hätten festgehalten werden können, ist demgegenüber mit einer Entwertung dieses "Erfahrungswissens" durch die informationstechnologische Entwicklung zu rechnen. Das zur Überbrückung fragmentarisch organisierter Datenverarbeitung angesammelte Detailwissen wird mit der Verbesserung der maschinellen Speicherung und Wiedergabe von Informationen überflüssig[15]. Wenngleich die Sachbearbeiter meist positiv hervorheben, daß sich durch die EDV die Gedächtnisbelastung reduziert habe, da sie sich nicht mehr so viele Details merken müßten, sondern diese heute in EDV-Listen nachschlagen oder über den Bildschirm abfragen könnten, so erhöht die Entwertung dieses Detailwissen jedoch gleichzeitig ihre Austauschbarkeit.

Im Kleinunternehmen E, dessen kaufmännische Arbeitsabwicklung vor Einführung der EDV weitgehend von einigen "erfahrenen" Angestellten abhing und deren Ausfall durch Krankheit oder Urlaub jeweils erhebliche Störungen im Arbeitsablauf verursachte, da nicht alle arbeitsrelevanten Informationen dokumentiert waren, will man durch die EDV gerade die Unabhängigkeit des Unternehmens gegenüber qualifizierten Angestellten bzw. den bislang allein in deren Köpfen und "Privataufzeichnungen" gespeicherten Informationen erhöhen.

Verfahrenskenntnisse sind, wenngleich mit gewandelten Inhalten, nach wie vor ein zentrales Element der Anforderungen an die Kenntnisse kaufmännischer Sachbearbeiter. Das durch starre Verfahrensvorschriften gekennzeichnete System der maschinellen Datenverarbeitung löst die traditionellen, vielfach individuell geprägten Arbeitsverfahren ab, in denen sich manchmal nur der Sachbearbeiter selbst vollständig auskannte und die von den Angestellten aufgrund ihrer flexiblen Handhabung geschätzt wurden.

"Fehler konnte man individuell ausbügeln. Traten irgendwelche Sonderfälle auf, so konnte man hier und da etwas drehen, um diese unterzubringen, aus seiner Erfahrung heraus." (BBGL)

Das Hauptproblem der in technisierten Arbeitsabläufen eingesetzten Sachbearbeiter besteht nun darin, Sonderfälle in systemkonformer Weise zu verarbeiten. Bei komplexeren EDV-Programmen wird dies insbesondere von älteren Angestellten als schwierig empfunden, da sie anders als beim manuellen Verfahren nicht mehr den lückenlosen Überblick über sämtliche Verarbeitungsschritte besitzen. Durch das Fehlen detaillierter Kenntnisse des maschineninternen Verarbeitungsprogramms erscheint ihnen die EDV-Anlage als "black box". Sie fühlen sich nicht immer ganz sicher, ob sie mit ihrer Eingabe auch das gewünschte Resultat erzielen. Diese Fachangestellten kommen dadurch in eine gewisse Abhängigkeit von EDV-Spezialisten, die bei Problemfällen zu Rate gezogen werden müssen (vgl. z.B. IX/5). Gleichwohl wird von den betrieblichen Experten durchweg betont, daß ein Sachbearbeiter in den kaufmännischen Fachabteilungen keine weiterreichenden EDV-Kenntnisse (z.B. Kenntnisse der Betriebsverfahren oder Programmierkenntnisse) benötige, sondern die Beherrschung der detailliert ausgearbeiteten, teilweise recht umfangreichen "Gebrauchsanleitungen" des EDV-Systems, in denen die Wirkungsweise der für die Ausführung der Tätigkeit notwendigen Eingabebefehle erläutert werden, genüge. Zudem würden die EDV-Programme immer benutzfreundlicher konzipiert.

"Es ist nicht falsch, wenn die Sachbearbeiter EDV-Kenntnisse haben. Sie dürfen keine Abneigung gegen die EDV haben. Aber z.B. Programmierkenntnisse ... das ist Quatsch! Die müssen wissen, wie das Ding funktioniert, was das System tut, wenn ein Bestand ausgebucht wird usw., was sind die Folgen, wenn ich das jetzt tue ... Sie brauchen nicht zu wissen, was technisch im System intern abläuft." (AO)

Kenntnisse der hinter der Programmentwicklung stehenden kaufmännischen Arbeitsverfahren, wie z.B. des Systems der doppelten Buchführung oder bestimmter Kostenrechnungsverfahren sind anders als in den klassischen Buchhaltertätigkeiten nicht mehr unbedingt Voraussetzung für die erfolgreiche Bearbeitung der Geschäftsvorfälle (VII/5, VIII/5); sie geben den Sachbearbeitern höchstens eine größere Sicherheit bei der Interpretation der vorgeschriebenen Verarbeitungsregeln.

Die Anforderungen an die Kenntnisse der Arbeitsorganisation werden insbesondere von der Art der Tätigkeit und ihrer Einordnung in den betrieblichen Kooperationszusammenhang bestimmt. Vor allem bei Tätigkeiten in der unmittelbaren Vor- und Nachbereitung der maschinellen Abläufe (z.B. Auftragserfassung) werden keine wesentlichen Kenntnisse der Arbeitsorganisation benötigt, da die Arbeitsaufgaben und Kooperationsbeziehungen weitgehend formalisiert sind. Umfangreichere Kenntnisse der Arbeitsorganisation sind erforderlich beispielsweise aufgrund der Besonderheit der Arbeitsaufgabe bei der Bearbeitung von Kundenreklamationen (V/4) oder aufgrund der zentralen Stellung der Tätigkeit in einem größeren Kooperationszusammenhang bei der Materialdisposition (III/6).

Die zunehmende Integration der Datenverarbeitungsprozesse bringt eine stärkere horizontale Verflechtung der betrieblichen Stellen mit sich, woraus auf ein Ansteigen der Anforderungen an die Kenntnisse der Arbeitsorganisation geschlossen werden könnte. Allerdings werden durch die Integration zugleich die Kooperationsbeziehungen stärker formalisiert (siehe S. 122). In den untersuchten Fällen treten erhöhte Anforderungen an organisatorische Kenntnisse vor allem bei qualifizierten Sachbearbeitertätigkeiten auf, zu deren Aufgaben es gehört, ungeplante Situationen zu bewältigen. Bei diesen Tätigkeiten genügt es nicht, allein die im Arbeitsablauf vor- und nachgelagerten Stellen zu kennen, vielmehr wird bei der Bearbeitung von Sonderfällen und der Fehlersuche und Fehlerbeseitigung die Kenntnis des gesamten Prozeßzusammenhanges notwendig, der in aller Regel in mehrere Fachabteilungen hineinreicht. Insbesondere muß der Sachbearbeiter wissen, wer welche Informationen liefert und welche Stellen die von ihm weitergeleiteten Informationen in welcher Weise weiterverarbeiten.

In den untersuchten Fällen differieren die Art und die Höhe der Kenntnisanforderungen vor allem zwischen Sachbearbeitertätigkeiten mit dispositiven und auswertenden Funktionen einerseits und Datenerfassungstätigkeiten im weitesten Sinne andererseits. Während die ersteren insbesondere "objektspezifische" Sachkenntnisse benötigen, um die Geschäftsvorfälle bearbeiten zu können, stehen bei Datenerfassungstätigkeiten Verfahrenskenntnisse im Vordergrund. Dabei kann es durchaus Unterschiede in der Komplexität der erforderlichen Verfahrenskenntnisse geben. Diese ist bei der Suche und Beseitigung von Fehlern anhand der "Fehlerprotokolle" im allgemeinen höher als bei der unmittelbaren Erfassung und Eingabe der Daten.

Diese Differenz kommt teilweise auch in der Form der Aufgabenverteilung zum Ausdruck. So gehört in der Betriebsbuchhaltung des Unternehmens B die Bearbeitung der Fehlerprotokolle zu den Aufgaben des Gruppenleiters, während die Datenerfassung von angelernten Hilfskräften vorgenommen wird.

(3) Anforderungen an intelligentes Arbeitshandeln

Ökonomische Entscheidungen, als letztlich auf übergeordnete Unternehmensziele gerichtete Wahlhandlungen treten als Arbeitsaufgabe nicht an allen Sachbearbeiterarbeitsplätzen auf (siehe S. 153). Die EDV wird in ökonomischen Entscheidungsprozessen eingesetzt, um die Entscheidungen durch mehr und aktuellere Informationen zu objektivieren. Die Aufgabe des Sachbearbeiters besteht darin, die ökonomische Plausibilität und Zweckrationalität der vom EDV-System erarbeiteten Entscheidungsinformationen und Entscheidungsvorschläge zu prüfen. Da in den untersuchten Fällen die vorgegebenen Entscheidungsmaximen eher generalklauselartig gehalten und somit nicht für jedes Entscheidungsproblem instruktiv sind, lassen sich die Sachbearbeiter hierbei insbesondere von ihrer Erfahrung im Umgang mit alternativen Entscheidungskonstellationen leiten. Befragt nach den gedanklichen Grundlagen ihrer Entscheidungen, verweisen die Sachbearbeiter immer wieder auf qualitative Bedingungen, wie z.B. "Wichtigkeit des Kunden" oder "Dringlichkeit des Bedarfs". Diese gering standardisierten Entscheidungsregeln erklären sich vor allem aus dem Umstand, daß die Zusammenhänge der entscheidungsrelevanten Wirkungsfaktoren häufig nur schwerlich in einem generellen Entscheidungsprogramm erfaßt werden können. So geht es beispielsweise bei der Materialdisposition um die Beherrschung der divergierenden Elemente "kostengünstige Lagerhaltung" versus "Sicherstellung der Materialzufuhr für die Produktion". Darüber hinaus unterliegen die Einflußfaktoren auf das Entscheidungsprogramm häufig zufälligen Schwankungen (z.B. Nachfrageschwankungen, Produktionsstörungen, Lieferterminverzögerungen (IV/4ff). Die Anforderung an ökonomisches Denken besteht nun darin, zwischen den entscheidungsrelevanten ökonomischen Größen eine Beziehung herzustellen, die eine optimale Zielerfüllung verspricht. Die Anforderungen an intelligentes Arbeitshandeln in derartigen Entscheidungsfällen auf der Sachbearbeiterebene dürfen dennoch nicht überschätzt werden, da gleiche oder ähnliche Entscheidungskonstellationen häufiger wiederkehren und es dann zu gar keinem Alternativen abwägenden Denkprozeß mehr kommt, sondern die "Entscheidung" nur noch in einer routinehaften Reaktion auf bestimmte Entscheidungsbedingungen besteht.

Der Umgang mit betriebsexternen Stellen (Kunden, Lieferanten, Spediteuren usw.) stellt in den entsprechenden marktbezogenen Fachabteilungen (Verkauf, Einkauf, Debitorenbuchhaltung usw.) nach wie vor insbesondere dann Anforderungen an intelligentes Arbeitshandeln, wenn es für die Sachbearbeiter darauf ankommt, das Gegenüber im Interesse des Unternehmens zu beeinflussen, was, je nachdem wie der einzelne Fall gelagert ist, mit mehr oder weniger großen taktischen Anstrengungen seitens der Sachbearbeiter verbunden ist. Anforderungen an taktisches Verhalten sind nicht allein auf den persönlichen Umgang beschränkt, sondern entstehen ebenso im telefonischen und schriftlichen Verkehr und kommen in der von den Sachbearbeitern entwickelten "Telefontechnik" oder einem besonderen "Briefstil" zum Ausdruck (II/4, V/4f, VI/5f, VII/5f). Es ist allerdings damit zu rechnen, daß durch die Rationalisierung der Textverarbeitung, insbesondere durch den Einsatz von Schreibautomaten, die Anforderungen an das Formulierungsgeschick, zumindest bei Routinesachbearbeitertätigkeiten, sinken werden (V/2, 5; VII/5).

Mit dem Einsatz von Bildschirm als Informationsmittel an qualifizierten Sachbearbeiterplätzen verbinden sich Anforderungen an eine intelligente Nutzung der durch das Arbeitsmittel eröffneten Möglichkeiten des Zugriffs auf Planungs- und Entscheidungsinformationen. Zwar sind die Ein- und Ausgabeschritte durch Programme eindeutig festgelegt, aus Kostengründen ist jedoch die Zahl der abrufbaren Datenzusammenstellungen begrenzt. Bestimmte Informationen müssen sich die Sachbearbeiter durch die Kombination mehrerer "Abfragen" selbst zusammenstellen (I/8).

Bei den Anforderungen an intelligentes Arbeitshandeln im Rahmen der zeitlichen und sachlichen Arbeitsplanung zeigt sich eine widersprüchliche Entwicklung: Einerseits wird durch die EDV-Organisation das Arbeitshandeln stärker determiniert, andererseits läßt sich, zumindest bei qualifizierten Sachbearbeitertätigkeiten, eine gewisse Verschiebung des Arbeitshandelns auf weniger strukturierte Sonderfälle beobachten, womit entsprechend höhere Anforderungen an die Einteilung und Planung der eigenen Arbeit verbunden sind. Zudem kann davon ausgegangen werden, daß eine den jeweiligen Erfordernissen angemessene Ausfüllung zugestandener Handlungsspielräume mit steigender Technisierung und Integration der Datenverarbeitungsprozesse an Bedeutung zunimmt. Mit steigender Komplexität integrierter Datenverarbeitungssysteme wird insbesondere die Suche und Beseitigung von Fehlern komplizierter. Die Rekonstruktion von Fehlerursachen kann nicht mehr anhand der von den Sachbearbeitern selbst geführten Darteien erfolgen. Ansatzpunkt der Fehleranalyse ist nun die Verfolgung von Konsequenzen falscher Eingaben im System der maschinellen Weiterverarbeitung. Weiter nimmt mit steigendem Integrationsgrad die Zahl der potentiellen Fehlerquellen (Eingabestellen) zu. Und schließlich sind auf den EDV-Listen oder den über Bildschirm abzufragenden Dateien im Gegensatz zur Datenverarbeitung mit Hilfe von Karteikarten nur noch die aktuellen Datenstände und nicht mehr die Entwicklung der Vergangenheitsdaten (z.B. die Entwicklung des Lagerbestandes oder eines Kontostandes) verzeichnet. Die Vergangenheitsdaten müssen aus älteren EDV-Listen gewonnen werden. Fehler können nur unter Beachtung der Datenverarbeitungsprogramme beseitigt werden (III/3, IX/3, 5f).

Im Verlauf der Weiterentwicklung von EDV-Systemen zeigt sich ein gewisser Rückgang der Routinekooperation. Bei qualifizierteren Sachbearbeitertätigkeiten treten jedoch weiterhin Anforderungen an intelligentes Arbeitshandeln im Rahmen von Kooperationsprozessen auf. Anzunehmen ist, daß verbleibende Unvollkommenheiten des betrieblichen Informationsverarbeitungssystem und die Anpassungsnotwendigkeiten an sich kurzfristige ändernde Beschaffungs- und Absatzsituationen ebenso wie verbleibende Zielkonflikte zwischen einzelnen kaufmännischer Funktionsbereichen Anforderungen an die kooperative Qualifikation kaufmännischer Sachbearbeiter erhalten werden (III/6, VI/7).

(4) Normative Anforderungen

Die Prozesse der Erfassung, Dokumentation, Transformation und Weiterleitung von Daten sind Voraussetzung für die Erfüllung der Steuerungs- bzw. Entscheidungsfunktionen der kaufmännischen Industrieverwaltung. Bei Tätigkeiten im Rahmen dieser Datenverarbeitungsprozesse kommt es deshalb vor allem auf die Vermeidung von Fehlern an, die zur Einleitung falscher Maßnahmen und damit zu finanziellen Verlusten führen könnten.

Das exakte Einhalten von vorgegebenen Verfahrensregeln der Datenverarbeitung war schon immer eine zentrale Anforderung kaufmännischer Tätigkeiten, insbesondere in der Buchhaltung:

"Ein Buchhalter muß korrekt arbeiten. Wenn jemand keine Begeisterung daran findet, Pfennige zu suchen, dann taugt er nicht zum Buchhalter." (BBAL)

In der Buchhaltung entspricht fehlerfreies Arbeiten zum einen den gesetzlichen Anforderungen an eine exakte betriebliche Rechnungslegung und zum anderen betrieblichen Anforderungen an die Qualität von Entscheidungsunterlagen.

Hohe Anforderungen an fehlerfreies Arbeiten werden auch insbesondere überall dort gestellt, wo das Arbeitsergebnis in Form von Mahnungen, Rechnungen usw. den Kunden oder in Form von Bestellungen den Lieferanten zugeht, da Falschlieferungen, falsche Bestellungen usw. für das Unternehmen erhebliche Verluste nach sich ziehen können (II/5, V/7, VII/5).

Mit wachsendem Integrationsgrad der betrieblichen Datenverarbeitung nimmt die Bedeutung von fehlerfreiem Arbeiten weiter zu. Dies gilt vor allem für die Datenerfassungstätigkeiten, da die erfaßten und in das EDV-System eingegebenen Daten unmittelbar in weitere Verarbeitungsschritte und Entscheidungsprozesse einfließen, während sie im manuellen System meist bei jeder Weiterverarbeitung von dem jeweiligen Angestellten einer Plausibilitätskontrolle unterzogen wurden oder ein Fehler bei der Datenerfassung weitgehend auf das Arbeitsgebiet des jeweiligen Sachbearbeiters begrenzt blieb.

"Wichtig ist eine sklavische Genauigkeit. Es kommt auf die kleinste Zahl an. Das kann sonst ins Geld gehen. Im Gegensatz zu früher, wo der Fehler punktuell blieb, löst eine falsche Zahl heute ganze Kettenreaktionen aus." (ADiAL)

Der wachsenden Bedeutung fehlerfreier Datenerfassung und -eingabe wird in den Unternehmen durch verbesserte Eingabeverfahren Rechnung getragen. Ein ständig verbessertes Netz maschineller Eingabekontrollen macht auf fehlerhaft erfaßte oder eingegebene Daten aufmerksam.

Verhaltensanforderungen im Bereich ökonomischen Entscheidungsahndelns richten sich vor allem auf eine sorgfältige Beachtung und dem Unternehmenszweck adäquate Interpretation mehr oder weniger detailliert vorgegebener Entscheidungsregeln und -ziele, um finanzielle Verluste des Unternehmens zu vermeiden. Es kommen jedoch auch Fälle vor, wo der Disponent das Unternehmen gerade dadurch vor einem finanziellen Verlust bewahrt, indem er seine Entscheidungskompetenzen übertritt oder die vorgegebene Entscheidungsregel mißachtet. Erweist sich die von ihm ohne entsprechende Entscheidungskompetenz oder entgegen den Vorschriften getroffene Entscheidung als falsch, muß er allerdings dafür die Verantwortung tragen (III/7).

Verhaltensanforderungen im Umgang mit Kunden und Lieferanten sind darauf ausgerichtet, die im kaufmännischen Geschäftsverkehr üblichen Umgangsnormen einzuhalten und im Umgang mit den Vertretern anderer Unternehmen die betrieblichen Interessen durchzusetzen. Wie einzelne Sachbearbeiter berichteten, stehen sie manchmal vor dem Problem, betriebliche Interessen durchsetzen zu müssen, ohne sich mit diesen etwa aus moralischen Gründen (eine Debitorenbuchhalterin führte als Beispiel die Rücksichtnahme auf unverschuldete geschäftliche Schwierigkeiten des Schuldners an (VII/6), ein Verkaufssachbearbeiter, daß er oft gezwungen ist zu lügen (VI/6)) oder aufgrund guter persönlicher Beziehungen zum Verhandlungspartner, voll identifizieren zu können. Gerade bei Arbeitsaufgaben im unmittelbaren Kontakt mit Kunden und Lieferanten bestehen für den Abteilungsleiter teilweise nur eingeschränkte Möglichkeiten einer direkten Leistungs- und Verhaltenskontrolle. So kann beispielsweise bei Einkaufsverhandlungen im nachhinein nur schwerlich beurteilt werden, ob durch verstärkte Anstrengungen des Einkäufers ein weiteres Entgegenkommen des Lieferanten erreichbar gewesen wäre. Dementsprechend wird bei diesen Tätigkeiten meist das Vorhandensein bestimmter subjektiver Qualifikationen der Angestellten, wie z.B. Zuverlässigkeit, Charakterfestigkeit, Unbestechlichkeit und Verantwortungsbewußtsein von den Vorgesetzten als unabdingbare Eignungsvoraussetzung der Stelleninhalter hervorgehoben (II/4). Ähnliches gilt für den Verkauf oder die Debitorenbuchhaltung (VII/6). Um das gewünschte Arbeitsergebnis sicherzustellen, versuchen die Unternehmen zudem, die Leistungsmotivation der Angestellten zu fördern (I/1o).

Die Anforderungen an die Einhaltung von Organisationsnormen, insbesondere von Terminen, haben mit der Einführung von EDV-Systemen und der Integration der Datenverarbeitungsprozesse zugenommen (siehe Kapitel 5.3.1.). Soweit den Angestellten Spielräume einer sachlichen und zeitlichen Arbeitsgestaltung verbleiben, bestehen auf seiten der Unternehmensleitungen freilich klare Vorstellungen darüber, wie diese Spielräume zu nutzen sind: Insbesondere soll eine Verschwendung von Arbeitszeit durch umständliches Arbeiten vermieden und damit Kosten gespart werden. Es soll so schnell gearbeitet werden wie möglich, ohne dadurch allerdings vorgegebene Qualitätsstandards zu verletzten. Durch schnelles Arbeiten sollen Personalkosten eingespart werden, darüber hinaus aber auch eine Beschleunigung des Kapitalumschlags (V/8) erreicht werden. Ferner wird verlangt, die knappe Arbeitszeit so aufzuteilen, daß daraus für das Unternehmen der größtmögliche Nutzen resultiert. Dazu soll der Angestellte vor allem wertanalytisch denken, d.h. nach einem an ökonomischen Kriterien ausgerichteten Wichtigkeitsprinzip verfahren und dabei die Arbeitsprioritäten möglichst selbständig und vor allem frühzeitig erkennen (I/7, II/4, III/5f).

6.2. Zusammenfassung

Mit der Anwendung der EDV verbindet sich ein Wandel der Aufgabenstruktur sowie der Methoden und Organisation der Arbeitsabwicklung, und damit der Qualifikationsanforderungen kaufmännischer Tätigkeiten.

Im Bereich der Datenerfassung ist durch die EDV die repetitive Schreibarbeit im Zusammenhang mit der Führung von Karteien, die erhebliche Anforderungen an die Ausdauer der dort eingesetzten Arbeitskräften stellte , weitgehend weggefallen. Bei der Datenerfassung im Off-line-Betrieb wird die Karteiführung allerdings lediglich durch repetitive Formulararbeit, das Ausfüllen von Ablochbelegen oder maschinell lesbaren Belegen, ersetzt. Bei der Verwendung von Lochkarten kommt überdies das Ablochen der Belege als Routinearbeit hinzu. Bei der Direkteingabe der Daten über EDV-Terminals fällt die Formulararbeit weitgehend weg. Im Vordergrund steht wie beim Ablochen die schnelle und fehlerfreie Bedienung einer Tastatur mit den darangebundenen sensumotorischen Anforderungen.

Mit der Dialogverarbeitung von Geschäftsvorfällen am Bildschirm sieht sich auch der qualifiziertere Sachbearbeiter sensumotorischen Anforderungen gegenüber, die Tastatur des Terminals schnell und fehlerfrei zu bedienen. Allerdings bleibt bei der Dialogverarbeitung der Bildschirm eher ein Hilfsmittel zur Bewältigung der fachlichen Aufgaben, während bei der Datenerfassung die Terminalbedienung den eigentlichen Arbeitsinhalt ausmacht und die einzugebenden Daten in der Regel nicht auf den Geschäftsvorfall, den sie dokumentieren, bezogen werden müssen. Die Datenerfassung ist insofern abstrakte Verarbeitung von Daten nach vorgegebenen Verfahrensrichtlinien, ohne daß hierbei die Kenntnis des Bezugssystems erforderlich wäre, durch das die Daten erst zu fachlichen Informationen werden (siehe auch Kapitel 2.1.). Hier besteht ein wesentlicher Unterschied zu Dispositionsaufgaben, Auswertungsaufgaben oder Aufgaben im Umgang mit Kunden und Lieferanten, bei denen auch bei der Anwendung von EDV-Systemen weiterhin Kenntnisse des sachlichen Gegenstandsbereichs als Grundlage der Interpretation der für das Arbeitshandeln relevanten Daten erforderlich sind.

Eine zunehmend rationalisierte Datenspeicherung mit Hilfe der EDV-Technologie führt freilich dazu, daß jenes traditionelle Erfahrungswissen überflüssig wird, mit dem die lückenhafte Datendokumentation traditioneller Datenverarbeitungsverfahren überbrückt wurde. Die bei den Tätigkeiten in den kaufmännischen Fachabteilungen benötigten EDV-Kenntnisse beschränken sich auf die Kenntnis der Ein- und Ausgabeprogramme, die den Bezug der Angestellten zum EDV-System definieren. Von besonderer Bedeutung sind diese Kenntnisse bei der Suche und Beseitigung von Fehlern.

Bei Entscheidungsaufgaben dient die EDV hauptsächlich dazu, die Entscheidungsinformationen qualitativ zu verbessern. In den Vordergrund tritt für die Sachbearbeiter die fachliche Prüfung maschinell erstellter Dispositionsvorschläge auf der Grundlage ihres fachlichen Erfahrungswissens.

Bei Aufgaben im Umgang mit Kunden und Lieferanten sind weiterhin Elemente traditioneller kaufmännischer Anforderungen bei der Austragung von Interessengegensätzen zwischen "Anbieter" und "Nachfrager" zu beobachten. Die Anforderungen des traditionellen kaufmännischen Schriftwechsels gehen durch die Rationalisierung des kaufmännischen Geschäftsverkehrs mit Hilfe von Standardbriefen, Textautomaten usw. jedoch zurück.

Mit dem Aufbau von EDV-Systemen und der Integration der Datenverarbeitungsprozesse nimmt der Organisationsgrad der kaufmännischen Arbeit zu. Der einzelne Angestellte ist stärker an generelle Regeln gebunden, auf deren Einhaltung er im Interesse der Aufrechterhaltung des Geschäftsablaufs verpflichtet wird. Die Folgen von Fehlhandlungen werden mit zunehmendem Integrationsgrad schwerwiegender, so daß die Anforderungen an fehlerfreies Arbeiten, insbesondere bei der Datenerfassung zunehmen. Als Element in einem teilweise weitverzweigten "Mensch-Maschine-System" ist der einzelne Angestellte einer zentralen Zeitorganisation unterworfen, deren Normen einzuhalten sind.

Die Normierbarkeit des Arbeitshandelns bleibt aufgrund des engen Marktbezugs der kaufmännischen Verwaltung freilich auch bei fortgeschrittenem Technisierungs- und Integrationsgrad begrenzt, so daß den Angestellten insbesondere bei Tätigkeiten im Umgang mit Kunden und Lieferanten weiterhin Handlungsspielräume überlassen werden müssen, die vielfach erst nachträglich einer Kontrolle unterzogen werden können. Von den Angestellten wird verlangt, daß sie diese Handlungsspielräume im Sinne der als Rahmen vorgegebenen Arbeitsregeln und Zielsetzungen nutzen.

7. Zusammenfassung der wichtigsten Thesen zum technisch-organisatorischen Wandel in der kaufmännischen Industrieverwaltung und Schlußbemerkungen

Die in ausgewählten Industrieverwaltungen durchgeführte Untersuchung hat den Charakter einer "Pilot Study". Die entwickelten Thesen beruhen auf einer qualitativen Analyse ausgewählter Einzelfälle und dürfen deshalb nicht unbesehen als verallgemeinerbare Verlaufstendenzen und Konsequenzen der Einführung und Weiterentwicklung von EDV-Systemen interpretiert werden. Die Thesen müssen vielmehr in systematischen Untersuchungen auf einer breiteren empirischen Basis weiterverfolgt werden. Überdies beziehen sich die Thesen allein auf den Bereich kaufmännischer Industrieverwaltungen. Dies schließt nicht aus, daß in anderen kommerziellen Anwendungsgebieten der EDV-Technik, wie z.B. Banken oder Versicherungen, ähnliche Untersuchungsergebnisse zu erwarten sind, was allerdings in vergleichenden Untersuchungen erst empirisch zu überprüfen wäre.

1) Die Einführung und Weiterentwicklung der EDV wird in den Unternehmen primär von ökonomischen Bedingungen und Zielsetzungen bestimmt. Ein starker Innovationsdruck geht von den Konkurrenzbedingungen der Unternehmen aus. Personalknappheit spielt aufgrund der jüngsten Entwicklung auf dem Arbeitsmarkt bei den Technisierungsentscheidungen der Unternehmen keine maßgebliche Rolle mehr. Eine zentrale Zielsetzung des EDV-Einsetzes ist, steigende Verwaltungskosten, insbesondere Personalkosten, aufzufangen. Das EDV-System ist hierbei Mittel zur Einsparung menschlicher Arbeitskraft in den Verwaltungsprozessen durch die (Teil-)Automatisierung von Datenverarbeitungsaufgaben und die Integration von Datenverarbeitungsprozessen. Eine weitere Zielsetzung des EDV-Einsatzes besteht darin, mit Hilfe aktuellerer und komplexerer Entscheidungs- und Kontrollinformationen die Steuerung der ökonomischen Unternehmensprozesse (Beschaffung, Lagerung, Absatz usw.) zu verbessern, um so zu einer effektiveren

Nutzung des Unternehmenskapitals zu kommen. Diese Zielsetzung, die auf eine Verbesserung der Steuerungsleistungen der industriellen Verwaltung ausgerichtet ist, rückt zunehmend in den Mittelpunkt der EDV-Anwendung in der Industrieverwaltung, nachdem zu Beginn der EDV-Entwicklung in den Unternehmen die Einsparung von Verwaltungskosten als Zielsetzung des EDV-Einsatzes dominierte.

2) Bei allen betriebs- und prozeßspezifischen Besonderheiten des technisch-organisatorischen Wandels zeichnen sich im Zusammenhang mit der Einführung und Weiterentwicklung von EDV-Systemen in der industriellen Verwaltung folgende Entwicklungstendenzen der Arbeitsorganisation in den kaufmännischen Fachabteilungen ab:
   a) Die Tendenz der Polarisierung der Tätigkeitsstruktur in den kaufmännischen Fachabteilungen, die mit der Trennung fachlicher Sachbearbeitertätigkeiten und fachlich unspezifischer Schreibtätigkeiten bereits in der gering maschinisierten Verwaltung begann, setzt sich verstärkt fort. Deutlicher als bisher werden einfache Routineaufgaben von komplexeren Fachaufgaben getrennt und verschieden qualifizierten Arbeitskräften übertragen. Insbesondere aus qualifizierteren Sachbearbeitertätigkeiten werden Routineaufgaben abgespalten und auf neu eingerichteten Arbeitsplätzen für geringer qualifizierte Sachbearbeiter oder angelernte Hilfskräfte zusammengefaßt. Die qualifizierten Sachbearbeiter-Arbeitsplätze werden dadurch aufgewertet, gleichzeitig jedoch in ihrer Gesamtzahl absolut oder zumindest relativ reduziert.
   b) Die Koordination der Teilarbeiten erfolgt zunehmend über generelle Regelungen, wodurch insbesondere traditionelle Koordinationsfunktionen der unteren Vorgesetzten abgebaut werden. Die horizontale Kooperation der ausführenden Angestellten bleibt nach wie vor auf Detailabstimmungen in dem von der Leitungshierarchie bestimmten Rahmen begrenzt.
   c) Die traditionellen zeitlichen und sachlich-arbeitsmethodischen Handlungsspielräume der Angestellten werden eingeschränkt und das Arbeitshandeln stärker generellen Regelun-

gen und detaillierteren Kontrollen unterworfen. Ökonomische Entscheidungsprozesse werden ebenso stärker vorstrukturiert und kontrolliert.

3) Von der eingesetzten EDV-Technik gehen hinsichtlich der technischen Möglichkeiten der Verbindung maschineller und menschlicher Arbeit und hinsichtlich der kostenökonomischen Nutzung der EDV-Anlage Anforderungen an die Gestaltung der Arbeitsorganisation aus, die jedoch die vermuteten Entwicklungstendenzen der Arbeitsorganisation allein nicht erklären können. Weitere maßgebliche Bedingungen arbeitsorganisatorischer Gestaltung sind insbesondere veränderte Anforderungen an die Funktionsleistungen der kaufmännischen Verwaltung, die Verfügbarkeit von Arbeitskräften bestimmter Qualifikation sowie die betrieblichen Interessen an einem kostengünstigen Personaleinsatz, leichter Austauschbarkeit des Personals, einfacher Kontrollierbarkeit der Arbeit usw.

4) Prinzipien der Arbeitsorganisation,nach denen die Arbeit in spezialistische Tätigkeiten zerlegt und höchstmöglich standardisiert ist, scheinen auch unter den Bedingungen des Einsatzes fortgeschrittener EDV-Technologie den betrieblichen Interessen, die menschliche Arbeitskraft in der kaufmännischen Verwaltung rentabel zu nutzen und das betriebliche Herrschaftssystem zu stabilisieren, am ehesten zu entsprechen. Der Standardisierung der Arbeit und damit deren Technisierung oder genereller organisatorischer Regelung sind in der kaufmännischen Industrieverwaltung insbesondere durch die Variabilität der Marktanforderungen jedoch Grenzen gesetzt, die den Einsatz qualifizierter Arbeit und die Notwendigkeit personaler Kooperation implizieren. Inwieweit den ausführenden Angestellten Tätigkeits- und Entscheidungsspielräume überlassen bleiben, liegt allerdings im Ermessen der Unternehmensleitungen, die sich dabei vor allem von Effizienz- und Kontrollgesichtspunkten leiten lassen, grundsätzlich aber dahin tendieren, die Tätigkeitsspielräume, vor allem aber die Entscheidungsspielräume der

ausführenden Angestellten soweit wie möglich einzugrenzen, ohne jedoch selbst bei einfachen Hilfstätigkeiten das Arbeitshandeln vollständig determinieren zu können. Die EDV-Technik eröffnet allerdings die Möglichkeit, das Arbeitshandeln kaufmännischer Angestellter effektiver als bisher zu kontrollieren.

5) Art und Höhe der Qualifikationsanforderungen ausführender kaufmännischer Tätigkeiten werden bestimmt von den Inhalten der Arbeitsaufgaben und dem technisch-organisatorischen Rahmen ihrer Durchführung, insbesondere der Einbeziehung der Tätigkeit in das EDV-System und dem Grad der Standardisierung der Tätigkeit. Hinsichtlich des Bezugs zum EDV-System und dem Standardisierungsgrad der Arbeit lassen sich in den kaufmännischen Fachabteilungen vereinfachend zwei Tätigkeitskategorien unterscheiden: Die Aufgabe einer ersten Gruppe von Tätigkeiten ist es, die Daten zu erfassen und in das EDV-System einzugeben. Diese Tätigkeiten sind direkt auf die maschinelle Datenverarbeitung bezogen und durch das EDV-Programm determiniert. Eine zweite Tätigkeitskategorie ist gekennzeichnet durch dispositive Aufgaben und/oder Aufgaben im Umfang mit Kunden und Lieferanten. Hier ist das EDV-System primär Informationsmittel; die Tätigkeit ist nicht auf das EDV-System, sondern auf einen bestimmten fachlichen Arbeitsbereich (Verkauf, Einkauf usw.) ausgerichtet.
Datenerfassungstätigkeiten erfordern aufgrund ihrer weitgehenden Standardisierung weniger Kenntnisse des sachlichen Gegenstandsbereichs, auf den sich die Daten beziehen, sondern vor allem Kenntnisse des jeweiligen Datenerfassungsverfahrens. Korrektes und zuverlässiges Arbeiten zur Vermeidung von Erfassungsfehlern steht im Vordergrund der Arbeitsanforderungen. Demgegenüber sind dispositive Aufgaben und Aufgaben im Umgang mit Kunden und Lieferanten noch eher durch traditionelle industriekaufmännische Qualifikationsanforderungen gekennzeichnet. Die Steuerung nicht vollständig planbarer Beschaffungs- und Absatzprozesse verlangt "objektspezifische" Sachkenntnisse und gewisse soziale Qualifikationen zur Bewältigung von Koopera-

tionsproblemen und Problemen in den Geschäftsbeziehungen zu anderen Unternehmen.
In den untersuchten Unternehmen werden Datenerfassungsaufgaben weitgehend von angelernten, meist weiblichen Hilfskräften ausgeführt, während die Betreuung von Kunden, die Verhandlung mit Lieferanten, die Materialdisposition usw. weitgehend von Angestellten mit abgeschlossener Industriekaufmannslehre wahrgenommen werden.

6) Auch in mittelfristiger Perspektive ist zu erwarten, daß zur Bewältigung nicht planbarer Situationen an den Nahtstellen zwischen integrierten Teilen des betrieblichen EDV-Systems sowie der industriellen Verwaltung und den Absatz- und Beschaffungsmärkten weiterhin fachlich qualifizierte Arbeitskräfte erforderlich sind. Der Abbau der Routinearbeit bei der Datenerfassung würde eine umfassende Rationalisierung des Datenverkehrs zwischen den Unternehmen voraussetzen.

7) Der Wandel der Arbeitsorganisation und der Qualifikationsanforderungen in der kaufmännischen Industrieverwaltung im Verlauf zunehmender Technisierung der Verwaltungsprozesse ist auf umfassende Rationalisierungsstrategien der Unternehmen zurückzuführen, in denen die Gestaltung des EDV-Systems und der Arbeitsorganisation Mittel zur Durchsetzung betrieblicher Interessen darstellen. Die Strategien sind bezogen auf je unterschiedlich ausgeprägte ökonomische und soziale Bedingungen der Unternehmen, die in einer spezifischen Form der Nutzung der unter rein technischen Gesichtspunkten universell einsetzbaren EDV-Technologie einerseits und der menschlichen Arbeitskraft andererseits ihren Niederschlag finden.

Die insbesondere im Zusammenhang mit der gegenwärtigen Humanisierungsdebatte in der Industriesoziologie aufgeworfene Frage nach alternativen, nicht-tayloristischen Formen der Arbeitsorganisation hätte demnach theoretisch auf der Ebene betrieblicher Strategien anzusetzen, die ihrerseits auf strukturelle Bedingungen privatwirtschaftlicher Produktion zurückzubeziehen wären.

Die gegenwärtig verfügbare EDV-Technologie hat eine so hohe Flexibilität erreicht, daß sie unter rein technischem Aspekt nicht als restriktive Bedingung einer alternativen Arbeitsgestaltung angeführt werden kann. Entscheidend für die Form der Arbeitsorganisation ist vielmehr die von ökonomischen und sozialen Interessen gesteuerte Nutzung der EDV-Technik.

Im Mittelpunkt der Studien zur "Büroautomation" stand die Frage nach den maximalen Technisierungsmöglichkeiten, von denen in technologisch verkürzter Sicht meist angenommen wurde, daß sie nach der Beseitigung gewisser organisatorischer Hindernisse nach und nach auch weitgehend realisiert würden. Aufgabe zukünftiger industriesoziologischer Forschung müßte es dagegen sein, den tatsächlichen Verlauf des technisch-organisatorischen Wandels in der industriellen Verwaltung durch die Analyse seiner Bedingungen zu erklären und Möglichkeiten und Restriktionen seiner Beeinflussung aufzuzeigen. Hierzu wird es notwendig sein, die theoretischen Bemühungen zur Entwicklung einer ökonomisch-soziologischen Theorie der industriellen Verwaltung erheblich zu intensivieren.

8. Anhang

8.1. Angaben zu den Untersuchungsunternehmen

Unternehmen	A	B	C	D	E
Eigentums-verhältnisse	deutsche Tochtergesellschaft eines amerikanischen Konzernunternehmens	deutsche Tochtergesellschaft eines amerikanischen Konzernunternehmens	selbständig bilanzierender Geschäftsbereich eines deutschen Konzerns	Einzelunternehmung	Kommanditgesellschaft
Standort	Rhein-Main-Gebiet	Rhein-Main-Gebiet	Großraum Stuttgart	Südwestfalen	Nordhessen
Produktions-programm	Elektrokleinteile	Pharmaerzeugnisse, Lebensmittel	Apparatebau	Apparatebau	Werkzeugteile
Beschäftigte (1976, etwa) insgesamt:	65o	67o	13oo	26o	16o
davon					
- gewerbliche	3co	25o	85o	17o	1oo
- Angestellte	35o	42o	45o	9o	6o
davon -technische Angestellte	15o	keine Angaben	3oo	4o	3o
-kaufmänn. Angestellte	2co	keine Angaben	15o	5o	3o
Nutzungsform der EDV in den kaufmännischen Fachabteilungen (überwiegend)	On-line und Real-time	Off-line Umstellung auf On-line und Real-time geplant	On-Line und Real-time	On-line	Umstellungsphase auf On-line von konventioneller Bürotechnik

Unternehmen A

Das Unternehmen A ist die deutsche Tochtergesellschaft eines multinationalen Konzerns mit Sitz in den USA. Der Produktionsschwerpunkt sind Elektrokleinteile, die in elektrischen Ausrüstungen aller Art Verwendung finden. Das Produktionsprogramm umfaßt etwa 38 ooo Produkte, von denen allerdings ein großer Teil nur auftragsbezogen in Groß- oder Kleinserien hergestellt wird. Viele Artikel werden auch in einer Reihe von Varianten hergestellt, die teilweise nur unbedeutend, z.B. hinsichtlich der Lackierung, voneinander abweichen.

Die gesamte Konzernproduktion ist auf einzelne nationale Tochtergesellschaften insbesondere in Europa, Japan und USA verteilt. Die deutsche Tochtergesellschaft unterhält ein Werk im süddeutschen Raum, in dem allerdings nur ein geringerer Teil des Verkaufsprogramms und Verkaufsvolumens für den deutschen Markt hergestellt wird. Der größte Teil des Absatzvolumens bezieht das Unternehmen fertig von einzelnen Schwestergesellschaften. Der Schwerpunkt des Unternehmens liegt eindeutig im Vertriebsbereich, in dem auch die Mehrheit der kaufmännischen Angestellten beschäftigt ist, da das Umsatzvolumen, das auf dem deutschen Markt abgesetzt wird, das eigene Produktionsvolumen um ein Mehrfaches übersteigt.

Hauptkunden des Unternehmens sind Großunternehmen der Automobil-, Hausgeräte- und Elektroindustrie, sowie der Fachhandel und Behörden.

Die partielle Loskopplung von Produktion und Verkauf und deren gleichzeitiger Verbund und Steuerung auf der Ebene des Gesamtkonzerns dient vor allem der Ausnutzung von Standortvorteilen sowie der gleichmäßigen Auslastung der weltweit verfügbaren Produktionskapazitäten durch den Ausgleich von konjunkturellen Sonderentwicklungen in einzelnen Absatzgebieten. Die Umleitung von Produktionsströmen zwischen einzelnen Tochtergesellschaften wird durch die Besonderheiten der Produkte (i.d.R. Kleinteile, die leicht transportierbar sind) und eine flexible Produktionstechnologie (in einzelnen Produktionsbereichen kann aufgrund der teilweise nur geringen technischen Differenzen zwischen den Produkten jeweils eine Vielzahl von Produkten hergestellt werden) erleichtert.

Da zu den Hauptabnehmern die konjunkturanfällige Automobil- und Hausgeräteindustrie gehören, sieht sich das Unternehmen selbst größeren Absatzschwankungen ausgesetzt. Aufgrund des 1976 sprunghaften Aufschwungs der Automobilkonjunktur hat sich der Markt für das Unternehmen von einem "Käufermarkt" in einen "Verkäufermarkt" gewandelt. Die Unternehmensleitung kann deshalb eine Strategie der Unterkapazität bei gleichzeitiger Ausdehnung der Lieferfristen verfolgen und auf einen Ausbau von Produktionskapazitäten verzichten, deren langfristige Auslastung nicht gesichert ist, ohne nennenswerte Einbußen an potentiellem Umsatz befürchten zu müssen.

Nach Angabe des Unternehmens kam es im Durchschnitt der letzten Jahre trotz erheblicher Schwankungen zu einer jährlichen Steigerungsrate des Absatzvolumens von etwa 2o %.

Die Entwicklung der maschinellen Datenverarbeitung verlief wie folgt: Einsatz einer konventionellen Lochkartenanlage bis 1968, Einführung einer EDV-Anlage auf Lochkartenbasis, ab 1972 Einsatz eines Markierungslesers bis zur Einführung von Bildschirmen 1974/75.

Unternehmen B

Das Unternehmen B ist die deutsche Tochtergesellschaft eines multinationalen amerikanischen Konzernunternehmens. Die Produktionsschwerpunkte liegen bei Pharmaerzeugnissen und Lebensmitteln. Das Produktionsprogramm umfaßt etwa 5o Produkte, die teilweise von Schwestergesellschaften fertig bezogen werden. Produziert wird auf Lager. Die Erzeugnisse werden überwiegend als Markenartikel an den Groß- und Einzelhandel, Drogerien und Apotheken in der Bundesrepublik und in Österreich geliefert. Von den über 1o ooo Kunden sind ein geringerer Teil Großabnehmer (Kaufhauskonzerne, Einkaufsgenossenschaften usw.), der Rest sind mittlere und kleinere Unternehmen im Handel, sowie Apotheken und Drogerien. Das Unternehmen verzeichnet ein von konjunkturellen Einflüssen nur wenig berührtes, konstantes Umsatzwachstum. Bei einzelnen Produkten gibt es starke saisonale Schwankungen im Auftragseingang, die zusätzlich von Nachfrageschwankungen aufgrund zufälliger Faktoren (z.B. Grippewelle) überlagert sind. Da die saisonalen Nachfrageentwicklungen einzelner Produkte gegenläufig sind, gelingt dem Unternehmen eine relativ konstante Auslastung der Produktions- und Verwaltungskapazitäten.Unerwartete Nachfragespitzen werden üblicherweise durch zusätzliche Lieferungen einzelner Schwestergesellschaften abgedeckt.

Das Unternehmen setzte bis 1967 eine konventionelle Lochkartenanlage ein. Es folgte ein EDV-System auf Lochkartenbasis, das bisher laufend vergrößert (Erhöhung der Kernspeicherkapazitäten) und weiterentwickelt (Übergang von Lochkartenspeicherung auf Plattenspeicherung) wurde. 1977 soll mit der Umstellung des EDV-Systems auf Bildschirme begonnen werden.

Unternehmen C

Das Unternehmen C ist ein selbständig bilanzierender Geschäftsbereich eines deutschen Großunternehmens. Der Schwerpunkt des Unternehmens liegt in der Fertigung von elektronischen Geräten. Die Entwicklung der Geräte wird in der Unternehmenszentrale vorgenommen. Aufgabe des Geschäftsbereichs ist es, die Entwicklung produktionstechnisch kostengünstig zu realisieren. Der Hauptabnehmer sind staatliche Stellen, mit denen langfristige Lieferverträge ausgehandelt werden. Der Schwerpunkt der kaufmännischen Verwaltung liegt daher im Einkauf und im betrieblichen Rechnungswesen. Das Unternehmen versucht sich insbesondere durch technologische Innovation und Produktqualität einerseits und kostengünstige Angebote aufgrund rationeller Produktion und günstigem Einkauf andererseits gegenüber der Konkurrenz zu behaupten. Die Absatzentwicklung hängt nur vermittelt über die staatliche Ausgabenpolitik von der allgemeinen wirtschaftlichen Konjunkturentwicklung ab.

Das seit Anfang der 6oer Jahre aufgebaute EDV-System des Unternehmens wurde 1974/75 mit Bildschirmen ausgerüstet.

Unternehmen D

Das Unternehmen D ist ein Familienunternehmen, das durch den Inhaber selbst geleitet wird. Produziert wird in Kleinserien, teilweise auch in Einzelfertigung für Gerätehersteller und das Handwerk. Der Kundenkreis umfaßt etwa 4ooo Kunden, wobei Kleinabnehmer aus dem Handwerk überwiegen. Der Exportanteil ist gering. Das Unternehmen versucht durch flexibles Eingehen auf Kundenwünsche (z.B. Sonderanfertigungen, besonderes Zubehör), Qualität der Produkte und guten kaufmännischen und technischen Kundenservice seine Stellung am Markt gegenüber der starken Konkurrenz, vor allem von Seiten der Großunternehmen, zu halten und auszubauen.

Das Unternehmen setzte ab 1971 einen über Lochstreifen gesteuerten "Kleincomputer" ein, mit dem insbesondere die Buchhaltung, Lohnabrechnung und Kostenrechnung durchgeführt wurden. 1975 wurde eine EDV-Anlage mit Bildschirmen angeschafft und begonnen, die einzelnen Verwaltungsbereiche sukzessive auf EDV umzustellen.

Unternehmen E

Das Unternehmen E hat die Rechtsform einer KG. Produziert werden Werkzeugteile, überwiegend auftragsbezogen. Auf Lager werden nur wenige gängige Produkte des über 1o ooo Variationen umfassenden Produktionssortiments gefertigt. Auf dem deutschen Markt gibt es etwa 6o Konkurrenten, von denen etwa 1o einen Marktanteil von 7o % besitzen. Das Unternehmen E sieht sich mit einem Marktanteil von etwa 5 % an 7. Stelle. Das Unternehmen gehört einem angemeldeten Rationalisierungskartell an, das für gängige Artikel einen Grundpreis festlegt, der innerhalb enger Grenzen noch durch Rabatte variiert werden kann. Als absatzpolitisches Instrument betrachtet das Unternehmen deshalb vor allem die Rabattpolitik; darüber hinaus die Garantie gleichbleibender Produktqualität und einen guten kaufmännischen Lieferservice, wozu das EDV-System ein wesentliches Mittel darstellen soll.Nach Angaben der Unternehmensleitung konnte der Umsatz in den vergangenen Jahren real leicht erhöht werden.

Das Unternehmen begann 1976 die Umstellung von konventioneller Bürotechnik auf ein EDV-System mit Bildschirmen.

8.2. Fallstudien

Die Fallstudien sind eine zusammenfassende Beschreibung der untersuchten Fälle technisch-organisatorischen Wandels. Sie sollen zum einen die wichtigsten Ergebnisse der Befragungen, Arbeitsplatzbeobachtungen und der Auswertung betrieblichen Materials dokumentieren. Zum andern sollen die Fallstudien aber auch einen Einblick in die objektive Arbeitssituation kaufmännischer Angestellter vermitteln und so die analytische Interpretation des empirischen Materials in den Kapiteln 4 bis 6 ergänzen.

Es wurde versucht, bei der Darstellung des Fallmaterials nach einem einheitlichen Schema zu verfahren, um so dem Leser die Orientierung zu erleichtern und Quervergleiche zwischen den einzelnen Fallstudien zu ermöglichen. Gewisse Abweichungen von diesem Schema ließen sich jedoch aufgrund der jeweiligen Besonderheiten des Einzelfalles und Unterschieden im Umfang des verfügbaren Fallmaterials nicht vermeiden.

Die Anordnung des empirischen Materials erfolgte im einzelnen nach folgenden Gliederungspunkten:

1. Abteilungsaufgabe: die Aufgabe der Abteilung im Rahmen des Gesamtunternehmens;
2. Eingliederung der Abteilung in die Unternehmensorganisation;
3. Entwicklung der EDV: Formen der EDV-Anwendung, Ziele der Einführung und Weiterentwicklung des EDV-Systems, Veränderung der Arbeitsabläufe, geplante Weiterentwicklung des EDV-Systems;
4. Personalstruktur und Tätigkeiten: Form der Aufgabenverteilung und Zuordnung von Tätigkeiten zu Arbeitskräften einer bestimmten Qualifikation;
5. Tätigkeitsanforderungen: sensumotorische, intellektuelle und normative Anforderungen der Tätigkeiten;
6. horizontale Kooperation: Formen der Arbeitsbeziehungen und Abstimmungsprozesse unter ausführenden Angestellten;
7. vertikale Kooperation: Formen der Leitung und Kontrolle der ausführenden Tätigkeiten.

Die Fallstudien werden in folgender Reihenfolge dargestellt:

Fallstudie I : Einkauf Unternehmen C
Fallstudie II : Einkauf Unternehmen B
Fallstudie III : Disposition Unternehmen B
Fallstudie IV : Disposition Unternehmen A
Fallstudie V : Verkauf Unternehmen B
Fallstudie VI : Verkauf Unternehmen A
Fallstudie VII : Debitorenbuchhaltung Unternehmen B
Fallstudie VIII : Debitorenbuchhaltung Unternehmen A
Fallstudie IX : Betriebsbuchhaltung Unternehmen B

Fallstudie I: Einkauf Unternehmen C

1. Abteilungsaufgabe

Die Aufgabe der Einkaufsabteilung im Unternehmen C besteht darin, die von der Materialdisposition auf der Grundlage des Produktionsplans technisch, mengenmäßig und terminlich spezifizierten Materialbedarfsanforderungen unter ökonomischen und qualitätsmäßigen Gesichtspunkten in Bestellungen bei Zulieferunternehmen umzusetzen und einen so rechtzeitigen Materialeingang sicherzustellen, daß es zu keinen Produktionsunterbrechungen kommt.

2. Eingliederung der Abteilung in die Unternehmensorganisation und Organisation des Einkaufs

Die Einkaufsabteilung ist eine Unterabteilung der Hauptabteilung "Materialwesen", die direkt der "Fabrikleitung" (nicht dem kaufmännischen Bereich) unterstellt ist.

Die Abteilung gliedert sich in fünf sogenannte "Fachgruppen", die jeweils für die Beschaffung bestimmter Materialarten zuständig sind, und zwei sogenannte "Zentralgruppen", die "Einkaufsverwaltung", sowie die Gruppe "Wareneingang und Rohlager". Zwei Stabsstellen, "Projektkoordination" und "Beschaffungsmarktanalyse", sind direkt der Einkaufsleitung zugeordnet.

Organisationsplan:

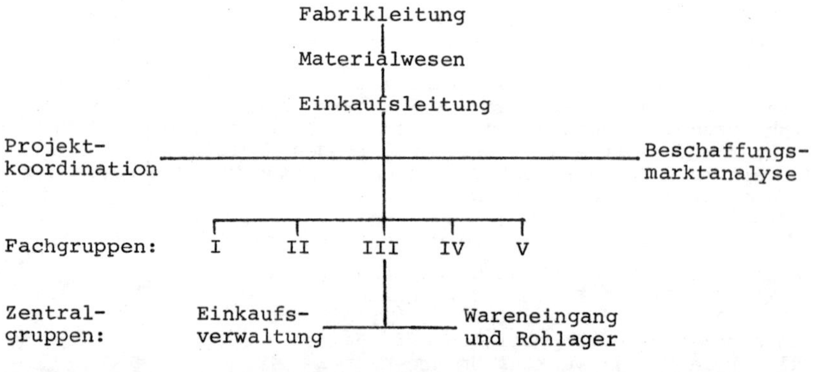

Die gegenwärtig realisierte Einkaufsorganisation wird von der Einkaufsleitung als die optimale Synthese der Grundprinzipien drei alternativer Organisationsmodelle angesehen.

In einem Modell A seien die Einkäufer den einzelnen Projekten (Produkten) zugeteilt. Dies habe zwar den Vorteil einer engen Koordination zwischen Projekt (Entwicklung, Produktionsplanung und -steuerung, Disposition usw.) und Einkauf, erlaube allerdings keine unter wirtschaftlichen Gesichtspunkten vorteilhafte Bedarfszusammenfassung. In einem Modell B wäre der Einkäufer auf bestimmte Materialgruppen spezialisiert, wodurch der Vorteil der Materialzusammenfassung wahrgenommen werden könne, jedoch die Anbindung an die Projekte fehle. Modell C schließlich gehe von einer Tätigkeitsspezialisierung aus, d.h. der gesamte Einkaufsvorgang ist vertikal zerlegt und jeder Arbeitsschritt auf spezialisierte Bearbeiter übertragen. Der Nachteil dieses Modells sei jedoch eine besonders schwierige Projektkoordination, der Vorteil eine Differenzierung der erforderlichen Qualifikationen.

Die gewählte Form der Einkaufsorganisation: Fachgruppen, Zentralgruppen und eine Stabsstelle für die Projektkoordination, vereinige die Vorteile aller Modelle.

3. Entwicklung der EDV

Im Mai 1975 wurde der Einkauf durch die Installation von Bildschirmen in den Einkaufsgruppen und den Zentralgruppen auf EDV umgestellt. Vorher erfolgte die Arbeitsabwicklung mit Hilfe von Karteien als zentrale Arbeits- und Informationsmittel. Als primäre Zielsetzungen der EDV-Einführung werden die Verbesserung der Entscheidungsinformationen und eine Effektivierung des Mahnwesens genannt.

a) Konventioneller Arbeitsablauf

Nach Zugang der Bedarfsanforderung von der Materialdisposition suchte der Einkäufer anhand der Einkaufskartei oder dem Lieferantenverzeichnis etwa fünf bis zehn Lieferanten heraus, die für die Produktion des benötigten Materials in Frage kommen. Diesen ging die Aufforderung zu, ein Preisangebot abzugeben. Auf der Grundlage der eingegangenen Angebote und einer Reihe weiterer Informationen (vgl. dazu weiter unten) traf der Einkäufer die Lieferantenauswahl. Handelte es sich bei dem Lieferanten der Wahl um einen, dessen Produkt bereits bei einer früheren Lieferung die Materialprüfung durchlaufen hatte, so erging die Bestellung unmittelbar. "Preislich interessante" Lieferanten, deren Erzeugnisse bislang noch nicht die betriebliche Qualitätskontrolle durchlaufen hatten, wurden zur Zusendung von Probeanfertigungen aufgefordert. Laufende Bestellungen unterlagen der Terminkontrolle durch den Einkäufer und waren bei Termingefährdungen anzumahnen.

b) Ziele der technischen und organisatorischen Rationalisierung des Einkaufs

Mit dem Übergang vom manuellen Verfahren auf die EDV verband sich eine Reorganisation der Arbeitsverteilung, deren Grundidee darin bestand, alle zentralisierbaren administrativen Aufgaben aus der ehemals umfassenden Einkäufertätigkeit auszulagern und in einer neu gebildeten Abteilung (Einkaufsverwaltung) zu konzentrieren.

Je Einkaufsgruppe wurde ein Bildschirm als Eingabe- und Abfragegerät auf einem Drehtisch installiert. Die Software basiert auf einem vom Hersteller fertig übernommenen Programmpaket, das von einer anläßlich der Umstellung gebildeten Projektgruppe, bestehend aus Systemanalytikern, Programmierern, einem Mitglied der Einkaufsleitung und einigen Gruppenleitern als Fachberatern, den unternehmensspezifischen Bedingungen angeglichen wurde.

Als unmittelbaren Anlaß für die Umstellung auf EDV nennt die Einkaufsleitung ein starkes Anwachsen des Einkaufsvolumens verbunden mit einem neuen Stellenwert, der dem Einkauf von der Unternehmens- bzw. Konzernleitung als Moment der Sicherung der Wettbewerbsfähigkeit zugemessen wird. Der Einkauf werde heute nicht mehr wie früher nur als Bestellbüro, sondern als bedeutender Wirtschaftlichkeitsfaktor gemäß dem Ziel "Gewinn durch Einkauf" angesehen. Die Realisierung dieser Vorstellung setze aber eine Verbesserung der Qualität der Informationen wie der Qualifikation der Einkäufer voraus.

Durch das On-line-Verfahren falle nahezu der gesamte Formularverkehr wie auch die Karteiführung weg. Der Einkäufer bekomme nun direkt alle für ihn wesentlichen Informationen über den Bildschirm geliefert. Früher habe man hingegen nicht die Möglichkeit gehabt, dem Einkäufer die wachsende Datenfülle so nahezubringen, daß dieser daraus wirklich einen Nutzen hätte ziehen können.

Mit Hilfe der EDV sei heute eine detaillierte Wertanalyse (den Lieferanten werden Wertzahlen hinsichtlich Produktqualität und Liefertreue gegeben) möglich, auf deren Grundlage bessere Einkaufsentscheidungen getroffen werden könnten. Ferner sei das Mahnwesen effektiver geworden: "Früher war alles beim Einkäufer konzentriert. Er mußte auch mahnen. Wenn er viel Zeit hatte, konnte er sich ausführlich um das Mahnwesen kümmern, wenn nicht, blieb das liegen. Das zeigte sich in Form von geplatzten Terminen. Wenn die Fertigung laut wurde, mußte er sich schnell auf den Lieferanten stürzen und oft feststellen: der Lieferant hat ihn, da er bisher sehr selten getreten wurde, auf die letzte Stelle gesetzt, da ihm das in die Planung gepaßt hat." (CEAL) Schließlich wollte man durch die EDV die Fehlerquote bei der Informationsverarbeitung senken.

Als weiteres Ziel der Neuorganisation des Einkaufs wurde die Umgestaltung der Qualifikationsstruktur genannt. Durch die Einrichtung der Einkaufsverwaltung habe man die Qualifikationsstruktur auseinandergezogen. Es seien Tätigkeiten entstanden, die keinen Gesamtüberblick mehr benötigten und mit Frauen besetzt werden könnten. Gleichzeitig sei aber das Anwachsen dieses Hilfspersonals durch die EDV beschränkt worden. Entscheidendes Moment der organisatorischen Veränderung sei indes gewesen, den Einkäufern mehr Zeit zu geben, sich um die Lieferanten zu kümmern, den Beschaffungsvorgang genau zu durchleuchten, die Lieferantenauswahl auf der Grundlage detaillierter Kenntnisse des Markts und der Technik zu treffen.

Gegenwärtig werden Überlegungen angestellt, das einheitliche Qualifikationsniveau der Einkäufer weiter zu differenzieren. In den bislang ausschließlich nach Warenarten horizontal gegliederten Einkaufsgruppen soll mindestens ein Einkäufer hinzukommen, der die geringervolumigen, weniger komplexen Materialanforderungen, die vorzugsweise aus den Entwicklungsabteilungen kommen, für alle Warenarten der Gruppe bearbeitet. Die übrigen Einkäufer könnten sich dann auf die großvolumigen Materialanforderungen der Serienfertigung konzentrieren. Handelt es sich bei dem Einkauf von Serienbauteilen vielfach um langwierige und schwierige Beschaffungsvorgänge, so kommt es bei den Entwicklungsbauteilen weniger auf den sorgsam ausgehandelten Kaufvertrag als vielmehr auf die schnelle Beschaffung der Teile an, wofür weniger umfassende Einkäuferqualifikationen als ausreichend angesehen werden.

Anlaß für diese Überlegungen sind laut Einkaufsleiter einmal Schwierigkeiten, auf dem Arbeitsmarkt qualifizierte Einkäufer mit kaufmännischen, technischen und rechtlichen Kenntnissen zu rekrutieren; zum andern das Problem der Stellvertretung bei Urlaub und Krankheit sowie das Problem der Bewältigung von Arbeitsspitzen. Da der neu zu schaffende Einkäufertypus einen gewissen Einblick in alle Materialarten der Einkaufsgruppe hat, kann er unter Anleitung und Kontrolle des Gruppenleiters oder eines qualifizierten Einkäufers überall einspringen.

c) Neuer Arbeitsablauf

Die Bedarfsmeldungen gehen dem Einkäufer vierzehntäglich auf einer EDV-Liste zu. Dieser gibt sie nach der Durchsicht auf besonders wichtige Fälle an den SB "Bestellvorbereitung" in der Zentralgruppe "Einkaufsverwaltung" weiter. Diesem SB obliegt es potentielle Lieferanten, die er über den Bildschirm unter den ehemaligen Lieferanten und über Lieferantenverzeichnisse ermittelt, oder beim Einkäufer erfragt, zur Abgabe eines Angebots aufzufordern, und dem Einkäufer auf der Grundlage der eingehenden Angebote einen Lieferanten vorzuschlagen. Die endgültige Bestellentscheidung trifft der Einkäufer (in bestimmten Fällen der Gruppenleiter oder die Einkaufsleitung; vgl. unter vertikale Kooperation) aufgrund seiner Lieferanten- und Angebotsbeurteilung.

Die Eingabegruppe der Einkaufsverwaltung gibt die Bestellungen über Bildschirm ein und vergleicht die bis zum nächsten Morgen ausgedruckten Bestellformulare mit der Bedarfsliste. Treten Abweichungen auf, werden diese dem Einkäufer mitgeteilt. Bevor dieser die Bestellung unterzeichnet, kontrolliert er sie nochmals auf Plausibilität. Die Postgruppe in der Einkaufsverwaltung macht nun die Bestellungen versandfertig.

Die eingehenden Auftragsbestätigungen des Lieferanten werden von einer Kontoristin der Einkaufsverwaltung mit der Bestellung auf Übereinstimmung in Preis, Stückzahl, Liefertermin, Materialbezeichnungen usw. überprüft, und Abweichungen dem Einkäufer gemeldet. Dieser entscheidet, ob die Abweichungen (z.B. geringere Stückzahl und/oder späterer Liefertermin) akzeptiert werden können. Ist dies der Fall, gibt die Kontoristin die Veränderung der Auftragsdaten über Bildschirm ein.

Die Liefertermine werden vom "Terminbüro" in der Einkaufsverwaltung anhand einer jeden Dienstag ausgedruckten Mahnliste, auf der die abgelaufenen Lieferfristen nach Einkaufsgruppe und Mahnstufe angeführt sind, überwacht. Lieferterminverzögerungen bis zu 2o Tagen werden vom Terminbüro durch schriftliche oder mündliche Mahnungen bearbeitet. Bei höheren Mahnstufen geht das Mahnverfahren auf den zuständigen Einkäufer über, der den Lieferanten "in Verzug setzen"kann. Bei Wareneingang vergleicht die Zentralgruppe "Wareneingang und Rohlager" über Bildschirm die Daten der eingegangenen Lieferung mit den Bestelldaten. Wichtige Abweichungen werden dem Einkäufer vorgelegt.

4. Personalstruktur und Tätigkeiten

Der Einkaufsleitung unterstehen heute etwa 4o Angestellte. Ihre Zahl hat sich im Zeitraum von 1973 bis 1976 um rund 1o erhöht. 5 der neuen Stellen entfallen auf qualifizierte Einkäufer. Die restlichen 5 auf weniger qualifizierte Sachbearbeiter und Hilfskräfte. Dieser Zuwachs ist nach Meinung der Einkaufsleitung das Ergebnis von drei Tendenzen: zum einen sei von der Umstellung des Einkaufs auf EDV eine Tendenz zur Personalreduzierung ausgegangen, zum zweiten habe die Erhöhung der Ansprüche an die Leistungen des Einkaufs zu einer leichten Steigerung der Kopfzahl geführt, für die Personalerhöhung verantwortlich gemacht werden müsse letztlich aber der Anstieg des Einkaufsvolumens.

Bemerkenswerter als die quantitativen Veränderungen sind indes die qualitativen Veränderungen der Personalstruktur. Zunächst wurde eine "radikale Verjüngung" vorgenommen, da die älteren Einkäufer die technischen und organisatorischen Veränderungen abgelehnt hätten und nicht bereit gewesen seien, ihre traditionelle Arbeitsweise zu verändern. Starker Widerstand wurde, wie ein Einkäufer berichtet, insbesondere der Einführung der Zentralablage entgegengebracht, die die traditionelle "Schreibtischablage" ablöste. Die Einkäufer fühlten sich dadurch des direkten Zugriffs zu ihren Unterlagen beraubt. Bei der Neubesetzung der Arbeitsplätze wurde nach Angabe der Einkaufsleitung insbesondere auf Einkäufer mit technischen Kenntnissen Wert gelegt, was zu einer gewissen Verschiebung von rein kaufmännischen zu eher technischen bzw. technischen-kaufmännischen Qualifikationen führte.

Insgesamt gesehen hat die Neuorganisation des Einkaufs eine gewisse Polarisierung der Qualifikationsstruktur im Einkauf zur Folge, indem die Einkäufertätigkeiten aufgewertet und gleichzeitig eine Reihe von Tätigkeiten mit geringer qualifizierten, rein administrativen Aufgaben neu gebildet wurden.

Die in die Untersuchung einbezogene Einkaufsgruppe "Elektronik II" setzt sich zusammen aus einem Industriekaufmann mit betriebswirtschaftlicher Zusatzausbildung und langjähriger Einkaufserfahrung als Gruppenleiter, zwei Einkäufern, von denen der eine Techniker, der andere Industriekaufmann ist, sowie einer Schreibkraft.

Die übrigen Einkaufsgruppen weisen dieselbe Struktur auf, wobei die Zahl der Einkäufer zwischen zwei und vier schwankt. Jeder Einkäufer, einschließlich des Gruppenleiters, ist für den Einkauf einer bestimmten Materialgruppe zuständig.

Die Zentralgruppe Einkaufsverwaltung, die die Arbeit der Einkäufer unmittelbar ergänzt, ist mit acht Angestellten besetzt: Der Gruppenleiter (Industriekaufmann) und eine weibliche Hilfskraft bilden die zentrale Mahnstelle ("Terminbüro"). Ein Sachbearbeiter (Industriekaufmann) ist für die Bestellvorbereitung zuständig. Die Zentralablage ist mit einer weiblichen Hilfskraft besetzt. Vier weibliche Hilfskräfte bzw. Kontoristinnen sind für die Dateneingabe an zwei Bildschirmeingabeplätzen, die Textverarbeitung an drei Schreibplätzen, den Postausgang und eine Reihe weiterer administrativer Aufgaben zuständig, die sie vom Gruppenleiter fallweise zugewiesen bekommen.

5. Inhalte und Anforderungen der Einkäufertätigkeit

Die Tätigkeit eines Einkäufers im Unternehmen C beschränkt sich weitgehend auf die Lieferantenauswahl und den Abschluß bzw. die Vorbereitung von Kaufverträgen, da die administrativen Hilfstätigkeiten in die Abteilung Einkaufsverwaltung verlagert wurden und die zu beschaffenden Materialien dem Einkäufer technisch genau spezifiziert vorgegeben sind. Seine Aufgabe besteht darin, einen geeigneten Lieferanten zu finden und einen für das Unternehmen günstigen Kaufvertrag abzuschließen.

Der Ablauf des Einkaufsverfahrens hängt insbesondere davon ab, inwieweit neue Lieferanten in die engere Wahl gezogen werden. Ist dies der Fall, holt der Einkäufer zunächst alle verfügbaren Auskünfte über Banken und Auskunfteien ein, die über die wirtschaftliche Situation des potentiellen Lieferanten Aufschluß geben könnten. Darüber hinaus stattet der Einkäufer diesem Unternehmen vielfach auch einen persönlichen Besuch ab, bei dem das bislang gewonnene Bild durch Informationen über Finanzkraft, Aufbau und eventuelle Referenzen verdichtet werden soll. Gleichzeitig erkundigt sich ein Techniker, der Kenntnisse über die Herstellungsverfahren des benötigten Materials besitzt, nach der technischen Qualität, der maschinellen Ausrüstung und der Flexibilität bzw. Innovationsfähigkeit des Fertigungsbereichs. Der befragte Einkäufer räumt ein, daß eine richtige Einschätzung von Lieferanten erst im Verlaufe längerer Geschäftsbeziehungen möglich ist. Dies gelte insbesondere für zentrale Kriterien wie Konstanz der Produktqualität und Termintreue.

Die Einkaufspolitik des Unternehmens C ist auf das kurzfristige Ausnutzen von Marktchancen angelegt. Langfristige Lieferverträge werden deshalb nur selten abgeschlossen. Die Erneuerung eines Liefervertrags mit dem bisherigen Lieferanten hängt von dessen neuem Angebot, seinem bisherigen Lieferverhalten und den Angeboten seiner Konkurrenz ab.

Als die wichtigsten Entscheidungsinformationen nennt der Einkäufer: die von den Lieferanten im Angebot angegebenen Termine, Preise und Konditionen, dann die neuerdings hinsichtlich der

Materialqualität (von der Materialprüfung) und der Termintreue (vom Terminbüro) ermittelten Wertzahlen, die einen direkten Vergleich von Lieferanten bzw. ein Verfolgen der Entwicklungen in der gelieferten Qualität und der Termintreue ermöglichen sollen. Alle wichtigen Informationen, die sich auf in der Vergangenheit getätigte Einkäufe beziehen, sind einmal materialbezogen und zum anderen lieferantenbezogen in Dateien gespeichert, auf die der Einkäufer über Bildschirm direkten Zugriff hat.

Kommt es zu Einkaufsverhandlungen, so sind ferner die von der Stabsstelle "Beschaffungsmarktanalyse" aus Fachzeitschriften, Statistiken usw. ermittelten Marktinformationen, die der Einkäufer noch durch die Lektüre von Fachzeitschriften ergänzt, die sein spezielles Einkaufsgebiet betreffen, wichtige Argumentationsgrundlagen. Im Rahmen von Einkaufsverhandlungen soll der Einkäufer Termine, Preise und Konditionen in einem für das Unternehmen günstigen Sinne beeinflussen und angekündigte Preiserhöhungen möglichst abwehren, da bereits kleine Preisnachlässe bei großen Einkaufsvolumina zu erheblichen Materialkosteneinsparungen führen können. Der Verhandlungsspielraum des Einkäufers ist einmal durch die ihm eingeräumten Entscheidungskompetenzen (vgl. vertikale Kooperation) sowie die "Einkaufsrichtlinien" der Konzernzentrale (z.B. müssen die Einkäufer mindestens zu "2 % Skonto in 14 Tagen" abschließen) abgesteckt.

Bei Eilbestellungen rückt insbesondere die Sicherung eines rechtzeitigen Liefertermins in den Mittelpunkt der Aktivitäten des Einkäufers, um kostspieligen Produktionsausfällen vorzubeugen. Das gleiche gilt für das Eingreifen der Einkäufers bei Lieferterminverzögerungen.

Kennzeichen der Beschaffungsvorgänge ist, daß diese eine recht unterschiedliche Zeitdauer einnehmen können; von wenigen Minuten bei Eilbestellungen bis zu mehreren Monaten bei großen und langfristigen Einkaufsprojekten. Gewöhnlich bereitet der Einkäufer deshalb mehrere Einkaufsentscheidungen parallel vor, jeweils unterbrochen durch auftretende "Störungen" in den laufenden Bestellungen (z.B. Lieferterminverzögerungen, Falschlieferungen usw.). Die Zeitorganisation der Einkäufertätigkeit kann deshalb nicht durch einen starren Zeitplan vorgegeben werden, sondern muß den Einkäufern weitgehend selbst überlassen werden. Der Einkäufer hat sich vor allem an den durch die Produktionsplanung und Materialdisposition gesetzten Terminen zu orientieren. Die zeitlichen Prioritäten richten sich dabei nicht nach der Werthöhe des Einkaufsvolumens, sondern nach der terminlichen Dringlichkeit, da das Fehlen auch nur eines Einzelteils den Stillstand der gesamten Produktion bedeuten kann. Das wertmäßige Einkaufsvolumen ist indes Kriterium für die zeitliche Aufteilung der "knappen" Arbeitszeit: Bei großen Einkaufsvolumina unternimmt der Einkäufer entsprechend den potentiellen Einsparungsmöglichkeiten ein Vielfaches an Anstrengungen gegenüber kleineren Einkaufsvolumina. Nach den Vorstellungen der Einkaufsleitung hat der Einkäufer seine Arbeitszeit nach dem Maßstab des für einen bestimmten Zeitaufwand zu erwartenden "Gewinns" zu verplanen.

Als wichtige Qualifikation eines Einkäufers wird der Überblick über den gesamten Materialbereich angesehen, da er die Risiken seiner Entscheidungen hinsichtlich Materialverfügbarkeit und Kapitalbindung abzuschätzen in der Lage sein müsse. Ferner benötigt der Einkäufer zur Handhabung des Bildschirms umfangreiche Kenntnisse über Bezeichnungen von Bildschirmmasken, Codes und Programminstruktionen. Von der Einkaufsleitung wird darauf hingewiesen, daß sich durch diese Verkomplizierung des Arbeitsverfahrens die Einarbeitungszeit für Einkäufer nahezu verdreifacht habe. Nur wenn ein Einkäufer spielend mit dem Bildschirm bzw. dem System umgehen könne, sei es ihm möglich, die ihm zur Verfügung gestellten Informationen auch tatsächlich auszunutzen.

6. Horizontale Kooperation

Da jeder Einkäufer für die Beschaffung einer klar definierten Materialgruppe zuständig ist, ergeben sich zwischen den Einkäufern keine wesentlichen Arbeitsbeziehungen. Dagegen werden zwischen den Einkäufern und der Einkaufsverwaltung laufend Arbeitskontakte notwendig, die auf der engen Verzahlung zwischen der von den Einkäufern wahrgenommenen eigentlichen Einkaufsaufgabe und den vor- und nachbereitenden administrativen Arbeiten der Einkaufsverwaltung beruhen. Die Einkäufer sind ferner eng in die Informationszusammenhänge zwischen Materialannahme, Lager, Materialdisposition, Projektkoordination und betrieblichem Rechnungswesen integriert. Diese Interdependenzen haben sich durch die EDV wesentlich erhöht: "Die Kontakte zu den einzelnen internen Stellen sind heute wesentlich enger und verstrickter, da heute keiner mehr ohne den anderen leben kann. Der Einkauf ist dabei eine sehr zentrale Stelle, die Daten eingibt, die von anderen Stellen weiterentwickelt werden, oder der von diesen Daten bezieht." (CEAL) Der reguläre Informationsaustausch läuft im wesentlichen über die Bildschirme, teilweise auch noch über Formulare. Zu persönlichen Kontakten kommt es immer dann, wenn Störungen auftreten: "... ausgelöst von innen, wenn man in der Produktion durch Schrott schnell Nachschub braucht, wenn die Kontrolle eine Losgröße verwirft, wenn sich personell was verändert, Grippeepidemie usw.; von außen durch Lieferschwierigkeiten der Lieferanten, wenn dieser eine schlechte Organisation hat, schlecht disponiert und produziert oder ihn seine Unterlieferanten im Stich lassen, oder durch sonstige Faktoren, die tagtäglich auf den Einkäufer zukommen und die ein manuelles Eingreifen erforderlich machen." (CEAL)

Treten Fehler auf, so müsse der Einkäufer heute bei der Fehlerbeseitigung die Auswirkungen auf andere betriebliche Stellen des integrierten Informationskreises berücksichtigen, während früher teilweise eine einfache Korrektur seiner Unterlagen genügt habe. Im Gegensatz zu früher, wo jede Stelle ein wenig improvisiert habe, liege heute für den gesamten Einkauf ein verbindliches EDV-Programm vor, an dessen Regeln sich der einzelne aus Gründen der Funktionsfähigkeit des ganzen Systems unbedingt halten müsse. Heute laufe alles gewissermaßen zwangsgesteuert ab; dadurch werde aber auch nichts vergessen. Die Kommunikation sei stärker schematisiert, da genau festgelegt ist, wie, wann und warum reagiert werden muß, während früher aufgrund stärkerer Improvisationsnotwendigkeiten die Vermeidung von Fehlern und Störungen oft davon abhängig gewesen sei, wie sich die Kollegen auf der persönlichen Ebene verstanden hätten.

7. Vertikale Kooperation

Die Vergrößerung und technisch-organisatorische Rationalisierung des Einkaufs war nach Auskunft des Gruppenleiters der Einkaufsgruppe "Elektronik II" mit einem Wandel des Leitungssystems verbunden. Während früher der Einkaufsleiter beinahe alles, was eingekauft wurde, verantwortlich entschieden habe ("die Leute durften mehr oder weniger nur Schreibdienste machen und bei Entscheidungen leicht mithelfen"), sei heute ein großer Teil der Verantwortung auf die Einkaufsgruppenleiter delegiert worden. Nur noch bei besonders hochwertigen Fällen entscheide die Einkaufsleitung direkt mit: "Der Gruppenleiter ist für seine Gruppe voll verantwortlich. Auch bei Kleinbestellungen muß er in groben Zügen wissen, was läuft und wie es läuft. Größere Bestellungen muß er entsprechend den Richtlinien gegenüber der Einkaufsleitung und der darüberliegenden Hierarchie vertreten können." (CEAL) Ein Einkäufer kann Bestellentscheidungen mit Werten bis zu 1o ooo DM nach den Einkaufsrichtlinien selbständig treffen. Was darüber hinausgeht, muß er mit dem Gruppenleiter abstimmen. Dies gilt auch für Einkaufsverhandlungen, bei denen der Einkäufer dann zusammen mit dem Gruppenleiter vorher abstimmen muß, wie vorgegangen werden soll, was zu beachten ist und was das Ziel der Verhandlungen sein soll. Bei wichtigen Einkaufsverhandlungen nimmt neben dem Gruppenleiter teilweise auch der Einkaufsleiter teil.
Der Delegation von Verantwortung durch die Reorganisation des Leitungssystems steht auf der anderen Seite ein mit Hilfe der EDV wesentlich verbessertes Kontrollsystem gegenüber. So sind nach der Ablösung der "Schreibtischkarteien" alle den einzelnen Einkäufer betreffenden Informationen allgemein - und damit auch für die Einkaufsleitung - zugänglich. Ebenso werden durch die EDV alle Einkaufsentscheidungen lückenlos dokumentiert.

Neuerdings hat ein Einkäufer jede Preisänderung auf einer sogenannten "Preisänderungskarte" zu begründen. Für absolute oder relative Preissenkungen werden u.a. folgende Punkte genannt: besserer Preis, höherer Rabatt, höherer Skonto, Frachtkostenersparnis, Verpackungskostenersparnis, längeres Zahlungsziel, Bonus und abgewehrte Preiserhöhung. Dazu hat jeder Einkäufer jeweils anzugeben, aufgrund welcher Maßnahmen dieser "Erfolg" erzielt wurde: z.B. Verhandlungen, Beschaffungsmarktinformationen, Wertanalyse, Lieferantenauswahl, Änderung der Menge, Änderung des Herstellungsverfahrens, Lohnänderung, Materialpreisänderung, Qualitätsmonopol, Monopol. Oligopol, längerfristiger Liefervertrag oder Gemeinschaftseinkauf im Konzern. Dieselben Punkte sind auf der Karte für Preiserhöhungen angeführt. Die Preisänderungskarten werden über die EDV ausgewertet und sollen der Einkaufsleitung eine gewisse Beurteilung der "Leistung" der Einkäufer erlauben. Das Entlohnungssystem gründe sich allerdings nicht direkt darauf, da diese Beurteilungen bislang keine "objektive"Leistungsmessung zuließen.

Gewisse Rückschlüsse auf den Auslastungsgrad je Einkäufer vermag die Einkaufsleitung aus einer ebenfalls mit der EDV eingeführten Zusammenstellung der Zahl der Bestellungen und des wertmäßigen Einkaufsvolumens je Einkäufer zu ziehen.

Da durch die formalen Kontrollen nicht der gesamte Handlungs- und Entscheidungsspielraum der Einkäufer abgedeckt werden kann, legt die Einkaufsleitung besonderen Wert auf die Motivierung der Angestellten. Ein wichtiges Mittel zur Sicherung der Leistungsbereitschaft sieht der Einkaufsleiter in einer "überdurchschnittlichen Bezahlung"; denn "... ein Einkäufer kann an einem Nachmittag durch kluges Verhandeln zehn- oder hunderttausend einsparen, wenn er aber unzufrieden ist, strengt er sich nicht an." (CEAL)

Fallstudie II: Einkauf Unternehmen B

1. Abteilungsaufgabe

Der Einkauf ist für die Beschaffung aller im Unternehmen benötigten Güter, insbesondere Rohstoffe, Packmittel und technische Artikel bzw. Geräte auf der Grundlage der an ihn gerichteten Bedarfsanforderungen der betrieblichen Stellen zuständig. Laut der von der Unternehmensleitung entwickelten Einkaufsrichtlinien soll er sich dabei von dem Ziel leiten lassen, für einen auszugebenden Geldbetrag den jeweils höchsten Gegenwert nach dem Motto "Gewinnzuwachs durch Einkauf" zu erhalten.

2. Eingliederung der Abteilung in die Unternehmensorganisation und Personalstruktur

Die Einkaufsabteilung ist eine Abteilung des Unternehmensbereichs Materialwirtschaft. Der Einkaufsleiter ist dem Materialbereichsleiter direkt unterstellt. Die Abteilung ist in drei Fachgebiete aufgeteilt: den Rohstoffeinkauf, den Packmitteleinkauf und dem technischen Einkauf, die jeweils von einem Einkäufer betreut werden, der direkt dem Einkaufsleiter untersteht.

Organisationsplan:

Zu einer Einkaufsgruppe gehört noch eine Kontoristin, im Falle des technischen Einkäufers darüber hinaus eine Sachbearbeiterin, die unter der Kontrolle des Einkäufers einfachere Beschaffungsfälle bearbeitet und ansonsten vor- und nachbereitende Aufgaben übernimmt. In der Bezahlung liegen zwischen der Sachbearbeiterebene und der Einkäuferebene zwei bis vier Gehaltsgruppen.

Die Einkäuferin "Rohstoffe" war lange Zeit Sekretärin und später Sachbearbeiterin in der Einkaufsgruppe "Rohstoffe". Ihre hierbei erworbenen Qualifikationen haben nach Auskunft des Einkaufsleiters ausgereicht, sie zur Einkäuferin zu machen. Der Einkäufer "Technik" hat Industriekaufmann gelernt und war als Einkäufer schon in der Metallindustrie tätig. Die Einkäuferin "Packmittel" hat im Unternehmen B Industriekaufmann gelernt und wurde erst vor kurzem von der Sachbearbeiterin zur Einkäuferin befördert. Während ihr als Sachbearbeiterin keine Entscheidungsbefugnisse zustanden, ist sie jetzt berechtigt bei Artikeln mit geringerem und mittlerem Einkaufswert, sogenannten C- und B-Artikeln, selbständig die Einkaufsentscheidungen zu treffen. Darüber hinaus wurde ihr eine Kontoristin zugeteilt, an die sie Karteiführungs- und Korrespondenzarbeiten abgeben kann.

Organisation wie Arbeitsablauf blieben, bis auf einige kleinere organisatorische "Verbesserungen" in den letzten Jahren unverändert; lediglich die Personalstärke nahm mit wachsendem Einkaufsvolumen (heute etwa 35 Millionen DM pro Jahr) leicht zu, soll aber zukünftig möglichst konstant gehalten werden.

3. Entwicklung der EDV

Die EDV-Unterstützung der Materialbeschaffung reicht im Unternehmen B nur bis zur Materialdisposition. Die von der Materialdisposition mit Hilfe der EDV sachlich und zeitlich spezifizierten Bedarfsanforderungen (siehe F III) gehen dem Einkauf per Formular zu. Der Einkauf selbst arbeitet noch mit traditionellen Hilfsmitteln (Karteien und Formularen). Die Aufgaben der Einkaufsabteilung sollen schrittweise auf die EDV-Anlage übernommen bzw. maschinell unterstützt werden. Geplant ist zunächst die Lieferterminverfolgung - eine routinemäßige Kontrollarbeit - maschinell abzuwickeln.

Gegenwärtig ergibt sich folgender Arbeitsablauf: Die von der Materialdisposition festgelegten Materialmengen und Liefertermine sind für den Einkauf verbindlich. Notwendige Abweichungen, etwa um eine preislich günstigere Mengenstaffelung zu erreichen, bedürfen der Genehmigung der Materialdisposition. Liegen über das angeforderte Material von der Einkaufsleitung abgeschlossene, langfristige Lieferverträge vor, beschränkt sich die Aufgabe des Einkäufers auf den terminlich spezifizierten Abruf einer bestimmten Menge bei dem betreffenden Lieferanten. In allen anderen Fällen wird eine Anfrage an potentielle Lieferanten gerichtet, die diese zu einer Angebotsabgabe auffordert. Die eingehenden Angebotsdaten werden in einem Formular "Angebotsvergleich" festgehalten und neben einer Reihe weiterer einkaufsrelevanter Erkenntnisse über den Markt und den Lieferanten (siehe nächster Abschnitt) vom zuständigen Einkäufer für die Lieferantenauswahl herangezogen. Diese Entscheidung ist mit Gegenangeboten und Begründung zum einen in die Materialkartei und zum anderen in die Lieferantenkartei einzutragen. Beide Karteien bilden den zentralen Informationsspeicher des Einkaufs, in dem alle wichtigen Material- und Lieferantendaten gesammelt werden.

Zur Lieferterminverfolgung kommt ein Durchschlag der ausgeschriebenen Bestellung in eine Terminmappe. Lieferterminverzögerungen mahnt der Einkäufer schriftlich oder telefonisch an.

4./5. Inhalte und Anforderungen der Tätigkeit

Die Einkäuferin "Packmittel", deren Arbeitsplatz in die Untersuchung einbezogen wurde, ist für den gesamten Beschaffungsvorgang in "ihrer" Materialgruppe zuständig. Neben der Angebotsauswertung, Vertretergesprächen, Verkaufsverhandlungen, der Lieferantenauswahl und der Einkaufskorrespondenz hat sie für die Einkaufsleitung noch Steuerungs- und Kontrollinformationen zusammenzustellen. Beispielsweise monatlich einen sogenannten "price-change-report", in dem alle Abweichungen der erzielten Einkaufspreise von den geplanten, d.h. den von der Einkaufsleitung als Zielgrößen vorgegebenen Einkaufspreisen anzugeben und zu begründen sind; den sogenannten "Monatsbericht", in dem die Einkaufsleitung über tatsächliche oder zu erwartende Veränderungen auf dem Einkaufsmarkt (zu erwartende Preiserhöhungen, Rohstoffengpässe usw.) unterrichtet wird; ferner eine Reihe kleinerer Statistiken, wie die Auflistung der Umsätze pro Lieferant.

Im Kern der Tätigkeit steht allerdings die Lieferantenauswahl, d.h. die Bestimmung des Lieferanten, der das benötigte Material in der relativ besten Qualität zu den relativ günstigsten Konditionen und Preisen terminlich zuverlässig liefert. Diese Entscheidung kann demnach nicht allein aufgrund eines Preisvergleichs getroffen werden, wenngleich der Einkaufspreis der ökonomisch wichtigste Faktor ist. Die Termintreue des Lieferanten ist insofern von Bedeutung, als Terminverzögerungen in der Produktion zu Materialengpässen führen können. Die terminliche Zuverlässigkeit des Lieferanten wird insbesondere anhand von Vergangenheitsdaten und seiner gegenwärtigen Kapazitätsauslastung abgeschätzt. Die Qualität seiner Erzeugnisse unterliegt vor der Auftragserteilung der Qualitätskontrolle, die auch die Konstanz in der Qualität der gelieferten Materialien überprüft. Die für die Lieferantenauswahl zentralen Kriterien Preis, Qualität und Termintreue müssen in jedem Einzelfall interpretiert und gewichtet werden. Dies erfordert nach Ansicht des Einkaufsleiters "eine gewisse Erfahrung und ein Quäntchen Gespür".

Vorbereitet wird die Kaufentscheidung teilweise durch Verhandlungen mit Vertretern des Lieferanten. Bei C- und B-Artikeln führt die Einkäuferin die Verhandlungen weitgehend selbständig, bei A- Artikeln nur in enger Abstimmung mit der Einkaufsleitung. Verhandlungsgeschick und Redegewandtheit seien hierbei unabdingbare Qualifikationen. Erfolgreiches Einkaufen basiere jedoch nicht auf "faulen Tricks", sondern auf Argumenten, richtigen und ausreichenden Informationen, um die sich ein Einkäufer teilweise selbst bemühen müsse.

In den Einkaufsrichtlinien wird hervorgehoben, daß der Einkäufer neue Einkaufsquellen ausfindig machen müsse, sich über Entwicklungen auf dem Gebiet des Transportwesens und der Herstellungsverfahren auf dem laufenden halten solle, und die Möglichkeiten des konzernweiten Informationsaustausches unter Einkäufern, z.B. im Hinblick auf die Kalkulation bestimmter Lieferanten wahrzunehmen habe. Weitere wichtige Informationsquellen sind für die Einkäufer Vertreterbesuche, Fachzeitschriften, und, in eingeschränktem Umfang, auch Fachmessen.

Für den Einkäufer komme es darauf an, "klar zu sehen, wo die Vorteile und Nachteile eines Geschäfts liegen" und "einen Spürsinn dafür zu entwickeln, inwieweit ein Verkäufer bereit ist noch nachzugeben". Hierzu müsse der Einkäufer seinem Gesprächs- und Verhandlungspartner möglichst ebenbürtig sein. Wenn die Lieferanten geschulte Verkäufer einsetzten, müßten auch die eigenen Einkäufer höher qualifiziert werden. Nur so seien diese in der Lage, die vorgegebenen Standardpreise zu halten und möglichst zu unterschreiten sowie bei sonstigen Verhandlungsspielräumen Vorteile für das Unternehmen herauszuschlagen. Neben fundierten fachlichen Kenntnissen (insbesondere Materialkenntnissen, Kenntnissen über Fertigungs- und Transportmethoden, Einkaufsrecht), einem sicheren Auftreten (das seinen Ausdruck nicht nur im Formulierungsgeschick, sondern auch im äußeren Erscheinungsbild, vor allem der Kleidung finde) werden vom Einkaufsleiter charakterliche Eigenschaften als wichtigste Qualifikationen eines Einkäufers angesehen: "Wichtig ist der richtige Charakter; die Kenntnisse kann er dazulernen." (BEAL) Da ein Einkäufer insbesondere gegenüber Lieferanten mit unbeschäftigten Produktionskapazitäten eine gewisse Macht ausübe und es dem Lieferanten erlaubt sei, dem Einkäufer sein Angebot schmackhaft zu machen, müsse der Einkäufer eine "unbestechliche, integre Persönlichkeit sein", denn nur so sei gewährleistet, daß er auch tatsächlich voll die Interessen der Firma vertrete. Die Anforderungen an die Planung der eigenen Tätigkeit sind bestimmt durch den vermittelnden Charakter der Einkaufsfunktion zwischen Beschaffungsmarkt und Produktion, die Notwendigkeit in flexibler Weise auf alternative sachliche und zeitliche Bedingungen des Einkaufs zu reagieren. Die Tätigkeitsbeschreibung der Einkäufer geht deshalb über eine detaillierte Aufzählung der Arbeitsaufgaben nicht hinaus. Ein Einkäufer hat sich aber den sogenannten "Einkaufsrichtlinien" zu verpflichten, in denen auf einer allgemeinen Ebene die Zielsetzungen des Einkaufs und die daran geknüpften Verhaltensorientierungen zusammengestellt sind. Hierin wird vom Einkäufer vor allem "wertanalytisches Denken" gefordert, woraus, nach der Interpretation des Einkaufsleiters, für den Einkäufer folgt, seine Arbeitskraft über die laufend anfallende Routinearbeit hinaus vor allem dort einzusetzen, wo die größten Kostenersparnisse für das Unternehmen zu erwarten sind. Von den Einkäufern werden in der Regel mehrere Beschaffungsvorgänge bzw. Teilaufgaben von Beschaffungsvorgängen parallel abgewickelt, zwischen die sich noch Vertreterbesuche und Telefonanrufe, insbesondere von Lieferanten und der Materialdisposition , schieben.

6. Horizontale Kooperation

Zwischen den fachlich spezialisierten Einkäufern gibt es keine unmittelbaren fachlichen Arbeitskontakte. Dagegen bestehen zu der Materialdisposition enge Abstimmungsnotwendigkeiten, vor allem bei kurzfristigen Änderungen der Materialanforderungen (z.B. wegen Störungen in der Fertigung) und Schwierigkeiten der Materialbeschaffung (z.B. aufgrund der Nichteinhaltung von Lieferterminen durch Materialproduzenten). Von der Betriebsbuchhaltung kommen hin und wieder Rückfragen wegen unklarer Lieferantenrechnungen.

Die Spezialisierung der Einkäufer erschwert die Stellvertretung bei Krankheit und Urlaub. Um dem Stellvertreter über das von ihm beim Ausfall seines Kollegen mitzuübernehmende Einkaufsgebiet so auf dem laufenden zu halten, daß mit Unterstützung des stellvertretenden Einkaufsleiters zumindestens ein "geordneter Notbetrieb" möglich ist, wird versucht, dem Einkäufer durch den Umlauf der gesamten Einkaufskorrespondenz einen über sein Arbeitsgebiet hinausreichenden Informationsstand zu vermitteln.

Gegenseitige Aushilfen sind nicht üblich, unter anderem, um keine Verwässerung der Verantwortlichkeit für Entscheidungen hervorzurufen. Arbeitsspitzen werden deshalb durch intensiveres Arbeiten und Überstunden ausgeglichen.

7. Vertikale Kooperation

Die Einkäuferin "Packmittel" wendet sich bei Arbeitsproblemen meist an den stellvertretenden Einkaufsleiter, der auf ihrem Einkaufsgebiet das größte Fachwissen und langjährige Erfahrung besitzt. Die Beziehung zum Abteilungsleiter ist durch dessen Kontrollfunktion bestimmt. Die vergleichsweise großen Handlungsspielräume der Einkäufer unterliegen dadurch einer ausgeprägten Kontrolle, als der Einkaufsleiter den Schriftwechsel der Einkäufer, zumindest stichprobenartig, durchsieht, und alle Bestellungen ab einem Wert von 4oo DM von ihm mitunterschrieben werden, was, wie er betont, "volle Mitverantwortung" bedeute. Dazu läßt er sich jeweils die gesamten Unterlagen des Beschaffungsvorgangs vorlegen. Wegen der finanziellen Verpflichtungen, die für das Unternehmen aus einer Bestellung resultieren, kontrolliert er darüber hinaus auch Bestellungen unter 4oo DM Bestellwert. Bei seiner Kontrolle geht es ihm vor allem um die Ausschaltung von Fahrlässigkeiten, die, wie zum Beispiel eine falsche Bestellmenge, schwerwiegende finanzielle Folgen für das Unternehmen nach sich ziehen könnten; ferner um die "Qualität" der Entscheidung. Schließlich glaubt er aufgrund seine langjährigen Erfahrungen eventuelle "Fußangeln" im Bereich der Konditionen aufdecken zu können. Direkte Leistungskontrollen sind seiner Meinung nach nur schwer durchzuführen. Leistung bedeute im Einkauf nicht nur die Abarbeitung eines bestimmten Arbeitsvolumens in einer bestimmten Zeit, sondern vor allem Qualität des Arbeitsergebnisses; gerade diese Qualität sei jedoch kaum objektiv zu messen. Gewisse Anhaltspunkte biete der "price-change-report", aber auch Preisverschiebungen seien selten allein das Verdienst oder die Schuld des Einkäufers, was beispielsweise an der Entwicklung der Rohstoffpreise deutlich werde.

Fallstudie III: Materialdisposition Unternehmen B

1. Abteilungsaufgabe

Die Aufgabe der Abteilung besteht in der Verwaltung und Disposition der in der Fertigung benötigten Roh-, Hilfs- und Packmaterialien. Ziel der Disposition ist es, einerseits die Materialversorgung der Produktion jederzeit zu gewährleisten und andererseits gleichzeitig die Materiallagerkosten so niedrig wie möglich zu halten.

2. Eingliederung der Abteilung in die Unternehmensorganisation

Die Materialplanung ist eine Abteilung des Unternehmensbereichs Materialwirtschaft, zu dem außerdem noch die Abteilungen Lager und Versand, sowie der Einkauf gehören (siehe II/1).

3. Entwicklung der EDV

Bis 197o wurde die Materialdisposition manuell mit Hilfe eines Karteikartenverfahrens durchgeführt. Mit diesem Verfahren verbanden sich aufwendige Karteiführungs- und Rechenarbeiten. Darüber hinaus war die Aktualität der Planungsdaten unzureichend. Deshalb wurde 197o ein computer-gestütztes Materialdispositionssystem eingeführt, das 1974 zu einem die Materialdisposition, die Lagerbestandsführung und die mengen- und wertmäßige Produktionskontrolle umfassenden, integrierten Dispositionssystem ausgebaut wurde. In näherer Zukunft soll das Dispositionssystem mit Bildschirmen ausgestattet werden, um den Informationsfluß gegenüber dem jetzigen Off-line-Verfahren zu beschleunigen (Real-time-Verfahren) und einen für Kontrollzwecke und eine schnellere Anpassung der Materialplanung an veränderte Fertigungs- oder Beschaffungssituationen notwendigen Sofortzugriff auf die Materialbestandsdaten zu erreichen.

a) Konventioneller Arbeitsablauf

Grundlage der Arbeit des Disponenten im "manuellen" Dispositionsverfahren war der von der Produktionsplanung aufgrund von Verkaufsvorausschätzungen der Marketingabteilung im rollierenden Verfahren für jeweils 12 Monate im voraus ausgegebene Produktionsplan. Der Planbedarf wurde durch Ausmultiplikation der geplanten Produktionsmengen mit den in Stücklisten bzw. Rezepturen verzeichneten Soll-Produktionskoeffizienten und der Aufsummierung der Bedarfsmenge an Rohmaterial und Packmittel je Produkt gewonnen. Zur Lagerbestandsfortschreibung mußten alle Materialzu- und -abgänge karteimäßig festgehalten und zum alten Bestand hinzu bzw. von diesem abgerechnet werden. Auf der Grundlage der Entwicklung des Planbedarfs und des Lagerbestandes traf der Disponent gemäß den vom Materialmanagement festgesetzten Richtlinien für jedes Material eine mengen- und terminmäßig spezifizierte Bestellentscheidung. Diese wurde auf der sogenannten Dispositionskarte an den Einkauf weitergeleitet, der die benötigten Materialien termingerecht und wirtschaftlich zu beschaffen hatte.

b) Der Aufbau eines computer-gestützten Dispositionssystems

Mit der Einführung der EDV fielen die manuelle "Stücklistenauflösung", die manuelle Karteiführung und damit auch die alten Dispositionsunterlagen weg. An deren Stelle trat die sogenannte Dispositionsliste, auf der dem Sachbearbeiter alle für die Disposition relevanten Informationen zur Verfügung gestellt werden.

In der Kopfzeile der Liste sind die vom Materialmanagement festgelegten, an ökonomischen Überlegungen orientierten Rahmendaten der Disposition festgehalten: Die "Bestell- und Sicherheitszeit" gibt an, wann spätestens eine Bestellung ausgelöst werden muß, um einen rechtzeitigen Eingang des Materials sicherzustellen. Die "minimale Bestellmenge" soll, ausgerichtet an günstigen Rabattstaffeln und Lieferfixkosten, einen kostengünstigen Einkauf gewährleisten, während die "maximale Bestellmenge" und die "maximale Eindeckzeit" die Lagerkosten in Grenzen halten sollen.

Im Listenteil wird der vom EDV-System errechnete Planbedarf je Monat für ein Jahr im voraus ausgedruckt. Ferner sind die getätigten Bestellungen mit Sollieferterminen, der verfügbare Bestand (Effektiv- und Bestellbestand), sowie der Eindecktermin, der ausweist, bis zu welchem Termin der Bestand den Bedarf abdeckt, angegeben. Für die Tätigkeit des Disponenten zentral ist die Rubrik "Dispositionshinweis". Hierunter werden dem Disponenten alle "kritischen" Fälle angezeigt, die eine Entscheidung erfordern. So gibt das EDV-System etwa Hinweise auf Lieferterminverzögerungen. Es schlägt eine Umterminierung oder eine Stornierung der Bestellung vor, wenn sich durch Produktions- oder Nachfrageänderungen der zeitliche und mengenmäßige Bedarf an Rohmaterial und Packmitteln verändert hat. Insbesondere errechnet es am Bestellpunkt (wenn die Eindeckzeit die Bestell- und Sicherheitszeit unterschreitet) einen Bestellvorschlag.

Weitere wichtige EDV-Ausdrucke sind der "Artikelverwendungsnachweis", auf dem die realisierten Verkaufsziffern in absoluten Zahlen und in Relation zu den Planzahlen als "Erfüllungsgrad" angegeben sind. Ferner der "Verkaufsplan", der im Zusammenhang mit dem "Artikelverwendungsnachweis"dem Disponenten Hinweise über die Verkaufsentwicklung gibt.

Seit der Einführung der EDV ist die Disponententätigkeit stärker auf ihren fachlichen Kern konzentriert. Informationen, die sich der Disponent im traditionellen Verfahren aus Karteien und sonstigen Unterlagen zusammensuchen und teilweise mühsam zusammenstellen mußte, findet er jetzt bereits weitgehend aufbereitet auf der EDV-Liste vor. Sein Arbeitshandeln wird durch das EDV-System in gewissem Umfang gesteuert: Mußte er früher bei jeder Materialbewegung im Kopf überschlagen, ob eine Bestellung, Umterminierung usw.notwendig war, gibt ihm heute das EDV-System die entsprechenden Hinweise. Diesen Hinweisen hat er jetzt nachzugehen und die vom EDV-System unterbreiteten Entscheidungsvorschläge auf ökonomische Plausibilität zu überprüfen. Diese Überprüfung ist notwendig, da die Angemessenheit der Dispositionshinweise des EDV-Systems auf zwei zu überprüfenden Prämissen beruht: zum einen darauf, daß die im System gespeicherten Daten sachlich richtig sind und zum zweiten darauf, daß die Daten auch den jeweils aktuellen Stand repräsentieren.

Die Fehlerquellen haben sich nach Ansicht der Angestellten im computer-gestützten Dispositionssystem gegenüber dem manuellen System aus zwei Gründen sogar vermehrt, auch wenn die Fehlerhäufigkeit abgesunken sei. Einmal würden die Dispositionsdaten heute nicht mehr allein von Angestellten der Abteilung zusammengestellt, die aufgrund ihres Sachwissens die Zahlen sofort auf Plausibilität prüfen könnten, sondern auch von sachfremden Personen, wie beispielsweise Locherinnen, die die Zahlen nicht auf die dahinterstehenden Vorgänge beziehen könnten. Zum anderen habe die Integration der Datenverarbeitung dazu geführt, daß nicht mehr jede Abteilung ihr eigenes Informationssystem hat, sondern sich auf eine Datenbank stützen müsse, auf die mehrere Abteilungen Zugriff hätten. Damit steige aber auch die Zahl der potentiellen Fehlerquellen. Der Ursache eines Fehlers nachzugehen sei heute schwieriger geworden. Im manuellen System hätten die Fehlerquellen vor allem darin bestanden, daß ein Materialverbrauch falsch eingetragen wurde oder in der Kartei ein Rechenfehler unterlief. Heute sei der enge Kontakt zu den Datenbewegungen verloren gegangen, da die EDV dazwischen liege. Ferner seien in der Dispositionsliste, anders als in den Karteikarten, die Vergangenheitsdaten nicht mehr aufgeführt. Bei der Fehlersuche müsse man deshalb manchmal langwierige Rekonstruktionen der Vergangenheitsdaten über Lagerbewegungslisten in Kauf nehmen.

Eine weitere wichtige Aufgabe des Disponenten ist zu prüfen, ob die Planungsdaten dem jeweils aktuellen Stand entsprechen. Als Ursache inaktueller Planungsdaten wird der mit der gegenwärtigen Organisation der maschinellen Datenverarbeitung (Offline-Verfahren) verbundene langsame Beleg- und Informationsfluß genannt. Es könne bis zu einer Woche dauern, bis eine bestimmte Information von der manuellen Belegerstellung über das Ablochen bis zur weiterverarbeitenden Stelle gelange. Diese Unzulänglichkeit des computer-gestützten Sachbearbeiterinformationssystems hat dazu geführt, daß zum einen unterhalb dieser Ebene eine weitere Informationsebene besteht, auf der betroffene betriebliche Stellen in direktem Kontakt aktuelle Planungsinformationen austauschen (vgl. auch Abschnitt "horizontale Kooperation"), und zum andern kurzfristige Planungsprozesse zunächst gar nicht über das EDV-System laufen, sondern die Daten erst nachträglich eingegeben werden, und das System so den Planungsprozeß gewissermaßen nachvollzieht. Diese Unzulänglichkeiten sollen durch die geplante Real-time -Anwendung der EDV beseitigt werden.

Für die weitere Entwicklung der Disponententätigkeit ist nach Ansicht des Abteilungsleiters vor allem die weitere Vervollkommung der "Software" von Bedeutung. Hier sei eine Verbesserung der Entscheidungsvorbereitung, bei einer zunehmenden Integration in Richtung Einkauf zu erwarten. Bei jeder EDV-Lösung müsse man jedoch zumindest vorläufige Grenzen ziehen. Und genau an diesen Grenzen benötige man den Menschen. Dieser müsse bei außerplanmäßigen Entwicklungen im Beschaffungs-, Absatz- und Produktionsbereich diese Ausnahmen beurteilen und entsprechende Reaktionen einleiten, da der Computer auf Ausnahmen immer falsch reagiere. Insofern sei mit einer weiteren Aufwertung der Disponententätigkeit zu rechnen.

4. Personalstruktur und Tätigkeiten

Die Abteilung Materialplanung wird geleitet von einem Diplom-Wirtschaftsingenieur. Die Sachbearbeitung ist auf zwei Arbeitsplätze verteilt. Der zentrale Inhalt des in die Untersuchung einbezogenen Arbeitsplatzes besteht in der Disposition von Rohmaterialien und Packmitteln.Daneben gehören nach Auskunft des Sachbearbeiters zu der Tätigkeit noch"eine Reihe von Kleinigkeiten, die so nebenbei mitzuerledigen sind". Zu den wichtigsten Nebenaufgaben zählt die Erstellung eines Bestellplans für alle von den Schwesterunternehmen fertig bezogenen Produkte, jeweils 6 Wochen vor Quartalsende. Ferner einmal jährlich die Durchforstung sämtlicher Materialnummern auf obsolete Materialien. Bei dieser Aktion, die etwa 2 Wochen in Anspruch nimmt, klärt der Sachbearbeiter durch Rückfrage bei den zuständigen Stellen in der Produktion, ob Materialien, die im Laufe des vergangenen Jahres nur unwesentliche Mengenbewegungen aufwiesen, weiterhin Verwendung finden oder vernichtet werden müssen.

Der Sachbearbeiter hat diesen Arbeitsplatz seit 7 Jahren inne. Vorher war er als Meister in der Produktion beschäftigt. Im Zuge seiner Versetzung in die Materialplanung absolvierte er an der Industrie- und Handelskammer extern die Prüfung zum Industriekaufmann.

Die Funktion des zweiten Sachbearbeiters, eines "gelernten" Industriekaufmanns, besteht in der Datenbankpflege, der Produktionsdokumentation und der Ausgabe und Kontrolle der Produktionsaufträge; er ist gewissermaßen die Schaltstelle zur EDV.

Der Abteilung gehören ferner 4 weibliche Angestellte an, die im Beobachtungszeitraum von den Sachbearbeitern für Hol-, Such- und Schreibdienste eingesetzt wurden. Sie sind für ihre Aufgaben angelernt und müssen jede Abweichung vom Normalablauf den Sachbearbeitern zur Entscheidung vorlegen.

Für die nahe Zukunft ist eine weitere Untergliederung der Disponententätigkeit geplant. Diese ist nach Ansicht des Abteilungsleiters unumgänglich, da es aufgrund der Expansion des

Unternehmens zu einer Arbeitsüberlastung des Disponenten gekommen ist. Bisher habe man mit der Unterteilung der Tätigkeit gezögert, da damit ein Verlust an Flexibilität verbunden sei. Eine Arbeitsteilung nach Materialarten sei auch nur dann möglich, wenn durch entsprechende Informationsbedingungen ein vollständig abgestimmtes Vorgehen der einzelnen Disponenten gewährleistet werden könne, da es zu Produktionsstockungen kommen würde, wenn auch nur ein Material von hundert fehlt. Durch die EDV hätten sich die Informationsbedingungen gegenüber dem manuellen System bereits wesentlich verbessert, da durch die EDV-Listen heute mehr Informationen an unterschiedlichen Arbeitsplätzen gleichzeitig verfügbar sind. Mit einer weiteren Verbesserung der Informationsbedingungen, als Voraussetzung der reibungslosen Synchronisation arbeitsteiliger Materialdisposition, sei mit der geplanten Einführung von Bildschirmen zu rechnen.

5. Inhalte und Anforderungen der Disponententätigkeit

Die Aufgabe des Disponenten besteht darin, die Materialien mengenmäßig und zeitlich so zu disponieren, daß einerseits eine reibungslose Materialversorgung der Produktion durch einen ausreichenden Lagerbestand bzw. rechtzeitige Lieferungen sichergestellt ist, andererseits das Materiallager jedoch möglichst wenig Kapital bindet. Er hat sich dabei an den vom Materialmanagement getroffenen Grundsatzentscheidungen über die Parameter der Disposition zu orientieren, die gewissermaßen den Entscheidungsspielraum des Sachbearbeiters abstecken. Die Funktion des Entscheidungsspielraums ist es, die Materialdisposition den zufälligen Entwicklungen auf den Beschaffungs- und Absatzmärkten sowie der Produktion anzupassen. Langfristige Entwicklungen auf diesen Gebieten, die Änderungen der Parameter notwendig machen, führen zu einem Eingreifen des Abteilungsleiters.

Um eine ökonomisch sinnvolle Entscheidung treffen zu können, muß der Disponent eine Vorstellung davon haben, welche Variablen in welcher Form die kostengünstigste Bestellmenge tangieren. Beispielsweise muß er die Vorteile eines günstigeren Mengenrabatts durch eine größere Bestellmenge gegenüber den Nachteilen einer größeren Kapitalbindung abwägen.

Eine wichtige Anforderung an den Disponenten im computergestützten Dispositionssystem besteht darin, die durch kurzfristige Anpassungsnotwendigkeiten und Planrevisionen sich ständig ändernden Arbeitsprioritäten zu erkennen und seinen Arbeitseinsatz dementsprechend zu gestalten. Die von der EDV ausgedruckten Dispositionshinweise sind hierbei wichtige Anhaltspunkte. Gleichzeitig stellen sie sicher, daß Entwicklungen in den Dispositionsdaten, die einen sofortigen Eingriff des Disponenten erforderlich machen, nicht durch menschliche Unzulänglichkeiten übersehen werden: "Durch die EDV kann man nichts verschlampen. Das schlägt sich sofort in der Dispositionsliste nieder." (BDiAL) Die Pflicht, diesen Dispositionshinweisen unverzüglich nachzugehen, führt zwar zu einer gegenüber dem manuellen System stärkeren Strukturierung der Tätigkeit; die beschriebenen Unzulänglichkeiten der maschinell unterstützten Disposition machen jedoch noch immer eigeninitiatives Arbeitshandeln des Disponenten erforderlich: "Er darf nicht als Sklave der EDV handeln, sondern er muß bereit sein, Informationen aufzunehmen und aus seinem Erfahrungsschatz heraus zu reagieren. Wenn er das tut, dann spart er der Firma zumindestens eine Menge Kosten. Die Unzulänglichkeiten der maschinellen Disposition könnten zwar durch höhere Bestände ausgeglichen werden, das ist aber teuer." (BDiAL)

6. Horizontale Kooperation

Innerhalb der Abteilung Materialplanung unterhält der Disponent enge Kooperationsbeziehungen zu seinem Kollegen, der bei jeder Veränderung der in den Datenbanken dokumentierten Planungsdaten eingeschaltet werden muß.

Abteilungsübergreifende horizontale Arbeitsbeziehungen ergeben sich insbesondere zu allen betrieblichen Stellen, die mit der Beschaffung, der Verwaltung und dem Verbrauch von Materialien in irgendeiner Form zu tun haben. Der Disponent steht an zentraler Stelle eines horizontalen Kooperationsgefüges, dessen reibungsloses Funktionieren unter den gegebenen Informationsbedingungen die Voraussetzung für einen schnellen Informationsdurchfluß in allen jenen Fällen ist, in denen es auf ein sofortiges und koordiniertes Vorgehen aller betroffenen betrieblichen Stellen ankommt. Hierzu gehören alle kurzfristig auftretenden Nachfrageveränderungen, technisch-organisatorische Probleme in der Produktion (Maschinenausfall) oder Lieferantenprobleme (Nichteinhaltung vereinbarter Liefertermine), die aktuell nicht sofort vom maschinellen Routineablauf erfaßt werden können. Es ist die Pflicht derjenigen betrieblichen Stellen, bei denen derartige außerplanmäßige Entwicklungen zuerst registriert werden, diese sofort der Materialdisposition mitzuteilen, damit in enger Abstimmung mit allen betroffenen Stellen über die notwendigen Anpassungsmaßnahmen entschieden werden kann.

Im Beobachtungszeitraum trat beispielsweise folgender Fall auf: Eine Einkäuferin gibt dem Disponenten ein Fernschreiben durch, in dem ein Lieferant mitteilt, daß er einen bestimmten Rohstoff nicht zu dem bestätigten Liefertermin ausliefern könne. Da die Einkäuferin keine Möglichkeit sieht, kurzfristig einen Ersatzlieferanten zu finden, setzt sich der Disponent mit der Produktionsplanung in Verbindung, um zu klären, ob nicht durch die zeitlich vorgezogene Herstellung eines anderen Produkts die volle Auslastung der Produktionskapazitäten sichergestellt werden kann. Eine derartige Veränderung des Produktionsplans würde die sofortige Lieferbarkeit eines anderen Rohstoffs voraussetzen. Der Disponent verständigt hierüber die zuständige Einkäuferin, die sich bemüht einen Lieferanten zu finden, der kurzfristig lieferbereit ist.

Der Disponent bezeichnet die Kooperationsbeziehungen, insbesondere zur Produktion, als nicht immer konfliktfrei. So habe er beispielsweise Beschaffungsprobleme des Einkaufs gegenüber der Produktion zu vertreten: "Der Disponent ist derjenige, auf den alle schimpfen. Wenn ich heute den Leuten in der Produktion sage, das Material kommt entgegen der Lieferantenzusage eine Woche später, so heißt es, der Disponent hat wieder einmal gelogen. Es wird alles auf mich geschoben, da von hier die Informationen kommen und ich die Leute auch mal vertrösten muß." Der Abteilungsleiter hält es für notwendig, daß der Disponent, obwohl die Koordinationsnotwendigkeiten eine gewisse Überlappung der Arbeitsbereiche der Kooperierenden mit sich bringen, sich nicht allzusehr mit Dingen aufhält, die nicht in seinen Zuständigkeitsbereich fallen:" Es darf keiner sitzen, der anfängt, sich Gedanken zu machen über Dinge, die z.B. den Einkauf betreffen." (BDiAL)

7. Vertikale Kooperation

Die Arbeitsbeziehungen zwischen dem Abteilungsleiter und dem Disponenten sind, so der Abteilungsleiter, nach dem Prinzip des "management by exception" strukturiert. Dem Sachbearbeiter ist ein Kompetenzbereich zugewiesen, innerhalb dessen er solange ohne Eingriff des Abteilungsleiters operieren kann, wie dieser im Rahmen seiner Kontrollfunktion keine Abweichungen von den gesetzten Arbeitszielen zu erkennen vermag. Dagegen muß der Sachbearbeiter bei allen Entscheidungen, die seinen Kompetenzbereich überschreiten, die Genehmigung des Vorgesetzten einholen. Grundsätzlich der Zustimmung des Vorgesetzten bedürfen Entscheidungen, die den Rahmen der vom Management festgelegten Dispositionspolitik überschreiten; also beispielsweise, wenn der Disponent der Ansicht ist, die optimale Bestellmenge liege über der festgelegten "maximalen Bestellmenge". Über alle außergewöhnlichen Entwicklungen hat der Disponent den Abteilungsleiter sofort in Kenntnis zu setzen. Der Sachbearbeiter gibt an, daß die Grenzen seiner Kompetenzen nicht immer eindeutig gezogen sind, sondern in Einzelfällen von ihm selbst gesehen werden müssen. Er ist der Ansicht, daß man sich zwar viel Ärger sparen könne, wenn man die Kompetenzen nicht überschreitet, andererseits allerdings der Vorgesetzte auch nicht wegen jeder Kleinigkeit gefragt werden könne, ja ein gewisses Überschreiten der Kompetenzen sogar im Interesse des Unternehmen liegen könne: "Man muß auch eine gewisse Eigeninitiative entwickeln. Wenn man immer nach Vorschriften handeln wollte, so würde der Laden nicht laufen. Hält man sich immer an die Vorschriften, so kann man der Firma auch Schaden zufügen. Ein Überschreiten der Befugnisse kann also auch der Firma zugute kommen. Der Vorgesetzte wird dann zwar sagen, daß das nicht ganz in Ordnung war, wird sich aber nicht dagegen wehren." Daß er dabei jedoch auch zur Rechenschaft gezogen werden kann, wenn der erwartete Erfolg nicht eintritt, umschreibt der Disponent damit, daß man von ihm eine gewisse "Verantwortungsfreude" erwarte. Die vertikale Kompetenzhierarchie empfindet der Disponent insbesondere in den Fällen als hinderlich, in denen der hierarchische Dienstweg kurzfristige Abstimmungen auf horizontaler und diagonaler Ebene erschwert.

Die Kontrollfunktion des Abteilungsleiters wurde durch die EDV wesentlich erleichtert. Die Bestellentscheidungen des Disponenten werden durch die EDV lückenlos dokumentiert und schlagen sich unmittelbar in den Materialbeständen nieder, die dem Abteilungsleiter durch die sogenannte "Bestandsliste" zugänglich gemacht werden. Die Kontrollinformationen sind dort in verdichteter Form so angeführt, daß der Abteilungsleiter durch Überfliegen der letzten Spalte dieser Liste "Ausreißer", d.h. Bestände, die die festgelegten Mindest- und Höchstgrenzen unter- bzw. überschreiten, erkennen und diesen entsprechend nachgehen kann. Mit Hilfe der Bestandsliste ist der Vorgesetzte in der Lage nicht nur einzelne Fehlentscheidungen zu erkennen, sondern auch die Disposition insgesamt zu steuern: Durchgehende "Überdeckungen" deuten auf eine zu "großzügige" Planung des Sachbearbeiters hin, durchgängige "Unterdeckungen" auf eine zu knappe Disposition mit der Gefahr von Materialengpässen. Eine unmittelbare Kontrolle der Sachbearbeiterentscheidungen ist nach Meinung des Abteilungsleiters nicht sinnvoll durchführbar. Zum einen müßte er sich für jeden Einzelfall die notwendigen Informationen beschaffen, was zu zeitaufwendig wäre; zum anderen würden plötzliche Anpassungserfordernisse eine zusätzliche Verzögerung durch ein Kontrollverfahren nicht erlauben. Überdies sei durch die sogenannte "Sicherheitszeit" eine gewisse Absicherung gegen die gravierendste Konsequenz von Fehldispositionen, den Produktionsstillstand, eingebaut. Schließlich werde auch von den Einkäufern eine gewisse Plausibilitätskontrolle der Bestellentscheidungen der Disponenten vorgenommen. Diese würden bei außergewöhnlichen Abweichungen gegenüber früheren Bestellungen in der Regel nochmal beim Disponenten nachfragen, ob möglicherweise ein Versehen vorliegt: "Die Erfahrung des Einkaufs wirkt als Regulativ. Wenn da einmal ein Komma falsch gesetzt wird, fragen die nach." (BDiAL)

Fallstudie IV: Materialdisposition Unternehmen A

1. Abteilungsaufgabe

Die Disposition spielt eine Mittlerrolle zwischen der Produktion des Gesamtkonzerns einerseits und dem Absatzmarkt in der BRD andererseits. Den Disponenten kommt die Aufgabe zu, innerhalb der durch die Abteilungs-, Unternehmens- und Konzernleitung gesetzten Daten, zugleich eine hohe Lieferbereitschaft und eine wirtschaftliche Lagerhaltung sicherzustellen. Beide Zielsetzungen stehen dabei im Verhältnis einer partiellen Konkurrenz.

2. Eingliederung der Abteilung Disposition in die Unternehmensorganisation

Die Disposition ist neben dem Einkauf, dem Lager und dem Versand eine Abteilung des Unternehmensbereichs Materialwirtschaft.

3. Entwicklung der EDV

Bis 1972 wurde die Disposition mit Hilfe eines Karteikartensystems durchgeführt und dann insbesondere zur Senkung des Personalbedarfs, zur Verbesserung der Entscheidungsinformationen und Beschleunigung des Dispositionsverfahrens auf EDV im Off-line-Verfahren mit Markierungsbelegen umgestellt. Diesen Zielen galt auch die Weiterentwicklung des EDV-Systems durch die Einführung von Bildschirmen im Jahre 1975. Das Off-line-Verfahren war nur als Übergangslösung bis zur Einführung einer größeren Zentraleinheit gedacht.

a) Konventioneller Arbeitsablauf

Das Karteisystem bestand aus drei Kartenarten: einer Kundenkarte, einer Bestandskarte und einer Bestellkarte. In die Kundenkarte wurden anhand des Originalauftrags die Auftragsdaten (z.B. Bestelldatum, Artikelnummer, Menge, Wunschlieferwoche) eingetragen, in der Bestellkarte die Lieferanforderungen an die Produktion vermerkt, Lagerzugänge von der Bestellkarte abgebucht und der Bestandskarte zugebucht, an den Kunden ausgelieferte Mengen in die Kundenkarte eingetragen und von der Bestandskarte abgebucht. Mit dieser Aufbereitung der Dispositionsunterlagen verband sich ein erheblicher Schreib- und Rechenaufwand, zudem war das manuelle Verfahren stark fehleranfällig. Nach dem Vermerk der Auftragsdaten in der Kundenkarte wurde der Originalauftrag abgelegt, mußte allerdings bei der Erstellung der Versandpapiere wieder herausgesucht werden, was insbesondere bei falsch abgelegten Aufträgen mit einem erheblichen Suchaufwand verbunden war. Die eigentliche Disposition, d.h. die Entscheidung darüber welche Mengen einzelnen Artikel zu welchen Terminen von der Produktion anzufordern sind und welchem Kunden die Lieferung welcher Artikelmenge zu welchem Termin bestätigt werden soll, wurde anhand der Bestell- und Bestandskartei vorgenommen.

Die Arbeitsaufwendigkeit des Karteikartensystems, das mit einem kontinuierlichen Anstieg des Auftragsvolumens zu einem ständigen Anwachsen des Personalbestands und damit der Personalkosten führte, waren zentrale Gründe für die Umstellung der Disposition auf EDV. Ferner sollte die Informationsversorgung der Disponenten zur Steigerung der Güte der Entscheidungen verbessert werden, die vor allem in einer gleichzeitigen Sicherung einer knappen Lagerhaltung und hohen Lieferbereitschaft besteht. Schließlich konnte mit dem verhältnismäßig "langsamen" manuellen Verfahren den Anforderungen an Schnelligkeit der Auftragsdisposition immer weniger begegnet werden, die sich durch die Tendenz der Kunden erhöhten, ihr Lager knapper zu kalkulieren.

b) Die Anwendung der EDV-Anlage im Off-line-Verfahren

Mit der Einführung der EDV wurden die Karteien durch EDV-Listen ersetzt. Zwar fielen damit die aufwendigen Kartei- und Ablegearbeiten weg, dafür brachte aber das Ausfüllen der maschinell lesbaren Eingabeformulare ("Einstricheln") neue Routinearbeiten mit sich, so daß aufgrund eines weiteren Volumenanstiegs die erhofften Personalfreisetzungen nicht realisiert werden konnten. Trotz maschineninterner Prüfprogramme war die Fehleranfälligkeit des Datenverarbeitungsprozesses aufgrund der spezifischen Fehlerquellen des Belegleseverfahrens nach wie vor relativ hoch. Durch den täglichen Ausdruck der Lagerbestandsdaten konnte die Aktualität der Dispositionsdaten zwar gesteigert werden, Datenbewegungen innerhalb eines Tages mußten jedoch weiterhin vom Disponenten schriftlich vermerkt werden, um jeweils von den aktuellsten Daten ausgehen zu können. Als wichtige Verbesserung der Informationsversorgung des Disponenten wurde der sogenannte "late-report" angesehen. Diese wöchentlich ausgedruckte EDV-Liste führte sämtliche Fälle auf, in denen das Unternehmen, in der Regel durch einen verspäteten Fertigwarenzugang von der Produktion auf das Lager, in Lieferverzug geraten ist, und in denen, insbesondere wenn bei einem Kunden die Gefahr eines Produktionsstillstandes droht, mit dessen heftigen Reaktionen zu rechnen ist. Durch den "late report" konnte, anders als im manuellen System, die Aufmerksamkeit der Sachbearbeiter bereits gezielt auf Problemfälle gelenkt werden.

c) Die Umstellung auf Real-time-Verfahren

Die Ausrüstung der Disponenten-Arbeitsplätze mit Bildschirmen erfolgte 1975 im Zusammenhang mit dem Aufbau eines integrierten Datenverarbeitungssystem für Auftragserfassung und Disposition, als dessen wesentliche Ziele genannt werden: die Aufträge schneller, sicherer und rationeller abzuwickeln, den Kundenservice durch Sofortauskunft gegenüber dem Kunden und schnellere und flexiblere Disposition von Eilaufträgen zu verbessern und die Dispositionsdaten weiter zu aktualisieren, insbesondere um das kostspielige Lager noch knapper kalkulieren zu können.

Die eingegangenen Aufträge werden heute vom Verkauf über Bildschirm eingegeben. Sofern der Fertigwarenvorrat zur Befriedigung des Auftrags ausreicht, ohne den vom Materialbereichsleiter festgelegten Sicherheitsbestand zu berühren, druckt das System bis zum nächsten Tag automatisch die Auftragsbestätigung und, wenn sofort geliefert werden soll, auch den Lieferschein aus. Wird der Sicherheitsbestand unterschritten, bekommt der Disponent den Fall über Bildschirm zur Entscheidung vorgelegt (vgl. dazu Abschnitt "Tätigkeitsinhalt"). Das Ergebnis der Entscheidung wird sofort über Bildschirm in das EDV-System eingegeben, das entsprechend Auftragsbestätigungen und Lieferscheine ausdruckt. Die eingegebenen Daten ("Auftragsstatus") stehen den Verkaufssachbearbeitern bei entsprechenden Kundenanfragen zur direkten Abfrage über Bildschirm zur Verfügung. Telefonische Bestellanfragen der Kunden, insbesondere Eilbestellungen, können heute sofort ohne kostspieligen Rückruf erledigt werden, indem sich der jeweilige Verkaufssachbearbeiter mit dem zuständigen Disponenten in Verbindung setzt, dieser sich "on-line" die aktuelle Dispositionslage des betreffenden Artikels anzeigen läßt und sofort eine Entscheidung darüber trifft, ob und wann welche Menge geliefert werden kann, was der Verkaufssachbearbeiter dem am Telefon wartenden Kunden als verbindliche Lieferzusage mitteilt.

Aufgrund des gezielteren Einsatzes der Disponenten, deren Konzentration auf Ausnahmen und Problemfälle, des Rückgangs zeitaufwendiger Fehlersuche und Fehlerbeseitigung durch Sofortkontrollen der Daten bei der Eingabe am Bildschirm sowie des nahezu vollständigen Wegfalls manueller Schreibarbeiten konnte die Unternehmensleitung den Personalbestand in der Abteilung reduzieren. Daß der Personalabbau mit 4 Disponenten und 7 Hilfskräften relativ hoch ausfiel, ist jedoch, wie der Abteilungsleiter betont, vor allem auf die krisenhafte Konkunkturentwicklung im Jahr 1975 zurückzuführen. Gleichwohl sind trotz eines erheblichen Wiederanstiegs des Auftragsvolumens seit Beginn des Jahres 1976 bislang keine Neueinstellungen geplant. Der Abteilungsleiter nimmt sogar an, daß mit dem gegenwärtigen Personalbestand von 4 Disponenten und 1 Hilfskraft noch ein Umsatzzuwachs von 2o % verkraftet werden kann.

4. Personalstruktur und Tätigkeiten

Alle Disponenten haben eine Ausbildung als Industriekaufmann und bei ihrem Eintritt in das Unternehmen eine 14-tägige Produktschulung absolviert. Ein Sachbearbeiter mit etwa 1o-jähriger Praxiserfahrung in der Disposition des Unternehmens A bearbeitet in enger Abstimmung mit dem Abteilungsleiter die Aufträge der Großkunden, die einer besonders sorgfältigen Disposition bedürfen. Er ist zugleich stellvertretender Abteilungsleiter. Sachbearbeiter W, dessen Arbeitsplatz in die Untersuchung einbezogen wurde, ist ebenso wie die beiden restlichen Sachbearbeiter für die Disposition eines Teils des gesamten Artikelsortiments zuständig. W war bereits in seiner Lehrfirma 3 Jahre in der Disposition tätig und trat vor 2 Jahren in das Unternehmen A als Disponent ein.

5. Inhalte und Anforderungen der Disponententätigkeit

Die Hauptaufgaben der Disponenten sind die Disposition der lagermäßig geführten Artikel und die Auskunftsfunktion gegenüber dem Verkauf. Zu ihren Nebenaufgaben gehört die Änderung von Artikelstammdaten (z.B. Sicherheitsbestand) auf Anweisung oder Genehmigung des Abteilungsleiters mit Hilfe eines EDV-Belegs sowie die Umstellung der Versandart, wenn beispielsweise ein Kunde die Beschleunigung der Lieferung durch eine Expreßsendung verlangt. Je nachdem, an welcher Stelle der administrativen Abwicklung sich der laufende Auftrag gerade befindet, muß der Disponent hierbei unterschiedlich vorgehen: Ist der Auftrag noch nicht angewiesen, genügt die Eingabe der neuen Versandart über Bildschirm. Ist der Lieferschein bereits von der EDV ausgedruckt, schreibt eine Hilfskraft mit der Schreibmaschine nach Vorlage einen Expreßlieferschein, die Versandart wird nachträglich über Bildschirm geändert. Befinden sich die Versandpapiere bereits im Versand, setzt sich der Disponent mit dieser Abteilung telefonisch in Verbindung und veranlaßt die gewünschte Umstellung der Versandart. Die verwaltungsmäßige Bearbeitung der Umstellung muß durch eine Bildschirmeingabe dann nachvollzogen werden.

Die Aufgabe der Disposition besteht in der Vermittlung zwischen den zeitlichen und mengenmäßigen Anforderungen der Kundenaufträge einerseits und den zeitlichen und mengenmäßigen Möglichkeiten der Produktion, des Transports und der Lagerhaltung andererseits. Die Problematik dieses Vermittlungsprozesses liegt in dem Gegensatz zwischen der Umsatzorientierung des Verkaufs, der an den Schwankungen des Marktes ausgerichtet ist, auf der einen und der Orientierung der Produktion an Kontinuität und Vollauslastung auf der anderen Seite. Die Disposition hat diesen Zielkonflikt im Interesse des Gesamtunternehmens durch einen ökonomisch sinnvollen Kompromiß über die Lagerhaltung zu lösen. Die Funktion der Dispositionssachbearbeiter besteht dabei jedoch nur noch in der Feinabstimmung. Der Rahmen wird durch die Unternehmens- und Konzernleitung abgesteckt. Allein die Konzernleitung verfügt über die Möglichkeit, die Kapazitäten der nationalen Tochtergesellschaften mit den Entwicklungen der nationalen Märkte und des Weltmarkts abzustimmen. Im Untersuchungszeitraum war es der Disposition weitgehend nicht möglich, mit den verfügbaren Produktionsmengen die seit Beginn des Jahres wieder steigende Nachfrage zu decken. Dies deutet auf eine Strategie der Unternehmensleitung hin, einer kontinuierlichen Produktion bei voll ausgelasteten Kapazitäten und geringer Lagerhaltung den Vorzug vor langfristig nicht gesicherten Umsatzsteigerungen zu geben. Die Disponenten werden dadurch in die Rolle eines Verteilers von "knappen Gütern" gedrängt. Daran ändert sich nach Auskunft des Abteilungsleiters auch in Zeiten des Konjunkturabschwungs wenig, da der von der Kostenseite gesetzte Zwang, so wenig Kapital wie möglich im Lager zu binden, bestehen bleibt.

Die Handlungsparameter der Disponenten sind die Liefermenge und der Lieferzeitpunkt für einzelne Kundenbestellungen, sowie die Menge und der Termin bei Produktionsanforderungen an einzelne Produktionsstätten.

Zur Festigung der Kundentreue soll der Disponent versuchen bei der Festlegung der Liefermenge und des Lieferzeitpunkts möglichst den Wünschen der Kunden zu entsprechen. Je nach der Konstellation der Dispositionsdaten kann jedoch im Einzelfall ein Abweichen von den Kundenwünschen notwendig oder für das Unternehmen ökonomisch opportun sein. Bei knappen Artikeln tritt vielfach der Fall auf, daß einem Kunden zunächst nur eine Teillieferung zugeteilt oder eine Lieferterminverschiebung vorgenommen wird, um für andere Kunden noch eine bestimmte Menge freizumachen. Wie im Einzelfall bzw. beim einzelnen Kunden verfahren wird, hängt insbesondere von der Dringlichkeit ab, mit der ein Kunde die Teile benötigt und welche Bedeutung der Kunde für das Unternehmen, gemessen an seinem Kaufvolumen, besitzt. Anhaltspunkte für die Einschätzung der Dringlichkeit ergeben sich aus der vom Verkaufssachbearbeiter bei der Auftragserfassung vermerkten Dringlichkeitsstufe und aus den Lieferanmahnungen der Kunden, die vom Verkauf an die Disposition weitervermittelt werden. Der Disponent wird teilweise von mehreren Verkaufssachbearbeitern gedrängt, ihre Kunden bevorzugt zu beliefern; um die Dringlichkeit einigermaßen "objektiv" einschätzen zu können, benötigt er deshalb noch eine gewisse Erfahrung hinsichtlich der Bestellpolitik der Kunden und im Umgang mit den Verkaufssachbearbeitern. Da das Unternehmen A Investitionsgüter produziert, bestimmt sich die Dringlichkeit einer Bestellung nach der Gefahr des Produktionsstillstands beim Kunden. Ist diese Gefahr gegeben, sei es aufgrund einer Lieferverzögerung seitens des Unternehmens A oder wegen eines Dispositionsfehlers beim Kunden selbst, muß der Disponent, bei wichtigen Kunden besonders stark vom Verkauf gedrängt, versuchen, die benötigten Artikel zur Verfügung zu stellen. Neben Teillieferungen, Lieferterminverzögerungen, dem Angebot von kurzfristig verfügbaren, technisch äquivalenten Artikeln, besteht für den Disponenten noch die Möglichkeit unter Hinzuziehung des Abteilungsleiters von der Produktion eine Sonderzuteilung zu erwirken. Es kommt sogar der Fall vor, daß der Disponent einen Kunden bittet, mit seinem Lagervorrat kurzfristig einem anderen Unternehmen auszuhelfen.

Hinsichtlich der Produktionsanforderungen an die Produktionsstätten werden drei Artikelgruppen unterschieden. Bei den sogenannten "forecast-items" bestehen langfristige Lieferverträge mit Großkunden. Die Bedarfszahlen gehen in die Jahresproduktionsplanung des Konzerns ein. Diese Artikel machen etwa 85 % des Umsatzes aus. Ihre Disposition wird, wie ausgeführt, von einem besonders qualifizierten Sachbearbeiter in Zusammenarbeit mit dem Abteilungsleiter vorgenommen. Die zweite Artikelgruppe wird lagermäßig geführt und von den Sachbearbeitern disponiert. Ihr Umsatzanteil beträgt etwa 1o %. Artikel, die weniger als 5 Kunden beziehen, werden nur gegen Kundenauftrag bei der Produktion angefordert.

Bei der lagermäßig geführten Artikelgruppe haben die Disponenten zu entscheiden, welche Mengen für welchen Termin bei der Produktion angefordert werden. Die Entscheidung hat die Anforderungen des Verkaufs, d.h. die Verfügbarkeit der Artikel, mit den Anforderungen einer wirtschaftlichen Lagerhaltung abzustimmen. Ein entscheidender Orientierungspunkt für die Sachbearbeiter ist hierbei die Wertigkeit der einzelnen Artikel. Bei geringwertigen Kleinartikeln wird üblicherweise von den Disponenten der gesamte Jahresbedarf angefordert. Bei höherwertigen Artikeln wird das Ziel verfolgt, diese so zu disponieren, daß sie ohne hohe Lagerhaltung rechtzeitig zur Verfügung stehen.

Zu den zentralen Entscheidungsinformationen gehört die voraussichtliche Entwicklung der Verkaufsziffern. Die Verfügbarkeit dieser Entscheidungsinformationen hat sich durch die EDV erheblich gewandelt. Mußte sich im manuellen System der Disponent die Informationen auf der Grundlage der von ihm geführten Karteien selbst zusammenstellen, bekommt er sie heute, wenngleich stark vorstrukturiert und selektiert, maschinell zur Verfügung gestellt. Von den Disponenten wird es als nachteilig empfunden, daß sie nun nur noch auf Informationen Zugriff haben, die von der Abteilungs- und Unternehmensleitung als ausreichend für die Entscheidungsaufgaben der Sachbearbeiter angesehen werden. Früher sei es anhand der Karteikarten möglich gewesen, die gesamte "Artikelgeschichte", d.h. die Verkaufsentwicklung in der Vergangenheit, zu rekonstruieren. Heute seien die Vergangenheitsdaten weitgehend abgeschnitten. Lediglich in der sogenannten "six-month-usage-Liste" könne noch in verdichteter Form die Verkaufsentwicklung des letzten Halbjahres zurückverfolgt werden. In der Verdünnung und stärkeren Vorstrukturierung der Entscheidungsinformationen sieht auch der Abteilungsleiter eine gewisse Gefahr für die Güte der Disposition: "Wenn man dem Disponenten zuviel Informationen wegnimmt, dann lebt er nicht mehr in seiner Artikelgruppe."

Bedeutend verbessert habe sich durch die EDV demgegenüber die Informationslage hinsichtlich der terminmäßig spezifizierten Verfügbarkeit der einzelnen Artikel. Den aktuellen und fortgeschriebenen Lagerbestand kann der Disponent heute über Bildschirm abfragen.

Für die Disposition von Bedeutung sind schließlich Informationen über die Produktionssituation in den einzelnen Lieferwerken. Maschinenausfälle, Krankheitswellen, mögliche Streiks, die Zuverlässigkeit des Versands usw. sind Bedingungen, die bei der termin- und mengenmäßigen Spezifizierung der Produktionsanforderungen zu beachten sind.

Mit Ausnahme der Daten der Lagerbestandsentwicklung haftet den Dispositionsdaten eine gewisse Unsicherheit an, so daß sie der "Interpretation" durch den Disponenten bedürfen. Die Sachbearbeiter weisen in diesem Zusammenhang auf die Bedeutung der Erfahrung im Umgang mit den Gegebenheiten der Tätigkeit hin. Sie orientieren sich an bestimmten Erfahrungsregeln, da die offiziellen Arbeitsanweisungen nicht bei jedem Dispositionsproblem instruktiv sind. Jeder Disponent habe seinen eigenen Stil. Der eine disponiere knapper, der andere vorsichtiger.

Der Abteilungsleiter sieht den besonderen Wert des Menschen im computer-gestützten Dispositionssystem darin, daß dieser die Entscheidungsinformationen bewerten und flexibel auf den Wandel von Entscheidungssituationen reagieren könne. Die Entscheidungsvorschläge des Systems müßten nochmals vom Disponenten durchgeprüft und aktuellen Entwicklungen angepaßt werden. Dazu müsse der Sachbearbeiter sehen, was hinter den Zahlen stecke, er könne sich nicht einfach stur an irgendwelche Arbeitsanweisungen halten. Aus seiner Erfahrung heraus müsse er beispielsweise beurteilen können, inwieweit er sich auf den von einer Produktionsstätte bestätigten Liefertermin bei der Zuteilung bestimmter Mengen zu einzelnen Aufträgen stützen könne. Diese Terminzusage sei noch nach Erfahrungswerten über die Zuverlässigkeit der Produktion oder aktuellen Informationen aus den Werken z.B. über einen Maschinenausfall einzuschätzen. Ebenso könne der Computer nicht differenziert auf die einzelnen Kunden eingehen. Nur der Sachbearbeiter sei beispielsweise in der Lage einzuschätzen, welche Lieferfrist man einem einzelnen Kunden zumuten könne, ohne diesen zu verärgern oder gar zu verlieren.

6. Horizontale Kooperation

Jeder Disponent ist für die Disposition einer nach Artikelnummern genau abgegrenzten Artikelgruppe zuständig. Zwischen den Sachbearbeitern bestehen deshalb keine Arbeitsbeziehungen, was seinen Ausdruck auch in einer kreisförmigen Anordnung der Bildschirmarbeitsplätze findet, wodurch der einzelne Disponent keinen Blickkontakt zu seinen Kollegen hat.

Abstimmungsnotwendigkeiten ergeben sich lediglich zwischen den Sachbearbeitern und dem stellvertretenden Abteilungsleiter, der die Großaufträge bearbeitet und dabei in den Artikelnummernkreis der Disponenten eingreift. Üblicherweise sind mit Großkunden langfristige Lieferverträge vereinbart. Auf die hierzu vom stellvertretenden Abteilungsleiter reservierten Artikelmengen können die übrigen Disponenten nicht ohne Absprache mit diesem zugreifen.

Intensive Kooperationsbeziehungen bestehen zu allen Verkaufssachbearbeitern, deren Kunden die von einem Disponenten bearbeiteten Artikel beziehen. Da die Kompetenz zur zeitlichen und mengenmäßigen Auftragsbestätigung allein bei der Disposition liegt, müssen die Verkaufssachbearbeiter bei jeder entsprechenden Kundenanfrage den zuständigen Disponenten einschalten. Dessen Entscheidung ist für den Verkaufssachbearbeiter verbindlich. Um ständig gegenüber dem Verkauf bzw. dem Kunden auskunftsbereit zu sein, darf ein Disponent seinen Arbeitsplatz nur in Ausnahmefällen verlassen. Im Untersuchungszeitraum hatten die Sachbearbeiter jetwa je 6 bis 1o telefonische Anfragen des Verkaufs pro

Stunde zu bearbeiten. Hierzu muß der Sachbearbeiter jeweils seine laufende Arbeit unterbrechen. (Zu den Arbeitsbeziehungen zwischen Disposition und Verkauf vgl. auch Fallstudie VI).

Im Verkehr mit einer Reihe anderer Abteilungen wie z.B. dem Versand kommt es neben dem routinemäßigen Formularverkehr bzw. der Übermittlung von Daten über das Bildschirmsystem zu gelegentlichen Rückfragen bei Ausnahmefällen und Störungen im Ablauf der Auftragsabwicklung.

Gegenseitige Aushilfen unter den Sachbearbeitern kamen nach Auskunft des Sachbearbeiters W bislang nur in einem Fall vor, als ein Kollege wegen eines Bildschirmausfalls in Rückstand geraten war. Aufgrund mangelhafter Kenntnisse der Besonderheiten in anderen Artikelgruppen, wie auch zur Wahrung eindeutiger Verantwortungsverhältnisse seien von den aushelfenden Kollegen nur klar gelagerte Fälle disponiert worden. Das gleiche gelte für die Stellvertretung (jeder Sachbearbeiter ist gleichzeitig der Stellvertreter eines Kollegen), wo schwierige Fälle, wenn terminlich möglich, liegen bleiben oder vom Abteilungsleiter bzw. seinem Stellvertreter angewiesen werden.

7. Vertikale Kooperation

Die Schnelligkeit, mit der einem Kunden eine verbindliche Lieferzusage gegeben werden kann, stellt für das Unternehmen besonders bei Kunden, die plötzlich auftretende Materialengpässe zu überbrücken haben, einen wichtigen Wettbewerbsfaktor dar. Um bei Kundenanfragen sofort eine verbindliche Antwort geben zu können, muß den Sachbearbeitern ein gewisser nur nachträglich kontrollierbarer Entscheidungsspielraum hinsichtlich der Zuteilung von Artikelbeständen zu Aufträgen eingeräumt werden. Nach Auskunft von W kommt es jedoch hin und wieder auch zu Anweisungen des Vorgesetzten, insbesondere, wenn sich Kunden direkt an den Abteilungsleiter wenden, um ihrem Wunsch Nachdruck zu verleihen. Der Sachbearbeiter empfindet dies als Eingriff in seine individuelle Dispositionspolitik, die darauf abziele, immer noch eine gewisse Reserve auf Lager zu halten, um in dringenden Fällen noch liefern zu können.

Die von den Disponenten erarbeiteten mengenmäßig und terminlich spezifizierten Produktionsanforderungen unterliegen hingegen der Genehmigung des Abteilungsleiters. Falsche Entscheidungen führten, so der Abteilungsleiter, unmittelbar entweder zu überhöhten oder unzureichenden Lagerbeständen, wofür er von der Unternehmensleitung zur Verantwortung gezogen werden. Nach Ansicht des Disponenten W stellt sich jedoch oft erst im Nachhinein heraus, ob eine Entscheidung richtig im Sinne der Unternehmensziele war, da jede Entscheidung mit gewissen Unwägbarkeiten (Nachfrageentwicklung, Kundenverhalten) verbunden sei. W notiert sich deshalb von seinen Entscheidungsvorschläge abweichende Anweisungen des Abteilungsleiters, um bei möglichen Fehlentwicklungen nicht zur Rechenschaft gezogen zu werden.

Die Kontrolle der Sachbearbeiterdispositionen ist für den Abteilungsleiter durch die EDV leichter geworden. Er kann sich heute auf EDV-Listen oder Bildschirmabfragen stützen, ohne, wie im manuellen System, in die von den Disponenten geführte Artikelkartei einsehen zu müssen.

Der Abteilungsleiter vermittelt die Beziehungen zwischen der Disposition und den Produktionsstätten. Treten bei einer Artikelnummer Probleme auf, sei es, daß eine Ablieferung nicht zu den vom Werk bestätigten Termin eingeht und der Disponent deshalb die den Kunden zugesagten Termine nicht einhalten kann, oder sei es, daß versucht werden soll, eine Änderung von Produktionsplänen zu erreichen, um beispielsweise eine gravierende Mangellage durch Mehrproduktion auszugleichen, so wendet sich der Disponent an den Abteilungsleiter, der sich dann mit dem betreffenden Werk in Verbindung setzt. Der Sachbearbeiter könne diese Verhandlungen nicht selbst führen, da ihm, neben Sprachkenntnissen bei ausländischen Produktionsstätten, der Überblick und vor allem auch die notwendigen Beziehungen zu den maßgebenden Stellen fehlten.

Der Abteilungsleiter läßt sich von den Sachbearbeitern über aktuelle Entwicklungen in ihren Artikelgruppen wie Terminverschiebungen, Auftragsänderungen oder Annullierungen, regelmäßig berichten, um hieraus Konsequenzen für die Anpassung der Rahmendaten der Disposition, etwa den Sicherheitsbestand, ziehen oder die Produktion rechtzeitig auf Anpassungsnotwendigkeiten aufmerksam machen zu können.

Fallstudie V: Verkauf Unternehmen B

1./2. Abteilungsaufgabe und Abteilungsorganisation

Der Verkaufsbereich des Unternehmens ist organisatorisch in die Unterabteilungen "Zentrale Kundenbetreuung", "Auftragsbearbeitung" und "Zentrale Außendienstbetreuung" gegliedert.

Die "Zentrale Kundenbetreuung" ist Vermittlungsstelle zwischen den Kunden und dem Verkaufsinnendienst. Sie hat die Aufgabe, sämtliche Kundenanfragen entgegenzunehmen, zu bearbeiten, oder an die zuständige betriebliche Stelle weiterzuleiten. Zielsetzung ist dabei laut Arbeitsanweisung: "... die Harmonie in der Zusammenarbeit mit dem Kunden zu erhalten und zu fördern... und ein positives Image der Firma zu pflegen..."

Die Abteilung "Auftragsbearbeitung" ist demgegenüber direkt auf die Vor- und Nachbearbeitung maschineller Datenverarbeitungsprozesse gerichtet. Ihre zentrale Aufgabe besteht darin, den "EDV-Input" aufzubereiten, d.h. die eingehenden Aufträge und geprüften Gutschriftsanforderungen auf Ablochbelege zu übertragen bzw. diese zu vervollständigen, und den "EDV-Output", wie z.B. Rechnungen und Gutschriften, auf sachliche Richtigkeit zu überprüfen und versandfertig zu machen.

Die Abteilung "Zentrale Außendienstbetreuung" hat administrative Arbeiten im Bereich der Unterstützung, Lenkung und Kontrolle des Verkaufsaußendienstes zur Aufgabe.

In die Untersuchung einbezogen wurden die Abteilungen "Zentrale Kundenbetreuung" und "Auftragsbearbeitung", deren Arbeiten in einem engen Zusammenhang stehen, da sie sich gegenseitig bedingen bzw. aufeinander aufbauen.

3. Entwicklung der EDV

Die Auftragsbearbeitung (Ausschreibung der Rechnungen und Gutschriften, Lieferscheine) wird schon seit über 12 Jahren maschinell abgewickelt. Bei der Datenerfassung und Führung der Kundenstammdaten ist an die Stelle von Karteiführungsarbeiten das Ausfüllen von Ablochbelegen und die Kontrolle des"EDV- Outputs" getreten. Die Zentrale Kundenbetreuung ist von der EDV bisher nur am Rande betroffen. Lediglich bei den verwendeten Formularen hat es einige Veränderungen gegeben. Ferner ist die manuelle Zusammenstellung bestimmter Statistiken weggefallen.

Nach Ansicht des Abteilungsleiters wird die Aufgabe und der Arbeitsablauf der "Zentralen Kundenbetreuung" auch von der langfristig geplanten Installation von Bildschirmen nicht entscheidend tangiert. Statt am Telefon entgegengenommene Aufträge auf einen Ablochbeleg zu übertragen, würden diese dann direkt über Bildschirm eingegeben. Der Bildschirm werde auch die Auskunftsfunktion erleichtern, da bestimmte Informationen nicht mehr aus Listen und Ordnern zusammengetragen werden müßten, sondern direkt über Bildschirm abgefragt werden könnten.

Gegenwärtig wird die Textverarbeitung umgestellt. Während bislang die gesamte Verkaufskorrespondenz von den Sachbearbeitern auf Band diktiert und von einer Schreibkraft abgeschrieben wird, soll zukünftig der Routineschriftverkehr mit Textkonserven auf einem Schreibautomaten abgewickelt. Nur noch wenige schwierige Briefe sollen auf Band diktiert werden. Hierzu wird gegenwärtig von der Organisationsabteilung unter Mithilfe des Gruppenleiters eine Schriftgutanalyse durchgeführt, aus der die "optimalen" Formulierungen für die Textkonserven abgeleitet werden sollen.

I. <u>"Zentrale Kundenbetreuung"</u>

Die Abteilung "Zentrale Kundenbetreuung" entwickelte sich aus der Abteilung "Zentrale Reklamationsabteilung", indem immer mehr Kundenbetreuungsaufgaben aus anderen Abteilungen abgezogen und organisatorisch zentralisiert wurden.

4. Personalstruktur und Tätigkeiten

Der Abteilung "Zentrale Kundenbetreuung" gehören gegenwärtig 1 Gruppenleiter, 2 Sachbearbeiterinnen, 1 Schreibkraft und 2 weibliche Hilfskräfte für die zentrale Ablage an.

Der Gruppenleiter hat eine Lehre als Industriekaufmann absolviert, war anschließend im Einkauf eines metallverarbeitenden Unternehmens tätig und übt seine jetzige Tätigkeit seit etwa 5 Jahren aus. Zu seinen Aufgaben gehören gewisse Vorgesetztenfunktionen, wie z.B. die Koordination der Arbeit innerhalb der Abteilung und mit anderen Verwaltungsabteilungen, und die sachliche und zeitliche Kontrolle der Arbeitsabwicklung. Zugleich ist er jedoch "qualifizierter" Sachbearbeiter, für die Bearbeitung "schwieriger Fälle".

Die Routinesachbearbeitung ist nach Kundengruppen auf zwei Sachbearbeiterinnen verteilt. Beide haben Industriekaufmann gelernt und besitzen eine mehrjährige Erfahrung in ihrer jetzigen Tätigkeit. Ihre Aufgabe besteht zum überwiegenden Teil in der Entgegennahme und Bearbeitung von Kundenreklamationen verschiedenster Art (z.B. Falschlieferungen, Mängelrügen). Die telefonisch oder über den Postweg eingehenden Reklamationen werden von den Sachbearbeiterinnen zunächst nach Art und benötigten Bearbeitungsunterlagen auf einem Bearbeitungsvordruck klassifiziert. Anhand dieses Formulars trägt ein Bote die Bearbeitungsunterlagen aus den jeweiligen Fachabteilungen zusammen. So wird z.B. die "Kundenmappe", in der alle schriftlichen Vorgänge mit einem Kunden abgelegt sind, in der "Zentralablage" aufbewahrt, Gutschriften oder Rechnungskopien neueren Datums sind in der "Debitorenbuchhaltung", Lieferscheine in der "Auftragsbearbeitung" und Ladelisten im "Versand" abgelegt. Anhand der jeweiligen Unterlagen wird die Reklamation geprüft und dem Kunden die Entscheidung (z.B. Ablehnung, Ersatzlieferung oder Gutschrift) schriftlich mitgeteilt. Telefonisch eingehende Aufträge werden von den Sachbearbeiterinnen üblicherweise sofort auf das Ablochformular übertragen, das ansonsten von der "Auftragsbearbeitung" ausgefüllt werden müßte. Neben Reklamationen und Aufträgen treten noch eine Vielzahl anderer Kundenanfragen auf, die von den Sachbearbeiterinnen entgegengenommen, bearbeitet oder an die jeweils zuständige betriebliche Stelle weitergeleitet werden. Verkaufsverhandlungen dürfen weder die Sachbearbeiterinnen noch der Gruppenleiter ohne vorherige Genehmigung des Verkaufsleiters führen. In unregelmäßigen Abständen werden die Sachbearbeiterinnen auch bei Sonderauswertungen eingesetzt, die meist der Kontrolle von Marketingmaßnahmen dienen. Hierbei können Routinearbeiten von längerer Dauer anfallen.

5. Tätigkeitsanforderungen

Die Bearbeitung von Reklamationen stellt an die Angestellten insbesondere Anforderungen hinsichtlich der zeitlich-sachlichen Planung ihrer Arbeit und hinsichtlich des Umgangs mit Kunden. Nach den Vorstellungen der Verkaufsleitung sollen die Fälle "schnell und kostenunaufwendig" bearbeitet werden. Hinsichtlich des Zeitraumes, innerhalb dessen ein Fall zu bearbeiten ist, hat die Verkaufsleitung nach Fallkategorien gestufte Richtwerte vorgegeben. Diese sollen verhindern, daß ein Fall "verschleppt" wird, was einerseits zu einer Verärgerung oder gar zum Verlust eines Kunden führen könnte, andererseits wegen der aufschiebenden Wirkung von Mängelrügen auf den Zahlungseingang. Wie sie ihre Arbeit einteilen, um die Zeitvorgaben nicht zu verletzten, bleibt den Sachbearbeiterinnen selbst überlassen. Grundsätzlich müssen sie am Telefon den Kunden gegenüber ständig auskunftsbereit sein und dringende Fälle sofort erledigen. Insbesondere bei Reklamationen, die sich auf den Versand beziehen, kann sich die Bearbeitung aufgrund schwieriger Informationsbeschaffung Wochen und teilweise sogar Monate hinauszögern. Derartige Fälle müssen der Verkaufsleitung gemeldet werden.

Die durchschnittliche Bearbeitungszeit eines einfach gelegenen Falles beträgt einschließlich Banddiktat 2 bis 5 Minuten. Zeit und Kosten können eingespart werden, wenn die Sachbearbeiter bei der Entgegennahme der Reklamation sofort alle bearbeitungsrelevanten Informationen erfragen und sich so spätere Rückfragen erübrigen. Hierzu gehört jedoch einige berufliche Erfahrung, da sich der Bearbeiter noch während des Telefongesprächs mit dem Kunden ein Bild von dem betreffenden Fall machen muß, und zudem eine Vielzahl alternativer Fallkonstellationen auftreten kann. Aufgrund der Variabilität der Fälle ("Es treten immer wieder Fälle auf, die bisher noch nicht da waren") konnten sich nur für einige, häufig auftretende Fallgruppen feste, wenngleich meist nicht schriftlich fixierte Arbeitsregeln herausbilden. Die Sachbearbeiterinnen konnten vielfach nicht angeben, ob die von ihnen befolgten Arbeitsregeln sich durch die Bearbeitungspraxis und deren Kontrolle durch den Gruppenleiter herausgebildet hatten oder vom Verkaufsleiter angewiesen wurden (typische Antwort: "Das wird hier eben so gemacht!"). Nach Angabe des Gruppenleiters stellt allerdings auch die Bearbeitung eines Falles, der in seinen Besonderheiten so bislang noch nicht aufgetreten ist, "lediglich die Abfolge von logisch aneinanderzureihenden Einzelschritten" dar, für die in den bestehenden Vorschriften der Rahmen abgesteckt sei.

Für die Bearbeitung einer Reklamation müssen die Sachbearbeiterinnen insbesondere wissen, in welchen Fällen sie welche Informationen benötigen und woher sie diese bekommen. Da sich Reklamationen auf jeden Abschnitt in der betrieblichen Bearbeitung und Erfüllung der Kundenaufträge von deren Entgegennahme über die Rechnungsstellung bis hin zur Auslieferung beziehen können, benötigen die Sachbearbeiterinnen einen guten Überblick über die Organisation des gesamten Absatzbereichs. Um diesen zu erhalten, durchlaufen neu eintretende Sachbearbeiter in einem "Schnellkurs" alle für ihre spätere Arbeit relevanten Abteilungen. Die Sachbearbeiterinnen berichten übereinstimmend, daß es jedoch zusätzlich einer gewissen Tätigkeitspraxis bedarf, um die notwendigen Kenntnisse der Arbeitsabwicklung zu erwerben.

Ökonomische Entscheidungen im Zusammenhang mit der Bearbeitung einer Reklamation bedürfen bei einem Entscheidungswert bis zu 400 DM der Zustimmung des Gruppenleiters, bei Werten von über 400 DM muß die Verkaufsleitung eingeschaltet werden. Die Schwierigkeit der Entscheidungen liegt darin, daß im Interesse der Erhaltung des Kunden zwischen Firmen- und Kundeninteresse abgewogen werden muß. Der Rahmen der "Kulanz" wird insbesondere durch die Bedeutung des Kunden, gemessen an seinen Umsätzen, abgesteckt.

Besondere Anforderungen stellt der fernmündliche und schriftliche Kontakt mit Kunden, insbesondere wenn er der Beilegung von Konflikten in den Verkaufsbeziehungen im Interesse der Absicherung von Absatzmöglichkeiten dient. Zivilisatorische Grundqualifikationen auf der Ebene des kommunikativen und schriftlichen Umgangs mit Personen müssen hierzu in Richtung einer "guten Telefontechnik" und eines "guten Schreibstils" erweitert werden, deren Erwerb zu einem wichtigen Thema der Ausbildung kaufmännischer Lehrlinge in der Abteilung gehört. Argumentationen, die auf die jeweils aktuelle Verkaufspolitik des Unternehmens bezogen sind, werden den Sachbearbeitern schriftlich in Katalogen vorgelegt. Um einen Kunden im Firmeninteresse beeinflussen zu können, komme es jedoch nicht allein auf die taktisch richtigen Argumente, sondern auch darauf an, wie diese dem Kunden nahegebracht werden. Entscheidend sei, sich in die Lage des Gegenübers versetzen zu können, um dessen Interessen und mögliche Gegenargumente bei der eigenen Argumentationsstrategie berücksichtigen zu können.

Laut Arbeitsanweisung soll der Schriftwechsel mit Kunden "höflich, verbindlich, klar, kurz, rationell und standardisiert" erfolgen. Der Forderung nach Standardisierung entspricht die gegenwärtige Praxis, soweit wie möglich vorgedruckte Formbriefe einzusetzen, bei denen die Sachbearbeiterinnen nur noch die jeweiligen Kundendaten zuzuordnen haben. Weitgehend standardisiert sind auch jene individuell formulierten Briefe, die aus vorgeprägten Sprachschablonen des kaufmännischen Geschäftsverkehrs zusammengesetzt werden (die Sachbearbeiterinnen sprechen hierbei von "Routinebriefen"). Gegenüber Formbriefen haben sie laut Gruppenleiter den Vorteil, dem Kunden das Gefühl zu geben, "individuell" behandelt worden zu sein. Durch den Einsatz von Schreibautomaten könne sowohl eine kostengünstige Standardisierung der Kundenkorrespondenz erreicht wie auch der äußere Schein "individueller Kundenbehandlung" aufrechterhalten werden. Allerdings ist zu erwarten, daß mit der Einführung der Schreibautomaten die Anforderungen an das sprachliche Geschick der Sachbearbeiterinnen sinken, zumal schwierige Briefe vorzugsweise vom Gruppenleiter selbst formuliert werden.

6. Horizontale Kooperation

Die Routine-Sachbearbeitung ist nach Kundenkategorien auf die beiden Sachbearbeiterinnen aufgeteilt. Ihre Arbeitsbeziehungen resultieren deshalb nicht aus einem gemeinsam zu bearbeitenden Sachverhalt (jede Sachbearbeiterin bearbeitet "selbständig" einen abgegrenzten Kundenkreis), sondern aus auftretenden Arbeitsproblemen, bei denen sie sich gegenseitig beraten. Allerdings wenden sie sich bei schwierigeren Fragen vorzugsweise sofort an den Gruppenleiter. Arbeitskontakte in Form von Rückfragen ergeben sich immer wieder zu den Abteilungen, in denen die Ursache für Kundenreklamationen aufgetreten ist oder die die Entscheidungen der "Zentralen Kundenbetreuung" durchführen (z.B. bei Gutschriften zur "Debitorenbuchhaltung"). Solange eine Kundenreklamation nicht eindeutig geklärt ist, veranlaßt die "Zentrale Kundenbetreuung" per "Querinformation" eine Mahnsperre bei der "Debitorenbuchhaltung". Konflikte zwischen der "Zentralen Kundenbetreuung" und der "Debitorenbuchhaltung" hinsichtlich der Aufhebung einer Mahnsperre werden üblicherweise vom Gruppenleiter geregelt.

7. Vertikale Kooperation

Der Gruppenleiter greift in die laufende Sachbearbeitung zunächst nur ein, wenn er bei einem Problem von den Sachbearbeiterinnen um Rat gefragt wird, oder wenn er bei einem Telefongespräch einer Sachbearbeiterin auf einen bestimmten Fall aufmerksam wird. Sein Eingreifen besteht dann meist in einem Mittelding zwischen Beratung und Anweisung. Die Kontrollfunktion des Gruppenleiters bezieht sich insbesondere auf das sachliche Arbeitsergebnis einerseits und die zeitliche Arbeitsleistung der Sachbearbeiterinnen andererseits. Der Gruppenleiter unterschreibt neben der Sachbearbeiterin jedes Schriftstück und kontrolliert dabei das Arbeitsergebnis auf sachliche und stilistische Richtigkeit. Entdeckt er sachliche Fehler oder werden seiner Meinung nach problematische

Formulierungen verwendet, geht der Vorgang mit einer schriftlichen oder mündlichen Anweisung an die Sachbearbeiterin zurück. Der Gruppenleiter überwacht ferner die Einhaltung der für die Bearbeitung der Reklamationsfälle vorgeschriebenen Termine. Schließlich führt er die sogenannte "Reklamationsstatistik", in der neben der zahlenmäßigen Entwicklung und den Ursachen von Reklamationen, die der Unternehmensleitung mögliche "Schwachstellen" in der Auftragsabwicklung zeigen sollen, auch die Bearbeitungsquote je Sachbearbeiterin, d.h. das Verhältnis der erledigten zu den unerledigten Reklamationsfälle und die Verteilung der Zeitdauer vom Eingang der Reklamation bis zu ihrer Erledigung festgehalten wird. Die Reklamationsstatistik soll als Kontrollinstrument nach Angabe des Verkaufsleiters einen gewissen Druck auf die Sachbearbeiter ausüben. Sie wird jedoch nicht als Grundlage für eine leistungsbezogene Entlohnung herangezogen, da die Bearbeitungsquote nicht allein von den zuständigen Sachbearbeitern zu verantworten ist, sondern auch von der Geschwindigkeit der Informationsbeschaffung oder Kooperationsbereitschaft der Kunden abhängt.

II. "Auftragsbearbeitung"

Seit Einführung des maschinellen Verfahrens gab es bei der Auftragsbearbeitung lediglich einige Verbesserungen des Abwicklungsverfahrens. Beispielsweise werden die maschinell auf Endlosformularen ausgedruckten Rechnungen, Lieferscheine usw. maschinell "gerissen" und müssen nicht mehr manuell getrennt werden.

Stark verändert hat sich indes die Tätigkeitsstruktur, indem mit wachsendem Arbeitsvolumen die ursprünglichen Tätigkeiten immer mehr zerlegt und die Teilaufgaben zu besonderen, eng spezialisierten Tätigkeiten gemacht wurden. Ursprünglich war die Auftragsbearbeitung nach Kundenkategorien in zwei gleichartige Sachbearbeitertätigkeiten geteilt, die den gesamten Abwicklungsprozeß einschließlich routinehafter manueller Massenarbeiten wie "Reißen" und Einkuvertieren der Rechnungen umfaßten. Mit steigendem Arbeitsvolumen wurden aus den Sachbearbeitertätigkeiten einzelne Aufgaben, wie die Verwaltung der Kundenstammdaten oder die Kontrolle und Einkuvertierung der Rechnungen, ausgelagert und zu eng spezialisierten Routinetätigkeiten verselbständigt. Dabei hat sich gleichzeitig die Variabilität der Sachbearbeitertätigkeiten reduziert, die von der Verkaufsleitung heute nur noch bedingt als Tätigkeiten auf Sachbearbeiterniveau angesehen werden.

4. Personalstruktur und Tätigkeiten

Zum Untersuchungszeitpunkt arbeiten in der "Auftragsbearbeitung" 6 Angestellte. Der Gruppenleiter ist gelernter Einzelhandelskaufmann. Neben seinen Leitungsfunktionen (vgl. "vertikale Kooperation") ist er primär Sachbearbeiter. Seine Aufgabe ist die Gutschriftenbearbeitung; eine volumenstarke, im Wochenzyklus abzuwickelnde Massenarbeit. Zur Vorbereitung der maschinellen Gutschriftenschreibung hat der Gruppenleiter die Daten der von der Abteilung "Zentrale Kundenbetreuung" veranlaßten Gutschriften auf einen Ablochbeleg zu übertragen. Nach dem maschinellen Durchlauf müssen die ausgedruckten Gutschriften anhand des Ablochbelegs auf Vollständigkeit und sachliche Richtigkeit überprüft werden. Treten Fehler auf, ist ein Änderungslochbeleg auszufüllen und an die EDV-Abteilung weiterzureichen. Schließlich sortiert der Gruppenleiter noch das Original und den Durchschlag auseinander, gibt das Duplikat zur "Zentralablage" und falzt und kuvertiert das Original.

Zwei Sachbearbeiterinnen, die eine Einzelhandelslehre absolviert und als Verkäuferinnen gearbeitet haben, bearbeiten gemeinsam die eingehenden Aufträge. Die Auftragsdaten werden auf einen Ablochbeleg übertragen und hierbei gleichzeitig die Vollständigkeit der Auftragsdaten überprüft. Zu den Nebenaufgaben der Angestellten gehört die Einrichtung oder Aufhebung von Liefersperren durch die Ausfüllung eines entsprechenden Ablochbelegs auf Veranlassung des Verkaufs sowie die Ausschreibung von Eillieferscheinen, wenn ein Auftrag nach Anweisung des Verkaufs bevorzugt abgewickelt werden soll.

Eine Angestellte, die ebenfalls aus dem Einzelhandel kommt, ist vorwiegend halbtags beschäftigt. Sie schreibt auf der Schreibmaschine eine bislang noch nicht maschinell bearbeitete Rechnungs- und Gutschriftenliste für "Zentralregulierer", d.h. Abrechnungszentralen, zu denen sich mehrere Einzelhandelsbetriebe zusammengeschlossen haben. Darüber hinaus wird sie als "Springerin" für Hilfsarbeiten in anderen Aufgabengebieten der Abteilung eingesetzt.

Eine Angestellte, die vor zwei Jahren aus familiären Gründen zur Halbtagsarbeit überging und vorher Gruppenleiterin der "Auftragsbearbeitung" war, ist heute für die Verwaltung der Kundenstammdaten (Neuvergabe von Kundennummern, Adressenänderungen, Änderungen von Firmennamen usw.) zuständig. Jede Änderung von Kundenstammdaten in der Kundendatei wird über Ablochbeleg veranlaßt.

Eine weitere Angestellte wurde als ungelernte Hilfskraft eingestellt. Ihre Aufgabe besteht darin, die automatisch geschriebenen Rechnungen mit dem Auftragsformular zu vergleichen und Übertragungs- und Ablochfehler festzustellen. Anschließend werden von ihr die Rechnungen gefalzt und einkuvertiert und zur Poststelle gebracht.

5. Tätigkeitsanforderungen

Die Tätigkeiten der "Auftragsbearbeitung" sind in ihrer Mehrzahl routinehafte Datenerfassungs- und Kontrolltätigkeiten, bei denen es insbesondere darauf ankommt, die detaillierten Arbeitsregeln genau zu befolgen und zuverlässig zu arbeiten, um Falschlieferungen zu vermeiden, die zu kostenaufwendigen Reklamationen führen können.

Eine weitere zentrale Anforderung ist die Einhaltung der im Interesse einer ökonomischen Nutzung der EDV-Anlage gesetzten Termine. Beispielsweise muß der Gruppenleiter die angefallenen Gutschriftsbelege bis jeweils Mittwoch 9 Uhr in den Lochraum gegeben haben. Wie er sich die Arbeit einteilt, um den Termin einhalten zu können, bleibt ihm überlassen.

Der starre Zeitplan der EDV führt teilweise auch zu einem ungleichmäßigen Arbeitsanfall. So muß die zur Rechnungskontrolle eingesetzte Hilfskraft morgens jeweils warten, bis die Rechnungen von der EDV geschrieben werden und hat in dieser Zeit "oft nichts zu tun", während sie machmittags die Rechnungen so schnell wie möglich bearbeiten muß, da der "Versand" auf die Rechnungskopien wartet.

Von den Angestellten wird erwartet, daß sie die Terminprobleme, die sich aus der Inflexibilität des EDV-Zeitplans einerseits und Schwankungen im Auftragseingang andererseits ergeben, über eine entsprechende Beschleunigung ihres Arbeitstempos ausgleichen. ("Dann muß halt unter Druck gearbeitet werden".) Schnelles Arbeiten ist im Interesse einer Beschleunigung des Kapitalumschlags ohnehin eine Anforderung an die Angestellten: je schneller die administrative Auftragsabwicklung arbeitet, desto schneller können die meist auf Lager produzierten Produkte ausgeliefert und in Rechnung gestellt werden.

6. Horizontale Kooperation

Die Koordination des arbeitsteiligen Abwicklungsprozesses der Auftragsbearbeitung wird weitgehend durch arbeitsorganisatorische Regelungen geleistet. Zu persönlichen Arbeitsbeziehungen zwischen den Angestellten der Abteilung kommt es nur bei Ausnahmefällen und der Beseitigung von Fehlern. Intensivere Arbeitsbeziehungen bestehen zwischen den Sachbearbeiterinnen, die gemeinsam für die Auftragserfassung zuständig sind. Diese müssen sich über die Verteilung des Arbeitsvolumens entsprechend dem Anfall in ihren Nebenaufgaben verständigen. Da sie die gleiche Arbeit verrichten, kommt es bei ihnen auch vielfach zu gemeinsamen Beratungen zur Lösung auftretender Arbeitsprobleme.

7. Vertikale Kooperation

Da der Gruppenleiter in die von der EDV-Organisation bestimmte sachliche und terminliche Arbeitsabwicklung nicht eingreifen kann, beschränkt sich seine Leitungsfunktion weitgehend auf die Sicherstellung der Termine. ("Jeder weiß, was er zu tun hat.") Bei Arbeitsproblemen, die an den Gruppenleiter herangetragen werden, handelt es sich vor allem um Fragen der richtigen Anwendung vorgegebener Regeln.

Eine direkte Kontrolle der Arbeit der Angestellten durch den Gruppenleiter findet nicht statt. Die erstellten Ablochbelege gehen nach einer visuellen Kurzkontrolle durch die Bearbeiter selbst an die EDV-Abteilung weiter. Sofern fehlerhaftes Arbeiten der Angestellten nicht in den maschinellen Plausibilitätskontrollen entdeckt und über Fehlerprotokolle ausgewiesen wird, kommt es zu Falschlieferungen, falschen Rechnungen oder Gutschriften, was üblicherweise eine Reklamation der Kunden nach sich zieht. Über die von der "Zentralen Kundenbetreuung" geführte Reklamationsstatistik ergibt sich dann eine indirekte Kontrolle der Arbeit der einzelnen Angestellten in der "Auftragsbearbeitung".

Fallstudie VI: Verkauf Unternehmen A

1. Abteilungsaufgabe

Die Aufgabe der Verkaufsabteilung besteht darin, die direkt vom Kunden oder über den Außendienst eingehenden Aufträge in sachlich richtiger Weise in das EDV-System einzugeben und die Aufträge bis zur Auslieferung zu "betreuen".

2. Eingliederung der Abteilung in die Unternehmensorganisation

Der Verkaufsbereich des Unternehmens A ist nach Kundenkategorien gegliedert. Dem Verkaufsbereichsleiter ("General Sales Manager") unterstehen zwei Hauptabteilungsleiter ("Marketing Direktor"), von denen der eine für Industriekunden und der andere für alle übrigen Kundenkategorien wie beispielsweise Zubehörhandel und Behörden zuständig ist. Die Hauptabteilung "Industrie" ist in die Abteilungen "Hausgeräteindustrie", "Automobilindustrie" und "Elektronikindustrie" aufgegliedert. In die Untersuchung einbezogen wurde die Abteilung "Hausgeräteindustrie". Quer zur Linienorganisation liegt die Produktmanagerebene, deren Weisungsbefugnisse sich jedoch nicht auf administrative, sondern lediglich auf technische Probleme beziehen.

3. Entwicklung der EDV

Nach Einführung der EDV im Verkauf im Jahre 1972 wurden die Auftragsdaten statt in einer Kartei auf maschinell lesbaren Formularen (Markierungsbelegen) erfaßt. Die weitere Auftragsbearbeitung bis hin zur Rechnungs- und Lieferscheineinschreibung erfolgt nun maschinell. Seit der Installation von Bildschirmen 1974 werden die Daten direkt vom Urbeleg über Terminals eingegeben. Die Bildschirme dienen zugleich als Informationsmittel der Verkaufssachbearbeiter. Die primären Zielsetzungen der Einführung und Weiterentwicklung der EDV liegen in der Beschleunigung der Auftragsabwicklung und der Einsparung von Personal durch den Aufbau eines integrierten Systems der Auftragsdatenerfassung. Die Daten sollen nur noch einmal, am Ort ihrer Entstehung (beim Auftragseingang), erfaßt und dann maschinell in einer Reihe von Datenverarbeitungsprozessen ohne wesentliche menschliche Eingriffe weiterverarbeitet werden.

a) Die Auftragsbearbeitung mit Markierungsbelegen

Wie schon im traditionellen Verfahren mußten die eingegangenen Aufträge vor ihrer Weiterverarbeitung auf Vollständigkeit und sachliche Richtigkeit geprüft werden. Die einzelnen Punkte waren den Sachbearbeitern detailliert durch die Arbeitsanweisung vorgeschrieben. Die vervollständigten und geprüften Auftragsdaten waren nun auf die Markierungsbelege zu übertragen,und zwar mußten je Auftrag ein Deckblatt mit Kundennummer, Kundenname und eventuell veränderter Lieferanschrift und je Auftragsposition ein weiteres Formular mit Artikelnummer und Artikelmenge ausgefüllt werden. Zur Eintragung der Preise gingen die Markierungsbelege weiter an die Preisabteilung und von dort an die EDV-Abteilung, wo die Belege in die EDV-Anlage eingelesen und die Auftragsbestätigungen und Lieferscheine ausgedruckt wurden. Aus Kontrollzwecken verglich nun die Rechnungsabteilung die Auftragsbestätigung mit den Daten des Originalauftrags und meldete die Abweichungen an die zuständigen Verkaufssachbearbeiter. Diese sortierten von jedem Auftrag eine Kopie der Auftragsbestätigung und des Lieferscheins zu Auskunftszwecken in eine Kundenmappe ein. Auftragsänderungen, Auftragsannullierungen und Gutschriften wurden nach vorheriger Prüfung ebenfalls über Markierungsbelege in das EDV-System eingegeben.

Von der Unternehmensleitung wurde die Auftragsbearbeitung mit Markierungsbelegen insgesamt als recht unbefriedigend empfunden. Das Ziel, den traditionell zeit- und personalaufwendigen Arbeitsgang vom Eingang der Kundenbestellung über die Lieferdisposition bis zur Ausschreibung der Auftragsbestätigung bzw. Rechnung schneller und mit weniger Personal abzuwickeln, konnte nur bedingt realisiert werden. So wurde der Wegfall manueller Karteiführungsarbeiten durch das ebenfalls recht aufwendige Übertragen der Auftragsdaten auf den Markierungsbeleg wieder ausgeglichen. Die Übertragungsarbeiten führten ferner zu einer hohen Fehlerquote. Schließlich war der Informationsdurchfluß noch immer recht langsam.

b) Die Auftragsbearbeitung mit Bildschirmen

Durch den Einsatz von Bildschirmen im Rahmen eines integrierten Systems der Auftragserfassung, Disposition und Bestandsführung sollte insbesondere eine Reduktion der Fehlerquote und die Einsparung von Personal erreicht und darüber hinaus die Auskunftsbereitschaft des Verkaufs gegenüber dem Kunden hinsichtlich des Standes der Auftragsabwicklung, dem sogenannten "Auftragsstatus", verbessert werden. Durch den Wegfall der Markierungsbelege hat sich die Auftragsbearbeitung für den Verkaufssachbearbeiter zeitlich erheblich verkürzt, was allein in der Abteilung "Hausgeräteindustrie" zu einer Reduzierung der Verkaufssachbearbeiter von fünf auf drei führte. Die Auftragsbearbeitung zerfällt nach der Einführung von Bildschirmen in zwei klar voneinander getrennte Aufgabenbereiche. Zunächst wird der eingegangene Auftrag von den Verkaufssachbearbeitern auf Vollständigkeit und sachliche Richtigkeit durchgesehen. Zur Vermeidung von Eingabefehlern bringen sie einen Stempel auf dem Originalauftragsformular an, in dessen Feldern die einzugebenden Daten eingetragen werden. Die Eingabe der Auftragsdaten am Bildschirm wird dann von angelernten Hilfskräften vorgenommen. Zu einer weiteren Entlastung der Verkaufssachbearbeiter von Routinearbeit kam es durch die organisatorische Auslagerung der routinehaften Mängelrügenbearbeitung aus den Sachbearbeitertätigkeiten. Die in der Abteilung anfallenden Mängelrügen werden nun von einer geringer qualifizierten Angestellten bearbeitet, die in schwierigen Fällen den jeweils zuständigen Sachbearbeiter einschaltet.

Wesentliche Personaleinsparungen hatte die Umstellung auch in der Preisabteilung, wo die Preise nun im System gespeichert sind und nur noch Sonderfälle und Preisänderungen bearbeitet werden müssen, sowie in der Rechnungsabteilung, wo aufgrund einer Reduktion der Fehlerquote auf eine nachträgliche Kontrolle der maschinell geschriebenen Auftragsbestätigungen verzichtet wird, zur Folge.

4. Personalstruktur und Tätigkeiten

In der Verkaufsabteilung "Hausgeräteindustrie" arbeiten 4 Sachbearbeiter und 2 angelernte weibliche Hilfskräfte, von denen die eine ausschließlich Aufträge über Bildschirm eingibt und die andere darüber hinaus für die Abwicklung der Verkaufskorespondenz über Schreibmaschine und Fernschreiber zuständig ist. Eine Sachbearbeiterin, die nach einer Banklehre erst seit wenigen Monaten in der Verkaufsabteilung tätig ist, bearbeitet ausschließlich Mängelrügen. Ihre Aufgabe besteht darin, durch Erkundigungen beim Kunden selbst, sowie bei den für die Mängelrüge verantwortlichen betrieblichen Stellen, wie dem Lager, dem Versand oder der Qualitätskontrolle, die Berechtigung der vom Kunden vorgebrachten Mängelrüge zu prüfen und gegebenenfalls eine Gutschrift zu veranlassen, oder dem Kunden eine begründete Ablehnung seines Antrags mitzuteilen. Die übrigen Sachbearbeiter sind jeweils für die Betreuung eines bestimmten Kundenkreises zuständig. Ein Sachbearbeiter ist zugleich Gruppenleiter, ohne allerdings wesentliche Leitungsfunktionen auszuüben. Nach eigener Auskunft verteilt er lediglich die Post, wird von anderen Sachbearbeitern manchmal um Rat gefragt und wird vom Management bei geplanten personellen oder organisatorischen Veränderungen zu Rate gezogen. Er war nach einer Ausbildung zum Großhandelskaufmann zunächst 1 Jahr in einer Spedition und dann 3 Jahre im Kfz-Handel tätig. Vor 3 Jahren trat er als Verkaufssachbearbeiter in das Unternehmen A ein. Zu seinem Aufgabengebiet gehören die Großkunden der Radio- und Fernsehindustrie.

Ein Sachbearbeiter, der für die Großkunden der Haushaltsgeräteindustrie zuständig ist, hat Industriekaufmann gelernt und war bis zu seinem Eintritt in die Firma vor 2 Jahren selbständig.

Der Geschäftsverkehr mit Klein- und Mittelkunden der Radio- und Fernsehindustrie und der Haushaltsgeräteindustrie wird von einer Angestellten bearbeitet, die eine Lehre als Großhandelskaufmann abgeschlossen hat und ihre jetzige Tätigkeit seit etwa 6 Jahren ausübt.

Die Unterschiede der Sachbearbeitertätigkeiten liegen weniger in der Aufgabenstellung und im Abwicklungsverfahren als vielmehr im Umsatzvolumen und damit, wie betont wird, auch in der "Verantwortung". Die Sachbearbeiter für Großkunden wickeln bei gleichem Arbeitsaufwand ein Vielfaches an Umsatz gegenüber der Sachbearbeiterin für Klein- und Mittelkunden ab.

5. Inhalte und Anforderungen der Verkaufssachbearbeitertätigkeit

Zu den Hauptaufgaben der Verkaufssachbearbeiter gehört die Vorbereitung der Aufträge für die Eingabe am Bildschirm sowie die "Kundenbetreuung" im weitesten Sinne, da der Verkaufssachbearbeiter die zentrale Anlaufstelle für alle Kundenwünsche ist. Die "Kundenbetreuung" betrachtet die Sachbearbeiterin als ihre wichtigste Aufgabe, da sich aus dieser alles andere ableitet. Rund die Hälfte aller Kundenkontakte beziehen sich auf Lieferanmahnungen der Kunden, der Rest auf Auftragsänderungen, Annullierungen, Angebote, Reklamationen und Kundenberatung. Wenn ein Kunde anruft, muß der Sachbearbeiter jede andere Arbeit unterbrechen und die Folgearbeiten des Kundenanrufs (Gespräch mit Disposition, Versand usw.) vorziehen. Ebenso sind Eilaufträge bevorzugt und zwischendurch zu erledigen. Ansonsten besitzt der Verkaufssachbearbeiter einen erheblichen zeitlichen Tätigkeitsspielraum, den er aber so nutzen muß, daß er auf dem laufenden bleibt.

Bei der Eingabevorbereitung muß der Sachbearbeiter sich genau an die durch das Bildschirmprogramm definierten Abwicklungsregeln halten und sorgfältig arbeiten, damit Falschlieferungen vermieden werden. Auftragsänderungswünsche vermerkt der Sachbearbeiter auf einem EDV-Beleg, der von der Rechnungsabteilung über Bildschirm eingegeben wird. Am nächsten Tag liegt dem Disponenten die Auftragsänderung zur Entscheidung vor. Dringende Fälle werden in telefonischer Abstimmung mit dem zuständigen Disponenten sofort geklärt. Will der Sachbearbeiter von sich aus eine Veränderung der Auftragsdaten vornehmen, etwa weil die gewünschte Stückelung nicht mit den lieferbaren Verpackungseinheiten übereinstimmt, oder der Kunde bei einer geringen Mehrabnahme eine günstigere Rabattstaffel erreichen könnte, muß er dies mit dem Kunden abstimmen.

Reklamationen nimmt der Sachbearbeiter entgegen und gibt sie zur Klärung an die dafür eingesetzte Sachbearbeiterin weiter, schaltet sich aber bei Problemfällen hin und wieder in deren Bearbeitung ein. Die Kundenberatung beschränkt sich im wesentlichen auf die Nennung von schneller lieferbaren Äquivalenttypen zum gewünschten Produkt. Eine weitergehende technische Beratung ist Sache des zuständigen Produktmanagers bzw. des technischen Bereichs.

Bei Lieferanmahnungen will der Kunde wissen, warum die bestellte Ware noch nicht oder nicht im gewünschten Umfang bei ihm eingetroffen ist. Den gegenwärtigen "Auftragsstatus" kann der Verkaufssachbearbeiter über Bildschirm abfragen. Weitergehende Anfragen des Kunden, beispielsweise nach der ausliefernden Spedition oder der Frachtgutnummer, mit deren Hilfe in dringenden Fällen (um Produktionsstillstände zu vermeiden, gehe es manchmal um ein bis zwei Stunden) sich selbst um die auf dem Versandweg befindliche Lieferung kümmern kann, beantwortet der Sachbearbeiter aufgrund einer Ablage, in der alle laufenden Vorgänge gesammelt sind. Derartige Informationen sind bislang aus Kostengründen nicht in das Auskunftsbild aufgenommen worden, andererseits konnte man sich in der Abteilung "Hausgeräteindustrie" bisher nicht,wie in den übrigen Verkaufsabteilungen,entschließen, auf diese Ablage als Informationsquelle zu verzichten. In den übrigen Abteilungen sei dies möglich gewesen, da die Artikel überwiegend für langlebige Produkte geliefert werden, deren Markt relativ "ruhig" sei. Demgegenüber handele es sich bei Hausgeräten um kurzlebige Produkte. Das Produktionsprogramm und damit auch das Bestellprogramm der Kunden unterliege einem ständigen unplanmäßigen, marktbedingten Wandel, wodurch es zu häufigen, kurzfristig angekündigten Auftragsänderungen komme.

Auftragsannullierungen sind nach Anweisung der Verkaufsleitung aus Kostengründen grundsätzlich abzulehnen. In einer schriftlichen Anweisung werden sogar die Formulierungen angeführt, mit denen der Verkaufsinnendienst den Annullierungswünschen von Kunden entgegentreten soll. Offiziell wird hier den Verkaufssachbearbeitern keinerlei Entscheidungsfreiheit eingeräumt. Jede

Annullierung bedarf vielmehr - je nach dem Lieferwert - der Genehmigung der Leitungshierarchie. In der Praxis der Bearbeitung von Annullierungsanträgen wird, zumindest bei Großkunden, kulanter verfahren. In der schnellebigen Phonobranche werden Annullierungen grundsätzlich akzeptiert, zumal eine Annullierung in aller Regel eine neue Großbestellung nach sich zieht. Die anfallenden Kosten werden aus Kulanzgründen vom Unternehmen A selbst getragen. Unter Duldung der Vorgesetzten wird zumindest bei geringwertigen Auftragsannullierungen auch die gültige Genehmigungsregelung nicht eingehalten. Der Gruppenleiter begründet dies damit, daß wegen der häufigen Abwesenheit der Genehmigungsberechtigten Annullierungen sonst wochenlang liegenbleiben könnten. Aus Gründen der Verfahrenseffizienz wird den Sachbearbeitern somit wieder ein gewisser Ermessensspielraum zugestanden, dessen Grenzen der Gruppenleiter glaubt gut einschätzen zu können: "Ich weiß genau, was ich auf die Kappe nehmen kann. Wenn es heikel wird, frage ich lieber."

Bei der Abgabe von Angeboten ist der Verkaufssachbearbeiter grundsätzlich an die gültige Preisliste gebunden. Mit Zustimmung des Vorgesetzten sei es hin und wieder möglich, in begründeten Fällen einem Kunden einen anderen Preis einzuräumen. Dieser müsse aber in der Preisliste vorkommen, da das EDV-System bei der Auftragseingabe alle anderen Preise abweise. Preise, die nicht in der Preisliste verzeichnet sind, müßten in einem "Formularkrieg" vom Management genehmigt werden.

Die Verkaufssachbearbeiter sind nicht berechtigt Verkaufsverhandlungen zu führen. Dies ist Sache des Verkaufs-Außendienstes bzw. des Verkaufsmanagements. Aufgabe der Sachbearbeiter des Verkaufs-Innendienstes ist es lediglich, die Kunden im Verlauf der Auftragsabwicklung unter Wahrung der Unternehmensinteressen bestmöglich zu "betreuen" mit der Zielsetzung, sie für weitere Aufträge zu erhalten. Der Verkaufssachbearbeiter sieht sich hierbei selbst als Puffer zwischen dem Kunden und dem Unternehmen: "... man ist Puffer in jeder Hinsicht. Der Kunde beschimpft Sie, wenn er seine Ware nicht bekommt, weil die Produktion Unterkapazität hat, die Disposition andere Kunden, die wichtiger sind, bevorzugt abfertigt oder Versand Mist gebaut hat. Das muß man in gemäßigter Form im Hause weitergeben. Hat der Kunde einen Wunsch und man vertritt diesen, so wird man von den Abteilungen angeschnauzt."

Als Verkaufssachbearbeiter müsse man den Kunden dahin bringen können, daß er sich mit den gegebenen Liefermöglichkeiten abfindet, ohne zur Konkurrenz überzuwechseln. Diese Gefahr sei gegenwärtig allerdings nicht sehr hoch, da eher ein Verkäufermarkt gegeben sei. Um den Kunden entsprechend den Unternehmensinteressen lenken zu können, müsse man"diplomatisches Geschick" und "Menschenkenntnis" besitzen und "sicher sein in der Verhandlungstaktik". Insbesondere müsse der Kunde das Gefühl haben, besonders bevorzugt behandelt zu werden.

Die im Laufe der Zeit gewonnene Erfahrung im Umgang mit einzelnen Kunden wird zu einem wichtigen Bestandteil der Sachbearbeiterqualifikation: "Ich kenne fast alle durch langjährige Telefonkontakte. Ich weiß, wer mein Verhandlungspartner ist, wie ich den anfassen muß, wie ich dem was beibringen muß, wie weit ich mit dem gehen kann." Besonderes Geschick gehöre dazu herauszufinden, wie groß der Spielraum in der Disposition des Kunden tatsächlich ist, wie weit dieser termin- und mengenmäßig noch nachgeben kann, ohne einen Produktionsstillstand zu riskieren. Zu den im Verkauf angewandten Methoden der Kundenbeeinflussung hat der Gruppenleiter ein widersprüchliches Verhältnis: Einerseits berichtet er nicht ohne Stolz, daß man mit einer gewissen Schlitzohrigkeit, Erfahrung und auch Lügen dem Kunden eine für ihn vorübergehend befriedigende Antwort geben können müsse, ohne jedoch definitive Zusagen zu machen, andererseits gibt er an, daß es ihm auch schwerfalle zu lügen, insbesondere dann, wenn er aufgrund von betrieblichen Unzulänglichkeiten oder Fehlern anderer im Interesse des Unternehmens dazu gezwungen würde. Als Verkaufssachbearbeiter müsse man jedoch mit diesem Widerspruch leben können. Gerade in diesen widersprüchlichen charakterlichen Anforderungen sieht er einen wichtigen Grund für die seiner Meinung nach verhältnismäßig hohe Fluktuation unter den Verkaufssachbearbeitern.

Um keine Unsicherheiten gegenüber den Kunden bzw. deren Einkäufern zeigen zu müssen, hält der Gruppenleiter eine "solide kaufmännische Ausbildung als Hintergrund" für unerläßlich. Seine Gesprächspartner seien überwiegend technisch versierte Einkäufer. Um einen auch technisch kompetenten Verkäufer abzugeben, versuche er aus eigener Initiative sich technische Kenntnisse über die Produkte des Unternehmens anzueignen, obwohl dies eigentlich von seiner Aufgabe her nicht notwendig sei. In kleinerem Maße müsse man sich auch in rechtlichen Angelegenheiten auskennen, Einkaufs- und Verkaufsbedingungen auslegen und die Argumente dem Kunden überzeugend darstellen können, um nicht von diesem übers Ohr gehauen zu werden. Um seinen Argumenten Nachdruck zu verleihen, arbeite er oft mit dem Trick, dem Kunden mitzuteilen, seine Rechtsauffassung sei von der Rechtsabteilung des Unternehmens bestätigt worden.

6. Horizontale Kooperation

Zur Erfüllung ihrer Auskunftsfunktion gegenüber den Kunden sind die Verkaufssachbearbeiter auf Informationen der von ihnen als "Serviceabteilung" bezeichneten betrieblichen Stellen, wie dem Versand, der Disposition, der Preisabteilung, der Debitorenbuchhaltung oder den technischen Abteilungen, angewiesen. Die wichtigsten Informationsbeziehungen unterhalten die Verkaufssachbearbeiter zur Dispositionsabteilung, die gegenüber dem Verkauf ständig auskunftsbereit sein muß. Dort können die Sachbearbeiter bei entsprechenden Kundenanfragen erfahren, welcher Artikel in welcher Menge zu welchem Termin lieferbar ist. Vor Installation der Bildschirme erstreckten sich die Anfragen der Verkaufssachbearbeiter bei den Disponenten darüber hinaus auf den aktuellen "Auftragsstatus". Dieser kann nun von den Verkaufssachbearbeiter direkt über Bildschirm abgefragt werden, was zu einem gewissen Rückgang der Kommunikationsbeziehungen zwischen Verkauf und Disposition führte. Die Kooperationsbeziehungen zwischen den Verkaufs- und Dispositionssachbearbeitern sind dadurch gekennzeichnet, daß die verfügbaren Produktionsmengen in der Regel nicht ausreichen, um der Kundennachfrage in zeitlicher und mengenmäßiger Hinsicht entsprechen zu können. Diese durch die allgemeine Konzernpolitik verursachte und durch die 1976 sprunghaft angestiegene Nachfrage noch verschärfte Situation macht die Disposition zur Zuteilungsstelle knapper Waren und bringt die Verkaufssachbearbeiter in eine gewisse Abhängigkeit von den Disponenten und gegenseitig in eine gewisse Konkurrenzsituation. Ein "guter Draht" zu den Disponenten gilt bei den Verkaufssachbearbeitern als "lebenswichtig". Jeder Verkaufssachbearbeiter versucht die Wünsche seiner Kunden soweit wie möglich gegenüber der Disposition durchzusetzen, während der Disponent einen vom Standpunkt des Gesamtunternehmens vernünftigen Kompromiß bei der Verteilung knapper Artikel finden soll (vgl. auch Fallstudie IV). Der Gruppenleiter räumt ein, daß bei den Entscheidungen der Disponenten durchaus persönliche Kriterien im Spiel sind, die den Disponenten von den Verkaufssachbearbeitern jedoch nicht nachgewiesen werden könnten. Daran hätten sie auch gar kein Interesse, solange sie sich im Vorteil fühlten. Man müsse deshalb jeder Information mit einer gewissen Vorsicht begegnen: "Hier lügt jeder das Blaue vom Himmel herunter. Die Disposition lügt uns an, wir lügen die Kunden an; so ist das System. Wenn der Disponent sagt: morgen kommt die Ware ganz bestimmt, sage ich zum Kunden in etwa drei Wochen. Wenn sie doch früher kommt, umso besser." Die Disponenten überlassen es teilweise auch den Verkaufssachbearbeitern selbst, untereinander über die Verteilung einer bestimmten Artikelmenge einig zu werden. In solchen Fällen konnten emotionsgeladene Streitgespräche zwischen den Verkaufssachbearbeitern verschiedener Verkaufsabteilungen beobachtet werden, in denen jeder versuchte, die besondere Wichtigkeit und Dringlichkeit seines Falles darzulegen. Bisher sei es hierbei jedoch noch immer zu einer Einigung ohne Einschaltung der Vorgesetzten gekommen.

Der Gruppenleiter betont, daß für die Tätigkeit eines Verkaufssachbearbeiters Fachkenntnisse allein nicht genügen, sondern daß man sich auch durchsetzen können müsse, was man allerdings bereits bei der Einarbeitung lerne. Bei seinen Anfangsschwierigkeiten, die richtigen Informationskanäle auszuforschen und Kontakte zu den wichtigsten Leuten anzuknüpfen, habe er kaum Hilfestellungen bekommen: "Man wird hier ins kalte Wasser geworfen. Entweder man schwimmt oder geht unter ... Die Leute, die das schaffen, sind fit. Man lernt dabei so die Hau-Ruck-Methode, sich mit den Ellbogen durchzusetzen, sonst wird einem hier das Wasser abgegraben."

Zur Sicherstellung der Auskunftsbereitschaft des Verkaufs gegenüber den Kunden sind die Verkaufssachbearbeiter verpflichtet, bei der Abwesenheit eines Kollegen dessen Telefondienst mitzuübernehmen, woraus sich unabhängig von der Stellvertretungsregelung im Krankheits- und Urlaubsfall gewisse fachliche Abstimmungsnotwendigkeiten ergeben: "Wenn das Telefon bei einem Kollegen klingelt und der ist gerade nicht da, muß man dran gehen. Dem Kunden muß immer ein Gesprächspartner zur Verfügung stehen. Man kann dem Kunden nicht sagen, er solle in ein paar Tagen wieder anrufen, wenn der Kollege wieder da ist."

7. Vertikale Kooperation

Der Abteilungsleiter griff im Untersuchungszeitraum nicht in die Tätigkeiten der Sachbearbeiter ein. Nach Auskunft der Sachbearbeiter "kümmert sich der Abteilungsleiter nicht um die normale, routinehafte Abwicklung", ja er wolle "mit Abwicklungsfragen gar nicht behelligt werden". Er schalte sich nur dann ein, wenn er von einem Kunden, beispielsweise aus Unzufriedenheit über die Auskunft eines Verkaufssachbearbeiters, direkt angesprochen wird.

Die Kompetenzen der Verkaufssachbearbeiter sind detailliert in einer Arbeitsablaufanweisung festgehalten. Alle Entscheidungen, die unmittelbar mit finanziellen Konsequenzen für das Unternehmen verbunden sind, bedürfen, je nach Wertumfang, der Genehmigung eines Angehörigen der Managementhierarchie. Abweichungen von der offiziellen Regelung werden von den Vorgesetzten dann geduldet, wenn sie zu einer effizienteren Abwicklung führen oder sonst im Interesse des Unternehmens liegen (vgl. auch den obigen Abschnitt "Inhalte und Anforderungen..."). Die Verantwortung für das Abweichen von den Vorschriften trage jedoch der Sachbearbeiter: "Wird von den Anweisungen abgewichen, so sagt keiner was, solange es gut geht." (AVGL)

Treten Besonderheiten oder Probleme auf, die dem Abteilungsleiter als besonders wichtig erscheinen, so gibt er den Sachbearbeitern Richtlinien vor, nach denen sie weiterzuarbeiten haben. Bei fachlichen Problemen wendet sich der Gruppenleiter an den Abteilungsleiter, da dieser fachlich versierter sei und einen größeren Überblick über die Preis- und Kalkulationsgestaltung des Unternehmens oder die Gesamtsituation eines Kunden habe. Er schalte den Vorgesetzten auch dann ein, wenn er sich seiner Sache nicht ganz sicher fühle, um so die Verantwortung für mögliche Fehlentscheidungen abgeben zu können. Ferner suche er in Fällen, in denen seine Autorität nicht mehr ausreiche, um sich gegen andere betriebliche Stellen durchzusetzen, den Rückhalt des Vorgesetzten: "Wenn sich die Herren auseinandersetzen, dann läuft es plötzlich..."

Eine direkte Kontrolle der Arbeit der Verkaufssachbearbeiter innerhalb ihres Kompetenzbereichs findet weder in arbeitsmethodischer, noch in fachlicher Hinsicht statt; sie wäre, was beispielsweise die telefonischen Kontakte der Sachbearbeiter anbelangt, auch nur schwerlich möglich. Die Sachbearbeiter müssen auch nicht ihre Post dem Vorgesetzten vorlegen. Die Kontrolle laufe vielmehr indirekt über Beschwerden von Kunden oder anderen Abteilungen: "Wir haben hier relativ viel Freiheit. Der Arbeitsplatz soll relativ selbständig geführt werden. Der Vorgesetzte soll nur gefragt werden, wenn wirklich Probleme auftauchen. Es gibt ja auch Firmen, da muß man über jeden Schritt Rechenschaft ablegen. Wir werden eher daran gemessen, ob die Arbeit läuft. Das liegt wohl am amerikanischen Management." (AVGL)

Als wirksames Mittel zur Durchsetzung von Verfahrensrichtlinien erweist sich der Bildschirm, mit dessen Hilfe mehr als bisher der Entscheidungsvorbehalt des Managements gesichert werden kann. Ein Sachbearbeiter führt ein Beispiel an: Ein Außendienst-Verkäufer wollte einem Kunden Entgegenkommen zeigen, um ihn für einen größeren Auftrag zu gewinnen, indem er ihm bei einem Artikel, den der Kunde nur in geringer Menge benötigte, eine Lieferung unterhalb der vorgeschriebenen Mindestabnahmemenge zusagte. Dazu trat er an den Verkaufssachbearbeiter mit der Bitte heran, diesen offiziell nicht zulässigen Auftrag zu bestätigen. Entgegen der früheren Gepflogenheit, derartige Fälle in eigener Verantwortung zu bestätigen,muß der Verkaufssachbearbeiter jetzt zuerst auf dem bürokratischen Weg die Genehmigung des Vorgesetzten einholen, da bei der Bildschirmeingabe Verkaufsmengen unter der vorgeschriebenen Mindestabnahmemenge vom EDV-System nicht angenommen werden.

Fallstudie VII: Debitorenbuchhaltung Unternehmen B

1. Abteilungsaufgabe

Die Aufgabe der Debitorenbuchhaltung besteht in der Dokumentation aller Debitorenvorgänge zur Sicherstellung von Zahlungen für gelieferte Waren und der Verfolgung fälliger Forderungen mit dem Ziel, die Außenstände bzw. die durch ausstehende Forderungen entstehende Zinskosten möglichst gering zu halten und den Ausfall von Forderungen zu verhindern.

2. Eingliederung der Abteilung in die Unternehmensorganisation

Das Rechnungswesen des Unternehmens ist in zwei Funktionsbereiche mit unterschiedlicher Aufgabenstellung gegliedert. Während die Hauptabteilungen "Finanzbuchhaltung" und "Lohn- und Gehaltsabrechnung" auf dokumentierende, kontrollierende und abrechnende Funktionen ausgerichtet sind, geht es in der Hauptabteilung "Budgeting" um die Erlös- und Kostenplanung.

Die Debitorenbuchhaltung ist organisatorisch zweigeteilt in die Abteilung "technische Debitorenabwicklung", zu deren Aufgabe die Bearbeitung routinehafter Debitorenvorgänge und die unmittelbare Vor- und Nachbereitung der maschinellen Kontenführung gehören, und die Abteilung "Debitorenbuchhaltung", deren Aufgaben in der Bearbeitung von Nicht-Routinefällen der Debitorenbearbeitung, insbesondere dem Mahnwesen liegen. Die Abteilung "technische Debitorenabwicklung" ist wegen ihres engen Bezugs zur maschinellen Datenverarbeitung direkt dem EDV-Bereich unterstellt, während die "Debitorenbuchhaltung" eine Unterabteilung der "Finanzbuchhaltung" ist. Zur "Finanzbuchhaltung" gehören ferner die "Kreditorenbuchhaltung", die "Betriebsbuchhaltung", die "Bilanzbuchhaltung", die "Reisekostenabrechnung" und die Abteilung "Bankbelegbearbeitung, Überweisungsverkehr und Kasse".

Schaubild:

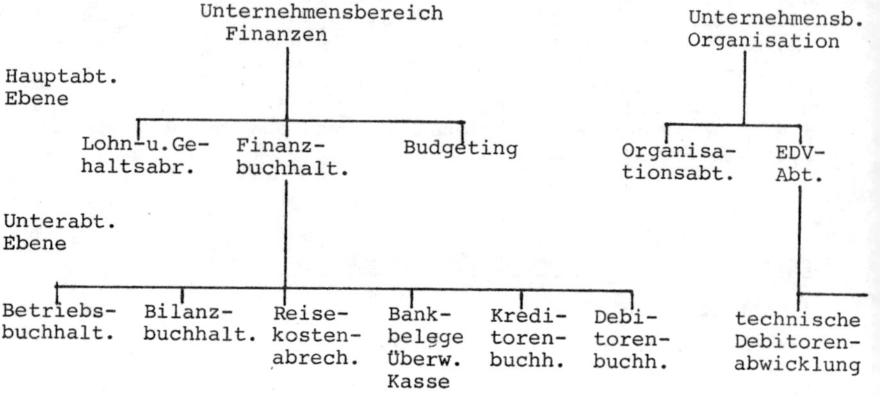

3. Die Entwicklung der EDV und der Arbeitsablauf in der Debitorenbuchhaltung

Die Debitorenbuchhaltung wird bereits seit etwa 12 Jahren als teilautomatisierte "Offene-Posten"-Buchhaltung (zu dieser Form der Buchhaltung siehe Fallstudie VIII/ 2) mit einer Ziehkartei in Lochkartenform durchgeführt. Die in der Zwischenzeit vorgenommenen Aufrüstungen der EDV-Hardware brachten keine wesentlichen Veränderungen des Arbeitsablaufs mit sich.

Für 1977 ist die Umstellung der Debitorenbuchhaltung auf Bildschirme im Rahmen einer das gesamte Rechnungswesen umfassenden Reorganisation der Datenverarbeitungsprozesse mit dem Ziel einer stärkeren Integration der Dokumentations-, Kontroll- und Planungsfunktionen geplant. Man hofft, durch die Umstellung Routinearbeit einsparen und so eine erwartete Volumensteigerung des Debitorenverkehrs ohne eine Personalausweitung bewältigen zu können. Ferner soll die Debitorenbearbeitung schneller und damit effektiver hinsichtlich der aufzuwendenden Zinskosten für überfällige Forderungen und Forderungsverluste durch Konkurs oder Vergleich gestaltet werden.

Nach Auskunft des Hauptabteilungsleiters werden von der Umstellung hauptsächlich die Routinetätigkeiten in der "technischen Debitorenabwicklung" betroffen werden, da die Ziehkartei wegfällt und die Zuordnung von Zahlungen zu "offenen Posten" mit Hilfe des Bildschirms erfolgen wird. Dagegen werden die individuelle Prüfung von Zahlungsdifferenzen und die individuelle Verfolgung säumiger Kunden in der Abteilung "Debitorenbuchhaltung" weiterhin anfallen. Über die personellen Konsequenzen der Umstellung bestanden zum Zeitpunkt der Untersuchung noch keine detaillierten Vorstellungen.

Ferner wird demnächst der Schriftverkehr auf einen Schreibautomaten umgestellt.

Gegenwärtig wird für jede Ausgangsrechnung automatisch eine Debitorenlochkarte gestanzt und in der "technischen Debitorenabwicklung" in die Ziehkartei einsortiert. Anhand der Lochkarten erfolgt alle 14 Tage der Ausdruck einer sogenannten "Debitorensaldenliste" oder "Offene-Posten-Liste". Eingehende Zahlungsbelege werden in der "technischen Debitorenabwicklung" zunächst auf Vollständigkeit der zur maschinellen Verarbeitung benötigten Daten (Kundennummer usw.) und rechnerische Richtigkeit (richtige Skontoberechnung usw.) geprüft, anhand der "Debitorensaldenliste" der offenen Forderung zugeordnet, und die entsprechende Lochkarte aus der Ziehkartei "gezogen". Besteht Übereinstimmung zwischen dem Zahlungsbetrag und dem Forderungsbetrag, wurden das Skonto vom Kunden richtig berechnet und die Skontofrist eingehalten, so geht die Zahlung über einen Ablochbeleg zum Lochraum. Stoßen die Angestellten der "technischen Debitorenabwicklung" auf eine Differenz zwischen der offenen Forderung und dem eingegangenen Zahlungsbetrag - sogenannte Zahlungsdifferenz -,so geht der Debitorenvorgang mit einem Formular "Zahlungsdifferenzmeldung", auf dem die Art der Differenz angegeben wird, zur Weiterverarbeitung an die Abteilung "Debitorenbuchhaltung" über. Deren Aufgabe ist es nun, die Zahlungsdifferenzen zu klären und die Zahlungsbelege zur Verbuchung aufzubereiten, um eine ordnungsgemäße Kontenführung zu ermöglichen.

Die wichtigsten Hilfsmittel der Debitorenbuchhaltung zur Klärung von Zahlungsdifferenzen sind die "Offene-Posten-Liste" und die "Kundenakte", in der der gesamte Schriftverkehr, insbesondere die laufenden Originalrechnungen und -gutschriften mit einem Kunden abgelegt sind.

Die Mehrzahl der zu bearbeitenden Zahlungsdifferenzen beruht auf der Nichteinhaltung der vom Unternehmen B vorgegebenen Zahlungsbedingungen durch den Kunden (z.B. unberechtigter Skontoabzug, Überschreiten der Skontofrist). Rühren Zahlungsdifferenzen nicht aus dem rein finanztechnischen Bereich her, sondern gehen auf Umsatzabzüge wegen Mängelrügen aller Art zurück, für die der Buchhaltung keine Gutschriftsanweisung des Verkaufs vorliegt, so wird der Fall zur Klärung an die Abteilung "Zentrale Kundenbetreuung" weitergegeben und anschließend entsprechend buchhalterisch abgeschlossen. Kann der Grund für eine Zahlungsdifferenz nicht ermittelt werden, geht dem Kunden ein Formbrief mit der Bitte um Stellungnahme zu.

Neben der Bearbeitung von Zahlungsdifferenzen gehört die Abwicklung des Mahnwesens zu den Aufgaben der "Debitorenbuchhaltung". Die "ersten" Mahnungen werden maschinell bearbeitet. In den vierzehntägigen "Mahnläufen" erhalten säumige Kunden einen Kontoauszug. Zur Vorbereitung des "Mahnlaufes" hat die "Debitorenbuchhaltung" der EDV-Abteilung alle Kunden mitzuteilen, die trotz Überschreiten der Zahlungsfrist bis auf weiteres nicht gemahnt werden dürfen. Meist bestehen in diesen Fällen noch Unklarheiten zwischen Verkauf und Kunden, etwa über die Berechtigung von Mängelrügen, was der "Debitorenbuchhaltung"jeweils vom Verkauf "per Querinformation" mitgeteilt wird. Die ausgedruckten Mahnungen werden in der Abteilung "technische Debitorenabwicklung" versandfertig gemacht.

Auf der zweiten Mahnstufe erhält der Kunde nicht mehr einen maschinell ausgedruckten Kontoauszug, dessen "psychologische Wirkung" als gering eingeschätzt wird, sondern einen Formbrief, der dem Kunden den Eindruck individueller Bearbeitung des Debitorenvorgangs vermitteln soll. Auf der dritten Mahnstufe wird dem Kunden ebenfalls mit einem Formbrief der Zahlungsbefehl angedroht. Die Auftragsbearbeitung erhält eine Kopie und versieht den Kunden mit einer Bonitätskennzeichnung, aufgrund derer der Kunde nur noch gegen Nachnahme beliefert wird. Geht die Forderung nicht innerhalb von 14 Tagen ein, wird der Zahlungsbefehl zugestellt und gleichzeitig über ein EDV-Formular intern eine Liefersperre verhängt. Bei fruchtloser Vollstreckung eines Zahlungsbefehls, dessen Wert 400 DM übersteigt, entscheidet der Abteilungsleiter der "Finanzbuchhaltung", ob ein Offenbarungseid erwirkt werden soll, Forderungsbeträge unter 400 DM werden ausgebucht. Eine eventuelle Vergleichs- und Konkursabwicklung steht unter der Regie der Rechtsabteilung in Verbindung mit dem Finanz- und Verkaufsmanagement. Die "Debitorenbuchhaltung" übernimmt lediglich einige vorbereitende Aufgaben und den buchhalterischen Nachvollzug.

4. Personalstruktur und Tätigkeiten

In der Abteilung "technische Debitorenabwicklung" arbeiten 5 angelernte weibliche Angestellte; 3 halbtags. Die "Debitorenbuchhaltung" ist mit einer Sachbearbeiterin, die eine Lehre zum Industriekaufmann abgeschlossen hat, und einer Gruppenleiterin, die über 30 Jahre Berufserfahrung im Buchhaltungsbereich nachweisen kann, besetzt.

Die Sachbearbeiterin ist für die Klärung von Zahlungsdifferenzen, die Abwicklung der ersten Mahnstufe, vorbereitende Arbeiten zur Ausstellung von Zahlungsbefehlen, den Schriftverkehr mit Formbriefen zuständig, soweit dieser nicht von einer Schreibkraft nach Banddiktat ausgeführt wird. In den Aufgabenbereich der Gruppenleiterin fallen insbesondere die Klärung schwieriger Fälle von Zahlungsdifferenzen, das Mahnwesen ab der zweiten Mahnstufe, die Ausstellung von Zahlungsbefehlen nach Anordnung des Abteilungsleiters sowie die individuelle Korrespondenz und telefonische Auseinandersetzung mit säumigen Kunden. Die Gruppenleiterin ist damit vor allem auch Sachbearbeiterin.

5. Tätigkeitsanforderungen

Die Tätigkeiten in der "technischen Debitorenabwicklung" bestehen allein in dem repetitiven Nachvollzug vorgegebener Abwicklungsregeln im Rahmen eines starren Termingerüsts der EDV-Organisation.

Die zentrale Anforderung der Debitorensachbearbeitung besteht in dem Erkennen der Gründe von Zahlungsdifferenzen. Der größte Teil der Fälle ist freilich einfach gelagert. Beispielsweise wird vom Kunden ein unzulässiger Skontoabzug vorgenommen oder die falsche Rechnungsnummer angegeben. Aufgrund ihrer langjährigen Erfahrung haben die Sachbearbeiterinnen diese Fälle meist schnell geklärt und senden dem Kunden einen entsprechenden Formbrief.

Ob bei Minderzahlungen des Kunden bis zu 5 DM auf einer Nachzahlung bestanden wird oder dieser Betrag ausgebucht werden kann, ist unter dem Stichwort "Kulanz" in das Ermessen der Gruppenleiterin gestellt. Diese hat die bei einer Anmahnung des Kunden entstehenden Verwaltungskosten - geschätzt werden etwa 10 DM - mit dem Effekt einer "Erziehung" des Kunden bei wiederholtem, unberechtigten Skontoabzug abzuwägen.

Die Masse der Zahlungsdifferenzklärungen sind Routinefälle, die keine besonderen Buchhaltungskenntnisse verlangen. Lediglich "bei schwierigen Prüfungsfällen" sind laut Gruppenleiterin "mehr als die Grundbegriffe der Buchhaltung notwendig". In solchen Fällen bietet das Kundenkonto auf der "Offene-Posten-Liste" teilweise ein verwickeltes Bild, das die Sachbearbeiterinnen mit Hilfe der in der "Kundenmappe" enthaltenen Original-Buchungsbelege, teilweise auch durch schriftlichen oder telefonischen Kontakt mit dem Kunden, zu klären versuchen.

Bei ihrer Arbeit wird von den Debitorensachbearbeiterinnen eine außerordentliche Sorgfalt verlangt. Das System der Buchhaltung muß fehlerfrei gehalten werden und die Fehlersuche kann relativ zeit- und kostenaufwendig sein ("Genauigkeit ist in der Buchhaltung das 'A' und 'O' ... Wir müssen auf den Pfennig genau arbeiten!"). Schließlich gehen die Arbeitsergebnisse der Debitorenbearbeitung etwa in Form von Mahnungen, Nachforderungen usw. direkt dem Kunden zu. Alles was nach "draußen" geht, wird, wie die Gruppenleiterin betont, jedoch für die Firma zur "Prestigesache". Um Rechenfehler zu vermeiden, überprüfen die Sachbearbeiterinnen ihre Ausrechnungen grundsätzlich nochmals anhand des Kontrollstreifens der Rechenmaschine.

Besondere Anforderungen an die Sachbearbeiterinnen stellt der Umgang mit den Kunden. Dieser gestaltet sich nach Einschätzung der Angestellten noch schwieriger als im Verkauf, da "es hier ums Geld geht". Dies gilt vor allem für das Arbeitsgebiet Mahnwesen, wo die Sachbearbeiterinnen auf zahlungsunwillige oder zahlungsunfähige Kunden treffen.

Von einer Debitorensachbearbeiterin wird nach Auskunft der Gruppenleiterin erwartet, im Gespräch mit dem Kunden höflich zu sein, dies selbst noch dann, wenn dieser seiner Verärgerung über die seiner Meinung nach ungerechtfertigten Schritte der Debitorenbuchhaltung des Unternehmens B besonders heftig Ausdruck verleiht: "Man muß anpassungsfähig sein gegenüber dem Kunden. Man muß in der Lage sein, jedem Kunden gerecht zu werden, auch wenn man gegen sein eigenes Ich angehen muß." Um mit dem Kunden richtig umgehen zu können, gäbe es einige "Tricks" und Verhaltensmaßregeln ("Man muß dem Kunden grundsätzlich die Gelegenheit geben, erst einmal Dampf abzulassen"), die auch Gegenstand der Ausbildung von Lehrlingen seien. Für den brieflichen Verkehr mit Kunden existieren schriftlich niedergelegte Formulierungsregeln. Indivdiuell formulierte Briefe sind jedoch die Ausnahme. Im Regelfall muß die Sachbearbeiterin nur noch den für den Einzelfall passenden Formbrief zuordnen. Mit der geplanten Umstellung der Textverarbeitung auf einen Schreibautomaten werden die Anforderungen an einen individuellen Briefstil und "geschicktes" Formulieren weiter zurückgehen.

Als besonders schwierig wird es angesehen, einen Kunden während des Telefongesprächs einzuschätzen, ohne ihn persönlich zu kennen, um so auftretende Schwachstellen in der Argumentation des Kunden für die Interessen der Firma ausnutzen zu können. Als Vertreter des Unternehmens gegenüber säumigen Kunden haben die Angestellten der Debitorenbuchhaltung die Aufgabe, dem Kunden Sanktionen bei weiterem Zahlungsverzug anzudrohen. Die Angestellten sehen sich hierbei in einer gewissen Machtposition: "... es ist schön, dem Kunden mal auf die Füße zu treten, das macht Spaß."

Da der Kundenverkehr der Debitorensachbearbeiterinnen keiner direkten Kontrolle unterzogen werden kann, wird auf eine besondere Verpflichtung gegenüber dem Unternehmen Wert gelegt. Als Indikator dafür, daß nicht den Interessen der Firma zuwider gehandelt wird, scheint eine besondere "Anpassungsfähigkeit an die Gepflogenheiten des Hauses" zu gelten. Diese ist laut Gruppenleiterin"sehr wichtig, weil sonst sehr leicht der Eindruck entstehen kann, Sie sind ja eine eigene Persönlichkeit und Sie vertreten Ihren Standpunkt. Das ist bei uns völlig fehl am Platz. Hier wird der Standpunkt der Firma vertreten und nicht der eigene."

Nach Angaben der Gruppenleiterin fällt es in den Fällen manchmal schwer, den betrieblichen Vorschriften Folge zu leisten, in denen "so etwas wie eine menschliche Seite dran hängt", etwa wenn ein kleinerer Einzelhandelskunde unverschuldet in Zahlungsnöte gerät: "In der Regel muß man das Gefühl von der Anordnung trennen. Das fällt einem oft schwer, aber wenn etwas schief läuft, muß man den Kopf hinhalten. Man muß hier einfach aus dem Erfahrungswert heraus entscheiden. Man muß erkennen, ob man dem Kunden glauben darf. In aller Regel bekommt er halt seinen Zahlungsbefehl, auch wenn er im Krankenhaus liegt."

Die Angestellten sind verpflichtet, absolute Diskretion über die durch Bankenauskünfte und Auskunfteien erhaltenen oder in betrieblichen Unterlagen verzeichneten Bonitätsdaten von Kunden zu wahren.

Die Angestellten der Debitorenbuchhaltung verfügen über einen relativ großen zeitlichen Handlungsspielraum. Feststehende Termine sind lediglich die vierzehntägige Mahnungsschreibung. Ansonsten sind die Sachbearbeiterinnen verpflichtet, Zahlungsdifferenzen innerhalb von 2 Tagen zu bearbeiten und ausstehende Kundenantworten innerhalb von 14 Tagen anzumahnen: "Bei uns bleibt keine Post liegen. Wir verlangen vom Kunden, daß er schnell reagiert und dann dürfen wir uns nicht länger Zeit lassen." Den zeitlichen Handlungsspielraum sollen die Sachbearbeiterinnen dazu benutzen, ihre Arbeit flexibel nach den jeweiligen Prioritäten einzuteilen. Um Verluste für das Unternehmen abzuwenden, müsse oft sehr schnell gehandelt werden: "... eine Lastschrift kommt zurück, sofort anrufen, Frist einräumen, Zahlungsbefehl..." Der Arbeitsanfall unterliege mehr oder weniger großen Schwankungen: "Es gibt Zeiten, da geht es sehr hektisch zu, vom Volumen her gesehen. Schnelle Bearbeitung von Mahnungen, der Termindruck ..." Dann werde schneller gearbeitet und die Arbeit soweit wie möglich gleichmäßig innerhalb der Gruppe umverteilt.

6. Horizontale Kooperation

Die Klärung von Zahlungsdifferenzen oder die Verfolgung von Mahnvorgängen werden von den Angestellten der"Debitorenbuchhaltung"entsprechend ihrer Zuständigkeiten fallweise selbständig abgewickelt. Dennoch ergeben sich zwischen der Sachbearbeiterin und der Gruppenleiterin, deren Sachbearbeiterfunktionen gegenüber den Leitungsfunktionen bei weitem im Vordergrund stehen, enge horizontale Kooperationsbeziehungen. Anlaß ist zum einen die nicht eindeutig definierte, vor allem an den Kriterien "Schwierigkeit" und "Verantwortung" ausgerichtete Arbeitsteilung zwischen der Sachbearbeiterin und der Gruppenleiterin, und zum anderen die gemeinsame Zuständigkeit für die Auskunftsbereitschaft der "Debitorenbuchhaltung" gegenüber Kunden.

Auffallend ist, daß sich die Angestellten ständig gegenseitig über schwierige Fälle ihrer laufenden Arbeit unterrichten. Dieser Informationshintergrund ("Jeder sollte von jedem etwas wissen") wird immer wieder bei auftretenden Problemen eingesetzt. Hierzu kommt es bei der Weiterbearbeitung der Fälle durch die jeweils andere Angestellte, sei es, daß die Gruppenleiterin einen schwierigen Fall weiterbearbeitet oder daß die Sachbearbeiterin hierzu vor- und nachbereitende Arbeiten übernimmt,und im Telefonverkehr, wenn der Fall des anrufenden Kunden zuletzt von der Kollegin bearbeitet wurde.

Wenn die Angestellten der "Debitorenbuchhaltung" auch, wie die Gruppenleiterin es ausdrückte, "... kein Team sind, das Hand in Hand arbeiten kann ...", so gibt es doch Fälle, wo die gegenseitige Hilfeleistung dazu beiträgt, die Arbeit der Kollegin effektiver zu machen. Die Gruppenleiterin nennt hierzu ein Beispiel: "Wenn ich weiß, die Frau W telefoniert mit einem Kunden und das ist ein Bitterböser, dann laufe ich schnell an die "Offene-Posten-Kartei" und kontrolliere, wie es da aussieht: die älteste Rechnung wird notiert, anhand der Saldenliste kontrolliert ... dann ist eine komplette Unterlage schon während des Gesprächs da. Das sind so die kleinen Feinheiten, die eine echte Zusammenarbeit ausmachen..."

Die Kooperation der Angestellten mit anderen Abteilungen beschränkt sich weitgehend auf die routinehafte telefonische oder formularmäßige Übermittlung oder Abfrage von Informationen. Die wichtigsten Informationsbeziehungen bestehen zur "Zentralen Kundenbetreuung", die für die Überprüfung der Ordnungsmäßigkeit von Gutschriftsabzügen durch Kunden zuständig ist. Soweit die Gutschriftenvorgänge noch nicht in der "Kundenmappe" abgelegt sind, muß die "Debitorenbuchhaltung" bei entsprechenden Kundenabzügen jeweils in der "Zentralen Kundenbetreuung" nachfragen.

Aus der Aufgabenstellung der "Debitorenbuchhaltung" heraus entstehen immer wieder Konflikte mit dem Verkaufsbereich. So komme es etwa vor, daß die Buchhaltung aus Bonitätsgründen einen Auftrag zunächst auf Eis legen muß und damit den Außendienstverkäufer verärgere, der vielleicht gerade froh war, mit diesem Auftrag seine Vorgabemenge erreicht zu haben. "Wir machen uns manchmal unbeliebt und lästig. Wir leben immer mit Terminen und Kontrollen."

7. Vertikale Kooperation

Wenngleich bei den Arbeitsbeziehungen zwischen der Gruppenleiterin und der Sachbearbeiterin horizontale Elemente der Kooperation überwiegen, so umfassen sie dennoch zugleich vertikale Elemente der Kontrolle und Anweisung. Die Gruppenleiterin verteilt die Eingangspost; zur Kontrolle läuft auch die Ausgangspost über ihren Schreibtisch. Wendet sich die Sachbearbeiterin bei Arbeitsproblemen an die Gruppenleiterin, so enthalten die scheinbar gleichberechtigten Beratungen vielfach hinter einem "Wir" versteckte Anweisungen.

Die Arbeit der Gruppenleiterin wird ihrerseits vom Abteilungsleiter kontrolliert. Dieser überwacht die Termineinhaltung und unterzeichnet neben der Gruppenleiterin die Ausgangspost, falls darin finanzielle Verpflichtungen ab einem bestimmten Betrag eingegangen werden. Bei der Einleitung von Maßnahmen, die über die dritte Mahnstufe hinausgehen, also z.B. beim Zahlungsbefehl, muß die Gruppenleiterin grundsätzlich die Genehmigung des Abteilungsleiters einholen: "Ich bereite die Entscheidung vor, die eigentliche Entscheidung trifft Herr L." Ohne Zustimmung des Abteilungsleiters dürfen die Angestellten der "Debitorenbuchhaltung" auch mit den Kunden keine von den Geschäftsbedingungen abweichenden Zahlungsmodalitäten vereinbaren.

Die Arbeit der "Debitorenbuchhaltung" wird vom Finanzmanagement und von der Konzernzentrale ständig auf ihre Effizienz hin überprüft. Maßgebendes Kontrollinstrument ist die "Offene-Posten-Liste", in der die Außenstände nach Fristigkeit bzw. Mahnstufen geordnet sind. Die Entwicklung in den einzelnen Gruppen der Außenstände und die Entwicklung der Forderungsfälle gelten als Indikatoren für die Wirksamkeit der Debitorenbuchhaltung. Auf die Bezahlung der Angestellten hat die Entwicklung der Außenstände allerdings keinen Einfluß.

Die Angestellten verweisen stolz auf einen Rückgang der gesamten Außenstände in Relation zum Umsatz und sehen darin einen Erfolg der eigenen Arbeit, der sich aus oft nervenaufreibenden Querelen mit zahlungsunwilligen Kunden ergibt.

Fallstudie VIII: Debitorenbuchhaltung Unternehmen A

1. Abteilungsaufgabe

Die Aufgabe der"Debitorenbuchhaltung"besteht in der Dokumentation der Debitorenvorgänge und der Verfolgung fälliger Forderungen.

2. Eingliederung der Abteilung in die Unternehmensorganisation

Die "Debitorenbuchhaltung" gehört neben der "Kreditorenbuchhaltung", der "Lohn- und Gehaltsbuchhaltung" und der "Geschäftsbuchhaltung" zur Hauptabteilung "Buchhaltung".

3. Entwicklung der EDV

Die "Debitorenbuchhaltung" wurde bis 1972 im traditionellen Kontenblattverfahren mit Hilfe von Buchungsmaschinen ("Buchungsautomaten") abgewickelt. Nach Einführung der EDV wurden die Buchungen auf Markierungsbelegen vorgenommen. Seit 1974 erfolgt die Verbuchung direkt über Bildschirme. Die Zielsetzungen der EDV-Anwendung und Weiterentwicklung des EDV-Systems sind vor allem eine Reduzierung der Fehlerquote, eine Effektivierung des Mahnwesens und schließlich die Einsparung von Personal.

a) Konventioneller Arbeitsablauf

Maschinell zu verbuchen waren die Ausgangsrechnungen zur Soll-Stellung der Kundenkonten und die eingehenden Zahlungen zum Ausgleich der Konten. Jede der damals 6 Debitorensachbearbeiterinnen hatte einmal in der Woche etwa 300 Ausgangsrechnungen und täglich die eingehenden Zahlungsbelege zu verbuchen. Zur Vorbereitung der maschinellen Buchung mußten die Zahlungsbelege "kontiert" werden. Dazu wurde auf der Kontokarte des Kunden die betreffende "offene" Forderung herausgesucht, der Zahlungsbetrag mit dem Forderungsbetrag verglichen, eventuelle Skontoabzüge mit der Rechenmaschine nachgerechnet und auftretende (Zahlungs-) Differenzen, gegebenenfalls unter Einschaltung des Abteilungsleiters oder, soweit es sich um Differenzen aus Umsatzabzügen handelte, des zuständigen Verkaufssachbearbeiters geklärt. Die verbuchten Zahlungen wurden dann auf den Rechnungen eingetragen und die Übereinstimmung des Kontensaldos mit der noch offenen Forderunssumme geprüft.

Das teil-manuelle Buchungssystem erschien der Unternehmensleitung mit zunehmendem Buchungsanfall als nicht mehr genügend wirtschaftlich und effektiv, so daß eine Umstellung der "Debitorenbuchhaltung" auf EDV ins Auge gefaßt wurde. Nur durch die EDV habe ein ständiges Anwachsen des Personals, die Anschaffung weiterer Buchungsmaschinen und ein Bedarf an zusätzlicher Bürofläche verhindert werden können. Mit der maschinellen Verbuchung im Kontenblattverfahren war eine Vielzahl manueller Routinearbeiten verbunden. So mußte für jede Verbuchung das betreffende Kontenblatt aus dem Kontentrog herausgesucht und anschließend wieder einsortiert werden. Die hohe Fehleranfälligkeit des teil-manuellen Verfahrens brachte eine arbeitsaufwendige Fehlersuche mit sich. Die geringe Aktualität der Konten aufgrund der diskontinuierlichen Verbuchung wirkte sich negativ auf die Effektivität des Mahnwesens aus.

b) Die Verbuchung mit Markierungsbelegen

1972 wurde die Debitorenbuchhaltung auf EDV und das "Offene-Posten"-Verfahren umgestellt. In diesem Verbuchungsverfahren werden nicht mehr sämtliche Soll- und Habenbewegungen eines Kundenkontos auf einem Kontoblatt in chronologischer Reihenfolge festgehalten, sondern nur noch die "offenen Posten" auf je einer Lochkarte. Durch die Möglichkeit, die noch offenen Forderungen nach Fälligkeit zu ordnen, gelang eine straffere Organisation und Automatisierung des Mahnwesens. Die Kundenkontokarte als zentrales Arbeits- und Informationsmittel fiel weg und wurde durch die sogenannte "Offene-Posten-Liste" ersetzt. Die Verbuchung der Ausgangsrechnungen wurde automatisiert, indem bei der maschinellen Rechnungsschreibung die Daten gleichzeitig auf die betreffenden Kundenkonten flossen. Weitgehend unverändert blieb die Kontierung der Zahlungsbelege und die Klärung der Zahlungsdifferenzen. Als Arbeitsunterlage war hier lediglich die "Offene-Posten-Liste" an die Stelle der Kontenblätter getreten.

Stark verändert hatte sich hingegen der eigentliche Buchungsvorgang. Statt der direkten Verbuchung über die Buchungsmaschine, mußten die Sachbearbeiterinnen maschinell lesbare Buchungsbelege ausstellen. Die Debitorendaten wurden über einen Klarschriftleser im Rechenzentrum in das EDV-System eingegeben. Durch die Eingabe der Zahlung wurde die Forderung automatisch ausgebucht und in einer Datei für bezahlte Forderungen abgespeichert. Die maschinellen Eingabekontrollen führten zu einer Reduzierung der Fehleranfälligkeit des Verbuchungsverfahrens. Fehlerhafte Belege wurden vom EDV-System nicht angenommen und unter Angabe des Fehlers in einem sogenannten "Fehlerprotokoll" aufgelistet, das die jeweilige Sachbearbeiterin zur Fehlerkorrektur zurückbekam.

Der Einsatz der EDV führte zu einer Verminderung der durchschnittlichen Bearbeitungszeit eines Debitorenvorgangs. Durch die Arbeitszeitersparnis wurde eine Debitorensachbearbeiterin freigesetzt und mit Hilfsarbeiten für eine andere Abteilung (Belegsortierarbeiten) beschäftigt. Die Bearbeitung ihrer Kontengruppe ging anteilmäßig an die restlichen fünf Debitorensachbearbeiterinnen über.

c) Die Einführung von Bildschirmen

Die Planung der EDV-Konzeption für die Debitorenbuchhaltung war von vornherein auf den Einsatz von Bildschirmen ausgerichtet. Durch den Belegleser sollte lediglich eine kurze Übergangsphase bis zu der für die On-line-Anwendung notwendige Aufrüstung der Zentraleinheit überbrückt werden. Schließlich verzögerte sich der Einsatz von Bildschirmen doch bis 1974.

Gegenüber dem vorherigen Verbuchungsverfahren änderte sich durch den Bildschirm lediglich die Weiterverarbeitung der kontierten Zahlungsbelege. Anstatt die Belegdaten auf maschinell lesbaren Formularen "einzustricheln" und diese an die EDV-Abteilung weiterzuleiten, werden die Zahlungen, wie schon im manuellen Verfahren, wieder direkt von den Sachbearbeiterinnen, nun allerdings mit Hilfe des Bildschirms verbucht: durch Eingabe der Kundennummer lassen sich die Sachbearbeiterinnen das "Offene-Posten-Konto" des betreffenden Kunden anzeigen. Die bezahlte Rechnung wird auf der Bildschirmmaske gesucht, gekennzeichnet und aus dem "Offene-Posten-Konto" genommen und in der Datei "Kontenspiegel" abgespeichert. Die nachträgliche Fehlerbeseitigung auf der Basis eines Fehlerprotokolls wird durch die unmittelbare Fehlerbereinigung bei der Eingabe ersetzt. Die Sachbearbeiterin kann eine Eingabe erst dann fortsetzen, wenn sie die vom System zurückgewiesenen Eingabeschritte fehlerfrei vornimmt.

Der Bildschirmeinsatz führte zu einer weiteren Beschleunigung der Belegverbuchung. Die dadurch bei den einzelnen Sachbearbeiterinnen freigesetzten Arbeitskapazitäten wurden durch jene Hilfsarbeiten ausgefüllt, die zuvor der bei der Umstellung auf EDV umgesetzten Kollegin übertragen worden waren; diese wurde nun entlassen. Diese Personaleinsparung war möglich, wie der Abteilungsleiter betont, obwohl das Arbeitsvolumen jährlich in durchschnittlichen Raten von 15 - 20 % auf nunmehr 10 000 bis 12 000 Rechnungen pro Monat angewachsen sei. Zu weiteren, zumindest relativen Personaleinsparungen werde es kommen, wenn die geplante weitere Kapazitätsvergrößerung der Zentraleinheit abgeschlossen sei. Die gegenwärtig durch die Überlastung des Systems hervorgerufenen langen Wartezeiten bei der Direktverarbeitung - die "Systemantwort" läßt manchmal bis über eine Minute auf sich warten - während denen die Angestellten "untätig herumsitzen müssen", sollen nachher auf unter 15 Sekunden reduziert werden.

4. Personalstruktur und Tätigkeiten

In der Abteilung "Debitorenbuchhaltung" arbeiten 5 Debitorensachbearbeiterinnen, von denen 2 eine Lehre als Industriekaufmann, die übrigen eine Lehre in einem anderen kaufmännischen Beruf (Einzelhandelskaufmann, Bankkaufmann, Bürokaufmann) absolviert haben.

Die Debitorensachbearbeiterinnen arbeiten an gleichartigen Arbeitsplätzen. Jede Angestellte ist für ein bestimmtes, nach Kundennummern abgegrenztes Buchungsvolumen zuständig. Neben der Hauptaufgabe, der Aufbereitung und Verbuchung der Zahlungseingänge, gehören zu der Tätigkeit eine Reihe von Nebenarbeiten: die Durchsicht maschinell geschriebener Mahnungen auf ungeklärte Fälle, bei denen die Mahnung vorerst zurückzuhalten ist, der Routinebriefverkehr auf Formbriefen, der Schreibdienst für die Korrespondenz des Abteilungsleiters sowie eine Reihe von Ablagearbeiten.

Während die Sachbearbeiterinnen die Routinefälle bearbeiten, ist der Abteilungsleiter für alle Fälle zuständig, die mit den vorgegebenen Arbeitsregeln nicht eindeutig gelöst werden können. Hierzu gehört insbesondere die Verfolgung säumiger Kunden, die nach Ablauf des maschinellen Mahnverfahrens trotz Terminsetzung noch nicht bezahlt haben. Der Abteilungsleiter übt somit zugleich qualifizierte Sachbearbeiteraufgaben aus.

Diese Form der Arbeitsteilung begründet der Abteilungsleiter damit, daß man im Umgang mit Kunden in flexibler Weise die Interessen des Unternehmens an der fristgerechten Bezahlung der offenen Forderung einerseits und an der Erhaltung der Kunden auch als zukünftige Geschäftspartner andererseits abwägen müsse und dazu eine gewisse Handlungsvollmacht benötige, mit der man einen Sachbearbeiter nicht ausstatten könne: "Ich kann von meiner Person her Entscheidungen treffen, die die Damen nicht treffen könnten. Sie müßten jedesmal, wenn sie irgendwelche Vereinbarungen treffen wollten, Rücksprache mit mir halten, wogegen ich das von mir aus machen kann."

Die Form der Arbeitsteilung wurde von den technischen Umstellungen nicht berührt.

5. Tätigkeitsanforderungen

Für die Sachbearbeiterinnen ist die Kontierung der Zahlungsvorgänge und deren Verbuchung über Bildschirm eine repetitive Routinearbeit. Die betriebsspezifischen Verfahrensregeln der Debitorenabwicklung bilden die zentralen Kenntnisanforderungen. Weitergehende Buchhaltungskenntnisse sind nach Meinung des Abteilungsleiters nicht unbedingt erforderlich. Dies hat seine Ursache einmal in der Spezialisierung der Debitorenbuchhaltung auf die Verbuchung gleichartiger Buchungsfälle. Zum anderen werden schwierigere Buchungsfragen, etwa im Zusammenhang mit Forderungsausfällen oder der Bilanzierung, vom Abteilungsleiter geklärt. Das logisch geschlossene Regelsystem der doppelten Buchhaltung, von dem auch das EDV-Programm geprägt ist, läßt den Sachbearbeiterinnen keinen Handlungsspielraum bei der Verbuchung. Lediglich bei der Klärung von Zahlungsdifferenzen steht es im Ermessen der Angestellten, ob sie eine finanztechnisch begründete Differenz bis zu 2 DM als noch offene Forderung behandeln oder im Rahmen der Kulanz ausbuchen wollen. Allerdings haben sich auch hier gewisse Gewohnheitsregeln herausgebildet.

Zur Klärung von Zahlungsdifferenzen bedarf es im allgemeinen keiner längeren Analyse. Im Zweifelsfalle wird der Kunde angeschrieben. Schwieriger kann sich manchmal die Fehlersuche bei Abstimmdifferenzen im System der doppelten Buchhaltung gestalten. Eine systematische Fehlereinkreisung und eine intelligente Analyse des Zahlenmaterials (z.B. eine Abstimmdifferenz mit einem "Zahlendreher" in Verbindung bringen) verhindert langwieriges Vergleichen von Zahlenkolonnen. Der Abteilungsleiter schätzt allerdings auch die hiermit verbundenen Anforderungen als gering ein: "Das ist mehr eine Erfahrungssache; das hat mit Intelligenz eigentlich nichts zu tun. Wenn man ein bißchen mitdenkt bei der Arbeit, dann kommt man schnell dahinter, wo es dran liegen könnte."

Dem Anforderungsprofil der Tätigkeiten entspricht auch die betriebliche Rekrutierungspolitik. Der Einsatz von"gelernten" Buchhaltern wird nicht für notwendig erachtet: "Die Leute werden hier angelernt; die kommen zu einer eingearbeiteten Person dazu. Die machen dann ihre Aufgabe nach einer gewissen Zeit auch mehr oder weniger selbständig. Das ist an und für sich kein Problem. Das ist nur eine Sache der Ausbildung hier in der Abteilung."

Eine Sachbearbeiterin, die nach einer Banklehre in die Firma eintrat, schildert ihre Einarbeitung so: "Wenn man es gut erklärt bekommt, gibt es keine Schwierigkeiten. So schwer ist das nicht. Gefehlt hat mir am Anfang lediglich der Kundenverkehr, wie ich ihn vom Bankschalter her gewöhnt war. Auf der Bank war es abwechslungsreicher. Die Arbeit macht mir keine Schwierigkeiten, da ich schon auf der Bank mit Zahlen zu tun hatte. Am Anfang habe ich hier nur immer "Soll" und "Haben" verwechselt, da das in der Bank ja gerade umgekehrt ist."

Den Umstand, daß in der Abteilung nur Frauen beschäftigt sind, erklärt der Abteilungsleiter mit den geringen Aufstiegsmöglichkeiten, die in der Debitorenbuchhaltung im Unterschied beispielsweise zum Verkauf gegeben seien. Außerdem weist er auf die verhältnismäßig geringe Dotierung der Positionen hin.

Die Direkteingabe über Bildschirm wird von den Angestellten dem vorherigen Eingabeverfahren mit maschinell lesbaren Formularen vorgezogen. Beim "Strichelverfahren" wurden hohe Anforderungen an sorgfältiges Arbeiten gestellt. Die Striche mußten im richtigen Kästchen des Formulars in maschinell eindeutig erkennbarer Weise angebracht werden. Die Aufwendigkeit des Verfahrens forderte ferner ausdauerndes Arbeiten. Darüber hinaus sahen die Sachbearbeiterinnen das ausgedruckte Fehlerprotokoll als Dokument ihrer Sorgfalt an, während Eingabefehler am Bildschirm für Dritte nicht erkennbar sind, sondern lediglich zu einer Wiederholung des Eingabeschritts führen.

Der zeitliche Handlungsspielraum der Angestellten wird einerseits von den durch die Unternehmensleitung gesetzten Monats- und Jahresabschlußterminen bestimmt. Andererseits ist die Debitorenbearbeitung auf einen täglichen Rhythmus ausgerichtet. Nur wenn die Sachbearbeiterinnen mit ihrer Arbeit "à jour" sind, so betont der Abteilungsleiter, ist die volle Aussagefähigkeit der Konten und damit der gesamten Debitorenbuchhaltung gewährleistet. Von den Sachbearbeiterinnen wird erwartet, daß sie ihre Arbeit entsprechend den terminlichen Anforderungen einteilen. Unter Termindruck steigern die Angestellten ihr Arbeitstempo und verschieben nicht-termingebundene Nebenarbeiten.
In Ausnahmefällen, insbesondere bei ungleichmäßigem Arbeitsanfall auf einzelnen Arbeitsplätzen, kommt es auch zur gegenseitigen Aushilfe. Überstunden werden fast nur noch bei Jahresabschlußarbeiten gemacht, da sich die Gleichförmigkeit des Arbeitsflusses durch die EDV erhöht hat. Gegenüber dem konventionellen Verfahren hat laut Abteilungsleiter der Termindruck insgesamt gesehen nachgelassen: "... früher war das wesentlich schwieriger. Es gab Verzögerungen durch die Masse der Abbuchungen über die Buchungsmaschine. Wir haben Freitag die letzten Rechnungen bekommen. Wir konnten da noch nicht sagen, ob wir bis zum Wochenabschluß am Dienstag fertig sind. Da wurden viele Überstunden gemacht. Jetzt geht es weniger hektisch zu und fast ohne Überstunden."

Da die gesetzten Termine unbedingt eingehalten werden müssen, sind die Sachbearbeiterinnen auch heute froh, wenn nur routinemäßig abzuwickelnde Zahlungen eingehen, und keine zeitaufwendigen Klärungen von Zahlungsdifferenzen notwendig sind. Ebenso schlagen Fehler durch zeitaufwendige Fehlersuche und -beseitigung zuerst einmal auf die Angestellten selbst zurück, da sie schneller arbeiten müssen, um den bevorstehenden Termin zu schaffen.

6. Horizontale Kooperation

Aufgrund der besonderen Form der Aufgabenverteilung arbeiten die Sachbearbeiterinnen parallel und weitgehend unabhängig nebeneinander. Ihre Arbeitsplätze sind typische Einzelarbeitsplätze.
Jede Angestellte ist in ihrem Buchungskreis allein für die sachliche Richtigkeit und termingerechte Erledigung der Arbeit verantwortlich. Die Verbindung der Teilarbeiten wird lediglich abstrakt über das Regelsystem der doppelten Buchhaltung hergestellt, da die Summe der von den Sachbearbeiterinnen verbuchten Zahlungs-

eingänge genau mit der Summe der Gegenbuchung (der tatsächlichen Zugänge auf dem Bankkonto) übereinstimmen muß. Treten Differenzen auf, muß der Fehler gesucht werden. Das "Abstimmen" der Debitorenbuchhaltung läuft gewöhnlich auf einen Vergleich von Zahlenreihen hinaus, die auf unterschiedlichen Datenträgern (Formularen, Listen) verzeichnet sind. Da zunächst nicht feststeht, welche Sachbearbeiterin den Fehler gemacht hat, sind alle Sachbearbeiterinnen für die Fehlersuche und -beseitigung verantwortlich, was in einem gewissen Gegensatz zur üblichen Einzelarbeit steht. Zur Erleichterung der Fehlersuche wird diese in der Regel von jeweils zwei Angestellten übernommen: die eine verliest die verbuchten Daten, die andere vergleicht diese mit den Gegenbuchungen. Diese Zusammenarbeit wird von den Sachbearbeiterinnen unter dem Aspekt der gegenseitigen Hilfeleistung zur Erleichterung und Beschleunigung der Arbeit gesehen.

Informierende und beratende Arbeitskontakte sind selten; sie sind nach Auskunft der Sachbearbeiter auch kaum notwendig, da jeder wisse, was er zu tun hat und sich bei Arbeitsproblemen in der Regel an den Abteilungsleiter halte.

Abteilungsübergreifende Arbeitskontakte ergeben sich hauptsächlich zum Verkauf, wo der zuständige Verkaufssachbearbeiter die Zulässigkeit eines von den Kunden aufgrund einer Mängelrüge vorgenommenen Rechnungsabzugs prüfen und hierüber eine Gutschriftsanweisung ausstellen muß. Ferner teilen die Verkaufssachbearbeiter den Debitorensachbearbeiterinnen mit, welche Kunden aufgrund irgendwelcher Unklarheiten zwischen Verkauf und Kunde vorläufig nicht gemahnt werden dürfen, um die Einheitlichkeit des Handelns des Unternehmens gegenüber Kunden nicht zu durchbrechen. Die Debitorenbuchhalterinnen fragen in regelmäßigen Abständen im "Verkauf" nach, ob der Grund für die Mahnsperre weiterhin besteht.

Der Interessengegensatz zwischen der "Debitorenbuchhaltung", die säumigen Kunden möglichst keine Ware mehr liefern will, um die Höhe eventueller Forderungsausfälle zu begrenzen,und dem "Verkauf", dessen Ziel es ist, möglichst viel Umsatz zu machen, werden weniger auf der Sachbearbeiterebene als auf der Abteilungsleiterebene ausgetragen. Um Liefersperren zu verhindern, übernehmen die Verkaufssachbearbeiter im Eigeninteresse teilweise sogar Debitorenaufgaben, indem sie den zuständigen Einkäufer des Kunden darauf hinweisen, daß zukünftige Lieferungen nur bei pünktlicherer Zahlungsweise gewährleistet werden könnten.

Die früheren Arbeitsbeziehungen zwischen der "Debitorenbuchhaltung" und der "Rechnungsabteilung", in der die zu verbuchenden Rechnungen manuell erstellt wurden und die durch die mit dem Belegfluß verbundenen Abstimmungsprobleme gekennzeichnet waren, fielen durch die EDV weg; sie wurden durch maschineninterne Operationen im integrierten Datenverarbeitungskreis "Auftragsbearbeitung - Rechnungsschreibung - Debitorenbearbeitung" ersetzt.

7. Vertikale Kooperation

Von den Sachbearbeiterinnen wird betont, daß sie im Rahmen ihrer Tätigkeit weitgehend selbständig arbeiten können. In der Tat konnten im Beobachtungszeitraum keine direkten Eingriffe des Abteilungsleiters in die Sachbearbeitertätigkeiten festgestellt werden. Allerdings gibt es für den Abteilungsleiter bei klar strukturierten und verbindlich geregelten Aufgaben auch keinen Grund zu individuellen Anweisungen. Soweit Ausnahmen auftreten, die durch die vorgegebenen Arbeitsregeln nicht abgedeckt sind, muß freilich der Abteilungsleiter gefragt werden, der dann die Vorgehensweise festlegt.

Für die kompetente Anweisung oder eigene Weiterbearbeitung schwieriger Fälle benötigt der Abteilungsleiter Informationen über den bisherigen Mahnvorgang, die vereinbarten Zahlungsbedingungen, den eingeräumten Höchstkredit, das bisherige Zahlungsverhalten des Kunden usw. Beim traditionellen Kontensystem war ein Teil dieser Informationen auf den Kontenkarten in den Schubladen der Sachbearbeiterschreibtische festgehalten. Der Rest dieser Informationen war schriftlich überhaupt nicht festgehalten, sondern Bestandteil des Arbeitswissens der Sachbearbeiter, das sich diese im täglichen Umgang mit den Konten und Zahlungsvorgängen angeeignet hatten. Wollte der Abteilungsleiter bestimmte Informationen, mußte er auf die von den Sachbearbeiterinnen verwalteten Konten zurückgreifen oder diese zu bestimmten Problemen befragen. Durch die EDV wurde der Abteilungsleiter weitgehend unabhängig von den Unterlagen und dem Erfahrungswissen der Sachbearbeiterinnen. Die Informationen sind heute differenzierter und besser aufbereitet und über EDV-Listen und den Bildschirm für den Abteilungsleiter ebenso gut zugänglich, wie für die Sachbearbeiterinnen.

Der Schwerpunkt der Kontrollaktivitäten des Abteilungsleiters liegt in der Sicherstellung der Termine. Der Abteilungsleiter sieht seine Kontrollfunktion durch die EDV dadurch erleichtert, daß eine Reihe von Aufgaben weggefallen sind, deren Zeitbedarf nur schwer zu kontrollieren gewesen sei: "... z.B. die ganze Kontenbereinigung. Das entfällt jetzt. Das war ein Arbeitsanfall, bei dem man gar nicht so richtig abschätzen konnte, wie lange sich die Damen dabei aufhalten müssen." (ADeAL)

Die Kontrolle der sachlichen Richtigkeit der Arbeit kann der Abteilungsleiter weitgehend den maschinellen Plausibilitätskontrollen am Bildschirm ("Durch diese Kontrollen ist es fast unmöglich, daß selbst ein Lehrling falsche Daten eingibt") und dem Kontrollsystem der doppelten Buchhaltung, bei dem sich Falschbuchungen durch Differenzen zwischen Soll- und Habenbuchungen bemerkbar machen, überlassen. Es genügt deshalb, wenn er sich von der sachlichen Richtigkeit des Monatsabschlusses überzeugt.

Fallstudie IX: Betriebsbuchhaltung Unternehmen B

1. Abteilungsaufgabe

Der Abteilung "Betriebsbuchhaltung" im Unternehmen B sind zwei Aufgabenbereiche übertragen: zum einen die Verwaltung der Material- und Fertigwarenbestände und zum andern die Abrechnung der "Produktionsaufträge" zum Zwecke der Wirtschaftlichkeitskontrolle der Produktion.

2. Eingliederung der Abteilung in die Unternehmensorganisation

Die "Betriebsbuchhaltung" ist neben der "Kreditoren-", der "Debitoren-", der "Haupt-" und der Bilanzbuchhaltung" eine Unterabteilung der Hauptabteilung "Finanzbuchhaltung"(vgl. auch Fallstudie VII).

3. Entwicklung der EDV

Bis 1974 wurde die Lagerbestandsverwaltung und die Produktionskostenkontrolle manuell mit Hilfe von Karteien und Tischrechenmaschinen durchgeführt. Nach Einführung der EDV erfolgt die Lagerbestandsführung und die Produktionskostenkontrolle automatisiert. Die Daten werden auf Ablochbelegen erfaßt. Ziel der EDV-Einführung war insbesondere ein Abbau manueller Karteiführungsarbeiten und der damit verbundenen Fehlerquote, sowie eine Effektivierung der Kostenrechnung.

a) Konventioneller Arbeitsablauf

Die Lagerbestandsfortschreibung erfolgte auf einer Lagerbestandskartei. Jeder Materialzugang wurde in die Materialkarte mengen- und wertmäßig eingetragen, der Bestand fortgeschrieben und ein neuer Durchschnittseinkaufspreis (Verrechnungspreis) je Materialart ausgerechnet. Die in der Produktion verbrauchten Materialmengen wurden zunächst je Materialart auf einem Sammelblatt zusammengetragen und als Summe auf die Lagerbestandskonten verbucht.

Zum Monatsabschluß waren die Konten der Hauptbuchhaltung mit den Konten der Betriebsbuchhaltung abzustimmen. Zur Abrechnung der Produktionsaufträge wurden die verbrauchten Materialmengen und Arbeitsstunden mit den dazugehörigen Durchschnittskostensätzen multipliziert und daraus die wertmäßige Summe, die Gesamtkosten des "Produktionsauftrags", ermittelt.

Die Produktionskostenkontrolle erfolgte über den Vergleich der Gesamtkosten mengengleicher "Produktionsaufträge". Dieses einfache Durchschnittskostenverfahren erfüllte nach Ansicht der Unternehmens- und Konzernleitung seinen Zweck, die Kontrolle der Produktionskosten, nicht wirksam und detailliert genug. Es wurde deshalb beschlossen, ein EDV-gestütztes Kostenrechnungsverfahren auf der Basis von Standardkostensätzen einzuführen.

b) Neuer Arbeitsablauf

Nach der Umstellung ist die Lagerbestandskartei weggefallen. Lagerbestandsbewegungen werden heute auf Ablochbelegen festgehalten, in der EDV-Abteilung abgelocht und in das EDV-System eingegeben. Die aktualisierten Lagerbestände sind mengen- und wertmäßig auf einer Lagerbestandsliste dokumentiert.

Die Abrechnung der "Produktionsaufträge" und damit die Kontrolle der Produktionskosten erfolgt ebenfalls mit maschineller Unterstützung. Auf der wöchentlich ausgedruckten "Herstellkostenliste" sind die bei den einzelnen "Produktionsaufträgen" angefallenen Kosten aufgelistet und zugleich die absoluten und prozentualen Abweichungen der Istkosten von den Standard- bzw. Sollkosten ausgewiesen. Allerdings ist es bis heute noch nicht gelungen, alle Produktionsaufträge maschinell abzurechnen. Sonder- und Probefertigungen müssen aufgrund ihres geringen Standardisierungsgrades auch heute noch manuell abgerechnet und zur Vervollständigung der maschinellen Dokumentation nachträglich über Lochkarten in das EDV-System eingegeben werden.

Mit der Einführung der EDV zerfiel die Arbeit deutlich in zwei verschiedene Bereiche: einmal in den Bereich der Datenerfassung, zu dem alle Tätigkeiten zu zählen sind, bei denen es um die ordnungsgemäße Dokumentation der Daten geht, und zum anderen in den Bereich der Auswertung der maschinell aufbereiteten Kostenkontrolldaten.

Vor Einführung der EDV lag das Schwergewicht der Arbeit in der Abteilung "Betriebsbuchhaltung" im Bereich der Datenerfassung und Dokumentation . Das Ziel war nach Auskunft des Abteilungsleiters vor allem die termingerechte Bewältigung der Massenarbeit. Man habe die eingehenden Daten verbucht und den Monatsabschluß abgestimmt. Eine eingehendere Analyse der Daten sei aus Personalmangel gar nicht möglich gewesen. Heute werden die erfaßten und eingegebenen Daten maschinell zu Kostenkontrolldaten weiterverarbeitet. Eine Soll-Istkostendifferenz, die einen bestimmten Betrag überschreitet, wird zum "Ausnahmefall", dem nachgegangen werden muß. Heute bestehe die Aufgabe nicht mehr im Zusammentragen von Einzeldaten, sondern darin, den Hinweisen, die von der EDV gegeben werden, zu folgen. Da sich das Zahlenmaterial verbessert habe, könne man heute auch dem Sachbearbeiter die Analyse von Zahlen überlassen, was früher einer höheren Ebene vorbehalten gewesen sei. Diese Analyse erfolge zwar auch nach einem Schema, der Angestellte sei aber nicht mehr so direkt lediglich "Massenarbeiter". Die Angestellten beklagen sich allerdings darüber, daß man heute ihre Leistung nicht mehr so direkt sehen könne wie beim manuellen System: "Leistung heute ist: ein paar Fehlerchen suchen, Klarstellungen und Berichtigungen. Man sieht nicht mehr, was man geleistet hat. Man ist unzufrieden, weil man nicht mehr sagen kann, man hat diesen Stoß Papier bewältigt. So eine Abstimmung ist vielleicht 4 Tage Arbeit und dann hat man gerade so ein paar Zahlen vor sich."(BBGL)

Zusammenfassend bleibt festzuhalten, daß mit der Einführung des neuen Kostenrechnungsverfahrens und der EDV zum einen die traditionellen Massenarbeiten der Lagerbestandsführung und der Abrechnung der Produktionsaufträge weitgehend weggefallen sind, zum anderen statt dessen jedoch das Ausfüllen von Ablochbelegen hinzugekommen ist. Die Fehlersuche und die Fehlerbeseitigung ist durch das maschinelle Verfahren, das dem Buchhalter eine Rekonstruktion der Arbeitsschritte erschwert, komplizierter geworden, wenngleich die Fehlerhäufigkeit zurückging.

Stärker in den Vordergrund getreten ist die Kostenkontrolle der Produktion auf der Grundlage von maschinell erarbeiteten Ausnahmeberichten.

4./5. Personalstruktur, Tätigkeiten und Tätigkeitsanforderungen

Durch den Wegfall der arbeitsaufwendigen Lagerbestandsführung und der Rechen- und Übertragungsarbeiten bei der Abrechnung von Produktionsaufträgen wurden zwei Hilfskräfte eingespart und in andere Abteilungen umgesetzt. Heute arbeiten in der Abteilung vier Angestellte.

Eine Angestellte erfaßt die Zu- und Abgänge im Fertigwarenlager auf Ablochbelegen. Sie hat als italienische Gastarbeiterin in der Produktion des Unternehmens gearbeitet und sich aufgrund einer firmeninternen Stellenbeschreibung erfolgreich für diese Tätigkeit beworben.

Eine andere Angestellte bereitet die mengen- und wertmäßige Materialbestandszuschreibung aufgrund der Lieferantenrechnungen auf einem Ablochbeleg vor. Sie stellt ferner Materialverbrauchsbelege aus, für Materialbewegungen außerhalb der eigentlichen Fertigung, wie z.B. Materialvernichtung. Zu ihren Aufgaben gehört weiter die Abrechnung von Produktionsaufträgen, die (noch) nicht durch die EDV abgerechnet werden. Vor der Umstellung führte die als angelernte Hilfskraft eingestellte Angestellte die Lagerbestandskartei.

Zu den Hauptaufgaben des Sachbearbeiters gehört die Durchsicht der "Herstellkostenliste" auf mögliche Fälle unwirtschaftlicher Produktion. Überschreiten die Mengenabweichungen bei verbrauchten Materialien und Arbeitsstunden einen von der Unternehmensleitung festgelegten Wert, so muß der Sachbearbeiter nachprüfen, worauf diese Abweichung zurückzuführen ist. Zunächst vergleicht er hierzu die Original- und Ablochbelege , um festzustellen, ob nicht ein Schreib- oder Ablochfehler vorliegt. Ist dies nicht der Fall, verständigt er diejenige Produktionsabteilung, bei der die Abweichung aufgetreten ist. Diese hat die Abweichung zu begründen und die Behebung eventueller Unwirtschaftlichkeiten (z.B. defekte Maschine, hoher Ausschuß durch Unachtsamkeit usw.) gegenüber dem Produktionsleiter und der "Betriebsbuchhaltung" zu melden. Bei Preisabweichungen ist in der Materialbestandsliste nachzusehen, welche Buchung die Preisabweichung verursachte. Sofern kein Fehler im Datenverarbeitungsvorgang vorliegt, ist vom Einkauf eine entsprechende Begründung anzufordern.

Eine weitere Aufgabe des Sachbearbeiters ist die Abstimmung der abgerechneten Produktionsaufträge mit dem verbuchten Fertigwarenbestand. Differenzen sind zu klären und auszubuchen. Eine Hauptursache für derartige Differenzen liegt in fehlerhaft ausgefüllten Formularen in der Fertigung. Ferner veranlaßt der Sachbearbeiter monatlich körperliche Stichprobeninventuren am Lager.

Inventurdifferenzen hat er zu klären. Eine Aufgabe, die nach den Angaben des Sachbearbeiters bis zu 5 Tage im Monat in Anspruch nehmen kann, ist die Erstellung von Statistiken. Neben regelmäßig erstellten Übersichten werden für die Unternehmensleitung auch hin und wieder besondere Informationen erarbeitet. Grundlage sind jeweils EDV-Listen, die unter bestimmten Gesichtspunkten kombiniert und weiter verdichtet werden. Im Rahmen der innerbetrieblichen Leistungsverrechnung stimmt der Sachbearbeiter die von den Produktionsmeistern gemeldeten mit den auf dem Personalkonto in der Geschäftsbuchhaltung verbuchten Arbeitsstunden ab. Unstimmigkeiten in der Leistungsverrechnung sind zu klären und nicht verrechnete Arbeitsstunden ab einem gewissen Grenzwert dem Fabrik- und dem Finanzdirektor zu melden. Darüber hinaus hat der Sachbearbeiter noch eine Reihe von teilweise auch unregelmäßig anfallenden Aufgaben zu erfüllen, wie z.B. die Einrichtung eines Bestandskontos über ein EDV-Formular.

Vor der Umstellung bestand die Sachbearbeitertätigkeit vor allem in der routinemäßigen Abrechnung der Produktionsaufträge. Die Produktionskostenkontrolle wurde nur wenig intensiv durchgeführt. Die meisten Nebenaufgaben haben sich in ihrem Inhalt durch die Umstellung wenig geändert, sieht man einmal von der Anwendung neuer Formulare und Ablochbelegen anstatt Karteikarten ab.

Der Sachbearbeiter hat Industriekaufmann gelernt, war drei Jahre in einem Industrieunternehmen in der Betriebsabrechnung tätig und hat anschließend eine Ausbildung zum staatlich geprüften Betriebswirt abgeschlossen. Er soll mittelfristig die Position des Gruppenleiters übernehmen, der aus Gesundheitsgründen ausscheidet.

Der Gruppenleiter bearbeitet die etwa alle 5 Tage ausgedruckten Fehlerprotokolle, auf denen die im maschinellen Prüfprogramm erkannten Fehler bei der manuellen Vorbereitung der maschinellen Abrechnung der Produktionsaufträge aufgelistet sind. Ferner ist der Gruppenleiter für die Abstimmung der Konten der "Betriebsbuchhaltung" mit den Konten der "Hauptbuchhaltung" zuständig. Die Abstimmarbeit besteht in einem teilweise mühsamen Vergleich von EDV-Listen. Differenzen müssen auf ihre Ursache hin geprüft und die Buchungen entsprechend berichtigt werden. Inhaltlich hat sich die Arbeit gegenüber dem Karteikartensystem nicht wesentlich geändert: "Die Abstimmung verläuft in etwa wie früher. Auch die Sucherei ist geblieben; nur daß man statt in Karteien in Listen rumwühlen muß." (BBGL)

Im Rahmen seiner Vorgesetztenfunktion hat der Gruppenleiter anhand der Fehlerprotokolle festzustellen, in welchem Bereich administrativer Abwicklung besonders häufig Pannen vorkommen. Ferner ist er primärer Verbindungsmann zu anderen Abteilungen.

Der Gruppenleiter war vor seinem Eintritt in das Unternehmen B als Lohnbuchhalter in einer Stadtverwaltung und in einem Fuhrunternehmen beschäftigt. In dieser Funktion begann er vor 12 Jahren auch im Unternehmen B. Nach seinem Wechsel in die "Betriebsbuchhaltung" hat er sich nach und nach in das ihm fachlich zunächst fremde Gebiet eingearbeitet.

Die Datenerfassungsätigkeiten der beiden Hilfskräfte sind auf den täglichen über das EDV-System vermittelten Belegfluß ausgerichtet. Die Tätigkeiten des Sachbearbeiters und des Gruppenleiters sind terminlich eher am Monatsabschluß orientiert. Der Arbeitsanfall verteilt sich dabei nach Auskunft der Angestellten nicht gleichmäßig über den Monat. Während zwei Wochen lang ein geringerer Arbeitsanfall auftrete, stehe man zwei Wochen vor dem Monatsabschluß unter "Hochdruck".

Nach Ansicht des Gruppenleiters hat der Termindruck und die ungleichmäßige Arbeitsverteilung durch die EDV noch eher zugenommen. So habe man vorher in der Kartei schon frühzeitig Vorabstimmungen machen können, und zum Monatsende nur noch die neuesten Zahlen hinzufügen müssen, um den Monatsabschluß fertigzustellen. Demgegenüber seien heute die laufenden Monatsdaten nicht greifbar, da sie in der EDV abgespeichert sind, und man warten müsse, bis die Listen ausgedruckt werden. Habe man sich vor der Umstellung zur Verbuchung von Inventurdifferenzen in der Bestandskartei manchmal bis zu 2 Monaten Zeit lassen können, so müsse dies heute innerhalb von 14 Tagen geschehen, da eine neue Bestandsliste erst dann ausgedruckt werde, wenn alle Bestände eindeutig feststehen.

Alle Aufgaben, die sich auf die vollständige und sachlich richtige Dokumentation der Material- und Fertigwarenbestände sowie die Erfassung von Produktionskosten ausgerichtet sind, werden durch ein eindeutiges, vom EDV-System bzw. dessen "Software" geprägtes Regelsystem determiniert.

Während es sich bei den Datenerfassungsarbeiten der beiden Hilfskräfte um den reinen Nachvollzug dieser Regeln handelt, erfordern Aufgaben, wie die Bearbeitung der Fehlerprotokolle und die Abstimmung der Buchhaltung, eine detailliertere Kenntnis der Verarbeitungsschritte des EDV-Programms. So hängt bei der Bearbeitung der Fehlerprotokolle die schnelle Einkreisung eines Fehlers oft davon ab, inwieweit dem Bearbeiter die maschineninternen Verarbeitungsschritte, die zur Erstellung der Listen führen, bekannt sind. Besonders deutlich wurde dies direkt nach der Umstellung, wo aufgrund von Unvollkommenheiten des Programms Fehler auftraten, deren Suche in Zusammenarbeit mit der Organisationsabteilung oft Stunden oder Tage dauerte. Aber auch nach der eigentlichen Einlaufphase mußte die Organisationsabteilung ihr Betreuungsverhältnis gegenüber der "Betriebsbuchhaltung" länger als vorgesehen aufrechterhalten, da den Abteilungsmitgliedern der Umgang mit dem neuen System erhebliche Probleme bereitete. Insbesondere die älteren Angestellten hatten es schwer, die Entwertung ihres Erfahrungswissens im Umgang mit dem alten System auszugleichen. So berichtet der Gruppenleiter: "Für mich war die Umstellung furchtbar schwer. Wenn man 8 Jahre mit dem alten System vertraut war, dann wußte man genau, wo der Fehler lag. Heute weiß man nicht, was da geschieht im Computer. Jetzt macht man halt alles nur mechanisch. Es ist nicht gut, wenn man nicht weiß, wie der Weg läuft. Man wird unsicher. Das ist der große Unterschied zu früher. Bevor man da was falsch macht, fragt man lieber." Der Gruppenleiter versucht heute wiederum, sich die Besonderheiten des neuen Verfahrens durch den täglichen Umgang anzueignen, wobei im Gegensatz zum manuellen Verfahren das Problem auftritt, daß ein großer Teil der Verarbeitungsschritte nicht mehr anschaulich nachvollzogen werden kann, sondern im EDV-System automatisch abläuft. Der Sachbearbeiter betont, daß es ihm leichter gefallen sei, sich in das computer-gestützte Kostenrechnungssystem einzuarbeiten, da er von seiner Ausbildung theoretische Kenntnisse der Kostenrechnung mitbringe und er auf dieser Grundlage nur noch die betrieblichen Besonderheiten hinzulernen müsse.

Zur Analyse der Kostenabweichungen benötigt der Sachbearbeiter eine gewisse Kenntnis des Fertigungsbetriebs. Er muß wissen, woher die Zahlen kommen und in welchem Zusammenhang sie entstanden sind, um gezielt nach der Entstehung der Kostenabweichung fragen zu können.

6. Horizontale Kooperation

Die Arbeitskontakte der Angestellten innerhalb der Abteilung bestehen primär in Formen gegenseitiger Hilfeleistung bei Terminproblemen und fachlichen Arbeitsproblemen: "Durch die Termine steht man unter Druck. Man muß immer mit der Arbeit auf dem laufenden sein. Da wird halt ein Kollege gefragt, ob er kurz helfen kann." (BBGL) Gegenstand fachlicher Konsultationen sind meist Unsicherheiten im Umgang mit dem neuen System aus der Unkenntnis heraus, welche Konsequenzen ein bestimmter Eingriff in das EDV-System nach sich zieht.

Eine wichtige Grundlage für abteilungsübergreifende Kooperationsbeziehungen ist der funktionale Zusammenhang zu allen Abteilungen, die in irgendeiner Form mit Lagerbeständen zu tun haben. Dazu gehören insbesondere das Lager, die Materialplanung, die Produktion und der Versand. Besonders enge Beziehungen bestehen zur Materialdisposition, die für die mengenmäßige Dokumentation der Materialbewegungen zuständig ist. Werden die Bestände mengenmäßig verändert, so muß die Betriebsbuchhaltung entsprechende wertmäßige Abgrenzungen vornehmen. Diese Kontakte werden entsprechend seiner fachlichen Aufgabenstellung und seiner Leitungsfunktion meist vom Gruppenleiter wahrgenommen.

Ein weiterer Grund zur horizontalen Kooperation auf Gruppenleiterebene sind Fälle, in denen die Inflexibilität des EDV-Systems eine ökonomisch sinnvolle Funktionserfüllung verhindern würde. Folgendes Beispiel konnte beobachtet werden: Der Versandleiter teilt dem Gruppenleiter der "Betriebsbuchhaltung" mit, daß der Bestand eines bestimmten Produkts auf Null gesunken ist, morgen jedoch bereits durch eine LKW-Ladung von einer Schwestergesellschaft wieder aufgefüllt wird. Geht ein Lagerbestand auf Null zurück, so werden von der EDV automatisch über dieses Produkt keine Rechnungen mehr geschrieben. In diesem Fall hätte dies bedeutet, daß der Versand gesonderte Nachlieferungen veranlassen müßte, obwohl zum Zeitpunkt der Auslieferung der Hauptlieferung (am nächsten Tag) auch das zunächst fehlende Produkt wieder verfügbar gewesen wäre, jedoch wegen der administrativen Bearbeitung des Lagerzugangs noch nicht hätte mitgeliefert werden können. Der Gruppenleiter schreibt auf Bitte des Versandleiters einen fiktiven Wareneingang aus, der sofort abgelocht und in das EDV-System eingegeben wird. Damit ist der Weg für die Zusammenstellung von vollständigen Lieferungen je Kunde frei.

Dieses Vorgehen verstößt gegen die Arbeitsanweisungen, wird aber von den Vorgesetzten stillschweigend geduldet, da es der Firma kostenmäßige Vorteile bringt (Einsparung von Versandkosten im obigen Beispiel), und bei Mißlingen eindeutig ein "Schuldiger" ausgemacht werden kann. Ein gegenseitiges Vertrauensverhältnis ist für den Gruppenleiter die Voraussetzung für derartige Formen der Zusammenarbeit, die auch mit der Materialplanung, dem Lager und der Produktion praktiziert werden.

Die horizontalen, abteilungsübergreifenden Arbeitskontakte des Sachbearbeiters beziehen sich primär auf die Nachfrage nach Ursachen von Preis- und Mengenabweichungen im Rahmen der Abrechnung der Produktionsaufträge beim Einkauf und in der Produktion.

Die Hilfskräfte sind in den täglichen Belegfluß integriert. Der Arbeitskontakt zu vor- und nachgelagerten Bearbeitungsstellen bezieht sich vor allem auf die Einhaltung der gesetzten EDV-Termine.

Durch die Integration der Datenverarbeitung im Materialwesen im Zusammenhang mit der Einführung der EDV und des neuen Kostenrechnungsverfahrens hat die Abhängigkeit derjenigen Abteilungen, die fachlich mit Materialbewegungen zu tun haben, zugenommen, was zu größeren Abstimmungsnotwendigkeiten führte. Andererseits wird der kooperative Handlungsspielraum der Angestellten durch das EDV-System gleichzeitig wieder limitiert. Konnte der Angestellte in der "Betriebsbuchhaltung" im manuellen System in bestimmtem Umfang die Systematik seiner Datenorganisation in Abstimmung mit den hiervon betroffenen Abteilungen selbständig verändern, so ist ihm heute die Verfügung über das Verfahren der Datenerfassung, -dokumentation und -weitergabe entzogen. Er muß sich exakt an die durch die Programmierung vorgegebenen Arbeitsschritte halten.

7. Vertikale Kooperation

Individuelle Anweisungen von Vorgesetzten beziehen sich auf die zeitliche Komponente der Arbeitsabwicklung, die Überwachung der Termineinhaltung. Sachliche Anweisungen können die Vorgesetzten nur dann durchsetzen, wenn sie mit dem Regelsystem des angewandten Software-Pakets kompatibel sind.

Eine direkte Kontrolle der Arbeit der Hilfskräfte und des Sachbearbeiters durch den Gruppen- oder Abteilungsleiter erfolgt nicht. Datenerfassungsarbeiten werden durch das maschinelle Prüfprogramm bzw. das Fehlerprotokoll kontrolliert.

8.3. Die Untersuchungsinstrumente

Es wurden folgende Untersuchungsinstrumente verwendet:

- Fragebogen "Sachbearbeiter" (8.3.1.)
- Fragebogen "Experten" (8.3.2.)
- Fragebogen "Fachmanagement" (8.3.3.)
- Leitfaden zur Analyse von Tätigkeiten und Arbeitsprozessen (8.3.4.)

Dem explorativen Ziel der Untersuchung entsprechend sollten alle Instrumente ein hohes Maß an Flexibilität und Offenheit für unvorhergesehene Entwicklungen besitzen. Alle Instrumente zeichnen sich deshalb durch eine geringe Standardisierung aus.

8.3.1. Sachbearbeiterbefragung

Die Intensivbefragung der Sachbearbeiter verfolgte das Ziel, umfassende Informationen über die gegenwärtigen Inhalte und technisch-organisatorischen Bedingungen der Tätigkeit und ihre Veränderung im Vergleich zum Zustand vor der Einführung bzw. Weiterentwicklung der EDV zu erhalten. Da die Befragung vom Verfasser selbst auf der Grundlage der Arbeitsplatzbeobachtung vorgenommen wurde, konnte beim Entwurf des Fragebogens auf die detaillierte Ausweisung der Nachfragen verzichtet werden. Die einzelnen Fragen sollten jeweils nur einen bestimmten Sachverhalt einführen, der dann im Gespräch zu klären war.

Der Interviewleitfaden umfaßt folgende Fragen:

I. Inhalte und Durchführung der Tätigkeit

1. Welche Arbeitsaufgaben fallen im Rahmen Ihrer Tätigkeit an?
   1.1. Welche Arbeitsaufgaben stehen dabei im Mittelpunkt Ihrer Tätigkeit?
   1.2. Fallen die Arbeitsaufgaben regelmäßig oder unregelmäßig an?
   1.3. Welche Zeitdauer nehmen die Arbeitsaufgaben jeweils üblicherweise in Anspruch?
   1.4. Kommt es häufig vor, daß Sie eine Arbeit unterbrechen und an etwas anderem weitermachen?
   1.5. Welche Arbeitsaufgaben müssen jeweils bis zu einem bestimmten Termin beendet sein?
2. Müssen Sie bei Ihrer Tätigkeit auch Entscheidungen treffen?
   2.1. Worum geht es bei diesen Entscheidungen?
   2.2. Woran orientieren Sie sich bei diesen Entscheidungen?
   2.3. In welchen Fällen müssen Sie die Zustimmung Ihres Vorgesetzten einholen?
3. Kontrollieren Sie die Arbeit anderer Angestellter?
4. Können Sie bestimmten Angestellten oder Arbeitern Anweisungen erteilen?
5. Welche Unterlagen benötigen Sie für Ihre Arbeit?
   5.1. Woher bekommen Sie diese Unterlagen?

6. Gibt es für Ihren Arbeitsplatz eine schriftliche Arbeitsanweisung?
   6.1. Wenn ja: Was wird darin geregelt?
7. Inwieweit können Sie Ihre Arbeit selbst planen und einteilen?
   7.1. Wonach richten Sie sich dabei?
   7.2. In welchen Fällen richten Sie sich dabei nach den Anweisungen des Vorgesetzten?
8. Welche Störungen und Sonderfälle können im Rahmen Ihrer Tätigkeit auftreten?
   8.1. Wie oft kommt das vor?
   8.2. Wie werden diese Störungen und Sonderfälle behandelt?
9. Was kann bei Ihrer Arbeit nicht durch allgemeine Anweisungen geregelt werden?
10. Was bedeutet bei Ihrer Tätigkeit eine gute Leistung?

II. Horizontale Arbeitsbeziehungen

1. Von welchen betrieblichen Stellen erhalten Sie Unterlagen und Informationen?
   1.1. Inwieweit laufen die von Ihnen weiterzubearbeitenden Geschäftsvorfälle zuvor über die EDV?
2. An welche betrieblichen Stellen leiten Sie das Ergebnis Ihrer Arbeit weiter?
   2.1. Inwieweit geben Sie das Arbeitsergebnis direkt oder über einen Ablochbeleg in die EDV ein?
   2.2. Welche betrieblichen Stellen sind auf Ihre Vorarbeit angewiesen und wozu verwenden sie Ihre Arbeitsergebnisse?
3. Gibt es Terminprobleme, wenn bei den Ihrer Tätigkeit vorgelagerten Stellen einmal Verzögerungen eintreten, oder wenn Sie mit Ihrer Arbeit nicht rechtzeitig fertig werden?
   3.1. Was machen Sie dann?
4. An wen wenden Sie sich, wenn Sie mit Ihrer Arbeit Probleme haben?
5. Kommt es vor, daß sich Kollegen mit der Bitte an Sie wenden, ihnen bei einem bestimmten Arbeitsproblem weiterzuhelfen?
6. Mit welchen betrieblichen Stellen nehmen Sie Kontakt auf, wenn Sie in Ihren Unterlagen Fehler entdecken?
7. Mit welchen Kollegen müssen Sie sich bei Ihrer Arbeit abstimmen? Worum geht es dabei?
8. Gibt es im Rahmen Ihrer Tätigkeit Arbeitsaufgaben, die Sie nicht ohne direkte Mithilfe von Kollegen bewältigen können?
9. Welche Dinge, die mehrere Abteilungen betreffen, regeln Sie mit jeweiligen Kollegen, ohne die zuständigen Vorgesetzten vorher fragen zu müssen?
   9.1. Müssen Sie nachträglich die Zustimmung des Vorgesetzten einholen?
10. Wenn Sie einmal krank sind oder in Urlaub, wer übernimmt dann Ihre Arbeit?
    10.1. Welche Arbeit bleibt dann in der Regel liegen? Warum?

11. An welchen Arbeitsplätzen übernehmen Sie die Stellvertretung?
    11.1. Wie wird sichergestellt, daß Sie das hierzu notwendige Wissen mitbringen?
12. Gibt es Fälle, daß Sie Kollegen innerhalb oder außerhalb Ihrer Abteilung bei deren Arbeit aushelfen?
13. Kommt es umgekehrt vor, daß Kollegen bei Ihrer Arbeit mithelfen? Wie oft kommt das vor?

III. Vertikale Arbeitsbeziehungen

1. Von wem erhalten Sie Arbeitsanweisungen?
   1.1. In welchen Fällen und wie oft?
2. Inwieweit besitzen Ihre Vorgesetzten eine genaue Kenntnis Ihrer Arbeit?
3. In welchen Fällen erfragen Sie bei Ihrem Vorgesetzten Informationen oder lassen sich von ihm beraten?
4. Kommt es auch vor, daß der Vorgesetzte bei Ihnen Informationen einholt oder um Rat fragt?
5. Müssen Sie regelmäßig oder bei Bedarf irgendwelche Berichte für Ihren direkten Vorgesetzten oder die Geschäftsleitung zusammenstellen?

IV. Kontrolle

1. Was wird bei Ihrer Arbeit kontrolliert? (Arbeitsergebnis quantitativ/qualitativ, Arbeitsausführung, Arbeitstempo)
2. Was kann bei Ihrer Arbeit nicht oder zumindest nicht sofort kontrolliert werden?
3. Welche Fehler können Sie bei Ihrer Arbeit machen?
   3.1. Welche Konsequenzen haben diese Fehler für Sie und die Firma?
4. Von wem wird Ihre Arbeit kontrolliert?

V. Qualifikationsanforderungen

1. Welche Kenntnisse benötigen Sie bei Ihrer Arbeit?
2. Wie haben Sie sich diese Kenntnisse angeeignet?
3. Welche zusätzlichen Kenntnisse würden Ihnen die Arbeit erleichtern?
4. Welche besonderen Anforderungen kommen auf Sie zu,
   4.1. bei der Arbeitseinteilung?
   4.2. beim Treffen von Entscheidungen?
   4.3. beim Umgang mit Kunden/Lieferanten?
   4.4. bei der Zusammenarbeit und bei Abstimmungen mit Kollegen aus der eigenen und anderen Abteilungen?
   4.5. beim Umgang mit Vorgesetzten?

5. Behindern Vorschriften manchmal die sachgerechte Aufgabenerfüllung?
6. Wofür sind Sie im Rahmen Ihrer Tätigkeit verantwortlich?
7. Wie lange haben Sie gebraucht, um an Ihrem jetzigen Arbeitsplatz voll eingearbeitet zu sein?
   7.1. Was war dabei besonders schwer zu erlernen?
8. Bei welchen Arbeiten spielt die Erfahrung eine besonders wichtige Rolle?
9. Welche Möglichkeiten haben Sie, bei Ihrer Tätigkeit noch etwas hinzuzulernen?
10. Welche Kenntnisse und Erfahrungen, die Sie sich angeeignet haben, werden bei Ihrer jetzigen Tätigkeit nicht verlangt?

VI. Veränderungen der Arbeit durch die EDV

1. Wie sah Ihre Tätigkeit vor der Umstellung auf die EDV/Weiterentwicklung der EDV aus?

Wie hat sich Ihre Arbeit durch die technische Veränderung gewandelt?

2. Fielen bestimmte Arbeitsaufgaben weg?
3. Kamen neue Arbeitsaufgaben hinzu?
4. Ist Ihre Arbeit nun terminlich mehr oder weniger eingebunden?
5. Wie haben sich die Unterlagen für Ihre Arbeit und der Weg ihrer Beschaffung verändert?
6. Haben Sie bei der Durchführung Ihrer Arbeit jetzt mehr Freiheiten oder sind Sie stärker an Vorgaben gebunden?
7. Müssen Sie sich bei Ihrer Arbeit jetzt mehr oder weniger mit Kollegen in Ihrer Abteilung oder mit anderen Abteilungen abstimmen?
8. Ist der Arbeitsanfall nun gleichmäßiger oder weniger gleichmäßig innerhalb des Tages, der Woche, des Monats, des Jahres verteilt?
9. Wie haben sich die Beziehungen zu den Vorgesetzten verändert?
   9.1. mehr oder weniger Anweisungen?
   9.2. mehr oder weniger persönliche Kontrolle?
   9.3. haben die Vorgesetzten einen besseren oder schlechteren Einblick in Ihre Tätigkeit?
10. Wird Ihre Arbeit nun insgesamt mehr oder weniger kontrolliert?
11. Welche Kenntnisse verloren an Bedeutung bzw. wurden weniger wichtig?
12. Welche Kenntnisse wurden zusätzlich erforderlich bzw. bekamen größere Bedeutung?
13. Ist die Berufserfahrung wichtiger geworden oder hat sie an Bedeutung verloren?
14. Was war insgesamt gesehen die wesentlichste Veränderung Ihrer Arbeit durch die technische Umstellung im Vergleich zu Ihrer Arbeit vor der Einführung/Weiterentwicklung der EDV?

8.3.2. Expertenbefragung

Die Befragung betrieblicher EDV- und Organisationsexperten diente vor allem der Erkundung der bisherigen und zukünftigen EDV-Anwendung im Unternehmen. Anhand eines Gesprächsleitfadens wurden die jeweils interessierenden Dimensionen des technisch-organisatorischen Wandels thematisiert. Die Befragung nahm je nach den fachlichen Kompetenzen, der hierarchischen Stellung des Befragten und den Besonderheiten der EDV-Anwendung im Unternehmen einen spezifischen, nicht voraussehbaren Verlauf. Im einzelnen wurden folgende Fragen zur Initiierung eines ausführlichen Gesprächs gestellt:

1. Welche Entwicklung gab es in Ihrem Unternehmen in der Anwendung der Bürotechnik im allgemeinen und der EDV-Technik im besonderen?
2. In welchen Abteilungen der kaufmännischen Verwaltung wird gegenwärtig die EDV eingesetzt?
3. Von welchen Überlegungen und Zielvorstellungen ließ sich das Unternehmen bei der Einführung/Weiterentwicklung der EDV leiten?
   3.1. Hat es hierbei im Laufe der Zeit einen Wandel gegeben?
4. Welche betriebsinternen und betriebsexternen Bedingungen spielten bei den Entscheidungen über die Einführung/Weiterentwicklung der EDV eine entscheidende Rolle?
5. Wurden im Zusammenhang mit der Einführung/Weiterentwicklung der EDV Wirtschaftlichkeitsrechnungen angestellt?
   5.1. Nach welchen Kriterien wird die Optimalität eines EDV-Systems bestimmt?
6. Welche konkreten Planungen bestehen zur Zeit für die Weiterentwicklung der EDV?
7. Was soll langfristig mit Hilfe der EDV erreicht werden?
8. Gab es durch die EDV Veränderungen in der Unternehmensorganisation?
9. Wie hat sich durch die Anwendung der EDV der Prozeß der Speicherung und Aufbereitung von Daten und Informationen gegenüber dem konventionellen Verfahren geändert?
10. Welche Veränderungen gab es in der Aufbereitung von Entscheidungsinformationen und der Durchführung von Entscheidungsprozessen auf der Fachabteilungsebene? Wurden den Fachabteilungen Entscheidungskompetenzen weggenommen?
11. Wie hat sich die Rolle der Fachabteilungen als Lieferant von Entscheidungsinformationen für die Unternehmensleitungen verändert?
12. Wie hat sich die Arbeit in den Fachabteilungen im Verlauf der bürotechnischen Entwicklung inhaltlich verändert?
13. Wurden durch die EDV-Organisation die traditionellen sachlichen und zeitlichen Ermessensspielräume der Sachbearbeiter berührt?

14. Welche Veränderungen ergaben sich durch die EDV-Organisation in den Arbeitsbeziehungen zwischen den einzelnen Fachabteilungen?
    14.1. Welche Auswirkungen hatte dies auf die Abstimmungs- und Kommunikationsnotwendigkeiten auf der Sachbearbeiterebene?
15. Hat sich die Bedeutung beruflicher Kenntnisse und Erfahrungen der Sachbearbeiter verändert?
16. Inwieweit werden in den Fachabteilungen EDV-Kenntnisse benötigt?
17. Wie haben sich insgesamt gesehen die Qualifikationsanforderungen in den Fachabteilungen verändert?
18. Erfuhr die Rolle des Vorgesetzten durch die Automatisierung der Arbeitsabläufe in den Abteilungen einen Wandel?
19. Unterliegt die Arbeit in den Fachabteilungen durch die neue Organisation und den Einsatz der EDV-Technik einer stärkeren Kontrolle?
20. Mit welchen Veränderungen bei den kaufmännischen Tätigkeiten muß Ihrer Meinung nach langfristig aufgrund der weiteren Entwicklung der EDV-Technik gerechnet werden?

8.3.3. Befragung des Fachmanagements

Bei der Befragung von Vertretern des Fachmanagements (Abteilungsleiter, Bereichsleiter), ging es um Fragen der Arbeitsorganisation, der bisherigen, gegenwärtigen und zukünftig geplanten EDV-Anwendung in der Abteilung sowie der bisherigen und zu erwartenden Veränderungen der Arbeitsorganisation, der Tätigkeiten und der Arbeitsanforderungen. Grundlage der Befragung bildete ein offen gehaltener Leitfaden, anhand dessen auch auf die Besonderheiten der jeweiligen Abteilungen eingegangen werden konnte:

1. Welche Aufgaben hat die Abteilung im Rahmen des gesamten Unternehmens?
2. Wie ist die Abteilung in die Unternehmensorganisation eingeordnet?
3. In welchen Arbeitszusammenhängen steht die Abteilung mit anderen Unternehmensabteilungen?
4. Wie sind die Abteilungsaufgaben auf einzelne Tätigkeiten verteilt?
5. Nach welchen Gesichtspunkten wurde die Arbeit auf die einzelnen Arbeitsplätze verteilt?
6. Welche schulischen und beruflichen Qualifikationen besitzen die einzelnen Arbeitsplatzinhaber?
7. Wie ist in der Abteilung die Stellvertretung bei Krankheit und Urlaub geregelt?

8. Wie wird sichergestellt, daß die Stellvertreter die zur Stellvertretung notwendigen Kenntnisse mitbringen?
9. Wie werden Schwankungen im Arbeitsvolumen ausgeglichen?
10. Auf welche Kenntnisse, Fähigkeiten und Verhaltensweisen kommt es bei den einzelnen Tätigkeiten besonders an?
11. Wie verlief die bisherige technische und organisatorische Entwicklung in der Abteilung?
12. Welche Zielsetzungen verbanden sich mit der Einführung der EDV?
13. Wie war der Arbeitsablauf vor der Einführung/Weiterentwicklung der EDV?
14. Wie hat sich der Arbeitsablauf durch die Einführung/Weiterentwicklung der EDV verändert?
15. Welche personellen Veränderungen gab es durch die Umstellung?
16. Wurden durch die EDV-Organisation die traditionellen sachlichen und zeitlichen Ermessensspielräume der Sachbearbeiter berührt?
17. Wie hat die EDV-Organisation die Arbeitsbeziehungen zwischen den einzelnen Fachabteilungen verändert und welche Auswirkungen hatte dies auf die Abstimmungs- und Kommunikationsnotwendigkeiten auf der Sachbearbeiterebene?
18. Haben Sie heute einen größeren oder geringeren Einblick in die Arbeit Ihrer Angestellten?
19. Erfuhr die Rolle des Vorgesetzten durch die Automatisierung der Arbeitsabläufe in der Abteilung einen Wandel?
20. Haben sich die Möglichkeiten und Notwendigkeit der Kontrolle der Sachbearbeitertätigkeiten verändert?
21. Welche Kenntnisse und berufliche Erfahrungen sind durch die Umstellung überflüssig geworden?
22. Welche Kenntnisse müssen die Sachbearbeiter heute zusätzlich besitzen?
23. Was waren insgesamt gesehen die wesentlichsten Veränderungen der Arbeit in Ihrer Abteilung durch die Einführung/Weiterentwicklung der EDV?
24. Mit welchen Veränderungen bei den kaufmännischen Tätigkeiten muß Ihrer Meinung nach langfristig aufgrund der weiteren Entwicklung der EDV-Technik gerechnet werden?

8.3.4. Leitfaden zur Analyse von Tätigkeiten und Arbeitsprozessen

Der Beobachtungsleitfaden enthält Kategorien zur systematischen Protokollierung der Inhalte und Bedingungen des Arbeitshandelns.

I. Arbeitsaufgabe

1. Art der Arbeitsaufgabe(n) (Verrichtung, Objekt, Funktion)
2. Zeitliche Merkmale der Arbeitsaufgabe(n)
   2.1. Dauer
   2.2. Repetitivitätsgrad/Wiederholungshäufigkeit innerhalb eines bestimmten Zeitraums/Regelmäßigkeit des Anfalls
   2.3. Termingebundenheit der Arbeitsaufgabe(n)
   2.4. Gleichmäßigkeit bzw. Schwankungen des Arbeitstempos
   2.5. Arbeitsunterbrechungen
3. Anteil der einzelnen Arbeitsaufgaben an der Tätigkeit (Haupt- und Nebenaufgaben)
4. Abweichungen vom Normalablauf: Sonderfälle, Störungen (Art, Häufigkeit, Bearbeitungs- bzw. Problemlösungsformen)
5. Arbeitsmittel zur Aufgabenerfüllung)

II. Arbeitsautonomie

1. Vorbestimmtheit der Arbeitsaufgabe (Variationsmöglichkeiten bei der Festlegung des Arbeitsinhalts und Arbeitsergebnisses)
2. Vorbestimmtheit der Arbeitsmethode (Variationsmöglichkeiten bei der Festlegung der Vorgehensweise)
3. Zeitliche Vorbestimmtheit der Arbeit (wodurch?)

III. Horizontale Arbeitsbeziehungen

1. Dependenzen zu Tätigkeiten innerhalb und außerhalb der Abteilung aufgrund der Form der Arbeitsteilung
2. Herkunft von Arbeitsunterlagen und Informationen
3. Weiterleitung des Arbeitsergebnisses (Arbeitsunterlagen, Informationen)
4. Inhalt der Arbeitsbeziehungen (Konsultationen bei Fehlern, Abstimmungsnotwendigkeiten aufgrund dependenter Teilarbeiten, Ratschläge)
5. Intensität der Arbeitsbeziehungen (Häufigkeit, Anlaß)
6. Aushilfen (Grund, Inhalt, Häufigkeit)
7. Form der Aufnahme der Arbeitskontakte (persönlich, Telefon, formalisierte Datenträger)
8. Nicht-arbeitsbezogene Kontakte

IV. Vertikale Arbeitsbeziehungen

1. Anweisungen (hierarchische Position des Anweisenden, Anlaß, Inhalt, Häufigkeit)
2. Berichterstattung (Form, Inhalt, Adressat, Häufigkeit)
3. Konsultation aktiv und passiv (Inhalt, hierarchische Position, Häufigkeit)

V. Kontrolle

1. Objekt der Kontrolle
   1.1. Arbeitsdurchführung (zeitlich, arbeitsmethodisch)
   1.2. Arbeitsergebnis (qualitativ, quantitativ)
2. Kontrollinstanz
   2.1. personal, hierarchisch (Linienvorgesetzter, sonstige Kontrollinstanzen)
   2.2. personal, horizontal (über Bearbeitungsreihenfolge, Arbeitsgruppe)
   2.3. EDV-System
   2.4. Eigenkontrolle
3. Kontrollhäufigkeit (permanent, Stichproben, bei auftretenden Fehlern)

VI. Qualifikationsanforderungen

1. Art und Umfang der Anforderungen an Kenntnisse und intelligentes Arbeitshandeln bei der fachlichen Bewältigung der Arbeitsaufgabe(n) (Sachkenntnisse, theoretische Fachkenntnisse, Verfahrenskenntnisse)
2. Art und Umfang der Anforderungen an Kenntnisse und intelligentes Arbeitshandeln um Umgang mit Gegebenheiten der Arbeitsorganisation (Kenntnisse der Arbeitsorganisation, zeitliche und sachliche Planung bei der kooperativen Arbeit)
3. Anforderungen an die Einhaltung fachlicher und organisatorischer Arbeitsnormen (Folgen von Fehlverhalten)

9. Anmerkungen

Zu Kapitel 1:

1) 197o sind von insgesamt 8.72o.3o3 Beschäftigten in der westdeutschen Industrie 1.115.946 kaufmännische und Verwaltungsangestellte. Ihr Anteil an den Industriebeschäftigten von 12,8 % (im Jahre 1958 8,4 %) liegt damit immer noch höher als der Anteil der technischen Angestellten, obwohl deren Anteil von 4,4 % 1958 auf 1o,3 % 197o angestiegen ist. 197o sind fast die Hälfte der kaufmännischen und Verwaltungsangestellten Frauen (47,9 %). Demgegenüber ist der Frauenanteil bei den technischen Angestellten bedeutend geringer (9,3 %).
Einen besonders hohen Anteil kaufmännischer und Verwaltungsangestellter weisen diejenigen Branchen auf, in denen die Industrie selbst in großem Umfang Großhandelsfunktionen übernimmt. Der Anteil der kaufmännischen und Verwaltungsangestellten liegt 197o in den Nahrungs- und Genußmittelindustrien bei 22,1 %, in den Grundstoff- und Produktionsgüterindustrien bei 14,5 %, in den Investitionsgüterindustrien bei 12,4 %, in den Verbrauchsgüterindustrien bei 1o,6 %. Demgegenüber beträgt der Anteil der kaufmännischen und Verwaltungsangestellten im Bergbau, in dem der Absatz überwiegend auf formell verselbständigte Verkaufsgesellschaften verlagert ist, lediglich 6,o %. Quellen: Statistisches Bundesamt (1958) S.5f; Bundesministerium für Arbeit und Sozialordnung (1972) S.195f.

2) Von diesen auf eine umfassende Analyse "Büroautomation" angelegten Studien sind eine Reihe von FUHRMANN in den Jahren 1967 bis 1969 durchgeführte Fallstudien abzuheben, unter denen sich auch Beschreibungen der Einführung der EDV in kaufmännischen Fachabteilungen von Industrieverwaltungen befinden. Die Fallstudien sind in zwei Veröffentlichungen (FUHRMANN 1971a und FUHRMANN 1971b) zusammengestellt.

3) Die in den Studien zur "Büroautomation" entwickelten und seither immer wieder referierten Thesen werden insbesondere im Kapital 5 im Zusammenhang mit der Interpretation des erhobenen empirischen Materials diskutiert.

4) Das wohl bekannteste Beispiel einer technologischen Interpretation des organisatorischen Wandels ist die These von BAHRDT, daß die Anwendung der Lochkartentechnik im Büro zu einer Enthierarchisierung der Betriebsorganisation führe. Zur Kritik an dieser These siehe S. 124 ff. Monokausale Erklärungen organisatorischer Veränderungen finden sich auch in einigen amerikanischen Fallstudien zur Auswirkung der EDV-Technik auf die Unternehmensorganisation und die Managementprozesse, wo organisatorische Veränderungen allein auf den Einsatz der EDV-Technik zurückgeführt werden. Zu einem Überblick vgl. KUBICEK (1972) S.291.

5) Vgl. Institut für Sozialforschung (1976) S.6f. In kritischer Abgrenzung zu diesem älteren Forschungsansatz versuchen jüngere industriesoziologische Untersuchungen, z.B. MICKLER u.a. (1976), FRICKE u.a. (1976), das Verhältnis von Produktionstechnik und Arbeitsorganisation neu zu bestimmen.

6) Vgl. KÜNDIG u.a. (1977)S.8ff, die darauf hinweisen, daß die EDV-Technologie nicht nur "Bürotechnik", sondern zugleich "Organisationstechnologie" ist. WHISLER (197o) S.15, spricht in diesem Zusammenhang von einer "technology of control".

7) Neben Datenverarbeitungsmaschinen finden in der kaufmännischen Verwaltung auch Maschinen zur Unterstützung von Handarbeiten, wie z.B. Kuvertier- und Frankiermaschinen, und sonstige technische Hilfsmittel, wie z.B. Transportbänder, Anwendung. Gegenstand der Untersuchung ist lediglich die Maschinisierung der Verarbeitung von Daten und Informationen. Der Begriff"Maschinisierung" soll allgemein für die Anwendung von Maschinen in der Verwaltung stehen.

8) Vgl. LITWACK (1971) S.117ff; BURNS/STALKER (1971) S.147ff, die auf den Zusammenhang der Gleichförmigkeit der Arbeitsaufgaben und der Wahl der Organisationsformen hinweisen.

9) Vgl. auch FRICKE (1975) S.86, der die Betonung des individuellen Charakters von Handlungsspielräumen bei KERN/ SCHUMANN kritisiert.

1o) Diese Zeitangabe bezieht sich auf die "Reifephase" einer technischen Umstellung in einem abgegrenzten Teilgebiet der kaufmännischen Verwaltung. Die Erstumstellung der gesamten Verwaltung von der Planungs- über die Einführungs- bis zur Konsolidierungsphase nimmt dagegen einen erheblich längeren Zeitraum in Anspruch. Vgl. auch RHEE (1968) S.87f.

11) Ein besonderes Hindernis für sozialwissenschaftliche Forschung in der Industrieverwaltung scheinen aufgrund der gemachten Erfahrungen die Befürchtungen der Unternehmensleitungen zu sein, es könnten vertrauliche Informationen über die Geschäftsabwicklung in unbefugte Hände gelangen. Teilweise mußten auch Bedenken zerstreut werden, durch die Untersuchung könnten Details der angewandten Softwarepakete veröffentlicht werden, die - soweit sie von den Unternehmen selbst entwickelt wurden - aufgrund der erheblichen Entwicklungskosten noch an andere Unternehmen verkauft werden sollten. Schließlich traten Befürchtungen auf, durch die die geplanten Arbeitsplatzbeobachtungen in den Fachabteilungen könnte der Verwaltungsablauf gestört werden.

12) Das Fehlen mikrosoziologischen Detailwissens macht sich in der auf quantitativen Hypothesenüberprüfung angelegten Untersuchung SCHIEFERs (1969) deutlich bemerkbar. In scheinbar weitgehender Unkenntnis der tatsächlichen Kooperationsverhältnisse in Unternehmensverwaltungen glaubt SCHIEFER beispielsweise, die von BAHRDT auf das "Rechenzentrum" bezogene Beschreibung der dortigen Kooperationsverhältnisse als "Mitteldinq von teamartiger und gefügeartiger Kooperation" in Form einer These für den gesamten "Bürobereich" testen

zu können und so dem durch die Automatisierung ausgelösten Kooperationswandel auf die Spur zu kommen. Dabei gelangt er u.a. zu dem trivialen Ergebnis, daß die Arbeit der Angestellten in einem Team stärker verzahnt sei als die Arbeit der allein tätigen. Bei der Einschätzung, ob Teamarbeit vorliegt oder nicht, verläßt er sich überdies auf das Urteil der befragten Angestellten. Die angegebenen "exakten" Prozentzahlen (etwa die Hälfte der Befragten gab an, im Team zu arbeiten) müssen angesichts der gängigen ideologischen Strapazierung des Teambegriffs allerdings in Zweifel gezogen werden.

13) Zur vertikalen Mobilität von Industriekaufleuten vgl. BORRIS (1972) S.169ff.

14) Die Vernachlässigung des Faktors "Arbeitsteilung" hat schon bei CRONER zu erheblichen Fehleinschätzungen der Einführung technischer Neuerungen geführt. So stellt für CRONER die Rechenmaschine oder Buchungsmaschine einen Maschinentyp dar, "der den Kontoristen vom mechanischen Einschlag seiner Arbeit befreit und damit eine Konzentration der Angestelltenarbeit auf intelligentere, um nicht zu sagen intellektuelle Aufgaben ermöglicht" (CRONER 1954, S.94). CRONER übersieht dabei, daß die Anwendung der Maschine für das Unternehmen auch Anlaß zur Einrichtung eines neuen Arbeitsplatzes sein kann, dessen ausschließliche Funktion in der Bedienung der Maschine liegt (z.B. Maschinenbucherin). Kritisch zur These CRONERS: PIRKER 1963, S.12f. Siehe auch Kap. 3.3.

15) Die kombinierte Anwendung mehrerer Forschungsinstrumente entspricht auch den Konsequenzen, die in der Industriesoziologie zunehmend aus der Erkenntnis der Unzulänglichkeiten des traditionellen methodischen Instrumentariums, insbesondere des standardisierten Interviews, gezogen wurden, und zur vermehrten Anwendung insbesondere von Arbeitsplatzbeobachtungen und qualitativen Interviews und schließlich auch zur Wiederentdeckung betrieblicher Fallstudien führten. Vgl. BRANDT (1976) S.5f.

16) Andere Beobachtungsverfahren wie z.B. die Selbstbeobachtungsmethode, die BRINKMANN (197o, S.113ff) aufgrund der zeitlichen Besonderheiten qualifizierter Tätigkeiten und den vor allem von Angehörigen der Unternehmensleitung vorgebrachten Widerständen gegen eine "Beobachtung" vorschlägt, erschienen nicht praktikabel. Die Anwendung eines Selbstbeobachtungsleitfadens hätte eine starke Standardisierung der Beobachtungskategorien vorausgesetzt, was dem auf Exploration des Untersuchungsfeldes angelegten Vorhaben nicht entsprochen hätte.

Zu Kapitel 2:

1) Zur systemtheoretischen Fassung des Interaktionsbegriffs vgl. PÖHLER 1969, S.129f.

2) Zu einer ausführlichen Kritik der bisherigen systemtheoretischen Konzeptionen in der deutschen Industrie- und Betriebssoziologie vgl. LITTEK (1973, S.51ff), ALTMANN/ BECHTLE (1971, S.8ff.

3) Bei gegebener Produktionsmittelausstattung kann die Produktionskapazität in Abhängigkeit von den technologischen Bedingungen nur durch zeitliche und/oder intensitätsmäßige Anpassungsprozesse variiert werden (GUTENBERG 1973, S.361ff, 371ff).

4) Vgl. WEBER (1972, S.48), der Geld als "das formal rationalste Mittel der Orientierung wirtschaftlichen Handelns" kennzeichnet. Durch Geld, d.h. Kapital in seinem ideellen Wertdasein, in seiner Form als Rechengeld, erhält "die Bewegung der Produktion und namentlich der Verwertung ... ein symbolisches Abbildung in der Vorstellung" (MARX 1974b, S.135).

5) Die Kontingenz der Marktbewegungen setzt der Erkundung der Entscheidungsbedingungen jedoch enge Grenzen. Ökonomische Entscheidungen können sich typischerweise deshalb nur auf unvollkommene Informationen stützen.

6) Vgl. MARX (1974c, S.31o), der jene Operationen des industriellen Kapitals als kaufmännische bzw. kommerzielle bezeichnet, "... die beständig zur Zirkulation des industriellen Kapitals auszuführen sind, sowohl um das in Gestalt des Warenkapitals vorhandne Produkt zu verkaufen, wie das gelöste Geld wieder in Produktionsmittel zu verwandeln und Rechnung über das Ganze zu führen".

Zu Kapitel 3:

1) Vgl. SCHMALENBACH (1928), der als einer der ersten Betriebswirtschaftler auf die Konsequenzen dieses Wandels der Kostenstruktur für die kapitalistische Produktion hingewiesen hat.

2) Vgl. SCHMALENBACH (1928, S.241), demzufolge die Verschiebung der Kostenstruktur in der industriellen Produktion zu einer Veränderung der Wirtschaftsverfassung führt: die "freie Wirtschaft" werde durch eine "gebundene Wirtschaft" abgelöst, als deren Kennzeichen er "Kartelle, Trusts und Monopolgebilde einerseits und eine Vielzahl staatlicher Wirtschaftsfunktionen andererseits"nennt.

3) Vgl. auch KOCKA (1969, S.97), der zu den Aufgaben des ersten Buchhalters bei Siemens ausführt:" Neben Einkaufs- und Verkaufsfunktionen oblagen dem Buchhalter die noch weitgehend ungetrennten Kontrollfunktionen der Geschäfts- und Betriebsbuchhaltung, auf der Basis der allmählich in der Werkstatt entstehenden Unterlagen über Löhne und Kosten aller Art."

4) Vgl. BAHRDT 1958, S.41: "Von Beruf war man nicht Buchhalter, Kassierer oder Korrespondent, auch nicht "kaufmännischer Angestellter", sondern "Kaufmann" oder einer, der auf dem Wege war, Kaufmann zu werden." Ähnlich FURRER (1968, S.68): "Der Beruf des Kaufmanns war ... in dem Sinne noch absolut homogen, da unten und oben Stadien einer Laufbahn waren...".

5) Vgl. WEBER (1972, S.125ff), der als wichtigste Merkmale bürokratisch-rationaler Organisation unter anderem nennt: das Handeln nach "gesatzten" Regeln; nach dem "Prinzip der Amtshierarchie" geordnete Kompetenzen, Pflichten und Kontrollbefugnisse; das "Prinzip der Aktenmäßigkeit".

6) In Verbindung mit Matrizendruck und Vervielfältigungsmaschinen erlaubt die Schreibmaschine eine nahezu schrankenlose Reproduktion von Informationen (PIRKER 1967, S.45).

7) Die Anwendung der Schreibmaschine brachte zwar eine Steigerung der Arbeitsproduktivität auf dem Gebiet der Textverarbeitung, dieser Rationalisierungseffekt wurde durch die Produktion von mehr und teilweise überflüssigen Informationen, die das betriebliche Informationssystem zunehmend undurchschaubarer machten, jedoch wieder in Frage gestellt (PIRKER 1962, S.56).

8) Vgl. FURRER (1968, S.124), der anmerkt: "... Rechenmaschinen werden praktisch immer nur an den Stellen eingesetzt, die auch die Denkarbeit leisten."

9) In der betriebswirtschaftlichen Organisationslehre fehlte es deshalb nicht an Überlegungen, die betrieblichen Rechenarbeiten in einer "Rechenabteilung" zu zentralisieren und dort "Rechnerinnen" an Rechenmaschinen einzusetzen (z.B. MANFRAS 1961).

1o) PIRKER (1962, S.85) bezeichnet die Buchungsmaschine als die "technische Basis" der Departementalisierung der Verwaltung.

11) Zu den Gründen und Folgen dieser Entwicklung führt BÖHRS (1963, S.71f) aus: "Die Abspaltung des Niederschreibens der Buchungen aus der Gesamtarbeit des Buchhalters, also die Arbeitsteilung in Form beruflicher Spezialisierung entsteht einerseits dadurch, daß die hohen Anschaffungskosten der Buchungsmaschinen eine möglichst ständige Ausnutzung bedingen, und andererseits eine durch häufigeren Arbeitswechsel nicht unterbrochene Bedienung der Maschine erst jenen Übungs- und Leistungsgrad entstehen läßt, der wirkliche Zeitersparnis gegenüber der rein manuellen Arbeit erbringt. Der Buchhalter herkömmlicher universeller Ausbildung gibt also aus seinem bisherigen Aufgabenbereich den Schreibvorgang des Buchens ab, wodurch für ihn zwar ein beachtlicher Teil an Zeit frei wird für andere Tätigkeiten, aber doch das Klären, Vorbereiten, Prüfen und Überwachen der Buchungen hinsichtlich Termine, Zahlungen, Zinsen, Mahnungen usw. unverändert Inhalt seiner Arbeitsaufgabe bleibt. Da eine große Quantität qualitativ geringer Arbeit aus seinem täglichen Pensum herausfällt, verdichtet sich die auf die Zeiteinheit entfallende qualitative Arbeit. Die "Wertigkeit" der

Buchhalter steigt also, während ihre erforderliche Zahl geringer wird, da ein Teil der bisherigen Arbeiten durch Kräfte mit geringer Anlage und Ausbildung übernommen wird. Da außerdem auch der Buchungsvorgang an der Maschine in kürzerer Zeit ausgeführt werden kann, vermindert sich sogar die Personenzahl insgesamt." Im Zusammenhang mit der Einführung von Buchungsmaschinen wird von Einsparungen an Lohnkosten zwischen 5o und 75 % berichtet; PIRKER 1962, S.85.

12) Dazu KALVERAM (1929, S.281): "Es ist zur Durchführung der Einzeltätigkeit im mechanischen Betrieb ja nicht unbedingt notwendig, daß der Angestellte den ganzen kaufmännischen Betrieb beherrscht. Es genügt, wenn er eine kleinere Teilfunktion auszuüben versteht. Diese Ausschaltung des Menschen aus dem Zusammenhang des Arbeitsganges, diese Einengung des Tätigkeitsfeldes und diese Verminderung der auf ihm lastenden Verantwortung in Verbindung mit der Zwangsläufigkeit des Arbeitsganges bewirkt seine leichte Ersetzbarkeit und steigert daher seine Abhängigkeit vom Arbeitgeber. Man bedarf seiner individuellen Erfahrung, seines Gedächtnisses nicht, weil sich ja der Verkehr ziemlich mechanisch abwickelt, weil ein anderer schnell an seine Stelle rücken kann."

13) Vgl. MILLS (1955, S.2o5); LOCKWOOD (1966, S.89f): "Die tatsächliche Aufgabenteilung ist zwar sehr oft der Mechanisierung vorausgegangen, aber die Maschine hat diesen Trend noch beschleunigt, durch den eine kleine Gruppe von "executives", die Entscheidungen fällen in bezug auf die Auswahl und die Form der Analyse der Daten, von der Masse der Untergebenen getrennt werden, deren Aufgaben immer weniger ihre Klassifizierung als Geistesarbeiter rechtfertigt." (Übersetzung nach PIRKER 1963, S.49)

14) Die verloren gegangene Transparenz auf dem gesamten kaufmännischen Funktionszusammenhang findet ihren Ausdruck auch darin, daß umfassende berufliche Qualifikationen immer weniger allein im praktischen Vollzug, sondern nur durch zusätzliche theoretische Unterweisungen erworben werden konnten.

15) Vgl. BRAUN (1963, S.194), der in diesem Zusammenhang von einer Verschiebung des Fachcharakters der Sachbearbeiter-Tätigkeit spricht.

16) Zu einer Übersicht vgl. PIRKER 1962, Anhang, Tabelle 3.

17) Zu diesen Tätigkeiten siehe BAHRDT 1958, S.76ff; PIRKER 1962, S.95ff; JAEGGI/WIEDEMANN 1963, S.182ff.

Zu Kapitel 4:

1) Zum Verhältnis von "Programierbarkeit", "technischer Entwicklung" und "Wirtschaftlichkeit" vgl. auch LUTZ u.a. 197o, S.77ff.

2) LUTZ u.a. bezeichnen die erste Verfahrensweise als "vertikale Prozeßteilung", die zweite als "horizontale Prozeßteilung" (LUTZ u.a. 197o ,S.91ff.)

3) Ausführlicher zu folgender Kurzbeschreibung der einzelnen Komponenten eines EDV-Systems siehe: GROCHLA/MELLER 1974, S.154ff.

4) Vgl. BECKER u.a. 1971, S.39; DIEBOLD 1971, S.239, die in empirischen Untersuchungen über den Einsatz der EDV in der BRD zu dem Ergebnis kommen, daß Ende der 6oer Jahre bei der Datenerfassung in der Industrie die Lochkarte nach wie vor dominiert.

5) Benutzerkontrollierte Dialogformen finden sich bislang vor allem im Ausbildungs- und Wissenschaftsbetrieb (FISCHER 197o, S.359ff). Die Beispiele der Anwendung der EDV-Technik im Teilnehmer-Betrieb zeigen, daß auch ein grundlegend anderes Verhältnis zwischen EDV-Technik und "Benutzer" möglich ist, bei dem im Gegensatz zu den in den kaufmännischen Fachabteilungen praktizierten EDV-Anwendungen nicht der Aspekt der Steuerung menschlicher Arbeitskraft, sondern eher der Unterstützungsaspekt im Vordergrund steht (KIESER/KUBICEK 1977, S.26o).

6) Ein Beispiel hierfür ist ein 1958 in der Zeitschrift "Das rationelle Büro" (S.63off) erschienener Aufsatz von ROSENKRANZ, der sich gegen den "arbeitsorganisatorischen Unsinn der Zentralisierung der Ein- und Ausgabeeinheiten bei automatischen Anlagen" wendet.
Was nützt eine hohe Verarbeitungsgeschwindigkeit und eine auf Minuten ausgerechnete Belastung der einzelnen Maschinen, argumentiert der Autor, wenn die Geschäftsvorfälle vor und nach der Verarbeitung stunden- und tagelang liegen bleiben. Hinzu komme noch das Zusammenbrechen des Terminplanes, wenn, wie in den Büros der Unternehmen unvermeidlich, der mengenmäßige Anfall von Tag zu Tag schwanke. Wie schon die Untersuchungen Taylors gezeigt hätten, sei die Organisation eines fließenden Arbeitsablaufs mit erheblichen Vorteilen verbunden. In den Betrieben, in denen täglich eine große Zahl gleichartiger Geschäftsvorfälle zu bearbeiten sind, sei die Arbeit rationell ebenso nur nach dem Fließbandsystem zu organisieren. Ferner müßten die Daten immer dort verfügbar sein, wo die Leute sitzen, die an ihnen interessiert sind, nämlich in den einzelnen Büroabteilungen. Beides sei bei einer Zentralisierung der Ein- und Ausgabeeinheiten nicht zu realisieren. Um die Vorteile der schnell und automatisch arbeitenden Maschinen mit den Vorteilen des fließenden Arbeitsablaufs verbinden zu können, sei es notwendig, "daß die Konstrukteure der automatischen Anlagen das Kunststück zustande bringen, einen zeitlosen Transport der Daten und

Belege zwischen Eingabeeinheiten und Verarbeitungseinheiten und eine zeitlose Rückgabe der Resultate von den Verarbeitungseinheiten zu den Ausgabeeinheiten herzustellen." (S.632) Daß die technische Entwicklung bis zu diesem Zeitpunkt noch nicht so weit gediehen war, führt der Autor auf die mangelhafte Zusammenarbeit zwischen Organisationen und Maschinenherstellern zurück.

7) Zu betriebswirtschaftlichen Bestimmungsmomenten der Verfahrenswahl vgl. HANSEN 197o, S.62f.

8) Auf das Interesse der Unternehmen, zunächst die personalintensiven Arbeitsgebiete der kaufmännischen Verwaltung, in denen große Datenmengen einfachen und repetitiven Operationen unterzogen werden, mit Hilfe der EDV-Anlage abzuwickeln, verweisen auch andere Untersuchungen. So stellen BECKER u.a. (1971, S.52) fest, daß die Automatisierung in der industriellen Verwaltung zuerst in der Regel im Bereich des Finanz- und Rechnungswesens und dort insbesondere in der personalintensiven Lohn- und Gehaltsbuchhaltung eingesetzt hat. Vgl. auch die Fallstudien von FUHRMANN (1971a, S.358, 392; 1971b, S.66), der bei den von ihm untersuchten Umstellungen der Lohn- und Gehaltsbuchhaltung erhebliche Personalfreisetzungen beobachtet hat.

9) Hierbei handelt es sich insbesondere um die "relativ" fixen Kosten für das kaufmännische Personal, weniger um die "absolut" fixen Kosten der konventionellen Büromaschinen. Zur Unterscheidung zwischen "relativ" und "absolut" fixen Kosten vgl. HARTMANN (1961, S.65).

1o) Bei den Kosten der EDV-Anwendung nimmt der Anteil der Software- gegenüber den Hardwarekosten zu, da die Komplexität der zu programmierenden Aufgaben und damit der Programmieraufwand steigt (RÖLLE 197o, S.149; KRAYER 1976, S.22). Die zunehmende Verwendung von problemorientierten Programmsprachen, standardisierten Softwarepaketen sowie standardisierten Programmierverfahren dürfte jedoch der Tendenz ansteigender Programmierkosten entgegenwirken (FISCHER 1967, S.416f; FOREST 1975, S.312ff).

11) Bemerkenswert ist in diesem Zusammenhang auch folgende Äußerung eines "System-Designers": "Ich gehe davon aus, daß die Masse der Menschen nicht dazu zu bewegen ist, qualitativ einen gewissen Stand zu überschreiten. D.h. die Masse ist träge und stupide und wird es auch bleiben. Man wird diese Masse nicht auf die Straße setzen können ..." (BO) Es wäre allerdings verfehlt, die "Intentionen und Werte der Systemgestalter"(KIESER/KUBICEK 1977, S.378) als eigentliche Ursache für tayloristische Tendenzen der Arbeitsgestaltung im Zusammenhang mit dem Aufbau von EDV-Systemen anzusehen. Dies wird schon daran deutlich, daß, wie die untersuchten Fälle zeigen, die "System-Designer" von den Unternehmens- und Konzernleitungen Anweisungen erhalten. (vgl. dazu auch HEDBERG 1974b, S.22). Für tayloristische Tendenzen der Arbeitsorganisation sind vielmehr betriebliche Strategien verantwortlich zu machen, die auf objektive Bedingungen der Arbeitsgestaltung bezogen sind, siehe Kap. 5.

12) Zu ähnlichen Beobachtungen vgl.auch JAEGGI/WIEDEMANN 1963, S.7off; HEDBERG 1974a, S.26ff.

13) MUMFORD/BANKS (1967, S.1o) bescheinigen den von ihnen untersuchten Unternehmen in bezug auf organisatorische und soziale Konsequenzen von technischen Äußerungen im Büro- und Verwaltungsbereich ein wesentlich geringeres Problembewußtsein als im Fertigungsbereich, was sie wesentlich auf das geringere Widerstandspotential der Angestellten, das diese aufgrund ihres geringen gewerkschaftlichen Organisationsgrades den Rationalisierungsmaßnahmen entgegenbringen, zurückführen.

Zu Kapitel 5:

1) Anhaltspunkte zur Verteilung leitender und ausführender Funktionen bei kaufmännischen Industrieangestellten geben Erhebungen des Statistischen Bundesamtes, in denen eine Einteilung der Angestellten nach "Leistungsgruppen" vorgenommen wird. Danach waren 197o 83,9 % der kaufmännischen Angestellten des "verarbeitenden Gewerbes" in den unteren Leistungsgruppen V, IV und III beschäftigt und hatten demnach keine "Verantwortung für die Tätigkeit anderer". Von den 16,1 % der in die Leistungsgruppe II eingestuften Angestellten übt ein Teil ebenfalls keine Leitungsfunktionen aus; sie werden vielmehr als Angestellte mit "umfassenden kaufmännischen Kenntnissen" ausgewiesen. Es ist davon auszugehen, daß über 85 % der kaufmännischen Angestellten keine oder zumindest keine wesentlichen Leitungsfunktionen ausüben. Quelle: GERSTENBERGER 1976, S.415, Tab.7. Vgl. auch ebd., S.422, Tab.16: Nach den dort angeführten Ergebnissen des o,1-vH-Mikrozensus vom Juli 1969 ist "Leiten" nur bei 6,5 % der in der Berufsgruppe "Industrie-, Verwaltungskaufmann, Verwaltungssekretär, Büroangestellter" Beschäftigten die "hauptsächliche Tätigkeit".

2) Es ist deshalb als eine idealtypische Vereinfachung anzusehen, wenn BRAUN/FUHRMANN (197o, S.64f) den Sachbearbeiter dadurch kennzeichnen, daß seine Tätigkeit:
"1. auf einer bestimmten Fachkompetenz für einen definierten und oft verhältnismäßig differenzierten Aufgabenbereich beruht;
2. bestimmte und differenzierte, durch eine längere Einarbeitung anzueigende Kenntnisse verlangt;
3. in ihrem Ablauf nur teilweise als schematisch bezeichnet werden kann, vielmehr "Probleme" aufwirft, die zu bewältigen sind und die Sache "interessant" erscheinen lassen;
4. zeitlich und sachlich eine gewisse Selbständigkeit in der Arbeit zumindest zuläßt, wo nicht erfordert und daher auch einen gewissen Dispositionsspielraum verschaft;
5. durch ihre "Offenheit" im Hinblick auf zeitliche und sachliche Terminierung einen individuellen Charakter erhält und behält und daher das Gefühl und den Anspruch bestätigt, nicht nur eine Tätigkeit, sondern einen Beruf und eine Position zu haben."

3) Diese Form der Abteilungsbildung entspricht den von Vertretern der betriebswirtschaftlichen Organisationslehre ausgesprochenen Empfehlungen für einen wirtschaftlichen Personaleinsatz: "Bei der Abteilungsbildung kann es zweckmäßig sein ... Hilfsarbeiten der gleichen schematischen Art auszusondern und in besonderen Abteilungen zu zentralisieren und zu verselbständigen, so daß sie in dieser Zusammenfassung mit modernen Maschinen und in einem arbeitstechnisch sorgfältig durchgearbeiteten Arbeitslauf wirtschaftlicher als in dezentralisierter Form ausgeführt werden können." (BÖHRS 1972, S.53)

4) Vgl. LUTZ(197ob, S.2o), der die Ansicht vertritt, daß die technischen Prinzipien der Datenverarbeitungsanlagen zweiter Generation besonders für Qualifikationspolarisierung geeignet sind, ja deren Einsatz praktisch nur bei Qualifikationspolarisierung möglich ist.

5) Vgl. LUTZ (197oa), der die Veränderungen der Arbeitsplatz- und Personalstruktur in der Verwaltung, die er gekennzeichnet sieht durch die Auflösung der früher sehr breiten mittleren Qualifikationsschicht von Angestellten mit Ausbildung und Erfahrung, die rapide Zunahme der Zahl der Arbeitskräfte, die nur mehr Routineverrichtungen mit streng deterministischem Charakter und geringen Anforderungen an Ausbildung und Erfahrung zu übernehmen haben, und das Auftreten von Fachleuten und Stäben,als Symptome eines "Neotaylorismus" bezeichnet.

BLOHM (1975, S.7) zufolge wird mit der Trennung von Routine- und Nichtroutineaufgaben im Zusammenhang mit dem zunehmenden Computereinsatz im Büro eine Entwicklung nachgeholt, die sich Fertigungsbereich schon vor Jahrzehnten nach den Grundgedanken Taylors vollzogen habe.

Tayloristische Prinzipien der Arbeitsgestaltung werden auch in der Schriften zur Büroorganisation und -rationalisierung entwickelt, vgl. MAND (1957, S.286ff) und BÖHRS (1972, S.61), der in seinen "Leitsätzen für die Stellenbildung" u.a. empfiehlt: "Arbeiten, die Denken, Planen, Entscheiden und Überlegen, also höhere geistige Qualifikationen erfordern, sollen weitgehend von laufend wiederkehrenden einfachen, mehr mechanischen Verrichtungen des Ordnens, Rechnens, Sammelns getrennt werden. Die Masse der ständig wiederkehrenden Schema-Arbeiten soll weitgehend in der Weise zerlegt werden, daß sie in kurzer Zeit von anzulernenden Kräften ausgeführt werden können."

6) Vgl. TROLL (1968, S.22o), der den Unternehmen empfiehlt, durch eine entsprechende Umverteilung der Arbeit Personalkosten einzusparen.

7) Bemerkenswerterweise sind Formen fragmentierter Arbeit auch in den Verwaltungen von Industrieunternehmen der DDR anzutreffen, vgl. SCHMIDT (1963, S.56ff).

8) Vgl. auch PÖHLER (1969, S.151ff), der am Beispiel der Funktion "Materialsteuerung" das Auseinanderfallen der Funktionsgliederung und der Organisationsgliederung zeigt. PÖHLER weist auch auf die Konsequenzen hin, die sich daraus für die empirische Erfassung von Kooperationszusammenhängen in der Verwaltung ergeben (vgl. ebd., S.23; siehe auch Kap. 1.5.).

9) Vgl. auch die Analyse der Kooperation im Großraumbüro von BAHRDT (1958, S.54).

1o) Die von KOSIOL (1962, S.5off; 84f) eingeführte Bezeichnung deckt sich inhaltlich mit dem hier im Anschluß an BÖHRS als "Mengenteilung" bezeichneten Fall.

11) BRAUN/FUHRMANN (197o, S.59) konnten in ihrer Untersuchung Teamarbeit in der industriellen Verwaltung sogar nur in technischen Konstruktionsbüros feststellen.

12) Diese These gilt weniger für die Phase der unmittelbaren Einführung der EDV, bei der üblicherweise aufgrund von Übergangs- und Anpassungsschwierigkeiten eine erhebliche Intensivierung der horizontalen Kommunikation zu beobachten ist, die aber nach Beendigung der Anlaufphase wieder absinkt (GROCHLA 1971b, S.24; WHISLER 1971, S.3o6).

13) Derartige Kooperationsformen, die zur Überbrückung der "Differenz zwischen Norm und Realität" (ALTMANN/BECHTLE 1971, S.45) im Interesse einer Anpassung der Unternehmung an veränderte Bedingungen bzw. zur Sicherstellung des von der Unternehmensleitung erwünschten Arbeitsergebnisses unumgänglich sind, wurden in der Industriesoziologie schon verschiedentlich beschrieben, vgl. etwa WELTZ (1964, S.7ff; 13ff).

14) Bezeichnenderweise nimmt BAHRDT seine frühere These im Vorwort zu einer 1972 erschienenen Neuauflage seines Buchs "Industriebürokratie" teilweise wieder zurück, indem er dort auf S.IX einräumt, der "Dynamik der Produktivkräfte" angesichts der "Verhärtung der Produktionsverhältnisse" eine zu große Determinationskraft zugebilligt zu haben. Die Bemerkung, daß die Herausbildung horizontaler Verbundarbeit, wie sie der früheren Vermutung BAHRDTs zufolge angesichts der technischen Entwicklung unabdingbar sei, nicht reibungslos vonstatten gehen werde, findet sich zwar bereits in der ersten Auflage des Buchs. Dort sieht BAHRDT den Grund jedoch vor allem in der Mentalität der Angestellten, ihrer Identifikation mit der betrieblichen Hierarchie: "Die Untergebenen, seit Jahrzehnten in eine enge Routinearbeit und in ein strenges Herrschaftssystem eingesperrt, müßten den Mut haben, Kontakte aufzunehmen, die dem hierarchischen Prinzip, das ihnen in Fleisch und Blut übergegangen ist, widersprechen und von ihren Vorgesetzten mit Mißtrauen betrachtet würden." (BAHRDT 1958, S.1o4)

15) Es kann hier nicht näher auf die allgemeinen Bestimmungen des Verhältnisses von Lohn und Leistung bei kaufmännischen Industrieangestellten eingegangen werden. Es wurde jedoch bereits darauf hingewiesen, daß es den Angestellten aufgrund der mit steigender Technisierung und Organisierung größer werdenden Transparenz ihrer Tätigkeiten immer schwerer fallen dürfte, durch arbeitsvereinfachende "Tricks" den Zeitbedarf für einzelne Aufgaben zu senken und sich so einen Spielraum für die Regulierung der Arbeitsverausgabung zu schaffen. Im Zusammenhang mit der Festlegung des Arbeitspensums gewinnen auch in der Verwaltung Zeitstudien eine

zunehmende Bedeutung. Zur Anwendung von Zeitstudienverfahren bei der Büroarbeit vgl. z.B. BÖHRS (1971, S.131ff). Weitere Beiträge zu diesem Thema erscheinen laufend in einschlägigen Zeitschriften wie beispielsweise "Das rationelle Büro". In den Unternehmen A und B wurde bislang ein Verfahren angewendet, in dem die Angestellten selbst, allerdings unter der Kontrolle von Organisationsfachleuten, den durchschnittlichen Zeitbedarf einzelner Arbeitsaufgaben und die Häufigkeit des Aufgabenanfalls ermittelten.

16) Als Gründe für die Schwierigkeiten einer exakten zeitlichen Bestimmung vieler Büroarbeiten nennt KRAMER das Problem, den für geistige Überlegungen notwendigen Zeitaufwand abzuschätzen und eine gewisse Variabilität der sachlichen und zeitlichen Bedingungen der Büroarbeit. Die von KRAMER angegebenen Voraussetzungen für eine systematische Büroarbeitsplanung (die Vorhersehbarkeit der Büroarbeiten, die Bestimmtheit der Büroaufgaben hinsichtlich Verrichtung, Objekt, Hilfsmittel, Raum und Zeit, die Gleichartigkeit der Büroarbeit) sind bei qualifizierten Sachbearbeitertätigkeiten vielfach nicht gegeben (KRAMER 1961, S.167, 144ff).

17) Der zeitliche Handlungsspielraum durch ungleichmäßigen Arbeitsanfall bezieht sich lediglich auf kurzfristige und unvorhersehbare Schwankungen des Arbeitsvolumens. Schwankungen, die regelmäßig auftreten, versuchen die Unternehmen durch organisatorische Maßnahmen der Arbeitsverteilung und des Personaleinsatzes (z.B. Einsatz von Aushilfskräften, Halbtagskräften) aufzufangen, um eine möglichst hohe Auslastung der Personalkapazitäten zu erreichen.

18) Vgl. KRAMER (1961, S.159f), der dem Formular eine doppelte Funktion zuweist: "Zunächst soll es die eigentliche Arbeitsausführung in bestimmter vorgeplanter Weise steuern und zwar dadurch, daß die Bearbeitung der verschiedenen Daten in einem sachlich bestimmten und zeitlich gebundenen Rahmen gelenkt wird, und daß festgelegt wird, welche Symbole im Rahmen der Arbeitsausführung zu ermitteln und in schriftlicher Form festzuhalten sind. Außerdem sind im Formulare bereits von der Gestaltung her häufig gewisse Büroarbeiten vorweggenommen ..., wodurch bei der eigentlichen Arbeitsausführung Zeit gespart wird und Fehler vermieden werden können." Vgl. auch MÜLLER-LUTZ (1964, S.58ff).

19) Inwieweit in einer Fachabteilung überhaupt ökonomische Entscheidungen anfallen, hängt von der Stellung der dort vollzogenen Funktionsprozesse zum Kapitalverwertungsprozeß ab. So können in Kontroll- und Dokumentationsabteilungen, wie z.B. der Betriebsabrechnung keine ökonomischen Entscheidungen auftreten, sondern nur in Abteilungen, die es mit der Bestimmung und Beeinflussung von Erlösen und Kosten zu tun haben, z.B. dem Einkauf, der Materialdisposition, dem Verkauf.

2o) Nach dieser Vorstellung werden Entscheidungsprozesse als Regelkreishierarchien aufgefaßt, wobei die EDV-Anlage dem untersten und die Unternehmensleitung dem obersten Regelkreis, in dem nur noch echte Führungsentscheidungen anfallen, zugeordnet werden (SCHIEFER 1969, S.12,18; DWORATSCHEK 1971, S.89ff).

21) Auf die kontroverse Diskussion, ob es durch die EDV zu einer Zentralisierung oder Dezentralisierung der betrieblichen Entscheidungsstruktur kommt, kann hier nicht näher eingegangen werden, da sich diese Diskussion weitgehend auf Entscheidungsprozesse der mittleren und höheren Unternehmensführung bezieht. Zu einer ausführlichen Darstellung vgl. RHEE (1968, S.1o5ff), VOGT (1968, S.157ff), GROCHLA (1976).

Zu Kapitel 6:

1) Zu einer Übersicht über Methoden und Mittel der Datenerfassung in Industrieunternehmen vgl. DÜRR (1969, insbes. S.126ff) und VELLGUTH (1972).

2) Zu möglichen Veränderungen der Konkurrenzbedingungen und Marktverhältnisse bei einer Ausweitung der zwischenbetrieblichen Integration der Datenverarbeitung vgl. MERTENS (1966, S.399ff).

3) Vgl. auch ALTMANN/KAMMERER (197o, S.67), die darauf hinweisen, daß unter Beibehaltung des herkömmlichen Kundenverkehrs im Verwaltungsbereich dort eher mit einer "partiellen oder sektorellen Rationalisierung und Mechanisierung" zu rechnen ist.

4) So wird beispielsweise in den Unternehmen A und B langfristig mit einer qualitativen Ausweitung der Marketingaufgaben gerechnet, vgl. auch ZINSER (1968, S.47o).

5) Ein Beispiel für eine besonders breite Differenzierung "geistiger Anforderungen" findet sich im RKW-Leitfaden der Arbeitsanalyse nach NUTZHORN, wo als geistige Anforderungsmerkmale im einzelnen angeführt werden: "allgemeine geistige Begabung": Auffassung und Beweglichkeit, Gedächtnis, Klarheit und Folgerichtigkeit des Denkens, Selbständigkeit und Kritikfähigkeit des Denkens; "besondere geistige Fähigkeiten": sprachliche Ausdrucksgewandtheit, fremdsprachliche Fähigkeiten, Verhandlungsgeschick, Menschenkenntnis, Fertigkeiten in den Grundrechnungsarten, rechnerisches Durchdenken der Umwelt, technische Begabung, Formvorstellungsfähigkeit, Organisationstalent, Dispositionsfähigkeit, künstlerisch-gestalterische Begabung, geschmackliche Urteilsfähigkeit; "Zuwendung": Aufmerksamkeit (Verteilung und Umstellungsfähigkeit), Interesse am bestehenden Aufgabenbereich; "Wissen" wird differenziert nach: Schulbildung, innerbetriebliche Berufsausbildung, außerbetriebliche Berufsausbildung, Berufserfahrung. (vgl. NUTZHORN 1966.

6) Die Anforderungskategorie "Verantwortung" wird in einem von IBM verwendeten Schema zur analytischen Arbeitsbewertung differenziert in:
- Verantwortung für die eigene Arbeit (Arbeitsausführung, Kosten und Wirtschaftlichkeit);
- Verantwortung für dispositive Entscheidungen, Zusagen oder dispositive Vorschläge;
- Verantwortung für die Sicherheit und Gesundheit anderer;
- Verantwortung für die Arbeit anderer (Fachaufsicht oder fachliche Mitverantwortung)

Umfang und Größe der Verantwortung ist entsprechend der Verfahrensrichtlinie daran zu messen, "welches Ausmaß an Sorgfalt, Umsicht und Gewissenhaftigkeit in der Tätigkeit gefordert wird. Dabei ist festzustellen, was in einer Tätigkeit an Werten materieller und immaterieller Art (z.B. Geld, Material, Zeit, Ruf und Ansehen der IBM usw.) dem Unternehmen gebracht werden kann bzw. an Schaden personeller oder sachlicher Art zugefügt werden kann." Quelle: IBM-Material.

7) Hervorzuheben sind in diesem Zusammenhang die Arbeiten von CLAESSENS u.a. (1959), MANN/MOLLE (1964) sowie JAEGGI/WIEDEMANN (1963), die sich insbesondere auch das Ziel gesteckt haben, Anforderungen kaufmännischer Sachbearbeitertätigkeiten zu bestimmen.

8) Vgl. z.B. die Analyse der Locherinnenarbeit bei BAHRDT (1958, S.84ff).

9) Vgl. HACKER(1973, S.213, 239), der in diesem Zusammenhang die Unterscheidung zwischen "objektiven" und "subjektiven" Freiheitsgraden einführt, sowie BOEHM u.a. (1974, S.145) und FRICKE (1975, S.129f, 141f, 157f, 159), der auf Probleme der Erweiterung bzw. Verkümmerung subjektiver Qualifikationspotentiale im Prozeß des Arbeitshandelns hinweist.

1o) Vgl. OFFE (1972, S.28); er bezeichnet diese normativen Qualifikationen im Anschluß an Dahrendorf als "normative Orientierungen", deren Inhalte von der Ebene einer generalisierten Arbeitethik, zu der Tugenden wie Fleiß, Pünktlichkeit, Sparsamkeit, Vorsicht, Ausdauer, Genauigkeit usw. zählen, bis hin zu einer allgemeinen Unterordnung unter das betriebliche Herrschaftssystem bzw. die damit verbundenen Werte und Interessen reichen (ebd., S.31).

11) Nach dem Kriterium der Transferierbarkeit lassen sich verschiedene Stufen der Transferierbarkeit unterscheiden, von denen Sachkenntnisse und theoretische Fachkenntnisse sich nur auf entgegengesetzten Bereichen einer Skala konzentrieren.

12) Anforderungen von Leitungsfunktionen bleiben unberücksichtigt, da sich die empirische Analyse auf Fachangestellte ohne wesentliche Leitungsfunktionen beschränkt. Als Kooperationsbedingung findet die Leitungsstruktur unter (d) Berücksichtigung.

13) Vgl. dazu auch die Operationalisierungsversuche der Kategorie "Verantwortung" in den Arbeitswissenschaften und der betrieblichen Arbeitsbewertung, siehe Anm.6.

14) Die Anwendung von Taschenrechnern hat allerdings eine gewisse Entwertung des bei traditionellen Buchhaltertätigkeiten wichtigen Kopfrechnens mit sich gebracht.

15) Zu einem Beispiel der Ausschaltung von Erfahrungswissen durch rein arbeitsmethodische, nicht-technische Rationalisierung vgl. BÖHRS (1972, S,74).

1o. Literaturverzeichnis

Altmann, N./Kammerer, G. (197o): Wandel der Berufsstruktur, München

Altmann, N./Bechtle, G. (1971): Betriebliche Herrschaftsstruktur und industrielle Gesellschaft, München

Baethge, M./Gerstenberger, F./Kern, H./Schumann, M./Stein, H.W./ Wienemann, E. (1973): Produktion und Qualifikation, Göttingen

Bahr, H. (197o): Kritik der politischen Technologie, Frankfurt am Main

Bahrdt, H.P. (1958): Industriebürokratie, Stuttgart

Bahrdt, H.P. (1959): Die Krise der Hierarchie im Wandel der Kooperationsformen, In: Deutsche Gesellschaft für Soziologie (Hg.), Verhandlungen des 14. Deutschen Soziologentages, Stuttgart

Bahrdt, H.P. (196o): Arbeitssoziologische Aspekte des technischen Fortschritts in der Industrieverwaltung, in: Hamburger Jahrbuch 196o, S.58 - 68

Bahrdt, H.P. (1961): Die Zukunft der Angestellten, in: Bayer, H. (Hg.): Die Angestellten zwischen Arbeiterschaft und Management, Berlin, S. 123 - 143

Bauer, W. (1957): Ein neuer Weg zur Kontenführung, in: IBM Nachrichten 7.Jg., S.58o - 585

Bechtle, G. (unter Mitarbeit von Altmann, N. und Düll, K.) (1974): Bedingungen und Ziele des betrieblichen Arbeitskräfteinsatzes, verv. Man., Institut für sozialwissenschaftliche Forschung, München

Becker, J./Woit, J./Zajonc, H. (1971): Der Einsatz der Elektronischen Datenverarbeitung in der Bundesrepublik Deutschland 197o, verv. Forschungsbericht, Ausschuß f. wirtschaftl. Verwaltung e.V., Frankfurt; Ges.f.Kernforschung mbH, Karlsruhe

Bieding, F./Döring, A. (1974): Analytische Arbeitsbewertung von Angestelltentätigkeiten, 3. Aufl., Köln

Blohm, H. (1975): Wie beeinflussen neue Techniken, Entwicklungen und Erkenntnisse der Organisationslehre bisher geltende Organisationsgrundsätze?, in: Datascope 5.Jg. H.16, S.2 - 11

Blum, A.A. (1971): Computer und kaufmännische Angestellte, in: Friedrichs, G. (Hg.): Computer und Angestellte, Band II, Frankfurt, S. 467 - 486

Bobermin, H. (193o): Die Rationalisierung des kaufmännischen Büros im industriellen Großbetrieb und ihre Wirkung auf die Angestellten, Diss. Rostock

Boehm, U./Mende, M./Rieker, P./Schuchardt, W. (1974): Qualifikationsstruktur und berufliche Curricula, Hannover

Böhrs, H. (1963): Organisation des Industriebetriebes, Wiesbaden

Böhrs, H. (1972): Produktive Büroarbeit, Bern/Stuttgart

Borris, M. (1972): Zur Realität und Reform der Ausbildung und Tätigkeit von Industriekaufleuten, verv. Forschungsbericht, Frankfurt am Main

Bosetzky, H. (197o): Grundzüge einer Soziologie der Industrie-Verwaltung, Stuttgart

Brandt, G. (1976): Zentrale Themen und gesellschaftliche Bedingungen der Industriesoziologie seit Mitte der 6oer Jahre, Beitrag zum Themenbereich Arbeit auf dem 18. Deutschen Soziologentag 1976 in Bielefeld

Brandt, G./Haas, L./Mayer, E./Schumm, W. (1973): Berufliche Sozialisation und gesellschaftliches Bewußtsein jugendlicher Erwerbstätiger, Frankfurt am Main
Braun, S. (1963): Angestellte im technischen Fortschritt, in: Atomzeitalter, 5.Jg. , S.193 - 197
Braun, S. (1964): Zur Soziologie der Angestellten, Frankfurt am Mai
Braun, S./Fuhrmann, J. (197o): Angestelltenmentalität, Neuwied
Brenneis, F.J. (1973): Tendenzen der Wirtschaftlichkeitsanalyse von EDV-Systemen, in: Heilmann, H. (Hg.), 2. Jahrbuch der EDV-Akademie, Stuttgart/Wiesbaden, S.93 - 118
Brinckmann, H./Grimmer, K./Lenk, K./Rave, D. (1974): Verwaltungsautomation, Darmstadt
Brinkmann, G. (197o): Berufsanforderungen und Berufsausbildung, Tübingen
Brinkmann, G./Pippke, W./Rippe, W. (1973): Die Tätigkeitsfelder des höheren Verwaltungsdienstes, Opladen
Bundesministerium für Arbeit und Sozialordnung (Hg.): Arbeits- und sozialstatistische Mitteilungen, 27. Jg. (H.6/1972)
Burns, T./Stalker, M. (1971): Mechanistische und organische Systeme des Managements,in: Mayntz, R. (Hg.): Bürokratische Organisation, 2. Aufl. Köln/Berlin, S.147 - 154
Claessens, D./Fuhrmann, J./Hartfield, G./Zirwas, H. (1959): Angestellte und Arbeiter in der Betriebspyramide, Berlin
Croner, F. (1954): Die Angestellten in der modernen Gesellschaft, Frankfurt am Main/Wien
Croner, F. (1961): Der Angestellte von heute, in: Bayer, H. (Hg.): Der Angestellte zwischen Arbeiterschaft und Management, Berlin, S. 171 - 186
Croner, F. (1962): Soziologie der Angestellten, Köln/Berlin
Deutscher Verband für das kaufmännische Bildungswesen e.V. (1963): Der Strukturwandel in der kaufmännischen Tätigkeit und seine Auswirkung auf die Aus- und Fortbildung, Veröffentlichungen Bd.99, Braunschweig
Diebold, J. (1964): Beyond Automation, New York
Diebold Deutschland GmbH (1969): Bedeutung und Entwicklung des Computereinsatzes in Bayern, in: Bayrisches Staatsministerium für Arbeit und soziale Fürsorge (Hg.): Soziale Probleme der Automation in Bayern, S.767 - 9oo
Diebold Deutschland GmbH (1971): Bedeutung und Entwicklung der automatischen Datenverarbeitung, in: Friedrichs, G. (Hg.): Computer und Angestellte, Bd.I, Frankfurt am Main, S. 197 - 246
Dobb, M. (1972): Entwicklung des Kapitalismus, 2. Aufl., Köln/Berlin
Dürr, H. (1969): Datenerfassung in industriellen Unternehmen, Diss. Mannheim
Dworatschek, S. (1971): Management-Informations-Systeme, Berlin/New York
Fayol, H. (1929): Allgemeine und industrielle Verwaltung, München/Berlin
Fischer, A. (1961): 5o Jahre IBM Lochkartenverfahren im Rechnungswesen der Farbenfabriken Bayer AG, Leverkusen, in: IBM Nachrichten, 11.Jg., S.1274 - 1287
Fischer, U.E. (1967): Der Trend zu problemorientierten Programmiersprachen - Warum?, in: IBM Nachrichten, 17. Jg., S.41o - 417
Fischer, U.E. (197o): Teilnehmerbetrieb - eine moderne Nutzungsform von Computern, in: IBM Nachrichten, 2o. Jg., S.459 - 462

Fischer, U.E. (1973): Nutzungsformen der Datenverarbeitungssysteme, in: IBM Nachrichten, 23. Jg., S.712 - 718
Forest, R. (1975): Die Zukunft der Programmierung, in: IBM Nachrichten, 25. Jg., S.312 - 316
Fricke, W. (1975): Arbeitsorganisation und Qualifikation, Bonn-Bad Godesberg
Fricke, W./Fricke, E./Portmann, G./Schmidt, W./Schönwälder, M. (1976): Arbeitsformen technischer Intelligenz im Steinkohlenbergbau, Opladen
Fricke, E./Fricke, W. (1976): Berufsausbildung und Beschäftigungssystem, Opladen
Frielinghaus, K. (1969/7o): Belegschafts-Kooperation, in: Heidelberger Blätter, H.14/16, S.112 - 159
Fuhrmann, J. (1971a): Zur Veränderung der Arbeitsaufgaben von kaufmännischen und technischen Angestellten durch Computer (1o Fallstudien), in: Friedrichs, G. (Hg): Computer und Angestellte, Bd.I, Frankfurt a.M., S.321 - 443
Fuhrmann, J. (1971b): Automation und Angestellte, Frankfurt
Furrer, R. (1968): Entwicklung und heutige Struktur des kaufmännischen Berufes, Winterthur
Gablentz, O.H. v.d. (1926): Industriebürokratie, in: "Schmollers Jahrbuch" für Gesetzgebung, Verwaltung und Volkswirtschaft im Deutschen Reiche, 5o. Jg., S.539 - 576
Gehlen, A. (1957): Die Seele im technischen Zeitalter, Hamburg
Gerstenberger, F./Görres, H.-J./Mickler, O./Neumann, K./ Wienemann, E.(1974): Produktion und Qualifikation, Göttingen
Gerstenberger, F. (1976): Strukturelle Entwicklungstendenzen im Beschäftigungssystem der Bundesrepublik Deutschland ab 196o unter besonderer Berücksichtigung von Tätigkeits- und Anforderungsprofilen, in: Vorstand der IG Metall, Frankfurt am Main (Hg.): Krise und Reform der Industriegesellschaft, Bd.1, Materialien, Frankfurt am Main, S. 396 - 422
Grochla, E. (1961): Möglichkeiten einer Steigerung der Wirtschaftlichkeit im Büro, in: Kosiol, E. (Hg.): Bürowirtschaftliche Forschung, Berlin, S. 41 - 74
Grochla, E. (1968): Die Bedeutung der automatisierten Datenverarbeitung für die Unternehmensführung, in: IBM Nachrichten, 18. Jg., S.84 - 9o
Grochla, E. (197o): Grundprobleme der Wirtschaftlichkeit in automatisierten Datenverarbeitungssystemen, in: ders. (Hg.): Die Wirtschaftlichkeit automatisierter Datenverarbeitungssysteme, Wiesbaden
Grochla, E. (1971a): Analyse gegenwärtiger und zukünftiger Entwicklungstendenzen bei der Planung, Entwicklung und Implementierung computer-gestützter Entscheidungssysteme, in: ders. (Hg.): Computer-gestützte Entscheidungen im Unternehmen, Wiesbaden
Grochla, E. (1971b): Die Auswirkungen der Automatisierung auf das Rechnungswesen, in: Studienkreis Finanzpräsident Schröder (Hg.): Das Rechnungswesen bei automatisierter Datenverarbeitung, Wiesbaden
Grochla, E. (1971c): Das Büro als Zentrum der Informationsverarbeitung im strukturellen Wandel, in: ders. (Hg.), Das Büro als Zentrum der Informationsverarbeitung, Wiesbaden
Grochla, E./Garbe, H./Giller, R./Poths, W. (1971): Grundmodell zur Entwicklung eines integrierten Datenverarbeitungssystems - Kölner Integrationsmodell (KIM), BIFOA-Arbeitsbericht 71/6, Köln

Grochla, E./Meller, F. (1974): Datenverarbeitung in der Unternehmung/Grundlagen, Hamburg
Grochla, E. (1976): Zur Zentralisationswirkung automatischer Datenverarbeitungsanlagen, in: ders. (Hg.): Organisationstheorie, 2. Teilband, S. 5o7 - 517, Stuttgart
Gutenberg, E. (1973): Grundlagen der Betriebswirtschaftslehre, erster Band, Die Produktion, 2o. Aufl., Berlin/Heidelberg/New York
Hacker, W. (1973): Allgemeine Arbeits- und Ingenieurpsychologie, Berlin/DDR
Hansen, H.R. (197o): Bestimmungsfaktoren für den Einsatz elektronischer Datenverarbeitungsanlagen in Unternehmen, Berlin
Hartmann, B. (1961): Betriebswirtschaftliche Grundlagen der automatisierten Datenverarbeitung, 3. Aufl., Freiburg im Breisgau
Hedberg, B. (1974a): Humanized Computers or Computerized Humans? A Case Study of the Design and Impact of a Real-Time System in a Commercial Bank, Arbeitsbericht Nr.I/74-24, Internationales Institut für Management und Verwaltung, Berlin
Hedberg, B. (1974b): The System Designer - Decision Maker or Puppet on an String?, Arbeitsbericht Nr.I/74-5o, Internationales Institut für Management und Verwaltung, Berlin
Herbold, R. (1971): Internationaler Entwicklungsstand und Tendenzen auf dem Gebiet computer-gestützter Entscheidungssysteme, in: Grochla, E. (Hg.): Computer-gestützte Entscheidungen in Unternehmen, Wiesbaden , S. 2o7 - 217
Herholz, H. (1969): Datenverarbeitung heute, Köln- Braunsfeld
Hetzler, H.W. (1964): Die Bewertung von Bürotätigkeiten, Köln und Opladen
Hilferding, R. (1968): Das Finanzkapital, Bd.I, Frankfurt am Main
Hoos, I.R. (1966): Automation im Büro, Frankfurt am Main
Huffschmidt, J. (197o): Die Politik des Kapitals, 4. Aufl., Frankfurt am Main
Institut für Sozialforschung an der Johann Wolfgang Goethe-Universität, Frankfurt am Main (1976): Entwicklungstendenzen der industriellen Arbeit und Möglichkeiten der Arbeitsgestaltung im Bereich computergestützter Produktionsprozesse, unveröff. Projektantrag an das BMFT
Ischebeck, W. (1973): Möglichkeiten des Einsatzes von EDV-Anlagen bei der Automatisierung der Informationsverarbeitung in der Unternehmung, Diss. Hamburg
Jaeggi, U./Wiedemann, H. (1963): Der Angestellte im automatisierten Büro, Stuttgart
Jaeggi, U. (1971): Computer und kaufmännische Angestellte, in: Friedrichs, G. (Hg.): Computer und kaufmännische Angestellte, Bd.II, Frankfurt am Main, S. 487 - 5o1
Kadritzke, U. (1975): Angestellte - Die geduldigen Arbeiter, Frankfurt am Main
Kalveram, W. (1929): Rationalisierung der kaufmännischen Betriebsorganisation, in: Harms, B. (Hg.): Strukturwandlungen der Deutschen Volkswirtschaft, erster Band, 2. Aufl., Berlin, S.248 - 286
Kern, H./Schumann, M. (197o): Industriearbeit und Arbeiterbewußtsein, Teil I, Frankfurt am Main
Kieser, A./Kubicek, H. (1977): Organisation, Berlin/New York
Kirsch, W. (1971): Entscheidungsprozesse, zweiter Bd.: Informationsverarbeitungstheorie des Entscheidungsverhaltens, Wiesbaden

Kocka, J. (1969): Unternehmensverwaltung und Angestelltenschaft, Stuttgart
Kosiol, E. (1962): Organisation der Unternehmung, Wiesbaden
Krakauer, S. (1971): Die Angestellten, Frankfurt am Main
Kramer, R. (1961): Grundlagen einer systematischen Planung der Büroarbeit, in: Kosiol, E. (Hg.), Bürowirtschaftliche Forschung, Berlin, S.133 - 196
Kraus, H. (1969): Grundriß einer Theorie der Verwaltung, Wien
Krayer, H. (1976): Bessere Betriebssysteme durch neue Software- und Hardware-Technologien, in: Datascope 6. Jg., H.22, S.2o - 31
Kubicek, H. (1972): Der Zusammenhang zwischen Informationstechnologie und Organisationsstruktur, in: Zeitschrift für Organisation, 41. Jg., S.287 - 296
Kündig, B./Papadimitriou, Z./Thomae, J./Brandt, G. (1977): Sozioökonomische Aspekte des Einsatzes von EDV-Systemen und ihre Auswirkungen auf die Organisation der Arbeit und die Arbeitsplatzstruktur, unveröffentl. Forschungsbericht des Instituts für Sozialforschung, Frankfurt
Laatz, W./Friedrichs, P./Schmidt, S. /Mack, V.(1975): Soziale Situation und soziales Bewußtsein von Ingenieuren, hektographierter Forschungsbericht, Hamburg
Ladner, O. (1974): Job Enlargement im Bürobereich, in: Industrielle Organisation, 43. Jg., S.25 - 29
Leavitt, H.J./Whisler, T.L. (1959): Betriebsführung 198o, in: Zeitschrift für fortschrittliche Betriebsführung, 8. Jg., S.77 - 82
Leminsky, G./Helfert, M. (197o): Der Wandel der Arbeitsanforderungen bei technologischen und organisatorischen Änderungen, Köln
Levin, H.S. (1957): Die Automation und das Büro, Frankfurt
Lindemann, P. (1968): Die Organisation des Rechnungswesens bei automatisierter Datenverarbeitung, in: IBM Nachrichten, 18. Jg., S.177 - 183
Littek, W. (1973): Industriearbeit und Gesellschaftsstruktur, Frankfurt am Main
Litwak, E. (1971): Drei alternative Bürokratiemodelle, in: Mayntz, R. (Hg.): Bürokratische Organisation, 2. Aufl., Köln/Berlin, S. 117 - 126
Lockwood, D. (1966): The blackcoated worker, 2. Aufl., London
Lukesch, D./Schäppi, A./Titscher, S. (1974): Verwaltungstätigkeiten in der Industrie, Berlin
Lutz, B. (1969): Produktionsprozeß und Berufsqualifikation, in: Adorno, Th. W. (Hg.): Spätkapitalismus und Industriegesellschaft, Stuttgart, S. 227 - 25o
Lutz, B. (197oa): Zu einigen Problemen des "technischen Fortschritt" im Verwaltungsbereich, in: IBM Nachrichten, 2o. Jg., S.281 - 288
Lutz, B. (197ob): Was wird aus dem "Beruf des Kaufmanns"?, in: Deutscher Verband für das kaufmännische Bildungswesen e.V. (Hg.): Funktionen des Kaufmanns im Wandel, Veröffentlichungen Bd.1o9, Braunschweig
Lutz, B. (197oc): Prognosen der Berufsstruktur - Methoden und Resultate, in: Lutz, B./Winterhager, W.: Zur Situation der Lehrlingsausbildung, Stuttgart, S.285 - 346
Lutz, B./Düll, K./Kammerer, G./Kreuz, D. (197o): Rationalisierung und Mechanisierung im öffentlichen Dienst, Stuttgart

Lutz, B./Krings, I. (1971): Überlegungen zur sozio-ökonomischen Rolle akademischer Qualifikationen, in: HIS-Brief Nr.18, hrsg. vom Hochschulinformationssystem, Hannover
Lutz, B. (1976): Bildungssystem und Beschäftigungsstruktur in Deutschland und Frankreich zum Einfluß des Bildungssystems auf die Gestaltung betrieblicher Arbeitskräftestrukturen, in: Mendius, H.G./Sengenberger, W./Lutz, B./Altmann, N./ Böhle, F./Asendorf-Krings, I./Drexel, I./Nuber, C. (1976): Betrieb - Arbeitsmarkt - Qualifikation, Bd.I, Frankfurt, S. 83 - 151
Mand, J. (1957): Grundsätze der kaufmännischen Betriebsorganisation, in: Zeitschrift für Betriebswirtschaft, 27. Jg., S.276 - 292
Manfras, W. (1961): Möglichkeiten und Durchführung der Zentralisierung von Rechenarbeiten, in: Kosiol, E. (Hg.): Bürowirtschaftliche Forschung, Berlin, S.197 - 24o
Mann, W./Molle, F. (1964): Der Funktionswandel kaufmännischer Angestellter des Büro- und Verwaltungsbereichs in berufspolitischer Sicht, Köln und Opladen
Mann, F.C./Williams, L.K. (1976): Organisatorische Auswirkungen der Automatisierung im Bürobereich, in: Grochla, E. (Hg.): Organisationstheorie, 2. Teilband, Stuttgart, S.498 - 5o6
Marx, K. (1974a): Das Kapital, Bd. I, Karl Marx/Friedrich Engels, Werke, Bd.23, Berlin/DDR
Marx, K. (1974b): Das Kapital, Bd.II, Karl Marx/Friedrich Engels, Werke, Bd.24, Berlin/DDR
Marx, K. (1974c): Das Kapital, Bd.III, Karls Marx/Friedrich Engels Werke, Bd.25, Berlin/DDR
Marx, K. (1974d):Grundrisse der Kritik der politischen Ökonomie, Berlin/DDR
Meier, H./Hopp, D./Plattner, H. (1972): Auftragsabwicklung, Disposition und Versandsteuerung integriert im Realzeitbetrieb, Stuttgart
Mertens, P. (1966): Die zwischenbetriebliche Kooperation und Integration bei der automatisierten Datenverarbeitung, Meisenheim am Glan
Mertens, P. (1972): Industrielle Datenverarbeitung, 2. Aufl., Wiesbaden
Mickler, O./Dittrich, E./Neumann, U. (1976): Technik, Arbeitsorganisation und Arbeit, Frankfurt am Main
Mills, W.C. (1955): Menschen im Büro, Köln-Deutz
Mross, M. (1956): Automation der Büro- und Verwaltungsarbeit, Hamburg-Stellingen
Mueller, F.H, (1952): Soziale Theorie des Betriebes, Berlin
Müller, K.R. (1973): Entscheidungsorientierte Betriebspädagogik, München/Basel
Müller-Lutz, H.L. (1964): Das programmierte Büro, Wiesbaden
Müller-Lutz, H.L. (1965): Das automatisierte Büro, Wiesbaden
Mumford, E./Banks, O. (1967): The computer and the clerk, London
Neuloh, O. (1966): Die weiße Automation, Rastatt
Nutzhorn, Horst (1966): RKW-Leitfaden der Arbeitsanalyse, Bad Harzburg und Frankfurt
Offe, C. (1972): Leistungsprinzip und industrielle Arbeit, 2. Aufl., Frankfurt am Main
Osswald, B. (1973): Leistungsvermögensanalyse von Datenverarbeitungsanlagen, Darmstadt

Pirker, Th. (1962): Büro und Maschine, Tübingen
Pirker, Th. (1963): Bürotechnik, Stuttgart
Pöhler, W. (1969): Information und Verwaltung, Stuttgart
Pöhler, W. (1974): Bestandsaufnahme, Analyse und Entwicklungstrends im Verwaltungs- und Dienstleistungsbereich, in: Vetter, H.O. (Hg.), Humanisierung der Arbeit als gesellschaftspolitische und gewerkschaftliche Aufgabe, Frankfurt am Main/Köln
Pollock, F. (1964): Automation, Frankfurt
Popitz, H./ Bahrdt, H.P./Jüres, E.A./ Kesting, H. (1964): Technik und Industriearbeit, 2. unv.Aufl., Tübingen
Ramer, S. (1973): Konfigurations- und Anwendungsplanung von EDV-Systemen, Berlin/New York
Ratz, R.-E. (1973): Die Auswirkungen der technisch-organisatorischen Entwicklung auf qualitative Veränderungen der Anforderungen kaufmännischer Bürotätigkeiten und die betriebliche Berufsausbildung, Diss. Mainz
Reblin, E. (1967): Konjunktur und Datenverarbeitung, in: Zeitschrift für das gesamte Rechnungswesen, 13.Jg., S.21 - 23
Rhee, H.A. (1968): Office Automation in social perspective, Oxford
Rölle, H. (197o): Kosten- und leistungsorientierte Anwendungskonzeptionen zur Beurteilung der Wirtschaftlichkeit, in: Grochla, E. (Hg.): Die Wirtschaftlichkeit automatisierter Datenverarbeitungssysteme, Wiesbaden, S.147 - 161
Rohmert, W./Rutenfranz, J./Ulich, W. (197o): Untersuchungen über das Anlernen sensumotorischer Fertigkeiten, in: Rationalisierungs-Kuratorium der Deutschen Wirtschaft (RKW) e.V.: Wirtschaftliche und soziale Aspekte des technischen Wandels in der Bundesrepublik Deutschland, erster Bd., Sieben Berichte, Kurzfassung und Ergebnisse, Frankfurt am Main, S. 231 - 275
Rosenkranz, R. (1958): Der arbeitsorganisatorische Unsinn der Zentralisierung der Ein- und Ausgabeeinheiten bei automatisierten Anlagen, in: Das rationelle Büro, 9.Jg., S.63o - 634
Rüger, S. (1974): Tätigkeitsanalysen zur Erhebung beruflicher Bildungsinhalte, in: Zeitschrift für Berufsbildungsforschung, H.3/1974, S.15-2o
Scanlan, B.K. (1973): Erfolgreiche Mitarbeitermotivierung, München
Schiefer, F. (1969): Elektronische Datenverarbeitung und Angestellte, Meisenheim am Glan
Schmalenbach, E. (1928): Die Betriebswirtschaftslehre an der Schwelle der neuen Wirtschaftsverfassung, in: Zeitschrift für handelswissenschaftliche Forschung, 22.Jg., S.241 - 251
Schmiede, R./Schuldich, E. (1976): Die Entwicklung der Leistungsentlohnung in Deutschland, Frankfurt am Main
Schmidt, H. (1963): Die Anforderungen an die Qualifikation der Industriekaufleute in der Deutschen Demokratischen Republik und Schlußfolgerungen für die Gestaltung ihrer Berufsausbildung, Diss. Berlin (Humboldt-Universität)
Schramm, H.W.F. (1972): Lohnen sich intelligente Systeme?, in: Blick durch die Wirtschaft vom 1o.1o.1972
Schumm-Garling, U. (1972): Herrschaft in der industriellen Arbeitsorganisation, Frankfurt am Main

Segert, P. (197o): Die verbesserte dritte Generation, in: ADL-Nachrichten, 15. Jg., S.219
Simon, H.A. (196o): The New Science of Management Decision, New York
Sohn-Rethel, A. (1972): Die ökonomische Doppelnatur des Spätkapitalismus, Darmstadt und Neuwied
Statistisches Bundesamt Wiesbaden (Hg.)(196o): Die Industrie der Bundesrepublik Deutschland, Reihe 4: Sonderveröffentlichungen, Heft 27, Angestellte in der Industrie, September 1958, Stuttgart und Mainz
Steiner, H. (1967): Soziale Strukturveränderungen im modernen Kapitalismus, Berlin/DDR
Szyperski, N. (1961): Analysen der Merkmale und Formen der Büroarbeit, in: Kosiol, E. (Hg.): Bürowirtschaftliche Forschung, Berlin, S. 75 - 132
Szyperski, N. (1973): Gegenwärtiger Stand und Tendenzen der Entwicklung betrieblicher Informationssysteme, in: IBM Nachrichten,23. Jg., S.473 - 482
Troll, K.-H. (1968): Arbeitsplatzbeschreibungen, ein Führungsmittel im Rahmen der Führungsorganisation, in: Zeitschrift für Organisation, 37. Jg. (1968), S.219-226
Univac-Informationen H.2/1976, S.1ff: Neue universelle und intelligente Computer-Terminals ... bis hin zum Terminal-Computer
Univac-Informationen H.3/1976, S.12ff: Dritter EDV-Weg
Vellguth, K. (1972): Automatisierte Datenerfassung - Utopie und Wirklichkeit, in: AWS/BDI (Hg.): Fortschrittliche Unternehmensführung und Verwaltung durch rationelle Datenverarbeitung, Köln, S.65-76
VDMA (Verein Deutscher Maschinenbau-Anstalten e.V.) (197o): Datenverarbeitung im Maschinenbau 197o, verv.Man., Frankfurt
Vogt, B. (1968): Die Integration des betrieblichen Verwaltungsprozesses und ihre Entwicklungstendenzen auf den Organisationsaufbau, Diss., Berlin (TU)
Weber, M. (1972): Wirtschaft und Gesellschaft, 5.Aufl., Tübingen
Weltz, F. (1964): Vorgesetzte zwischen Management und Arbeiter, Stuttgart
Whisler, Th.L. (197o): Information Technology and Organizational Change, Belmont, Cal.
Whisler, Th.L. (1971): Veränderungen der Unternehmensstruktur durch Computer, in: Friedrichs, G. (Hg.), Computer und Angestellte, Bd.I, Frankfurt am Main, S.293-317
Wibbe, J. (1966): Arbeitsbewertung, 3. Aufl., München
Wöhe, G. (1968): Einführung in die Allgemeine Betriebswirtschaftslehre, 8.Aufl., Berlin/Frankfurt am Main
Woller, P. (1965): Buchführung mit und ohne Konten, in: IBM Nachrichten, 15.Jg., S.26o8 - 2612
Zinser, R. (1968): Wandlungen der kaufmännischen Tätigkeiten in der Industrie, in: Chemische Industrie, 2o. Jg., S.467 - 47o
Zuberbühler, H. (1972): Elektronische Datenverarbeitung in der Industrie, Bern